Geoffrey Stephen Kirk

Griechische Mythen
Ihre Bedeutung und Funktion

Aus dem Englischen
von Renate Schein

ro
ro
ro

rowohlts enzyklopädie

rowohlts enzyklopädie

Herausgegeben von Burghard König

Veröffentlicht im Rowohlt Taschenbuch Verlag GmbH,
Reinbek bei Hamburg, März 1987
Umschlaggestaltung Werner Rebhuhn
Copyright © dieser Ausgabe 1980 by Medusa Verlag –
Bohmann Druck-,
Verlag- und Verwaltungs-GmbH, Wien
Titel der englischen Originalausgabe
«The Nature of Greek Myths»,
Hugh Lloyd-Jones gewidmet
Copyright © 1974 by G. S. Kirk
Gesamtherstellung Clausen & Bosse, Leck
Printed in Germany
1880-ISBN 3 499 55444 5

Inhalt

Vorwort

Die hier vorliegende Untersuchung über das Wesen griechischer Mythen versteht sich unter anderem als Ergänzung zu meinem früheren Buch »*Myth, its Meaning and Functions in Ancient and Other Cultures*« (1970). Besonders der erste Teil weist deshalb gewisse Überschneidungen auf, großenteils jedoch ist es eine Weiterführung des früheren Werks, allerdings innerhalb des Rahmens eines Buches, das für ein breiteres Publikum geschrieben ist. Auf Brian Vickers »*Towards Greek Tragedy*« (1973), das meinem Standpunkt von der schematischen Eigenschaft noch existierender griechischer Mythen kritisch gegenübersteht, habe ich nur in geringem Ausmaß verwiesen. Eine Erklärung hierfür liegt darin, daß Professor Vickers Buch zu einem Zeitpunkt erschien, als mein eigenes bereits im Entstehen begriffen war, doch hauptsächlich deshalb, weil seine Ansichten, obwohl nachdrücklich formuliert, mir nicht fundiert genug erscheinen.

Die Schreibweise der griechischen Namen wurde nicht durchgängig vereinheitlicht: die bekannten Namen werden im allgemeinen in der latinisierten Form verwandt, während weniger bekannte transkribiert wurden. Sämtliche Übersetzungen aus dem Griechischen stammen von mir.*

Mein besonderer Dank gilt Professsor Hugh Lloyd-Jones und Dr. Christopher Gill, die das Manuskript lasen und viele Korrekturen und Vorschläge anbrachten, die fast alle in das Buch aufgenommen wurden. Für das Schlußkapitel nahm ich noch zusätzlich auf dem Gebiet der Philosophie in Bristol die Hilfe von Professor Stephan Körner, Dr. Thomas Szlezák und Dr. Christopher Rowe in Anspruch. Grace Nevard, eine ehemalige Studentin der Altertumswissenschaften in Bristol, leistete wertvolle Hilfe beim Erforschen des Materials. Rachel Lee tippte mit gleichbleibender Ausdauer und Effizienz die ständig neu hinzukommenden Entwürfe in die Maschine. Ihnen allen, denen meine Fehler keineswegs angelastet werden können, meinen aufrichtigen Dank.

März 1974   G. S. K.

---

* Für die deutsche Ausgabe besorgte die Übertragungen aus dem Griechischen Ronald Klingler. — Die griechischen Namen sind durchgängig in transkribierter Form verwendet.

Vorwort zur deutschen Ausgabe

Das Erscheinen einer deutschen Ausgabe von *Griechische Mythen. Ihre Bedeutung und Funktion* bietet mir einen willkommenen Anlaß, etwas über die Ziele dieses Buches und den Anlaß seiner Entstehung zu sagen. Mein Interesse für griechische Mythen resultiert aus früheren Arbeiten über die Philosophie der Vorsokratiker einerseits, der mündlichen epischen Überlieferung, die mit Homer ihren Höhepunkt erreichte, andererseits. Diese Auseinandersetzung mit dem intellektuellen Hintergrund des archaischen Griechenland warf die Frage auf, warum die griechischen Mythen, in der Form, wie sie uns heute vorliegen, so sind wie sie sind: nicht nur außerordentlich lebendig, sondern auch detailliert, organisiert, in vielerlei Hinsicht *rational,* vergleicht man sie mit den Mythen der Völker, die nicht der hellenischen Überlieferung angehören. Die Antwort liegt gewissermaßen auf der Hand und ist auf das einzigartige Verhältnis von Literalität und Überlieferung während der maßgeblichen Zeit im 8. und 7. Jahrhundert v. Chr. zurückzuführen. Genausosehr aber ist sie abhängig von der Betrachtung aller Mythen; insbesondere davon, wie bestimmte Themen und Erzählungen in einer mündlichen Überlieferung entstehen und was ihnen zu Dauer verhilft, bis sie gleichsam in formale und ästhetische Literatur übergehen.

Mein Interesse war also nicht, die rein literarische Entwicklung der Mythen aufzuspüren, schon gar nicht, ihren Inhalt lang und breit zu paraphrasieren (außer dort, wo es für die Erörterung der übergreifenden Themen notwendig schien). Ein erstes Ergebnis waren die *Sather Classical Lectures,* die ich 1969 auf Einladung der Universität Berkeley in Kalifornien hielt und die in Buchform unter dem Titel *Myth* (1970) erschienen. Peter Calvocoressi und den *Penguin Books* verdanke ich die Anregung, dieses Buch nun mit Schwerpunkt auf den griechischen Mythen und ohne Lévi-Strauss' Strukturalismus allzu viel Aufmerksamkeit zu widmen – 1970 war »*Le cru et le cuit*« erschienen –, zu vereinfachen und weiterzuführen. Meine Beschäftigung mit dem Strukturalismus wirkte sich stellenweise auch auf den vorliegenden Band aus, ebenso mein Unbehagen über den mittlerweile gefestigten Umgang mit Mythen von seiten der Ethnologen und der Altorientalisten. Jede Vorgehensweise in Verbindung mit Mythen muß, davon bin ich überzeugt, überprüft, wenn notwendig, modifiziert und, erweist sie sich als unzulänglich, streng zurückgewiesen werden. Denn ich gehöre diesbezüglich keiner »Schule« an – und mit Sicherheit nicht der sogenannten »Cambridge-Schule« aus den 20er und 30er Jahren, obwohl ich indirekt mit F. M. Cornford, dem Freund von Jane Harrison und Gilbert Murray, über meinen Lehrer W. K. C. Guthrie in Berührung kam. Vergangene Mythenforschung ist im großen und ganzen von den festgelegten Auffassungen verschiedener »Schulen«, monolithischen Theorien und von dogmatischer Eingleisigkeit erschwert worden. Auch sollten sich die verhältnismäßig neuen Vorgehensweisen der strukturalen und linguistischen Analysen, der Semiotik in Verbindung mit dem Kult von de Saussure und der falsch verstandene, oft überbewertete Wladimir Propp besser vorsehen, wenn sie nicht die unproduktiven Ausführungen älterer Theorien wiederholen wollen: der Naturmythos-Theorie, der Ansicht von Mythen als primitive Wissenschaft, als psychische Archetypen usf.

Aufgrund seiner unprätentiösen Darstellung und leichter zugänglichen Vorgehensweise ist mir persönlich der vorliegende Band lieber als sein gewichtiger Vorgänger – ihn in den Literaturlisten der Studenten aufgeführt zu sehen, wo sein kleinerer Nachfolger von sehr viel größerem Nutzen sein würde, enttäuscht mich jedesmal. Das Buch wurde jedoch nicht ausschließlich, nicht einmal in erster Linie für Studenten geschrieben, und ich hoffe, daß auch meine deutschen Leser es lohnenswert, ja sogar interessant finden werden. Nichts kann die persönliche Leseerfahrung der griechischen Mythen aufwiegen, womit nicht Handbücher gemeint sind, sondern Pindar, Aischylos und Homer. Dennoch werfen auch sie Fragen auf; einige davon hoffe ich auf den folgenden Seiten zu beantworten.

Mai 1980   G. S. Kirk

Teil 1

Über das Wesen der Mythen

Kapitel 1

Definitionsschwierigkeiten

»Griechische Mythen. Ihre Bedeutung und Funktion«: das sieht nach einem dieser üblichen Titel aus, unter denen man alles verstehen kann, nur dieser hier meint, was er sagt. Das heißt, daß das wichtigste Ziel des Buches sein wird, darüber, was griechische Mythen sind oder nicht sind, über ihre Funktionen und Grenzen sowie mögliche Entwicklungen zu sprechen, anstatt bloß ihren Inhalt zu beschreiben. Dies tun bereits genügend andere Bücher; ärgerlich ist nur, daß sie, außer vielleicht die Mythen in einen weiten kulturellen Kontext zu stellen, anderes für gewöhnlich nicht tun. Fügen sie der Deutung überhaupt etwas hinzu, dann wirkt es leicht willkürlich und intuitiv – mit anderen Worten wertlos. Einen Mythos zu deuten, ist schwer und manchmal nicht besonders aufregend, und es gibt viele Mythen, die sich aus verschiedenen Gründen einer Deutung versperren. In Wirklichkeit geht der einleuchtenden Deutung eines jeden Mythos die systematische Untersuchung des komplexen Wesens der Mythen überhaupt voraus. Dem kann der Leser entnehmen, daß die folgenden Seiten ihn nicht unmittelbar zu einem tieferen Verständnis ausgewählter griechischer Erzählungen verhelfen werden, sondern ihn zunächst mit einer breitgefächerten Betrachtung über Mythen im allgemeinen konfrontieren.

Bücher über »Griechische Mythologie«, die hauptsächlich aus Paraphrasen – mit oder ohne willkürliche Interpretation – bestehen, sind natürlich auf ihre Art nicht schlecht, meist aber lassen sie den Leser unbefriedigt und enttäuscht zurück. Werden Mythen so präsentiert, dann wirken sie nüchterner, als sie es in unserer Erinnerung oder Wunschvorstellung sind. Die einzigen zufriedenstellenden Paraphrasen sind die der *Tanglwood Tales**. Sie sind knapp, einfach, ein wenig emotional und für Kinder geschrieben. Leider können sie *nur* Kinder oder kindliche Gemüter zufriedenstellen. Nicht, weil Mythen an sich notwendigerweise kindlich und naiv sind oder aus der »Jugendzeit eines Volkes« stammen, vielmehr, weil das Reizvolle dieser Erzählungen in einem schlichten und nur andeutenden Abriß besser zutage tritt als in einer ein-

---

* von Nathaniel Hawthorne (Anm. d. Übers.)

gehenden Schilderung, die den Klang der ursprünglichen Sprache und der literarischen Form eingebüßt hat. Das resultiert nicht lediglich aus den Schwierigkeiten des Übersetzens aus einer Sprache in die andere; sogar diejenigen, die Griechisch und Latein lesen können, sehen sich bis zu einem gewissen Grad vor dieselbe Problematik gestellt. Der entscheidende Punkt ist der, daß Mythen in der griechischen Literatur meist nur in kurzen Anspielungen vorkommen. Die klassischen griechischen Dichter, mit Ausnahme des hervorragenden Sub-Epikers Hesiod, der Lyriker Stesichoros, Simonides und Bacchylides sowie der Tragiker, verweisen einfach auf den einen onder anderen Aspekt eines Mythos – und das allerdings ständig –, ohne ihn zusammenhängend zu beschreiben. Die Mythen waren so bekannt, daß sie keiner längeren Ausführung bedurften, und in der Hochklassik sah man darin sogar ein Zeichen von Provinzialität. Nach den Eroberungen Alexanders des Großen veränderte sich die hellenistische Welt. Kallimachos und Appolonios gaben einige Mythen in ihrer vollen Länge wieder und wurden von römischen Dichtern wie Propertius und Ovid imitiert. Aber ihre Ausführungen wirkten künstlich, und ihr Interesse richtete sich auf bestimmte Aspekte, wie etwa auf die Ätiologie oder die physische Transformation von Helden und Heldinnen in Bäume, Flüsse oder Sterne.

Dies hat zur Folge, daß heutige Paraphrasen nicht so sehr denen begnadeter klassischer Poeten ähneln, sondern den stumpfen Enzyklopädisten und Grammatikern der griechisch-römischen Epoche. Paraphrasten, unabhängig davon, ob es alte oder neue sind, liefen schon immer Gefahr, aus den griechischen Mythen eine äußerst prosaische Anlegenheit zu machen. Ihrem Wesen nach sind Mythen Anspielungen, und diese Anspielungen sind eher flüchtig. Sie zielen weder auf Vollständigkeit noch auf Folgerichtigkeit und verlieren, wenn sie auf eine gelehrte Darstellung beschränkt werden, viel von ihrer Bestechlichkeit. Dies sowie die Neigung der griechischen Dichter, die großen mythischen Fabeln als gegeben hinzunehmen, bedeutet, daß ein Mythos selten mit Hilfe der fortlaufenden Worte eines Homers, eines Pindars oder eines Sophokles dargestellt werden kann. Ich werde, wo es möglich ist, auf poetische Darstellungen zurückgreifen, aber es läßt sich nicht umgehen, den Inhalt vieler Mythen in prosaischen Worten wiederzugeben, und zwar entweder in einer gerafften modernen Version oder mit den Worten antiker Mythographen (der beste ist Appollodoros, der Autor von *Appollodori Bibliotheca*, der wahrscheinlich im 2. Jahrhundert v. Chr. geschrieben hat). Um zu viele Paraphrasen zu vermeiden und um andere Erörterungen zu ermöglichen, werde ich nur solche Mythen behandeln, die entweder typisch oder besonders signifikant erscheinen.

Vor allem die Vorliebe für Paraphrasen und das damit zusammenhängende Desinteresse an Feinheiten einer Deutung haben dazu geführt, daß ein ernsthafter Mangel an Büchern besteht, die sich auf annehmbare Art und Weise kritisch mit den griechischen Mythen auseinandersetzen. Eine vorschnelle Bemerkung, gäbe es nicht die verzweifelten Klagen all derer, die versucht haben, »Griechische Mythologie« nicht nur auf Kindergartenniveau zu unterrichten. H. J. Roses *Handbook of Greek Mythology* hat seit seinem Erscheinen im Jahre 1928 mehrere Auflagen erlebt und wurde auch ins Deutsche übersetzt; aber obwohl es ein gutes Buch ist, bleibt es dennoch eins der Paraphrase. Die von Robert Graves* in der Penguin-Reihe erschienen beiden Bände bestehen aus extensiven Paraphrasen, die mit Deutungen ungewöhnlich persönlicher Art ausgeschmückt sind. Es gibt eine ganze Reihe mythologischer Wörterbücher, einschließlich eines umfangreichen deutschen, herausgegeben von Wilhelm Roscher; aber sie alle neigen dazu, Interpretationsfragen nur flüchtig zu behandeln, und beschäftigen sich außerordentlich viel mit den literarischen Varianten der Mythen des klassischen Zeitalters. Am besten ist das deutschsprachige Handbuch von Preller und Robert (besonders der Teil, der vom letzteren neu bearbeitet wurde). Aber auch darin erfahren wir wenig über das Wesen der Mythen.

Ein Großteil der in diesem Jahrhundert erschienenen englischen Bücher, die sich kritisch mit den griechischen Mythen auseinandersetzen, stammen von der sogenannten »Cambridge-Schule«, bestehend aus Wissenschaftlern wie Jane Harrison, Gilbert Murray (einem Australier, der in Oxford lehrte), A. B. Cook und F. M. Cornford. Sie alle waren begeistert von J. G. Frazers *The Golden Bough* und von der von Émile Durkheim begründeten neuen Richtung der französischen Soziologie. Nach Robertson Smith waren sie der Überzeugung, daß alle Mythen in hohem Maß von Riten abhängen, und zu Recht verstanden sie griechische Mythen als eine in gewisser Hinsicht höherstehende Form, die sich allerdings nicht zu sehr von den Mythen der Wilden unterscheidet. Aber

* Deutsche Ausgabe: Robert von Ranke-Graves, Griechische Mythologie. Quellen und Deutung. rowohlts enzyklopädie Band 404. (Anm. d. Ü.)

ihre Interpretationen waren einseitig und oftmals weithergeholt, und zu Beginn der dreißiger Jahre waren die Altertumswissenschaftler mit Mythentheorien übersättigt. Man hatte gewisse wichtige Verallgemeinerungen zusammen mit ausgesprochenen Ungereimtheiten verarbeitet, aber die Reaktion im allgemeinen scheint gewesen zu sein, daß die Arbeiten der »Cambridge-Schule« – vertreten durch Jane Harrisons *Prolegomena* und *Themis* sowie A. B. Cooks *Zeus* – für die nächsten Generationen ausreichten. Vor noch nicht allzu langer Zeit erwies sich der schwedische Wissenschaftler Martin Nilsson als ein weitaus kritischerer Beurteiler der griechischen Mythen. Abgesehen aber von der bemerkenswerten, wenn auch nicht zu Ende gedachten Entdeckung, die sich im Titel seines Buches niederschlägt – *The Mycenaen Origin of Greek Mythology* –, galt sein Anliegen der Religion

Altertumswissenschaftler, die sich mit dem griechischen Zeitalter beschäftigt haben (ich sage »griechisch« und nicht »klassisch«, weil »klassische Mythen« ihren Bestimmungen und Absichten nach »griechische« sind), begnügten sich bis vor kurzem damit, die theoretische Diskussion über das Wesen und die Bedeutung der Mythen anderen zu überlassen -- insbesondere den Ethnologen, aber auch den Psychologen und den Religionshistorikern. Die Ergebnisse sind nicht besonders zufriedenstellend. Wie ich später zeigen werde, haben sich die Ethnologen zum Teil in sehr extreme Gesellschaftstheorien verstrickt, was dazu führte, daß ihre Ansichten über Mythen, als primäre Manifestationen einer illiteralen Kultur, verzerrt wurden. Dennoch haben sich das 1916 erschienene *Tshimshian Mythology* von Franz Boas und das 1926 erschienene *Myth in Primitive Psychology* von Malinowski als Marksteine erwiesen. Vor kurzem hat auch der französische Ethnologe Claude Lévi-Strauss in seinem vierbändigen Werk mit dem Titel *Mythologiques* eine neue strukturale Theorie entworfen, die einen besonderen Stellenwert hat; seine Dichte wird jedoch wahrscheinlich weiterhin eine notwendige Klärung der grundsätzlichen Fragestellungen und Definitionen verhindern. Mittlerweile haben sich die Religionshistoriker weiterhin auf das Verhältnis zwischen Mythen und Riten konzentriert – ein wichtiges Problem, das im Kapitel 10 eingehend untersucht werden wird –; während die Psychologie unaufhörlich und nicht sehr einfallsreich die von Freud und Jung vorgegebene Theorie des mythischen Unbewußten strapaziert.

Kurzum, man kann trotz Millionen gedruckter Wörter, die diesem Thema gewidmet wurden, sagen, daß das Wesen der Mythen nach wie vor ein ungeklärtes Thema ist. Daß die griechischen Mythen dennoch in einem besseren Zustand sind, läßt sich nur darauf zurückführen, daß Altertumswissenschaftler und Leser im allgemeinen die meisten theoretischen Diskussionen über sich hinweggehen ließen und sich entweder auf neue Beiträge für die manchmal bebilderte Paraphrasenindustrie oder auf spezialisierte Forschungsbeiträge zu den literarischen Varianten konzentrierten.

Immerhin waren gewisse negative Auswirkungen zu verzeichnen. Einige der wilderen Spekulationen sind mittlerweile in ihre Schranken verwiesen worden; zum Beispiel die Theorie, daß alle Mythen Naturallegorien oder auf meteorologische Geschehnisse zu beziehen seien. Vom heutigen Standpunkt aus erscheint es unglaublich, daß einige der besten Denker Europas im 19. Jahrhundert sich Mythen nur als verschlüsselte Beschreibungen von Wolken, die über die Sonne hinwegziehen, oder von reißenden Flüssen, die die Hänge herunterstürzen, vorstellen konnten. So verhielt es sich jedoch, und wir verdanken es hauptsächlich dem Journalisten, Folkloristen und Märchenerzähler Andrew Lang, daß diese sonderbaren Auswüchse allmählich beseitigt wurden. Lang setzte an Stelle dieser Universaltheorie eine andere, die nämlich, daß alle Mythen eine Art primitiver Wissenschaft sind.[1] Diese Auffassung hat heute noch Anhänger; so schrieb im Jahre 1969 ein bekannter Altertumswissenschaftler: »Mythos im eigentlichen Sinne ist eine Erklärung von Naturvorgängen aus einer Zeit, als jene eher religiöser und magischer als wissenschaftlicher Art waren.«[2] Diese und andere Theorien haben ihre positiven Seiten, die in Kapitel 3 und 4 berücksichtgt werden sollen. Sie spielen aber auch immer noch eine Rolle in kompendiösen und manchmal verwirrenden modernen Auffassungen, beispielsweise in der eines Experten für nordische Mythen, wonach Mythologie »die Entgegnung der Menschen eines bestimmten Zeitalters oder einer bestimmten Zivilisation auf die Geheimnisse menschlicher Existenz und menschlichen Intellekts ist, ihr Modell sozialen Verhaltens und ihr Versuch, in Geschichten über Götter und Dämonen ihre Wahrnehmungen der inneren Realitäten festzuhalten«.[3]

Es wäre ein Leichtes, eine Reihe solcher Verallgemeinerungen zusammenzustellen, die sich zumeist gegenseitig widersprechen und die alle sich den Anschein geben, als würden sie eine Definition des Wesens der Mythen anbieten, unabhängig davon, woher diese kommen. Es sind nicht nur die fragliche Qualität und das Fehlen jeglicher Beweise, was derartige Vorgehensweisen fragwürdig macht, sondern – und das ist viel schwerwiegender – das ebenfalls in ihnen enthaltene Postulat, daß alle Mythen gleich seien, daß es eine universelle Erklärung für das Wesen und den Zweck eines jeglichen Mythos geben könne und müsse. Den meisten Wissenschaftlern scheint es entgangen zu sein, daß die tausend verschiedenen Erzählungen, denen man im allgemeinen die Bezeichnung »Mythos« gibt, ein enormes Spektrum von Themen, Stilen und Empfindungen umfaßt; aus diesem Grund ist es *a priori* wahrscheinlich, daß ihr Wesen, ihre Funktion, ihre Zwecke und ihre Ursprünge ebenfalls verschieden sind.

Man beachte, wie sehr sich die folgenden Mythen voneinander unterscheiden: der Mythos von der Kastration des Uranos, des Himmels, durch seinen Sohn Kronos, Zeus' Vater; der Mythos von Adam und Eva; der Mythos von Noah und der Arche; der Mythos von Pandoras Schöpfung und von der Büchse, aus der sie das Böse entläßt; der Mythos von Oidipus und seiner Lösung des Rätsels der Sphinx, von seiner Entdeckung des Vatermordes und Inzests; der Mythos von Minotauros im Labyrinth; der Mythos von Zeus' Verwandlung in einen Stier, um Europa, oder in einen Goldregen, um Danaë zu verführen; der Mythos von den Arbeiten des Herakles; der Mythos von der Geburt Apollons und seiner Schwester Artemis auf der Insel Delos; der Mythos von Er im zehnten Buch von Platons *Der Staat*, wo dieser den gesamten Aufbau der Erde und des Himmels sah; der Mythos vom Tod der Götter oder Ragnarök in der skandinavischen *Edda*; der Mythos von der schöpferischen Regenbogenschlange bei vielen Ureinwohnern Australiens. All das sind Mythen – keine »Volkserzählungen« und »Legenden«, die weiter unten behandelt werden sollen – und man braucht nur ein paar von ihnen zu betrachten, um zu verstehen, welch tiefgreifende Unterschiede sie beinhalten. Eins der wichtigsten Ergebnisse unserer Untersuchung, das sich gegen die gesamten Universaltheorien über den Mythos richtet, wie sie in Kapitel 3 und 4 noch zu behandeln sind (einschließlich solcher späten Neuzugänge wie Lévi-Strauss' strukturaler Theorie), besteht in der ausdrücklichen Erklärung, daß es keine gemeinsame Definition, keine monolithische Theorie, keine einfache und klare Antwort auf all die Probleme und Ungewißheiten, die die Mythen aufwerfen, geben kann. In dieser Hinsicht unterscheiden sich die griechischen Mythen keineswegs von den anderen.

Zunächst muß ein hantierbares System von grundsätzlichen Kategorien und Definitionen entwickelt werden. Wiederum könnte man meinen, daß dies schon vor Jahren geschaffen worden sei, wenn nicht von denen, die es wagten, eine »Wissenschaft der Mythologie« anzustreben (sie reichen von dem Altphilologen K. O. Müller im Jahre 1825 bis zu Kerényi und Jung), dann von den Ethnologen und anderen, die universale und quasi wissenschaftliche Mythentheorien hervorgebracht haben. Auf die Gefahr hin, daß man mich für einen notorischen Nörgler hält, muß ich auf die überraschende Tatsache verweisen, daß eine vorläufige Klärung noch nicht abgeschlossen bzw. noch kaum jemals in Angriff genommen wurde. Die meisten Autoren haben sich damit begnügt, die vagen und unbeholfenen Definitionen der Vergangenheit zu akzeptieren oder sie zu ergänzen, indem sie willkürliche und unzureichend ausgeführte eigene Gedanken hinzugefügt haben. Was ist unter dem Terminus »Mythos« an sich zu verstehen und in welcher Weise steht er mit »Legende«, »Saga«, »Volkserzählung« oder »Märchen« in Verbindung? Was beinhaltet »Mythologie« im Unterschied zu »Mythos« oder »Mythen«? Sogar diese fundamentalen Begriffe werden auf unklare und verschwommene Art und Weise gebraucht, und bislang wurde noch kein allgemein gültiges und geeignetes Begriffsinstrumentarium geschaffen. Wirft man einen Blick auf Aufsätze über »Mythos« in den Enzyklopädien (unabhängig davon, ob es allgemeine oder spezielle Enzyklopädien der Religionswissenschaften, der Philosophie, der Psychologie, der Altertumswissenschaften oder der Sozialwissenschaften sind), dann zeigt sich, wie groß die Verwirrung tatsächlich ist. Das gleiche gilt für Wörter und Begriffe, die nach Zweck und Funktion mit Mythen assoziiert werden: »ätiologisch«, »naturalistisch«, »spekulativ«, »charterähnlich« usw. Billigerweise wäre von den Religionshistorikern und den Religionsphilosophen zu erwarten gewesen, daß sie eine Sprache entwickelt hätten, die das Verhältnis zwischen Religion und Mythen umschreibt; das ist aber nicht der Fall. »Religion« selbst ist ein offenkundig fließender Begriff, doch die verschiedenen Bedeutungen und Kategorien von »Ritus« hätten ohne größere Schwierigkeiten herausgearbeitet werden können. Jedoch die meisten Autoren, die vom ethnologischen oder religionswissenschaftlichen Standpunkt aus schreiben, verleugnen jede im Begriff enthaltene Vielschichtigkeit und weigern sich, das Vorhandensein unterschiedlicher Riten mit dementsprechend verschiedenen Implikationen der Riten für ihr Verhältnis zu Mythen zu berücksichtigen. Mit dem Begriff »heilig«, der später hinsichtlich der Auffassung, wonach Mythen heilige Erzählungen sind, untersucht werden soll, verhält es sich etwas besser. Einige Autoren haben, wenn auch ohne Erfolg, versucht, ein oder zwei dieser Unsicherheiten zu bereinigen, und wenigstens die Implikationen von »heilig« waren Thema ausgiebiger, obschon ohne Schärfe geführter Debatten. Aber in Wirklichkeit verhält es sich nach wie vor so, daß von seiten der hierfür zuständigen Wissenschaftszweige noch kein ernsthafter Versuch unternommen wurde, sich über den grundsätzlichen Gebrauch von Begriffen, über die Vermeidung oder doch Einschränkung von Zweideutigkeiten zu einigen. Eine derartige Verwirrung im Rahmen eines anspruchslosen Bändchens beseitigen zu wollen, mag vermessen erscheinen; dennoch ist das die Pflicht eines jeden, der 1974 über griechische und andere Mythen schreibt.

Was ist ein Mythos? So sollte die Frage lauten und nicht »Was ist Mythos?«, geschweige denn »Was ist Mythologie?«. Sogar »Mythos« als ein kollektiver Begriff ist fragwürdig. Diese Fragen implizieren fälschlicherweise, daß das, was zu bestimmen ist, gewissermaßen das absolute Wesen aller Mythen sei, eine platonische Idee dessen, »was wahrhaftig mythisch ist«. Sie tun so, als ob man sogleich zum Kern der Sache vordringen könne, ohne die Beispiele zunächst bewußt in Betracht zu ziehen und abzugrenzen. Das ist ein durchaus möglicher Bestimmungsvorgang, aber keiner, von dem wir bei einer Untersuchung der Mythen Gebrauch machen können. Auf diese Art wäre es beispielsweise möglich, rothaarige Mädchen zu erfassen, weil (vorausgesetzt, wir lassen die Grenzfälle aus dem Spiel) wenigstens darüber kein Zweifel besteht, was denn rothaarige Mädchen und welche die Rothaarigen sind. Von den Mythen wissen wir zunächst nicht so viel. Wichtig ist erst einmal eine Verständigung darüber, welche Erscheinungen wir zu Recht als Mythen bezeichnen dürfen, um von da aus weiterzugehen und die allgemeineren Eigenschaften ableiten zu können. Mythen sind eine vage und unbestimmte Kategorie, und was dem einen sein Mythos, ist dem anderen seine Legende, Saga, Volkserzählung oder mündliche Überlieferung. Wir müssen uns darüber einigen, wofür wir – in gemeinsamer Übereinstimmung – den Terminus »ein Mythos« gebrauchen, und dies wird zur Folge haben, daß Beispiele, für die die anderen Termini als Beschreibung vorzuziehen sind, ausscheiden. Was übrig bleibt, könnte sich als eine nach ziemlich formalen Gesichtspunkten geordnete Gruppe von

Erscheinungen erweisen, die zum Beispiel eher nach bestimmten epischen Eigenschaften geordnet sind oder nach der Tendenz, bei bestimmten Gelegenheiten vorgetragen zu werden, als danach, was für den Begriff »Mythos« wesentlich zu sein beansprucht.

»Mythologie« ist in jedem Falle ein zwiespältiger Terminus. Er kann zweierlei bedeuten: einerseits Mythen, andererseits eine Gruppe von Mythen zu untersuchen. Ersteres wird parallel zu Begriffen wie »Entomologie«, »Astrologie« oder ähnlichem gebraucht – die Theorien und Beobachtungen zu Insekten, Himmelskörpern usw. beinhalten. Die mittlerweile häufigere Verwendung des letzteren ist eine ungenaue und irreführende Weiterführung des ersten. Aussagen wie »ich interessiere mich für Mythologie« (das heißt, das Erforschen der Mythen) werden so verstanden, als würden sie »ich mag Mythen überhaupt« besagen, und geht man weiter, so werden »die griechischen und römischen Mythen« als »klassische Mythologie« bezeichnet. In dieser ungenauen Bedeutung bezieht sich »Mythologie« auf eine bestimmte Reihe oder ethnische Gruppe von Mythen. *The Mythologies of the Ancient World* ist beispielsweise der Titel eines nützlichen Buches, das von S. N. Kramer über die Mythen der Sumerer, Ägypter, Griechen usw. herausgegeben wurde. Im Grunde ist diese Ausweitung der richtigen Verwendung des Begriffs »Mythologie« ein Ärgernis. Im Vergleich zur einfachen Pluralform »Mythen« ist die einzige zusätzliche Bedeutung, die im zusammengesetzten Wort enthalten ist, Vielfalt oder Größe. Außerdem sind viele der Ansicht, daß sie auch Freude an den Mythen haben können, ohne sie, wie ein Entomologe Insekten beobachtet, analytisch betrachten zu wollen. Verhält es sich so, dann ist das, was sie mögen, nicht Mythologie, sondern Mythen. Natürlich sagte ich zu Beginn, daß man sich schon ein wenig mit der im richtigen Sinn verstandenen *Mythologie* auseinanderzusetzen hat, um an *Mythen* Gefallen zu finden; trotzdem schlage ich vor, um Mißverständnissen aus dem Wege zu gehen, von nun an den Gebrauch des Begriffes »Mythologie«, wo immer möglich, zu vermeiden und statt dessen von »Mythen«, »einem Mythos«, »Gruppen von Mythen«, »dem Erforschen der Mythen« usw. zu sprechen. Die semantische Ambiguität ist nicht auf den Gebrauch im Altertum zurückzuführen, und für Platon (der erste Autor, von dem man weiß, daß er das Wort gebraucht hat) bedeutete *mythologia*, »über Geschichten zu sprechen oder sie zu erzählen«. Erst die spätere Begriffsverwirrung mag bewirkt haben, daß sich die Altertumswissenschaftler kaum mit den nach wie vor ungelösten Problemen der Mythen beschäftigt haben. Ist das »Reden über Mythen«, im Sinne von sie wiederzugeben, mittlerweile analog dazu, sie auf analytischem Weg zu erforschen? Darüber läßt sich streiten. Gewiß haben andere Ablenkungsfaktoren, wie das Bedürfnis, den literarischen und künstlerischen Varianten besondere Aufmerksamkeit zu schenken, dabei eine Rolle gespielt. Auf jeden Fall ist »Mythologie« ein hochtrabender Begriff, der vielleicht dem, was ein ganz simples Interesse sein mag, einen aufgesetzten, quasi philosophischen Glanz verleiht.

Die Etymologie von »Mythos« enthüllt einerseits sehr wenig. Andererseits deckt sie etwas auf, was sich als zwar offensichtlich banal, aber doch entscheidend erweisen könnte. Im Griechischen meint *mythos* zunächst »Äußerung«, das, was jemand sagt. Mit der Zeit bedeutet es das, was jemand in Form einer Erzählung, einer Geschichte sagt. Das führte zu einer noch eingeschränkteren Verwendung des Begriffs. Aristoteles zum Beispiel verwendet ihn in der *Poetik* für die Fabel eines Stückes. Durch eine andere Bedeutungsverschiebung wurde dem *mythos* manchmal *logos* gegenübergestellt. Letzteres, Teil des zusammengesetzten Begriffs *mythologia*, »Mythologie«, bedeutet »analytische Aussage« oder sogar »Theorie«. Diese Gegenüberstellung bewirkt die überspitzte Bedeutung von »Mythos« gleich »unwahr«, eine Bedeutung, die von nun an vergessen werden kann – womit nicht negiert werden soll, daß Mythen zumeist fiktive, phantastische Schöpfungen und keine Tatsachenberichte sind. Auf jeden Fall wurden *mythoi* mit der Zeit eher gleichbedeutend mit »Geschichten« als mit »Aussagen«, und sprachen die Griechen selbst über *mythoi*, dann meinten sie meist, wie wir es auch tun würden, die traditionellen Erzählungen über Götter und Heroen. Damit etwas über die Richtigkeit oder Unwahrheit dieser Erzählungen auszusagen, lag nicht in ihrer Absicht; wenigstens bis zur Zeit Platons war man der Meinung, daß einige Mythen zumindest Bruchstücke der Wahrheit enthielten. Etymologie und die Verwendung des Begriffs im Altertum lassen darauf schließen, daß Mythen Geschichten sind, was der heutigen Handhabe nicht widerspricht. Natürlich sind nicht alle Geschichten Mythen; Romane sind keine Mythen, Novellen sind keine Mythen, und für Kinder schnell ausgedachte Geschichten sind ebenfalls keine Mythen. Unter »Mythen« verstehen wir im allgemeinen – wie die alten Griechen auch – *traditionelle* Geschichten. Ich darf aber wiederholen, daß nicht alle traditionellen

Geschichten Mythen sind. Viele behandeln historische Ereignisse und Personen aus der Vergangenheit, und obwohl sie Merkmale aufweisen, die oft als mythisch bezeichnet werden können, werden sie für gewöhnlich nicht zu den Mythen gezählt. Die traditionellen Geschichten über König Alfred und die Kuchen oder George Washington und den Kirschbaum werden meist nicht als Mythen bezeichnet. Sie beruhen nicht gänzlich auf geschichtlichen Fakten, aber sie sind zu sehr in Geschichte und pragmatische Realität verwickelt, um zu den Mythen gerechnet zu werden. Sicherer ist es, solchen halbgeschichtlichen Traditionen einen gesonderten Namen zu geben und sie als »Legenden« zu bezeichnen, da sie zu einer Bestimmung der Mythen höchstens am Rande beitragen. Viele griechische Erzählungen, besonders die aus Homers *Ilias*, deren Thema der Trojanische Krieg ist, basieren auf historischen Fakten oder sind historisierend. Im Zuge meiner Argumentation wären sie besser zu den Legenden zu zählen; dennoch kommen sie des öfteren in den mythologischen Handbüchern vor, die den Vorgängen bei Troja im allgemeinen ein beträchtliches Kapitel widmen. Allgemein hält man vielleicht Achilleus, Hektor und Diomedes für mythologische Figuren, für Bestandteile der »Griechischen Mythologie«, aber ich werde später die Behauptung aufstellen, daß sie wenigstens von eindeutig nichthistorischen Figuren wie Apollon, Perseus oder Medea unterschieden werden sollten. Es ist besser, sich zu Beginn einer Definition und Eingrenzung auf ursprüngliche und einfache Beispiele zu beschränken und die quasi-historischen Erzählungen beiseite zu lassen.

Kann man demnach alle nichthistorischen traditionellen Erzählungen Mythen nennen? Eigentlich nicht, weil beispielsweise Tierfabeln traditionell und Erzählungen zugleich sind und trotzdem meist nicht zu den Mythen gezählt werden. Das gilt auch für andere moralische oder belehrende Erzählungen, die oft durch mündliche Überlieferung von einer Generation zur nächsten weitergegeben wurden und also traditionell sind. Eine größere Kategorie, die man vielleicht nur zögernd als wirklich mythisch bezeichnen würde, umfaßt sogenannte »Volkserzählungen« – einfache Erzählungen über Abenteuer, Intrigen und Erfindungsreichtum, in denen manchmal Riesen oder andere übernatürliche Komponenten vorkommen. Dazu gehören die Erzählungen der Brüder Grimm; sie wurden aus europäischen Bauerngemeinschaften zusammengetragen, und im Grunde genommen hat jede Gesellschaft ihre eigenen Volkserzählungen. Kluge Einfälle, listige Ausreden, die Lösung einfacher Abenteuer, die wunscherfüllenden Charakter haben, in denen beispielsweise Ungeheuer erlegt und Prinzessinnen errungen werden: das sind eher Merkmale der Volkserzählung als Phantasie, Tiefe oder Orientierung auf ein Jenseits, Eigenschaften, die wir eher den Mythen zuschreiben. Aber es gibt keine strengen Unterscheidungsmerkmale. Einige Mythen enthalten »volkserzählerische« und einige Volkserzählungen »mythische« Eigenschaften. Griechische Mythen, wie zum Beispiel der Perseus-Mythos, sind voller Elemente aus den Volkserzählungen: die gefährliche Suche nach dem Haupt der Gorgo Medusa, der schändliche König, der dies veranlaßt, die zaubermächtigen Gegenstände, die dem Heros helfen, die List, mit der er die alten Frauen täuscht und dem tödlichen Blick der Medusa entgeht. Sogar die Geschichte von Oidipus entspinnt sich aus Geschehnissen, die an Volkserzählungen erinnern: die Entdeckung des Kindes durch den Schäfer, sein Aufwachsen in Unkenntnis der richtigen Eltern, die Spannungen, die durch die Blutsverwandtschaft und die Hochzeit erzeugt werden. Diesbezüglich eine Unterscheidung zu machen, ist gewiß nicht leicht; ein Problem, das im nächsten Kapitel behandelt werden soll. Eine große Gruppe der traditionellen Erzählungen bilden die Volkserzählungen, die damit, was üblicherweise unter Mythen verstanden wird, nicht übereinstimmen oder zumindest keine typischen und wichtigen Repräsentanten des Genres sind.

Bin ich vielleicht zu leichtfertig im Umgang mit Redewendungen wie »was üblicherweise unter Mythen verstanden wird« sowie mit der Vorstellung, daß eine weitverbreitete Auffassung über Mythen für eine weitergehende Bestimmung eine vernünftige Basis bildet? Immerhin ist die Gleichsetzung von »Mythos« mit »Lüge« verbreitet genug, für unsere Zwecke ist sie allerdings nutzlos. Jene Gleichsetzung aber ist eine sehr spezielle, geradezu metaphorische Verwendung des Begriffs. Eine weniger eingeschränkte Auffassung darüber, welche Geschichten »Mythen« genannt werden sollten, könnte sich als hilfreicher erweisen. »Mythos« ist ein so allgemeiner Begriff, und seine Etymologie und frühe Verwendung sind so unspezifisch, daß man gezwungen ist, *ein wenig* auf den heutigen Gebrauch zu achten. Moderne Philosophen und Aristoteles gingen bei so unbestimmten Gegenständen wie Güte und dem Wesen des Seins von den Ansichten der Allgemeinheit aus. Vorausgesetzt, man ist der Meinung, daß eine sehr alte Verwendung eines Begriffs lediglich auf ein breites Spektrum möglicher Bedeutungen hinweist, dann können generelle Ansichten über seine Reichweite und über die Grenzen der mit ihm verbundenen Vorstellungen ein wertvoller Ausgangspunkt sein.

»Gemeinhin« wird angenommen, daß Mythen eine besondere *Art* traditioneller Erzählungen sind und daß sie durch Eigenschaften wie unergründlich, einfallsreich, auf das Jenseits gerichtet, allumfassend oder über das Leben hinausreichend zu etwas Besonderem gemacht werden. In der Tat sind viele Kritiker in der Lage, eine einzelne Eigenschaft zu nennen, die all dies angeblich tut – auch wenn sie sich darüber, worin diese Eigenschaft bestehen mag, natürlich nicht einig sind. Zum Beispiel sind sich Ethnologen untereinander einig, daß alle Mythen in gewisser Weise heilige Erzählungen sind; Mircea Eliade, der produktivste noch lebende Interpret von Mythen und Religionen, glaubt, daß alle Mythen die Schöpfungszeit reproduzieren, die vorgeschichtliche Zeit, als die Dinge entwickelt und geordnet wurden. Infolgedessen besitzen Mythen eine spezielle Aura, weil sie sich mit großen Themen, mit den »heiligen« oder übernatürlichen Ursprüngen der Dinge befassen.

Das ist eine interessante Idee, die im Kapitel 3 näher ausgeführt werden soll. Relevant ist im Augenblick nur, daß wir von einigen Mythen tatsächlich sagen können, daß sie eine Eigenschaft besitzen, die vage als heilig beschrieben werden kann oder die mögliche Geschehnisse einer schöpferischen Vergangenheit hervorzurufen vermag, aber auch, daß viele andere nichts dergleichen tun. Sogar unter den griechischen Mythen gibt es eindeutige Ausnahmen, obwohl ihre Themen – wie wir feststellen werden – relativ beschränkt sind. In gewisser Weise können Mythen von der Geburt der Götter und Göttinnen und von der Entwicklung der jetzigen Ordnung der Dinge heilig genannt werden: einige von ihnen sind, stimmungsmäßig, außerordentlich profan (zum Beispiel Uranos' Kastration durch Kronos oder Hermes' Geburt und seine frühreife Kindheit), aber sie beschäftigen sich wenigstens formal mit himmlischen Geschöpfen. Die Heroen-Mythen andererseits sind meist gänzlich profan und nicht einmal in ein ausgeprägtes Schöpfungszeitalter verlegt. Natürlich werden einige Heroen von den Göttern und Göttinnen unterstützt oder verfolgt, wie Iason von Athene geholfen oder Herakles von Hera bekämpft wird, und die strikte Definition besagt auch, daß ein Halbgott einen göttlichen Elternteil hat – auch wenn es für viele anerkannte Heroen, wie Oidipus oder Bellerophon, nicht zutrifft. Dennoch ist der in diesen Erzählungen vorherrschende Ton nicht merklich heilig oder außerweltlich, manchmal sogar nicht einmal besonders phantasievoll. Vielleicht, weil sie in einigen Punkten sich eher den Volkserzählungen als den Mythen annähern; der Perseus-Zyklus enthält – wie bereits gesagt – besonders viele Elemente aus den Volkserzählungen. Zweifelsohne wurde schon oft darüber debattiert, ob die Erzählungen über Heroen zu den wirklichen Mythen gezählt werden sollen. Weit öfters wurde ohne vorherige Diskussion einfach angenommen, daß das, was vage »griechische Mythologie« genannt wird, in »Göttermythen« und »Heroensagen« aufgeteilt werden sollte. Das skandinavische Wort »Saga« kennzeichnet aber eine Erzählung, die auf historischen Ereignissen basiert, was auf die vielen Heroenerzählungen Griechenlands, die praktisch keinen Bezug zur Geschichte haben, mit Sicherheit nicht zutrifft. Außerdem würden die meisten die Heroenerzählungen zu dem, was sie unter Mythen verstehen, hinzuzählen. Um ein Beispiel eines griechischen Mythos gebeten, würden sie mit großer Wahrscheinlichkeit Herakles und die Äpfel der Hesperiden oder Iason und das Goldene Vlies ebenso als Göttererzählungen nennen wie die Geburt der Aphrodite oder des Dionysos. Als letztes und wichtigstes ist zu erwähnen, daß einige griechische Mythen, die als äußerst phantasiereich und jenseitig gelten, sich weder mit den Göttern, dem Heiligen, noch mit einem spezifischen Schöpfungszeitalter befassen: zum Beispiel der Mythos vom Labyrinth, vom weisen Kentaur Cheiron oder von Talos, dem bronzenen Riesen aus Kreta.

Die griechischen Mythen sind thematisch merkwürdig begrenzt, was – wie wir sehen werden – auf eine lange Entwicklungsgeschichte und eine bewußte Gliederung zurückzuführen ist. Vor allem fehlt in ihnen die Auseinandersetzung mit den Richtlinien sozialer Organisationen, die in den Mythen der Naturvölker auffallend ist. Ein Mythos wie zum Beispiel die Erzählung von Geriguiguiatugo aus dem Amazonas-Gebiet, die auf Seite 270 f. kurz beschrieben wird, hat keinen besonders heiligen Tonfall, und obwohl sich die Geschehnisse in einer Epoche der Schöpfung abspielen, ist es nicht dieses, was dem Mythos und seinen Varianten die spezifische Tiefgründigkeit verleiht. Der Grund ist vielmehr, daß sich die Erzählung mit Dingen beschäftigt, die für diejenigen, die sie von einer Generation zur nächsten weitergeben, von außerordentlichem Interesse sind, wie zum Beispiel das Verhältnis zwischen den von Menschen aufgestellten Bestimmungen über Inzest und den natürlichen Instinkten, wie sie bei Tieren zu finden sind.

Es zeigt sich, daß die nichtgriechischen Mythen – obwohl sie vielleicht eher als die meisten griechischen zur Vorstellung der »Schöpfungszeit« passen würden –, ihre schöpferische und evokative Kraft oft aus ganz anderen, eher praktischen Eigenschaften erhalten.

Mein Eindruck aber ist der, daß der Versuch, eine zentrale spezifische Eigenschaft der Mythen zu benennen, irreführend ist. Es gibt zu viele eindeutige Ausnahmen. Zu Beginn einer Untersuchung ist es wahrscheinlich besser und methodisch weniger einengend, zu akzeptieren, daß viele verschiedene Arten von traditionellen Erzählungen (mit eindeutigen Ausnahmen, wie moralisierenden Fabeln und geschichtlich verbürgten Erzählungen) unter die Rubrik »Mythos« fallen. Das entspricht dem Eindruck von ungeheurer Mannigfaltigkeit, wie er durch eine bekannte Gruppe von Mythen und durch den Vergleich einer ethnischen Reihe mit einer anderen entsteht. Was vernünftigerweise als grundlegende und generelle Definition akzeptiert werden kann, ist »traditionelle Erzählung«. Es lohnt sich, diese scheinbar banale Aussage eingehender zu betrachten. Erstens betont sie, daß ein Mythos eine Geschichte ist, eine Schilderung mit einem dramatischen Aufbau und einem Höhepunkt – Aristoteles nannte einen Anfang, eine Mitte und ein Ende. Mythenbilden ist eine Art des Geschichtenerzählens. Zweitens ist »traditionell« deswegen bezeichnend, weil es nicht nur beinhaltet, daß Mythen Geschichten sind, die besonders in traditionalen Gesellschaften erzählt werden (womit vor allem illiterale Gesellschaften gemeint sind), sondern auch, daß es ihnen *gelungen* ist, traditionell zu werden. Sogar in einer Gesellschaft, in der Geschichten erzählt werden und die illiteral ist, wird nicht jede Erzählung traditionell – hält man nicht jede für reizvoll oder wichtig genug, um von einer Generation zur anderen weitergegeben zu werden. Damit dies eintritt, muß eine Erzählung spezielle Merkmale, bleibende Qualitäten aufweisen, die sie von der großen Masse vergänglicher Geschichten unterscheidet.

Offensichtlich gibt es nicht nur ein Merkmal, wie beispielsweise eine wie auch immer verstandene Heiligkeit, sondern eine Vielzahl von Möglichkeiten. Eine Erzählung bezieht ihre Dauer aus ihrer epischen Kraft oder aus ihrem Reiz. Wenn ihr darüber hinaus keine nennenswerte Eigenschaft zukommt, ist sie wahrscheinlich nur eine Volkserzählung. Oft aber besitzt eine Erzählung sowohl epische Kraft als auch noch ein zusätzliches Merkmal, indem sie zum Beispiel auf ein wichtiges Phänomen oder eine wichtige Sitte eine Antwort weiß, ein wiederkehrendes gesellschaftliches

Dilemma auf die eine oder auf die andere Art beschönigt, eine nützliche Institution festhält und etabliert oder eine Empfindung so ausdrückt, daß sie im Individuum irgendein Bedürfnis befriedigt. Sie könnte andererseits auch ein religiöses Gefühl verstärken oder einer schon etablierten rituellen oder kultischen Praxis als Unterstützung oder als Beispiel dienen; in diesem Falle ist sie in eindeutigerem Sinn des Wortes »heilig«. Kurzum, die Geschichten, die sich so stark einer Gesellschaft einprägen, daß sie traditionell werden, müssen, außer unterhaltend zu sein, sowohl außerordentliche epische Kraft als auch für einen wichtigen Aspekt des Lebens eine eindeutige funktionale Bedeutung besitzen. Weil die Überlieferung in einer illiteralen oder mündlichen Gesellschaft die Einwilligung der ganzen Gruppe (oder wenigstens ihres überwiegenden Teils, wie der erwachsenen Männer) voraussetzt, so ist der wichtige Aspekt des Lebens, auf den sich die Geschichte bezieht, häufig ein gemeinschaftlicher oder sozialer. Die soziale Funktion von einigen, aber nicht allen Mythen verleitete die »funktionalistischen« Ethnologen der Radcliff-Brown-Schule dazu (siehe dazu S. 31, 64 f.), zu glauben, daß Mythen ausschließlich gesellschaftsbezogen seien – daß sie einen Aspekt ihres maschinenhaften Laufs darstellten; eine Übertreibung, die von zeitgenössischen britischen Ethnologen abgeschwächt wurde. Einige Mythen, wie die von Freud betonten, die auf dem Prinzip der Wunscherfüllung basieren, oder jene, die eine individuelle Vorstellung vom Tod vermitteln, beziehen sich offensichtlich eher auf Individuen als auf Gruppen, obwohl ihnen in tribalen und traditionellen Kulturen gerade *durch* die Gruppe zur Dauer verholfen wird.

Unser jetziger Standpunkt ist, daß Mythen einerseits gute Geschichten, andererseits Träger wichtiger Mitteilungen über das Leben im allgemeinen und das Leben in einer Gesellschaft im besonderen sind. In einer illiteralen und zugleich äußerst traditionalen Kultur sind Erzählungen nicht nur eine primäre Form der Unterhaltung, sondern auch der Kommunikation und der Instruktion – einer Kommunikation zwischen Gleichaltrigen wie zwischen Älteren und Jungen, das heißt zwischen den Generationen. Für uns, die wir in einem Zeitalter der Superliteralität leben, zugleich aber von den »Medien« und der Reklame dominiert werden, ist es schwer, sich eine Lebensart vorzustellen, in der die einzigen Formen der Massenkommunikation (im Unterschied zur direkten Kommunikation zwischen Individuen) einerseits Riten, andererseits Geschichten sind. Es waren aber Lebensformen dieser Art, die Mythen entstehen ließen und in denen sie mit der Tradition weitergereicht wurden, bis sie schließlich von Ethnologen, Sprachforschern oder Missionaren schriftlich fixiert wurden. Die Entwicklung in einer solchen Gesellschaft, die sich über Generationen erstreckte, gab den Mythen ihre charakteristische Dichte und Komplexität, ihre schöpferische Tiefe und ihre universelle Wirksamkeit. Zugleich tendieren sie dazu, ihre Themenkreise zu begrenzen und sie so anzulegen, daß sie mehreren Funktionen gehorchen und verschiedene Interessen spiegeln. Aus diesem Grund richten globale Mythentheorien besonderen Schaden an. Sie versäumen es nicht nur, viele Einzelmythen zu erklären; sie verdrehen die, die sie teilweise erklären, indem sie andeuten, daß nur eine Deutung zutreffend sei und daß diejenigen Mythenteile, die sich dieser Deutung versperren, willkürlich und unwesentlich seien. Gesellschaften, die Mythen hervorbringen, benutzen Erzählungen, um jeden Aspekt des Lebens zu kommentieren, und überladen sie mit Gedanken zu vielen unterschiedlichen Interessen und Beschäftigungen. Mythen sind weder einheitlich noch logisch, noch sind sie in sich »schlüssig«; sie sind vielgestaltig, phantasievoll und offen in den Details. Ihre Akzente können sich zudem von einem Jahr zum anderen oder von einer Generation zur anderen verändern.

Kapitel 2

Das Verhältnis von Mythen und Volkserzählungen

Mythen sind Erzählungen, und in einer traditionalen Gesellschaft sind Erzählungen eine primäre Form der Äußerung und der Kommunikation. In einer illiteralen Kultur aber haben Geschichten, die von Geschichtenerzählern oder auch weniger formal erzählt werden, keinen absolut festgelegten Verlauf. Das zentrale Thema bleibt mehr oder weniger konstant, aber die Details und die Schwerpunkte sind je nach Interesse des Erzählers oder der Zuhörer verschieden. Ungefähr dasselbe scheint im antiken Griechenland mit den mündlich überlieferten heroischen Gesängen passiert zu sein, die zum Ausgangspunkt für Homers Epen wurden; eine ähnliche Variante konnte noch vor ein paar Jahren bei den *Guslaren* oder Heldenliedsängern des ländlichen Jugoslawien gefunden werden, wo erst vor kurzem die literale Tradition die mündliche verdrängt hat.

Den Beweis, daß bei den mündlich überlieferten Mythen eine Akzentverschiebung vorliegt, liefern hauptsächlich die Ethnologen, die die illiteralen Gesellschaften aus nächster Nähe studiert haben. Eine der besten Abhandlungen über die Wandelbarkeit von Mythen und Erzählungen ist die monumentale *Tsimshian Mythology*[1], die vor ungefähr sechzig Jahren von dem großen amerikanischen Ethnologen Franz Boas veröffentlicht wurde. In diesem Werk sammelte er viele der traditionellen Erzählungen des genannten Indianerstammes von der kanadischen Pazifikküste. Nach heutigen Begriffen sind die Methoden, mit denen er Versionen sammelte, ein wenig willkürlich, aber der Umfang der Arbeit und die Scharfsichtigkeit vieler seiner Schlußfolgerungen sind heute noch beeindruckend. Sein besonderes Interesse galt der Art, wie die Themen der Geschichten von der einen Stammesgruppe zur anderen übermittelt wurden, und er entdeckte, daß mit wachsender Tradition und zunehmenden Kulturkontakten die Themen und Erzählungen eine graduelle Vereinheitlichung erfahren. Daß die europäischen Volkserzählungen vom Inhalt her sehr viel einheitlicher sind als die der nordamerikanischen Indianer, ist – so schloß er – das Ergebnis einer ethnischen und sozialen Stabilität, welche den Indianerstämmen, weil die letzten tausend Jahre andauernd in Aufstände und Völkerwanderungen verwickelt, nicht vergönnt waren.

Boas weigerte sich, zwischen Volkserzählungen und Mythen eine absolute Trennung vorzunehmen. Man könnte zu entschieden dezidierteren typologischen Definitionen kommen als er, aber seine zentrale Aussage gilt auch heute noch: daß es zwischen den verschiedenen Erzählungen, zwischen – oberflächlich gesehen – den »ernsteren« und »unterhaltenden«, den »unterhaltenden« und »ernsteren« eine ständige Verbindung gibt. Er schreibt: »Die eindeutigen Fakten, die sich aus einer genauen Untersuchung der Mythen und Volkserzählungen eines Gebietes wie das der Nordwest-Küste Amerikas ergeben, sind die, daß der Inhalt der Volkserzählungen und der Mythen streng genommen identisch ist, daß aus den Unterlagen hervorgeht, daß zwischen Mythologie und den Volkserzählungen und umgekehrt eine kontinuierliche stoffliche Verbindung vorliegt und daß keine der Gruppen den Vorrang zu haben für sich beanspruchen kann.«[2] Die Tsimshian unterscheiden, mit differenzierten Bezeichnungen, zwischen historischen und historisierenden Erzählungen (die ich lieber Legenden nenne) und solchen, die in ein vorgeschichtliches oder »mythisches« Zeitalter verlegt sind, in dem Tier und Mensch vermischt waren. Aber auch in diesem Falle gibt es keine vollständige Trennung, und wie Tiere in den geschichtlich verbürgten Erzählungen vorkommen, finden auch legendäre Details Zutritt zu dem zeitlosen Ambiente der Schöpfungsgeschichten. Ruth Benedict, die Schülerin von Boas, stellte nur wenig anders die gleiche Behauptung auf und fügte die umstrittene Erweiterung hinzu, wonach Mythen religiös sind und mit Riten in Verbindung stehen: »Eine Erzählung fügt sich in einen religiösen Komplex ohne Schwierigkeiten ein oder verläßt ihn auch wieder, und Fabeln, die über zwei Kontinente verstreut als profane Erzählungen gelten, werden lokal zu Mythen, die die Entstehung der Menschen und die Ursprünge der Bräuche erklären und in religiösen Riten dramatisiert werden können.«[3]

Boas und Benedict hatten hauptsächlich der neuen ethnologischen Theorie wegen, die in den frühen zwanziger Jahren von Bronislaw Malinowski hervorgebracht wurde, einen erstaunlich geringen Einfluß auf die theoretische Mythenforschung. Malinowski war aufgrund des Krieges auf den Trobriand-Inseln – unweit der Südwestküste von Neuguinea – festgehalten worden und konnte mit Muße beobachten, wie sehr die traditionellen Erzählungen mit jedem Aspekt des gesellschaftlichen Lebens auf den

Trobriand-Inseln verbunden waren. Daraus folgerte er, daß Mythen keine Wiedergabe kosmischer Geschehnisse oder mysteriöser Eingebungen der menschlichen Seele sind, sondern vielmehr ein »Charter« (wie er es nannte) sozialer Institutionen und Aktionen, eine Gültigkeitserklärung der traditionellen Bräuche, religiösen Anschauungen und Verhaltensweisen.[4] Das war soweit ganz gut und eine erfrischende Korrektur der verstaubten Theorien außerdem, aber die wichtige Beobachtung von Boas, daß Mythen etwas wesentliches mit Volkserzählungen zu tun haben, wurde dabei außer acht gelassen. Malinowski unterschied drei Kategorien von Geschichten der Trobriander, alle mit unterschiedlichen Namen in der Sprache der Eingeborenen; sie stimmen annähernd mit ernsthaften Mythen, historisierenden Legenden und bloßen Unterhaltungserzählungen überein. Er betonte im Unterschied zu Boas und Benedict nicht, daß Themen ohne weiteres von der einen Kategorie in die andere übernommen werden, daß die Volkserzählung von gestern zum Mythos von morgen werden kann. Ferner wurde seine Vorstellung, wonach die »ernsthafte« Verwendung der Mythen weder emotional noch reflexiv, sondern vielmehr mit dem mechanischen Funktionieren des gesellschaftlichen Lebens verknüpft ist, zum Kernstück der aufgebauschten Theorie, die, als »Funktionalismus« bekannt, sich im Umkreis von A. R. Radcliffe-Brown zur Orthodoxie entfaltete.

Wie wir bereits gesehen haben, sind dieser Theorie zufolge Mythen wie Riten Teil eines komplexen gesellschaftlichen Mechanismus und werden folglich einzig und allein als Antwort auf die strukturellen Anforderungen der organischen Gruppe entwickelt. E. R. Leach, einer der berühmtesten Schüler Malinowskis, konnte in seinem *Political Systems of Highland Burma* (1954, 2. verb. Aufl. 1964) noch immer behaupten: »Für mich sind Mythen eine Art der Beschreibung gewisser Verhaltensweisen ... rituelle Handlungen und Glaubenssätze sind ebenfalls als symbolische Aussagen über die soziale Ordnung zu verstehen.«[5] Zugleich entgegnete er den orthodoxen Funktionalisten, daß die Gesellschaft ein dynamischer und kein statischer Organismus sei. Dadurch räumt er wenigstens ein, daß Mythen unterschiedliche Akzente haben können, und in seiner Untersuchung über die Mythen der Kachin demonstriert er selbst diesen Punkt deutlich genug. Aber das entscheidende Verhältnis zwischen dem Mythos als einem sozialen und religiösen Phänomen und einer populären Erzählung als einer Möglichkeit, sich über unterschiedliche Aspekte menschlicher Erfahrung zu verständigen, wurde von dieser groß angelegten und letzten Endes unrealistischen soziologischen Theorie zugedeckt. Vor noch nicht allzu langer Zeit haben speziell die Ethnologen, die sich in Afrika aufgehalten haben, wo Volkserzählungen eine außerordentlich starke Tradition aufweisen, damit begonnen, der Erzählung einen eigenen Stellenwert beizumessen und sie nicht länger als ein Rädchen in einer sozialen Maschine zu betrachten. E. E. Evans-Pritchard – der Doyen der britischen Sozialanthropologen – gab im *The Zande Trickster* zu, daß »die Ethnologen während der letzten Jahrzehnte die Folklore der Völker, die sie studierten, gemeinhin ignoriert haben ... ich selbst habe diesbezüglich Fehler gemacht, und der vorliegende Band versteht sich als ein Akt der Buße.« Zudem wiederholte er, was Boas bereits gesagt hatte, als er schrieb, daß »zwischen Mythos und Volkserzählung keine eindeutige Unterscheidung gemacht werden kann«.[6] Eine annähernd ähnliche Haltung wird von Ruth Finnegan in ihrem Buch *Limba Stories and Storytelling* vertreten; sie weigert sich, für die Geschichten der Limba über die Götter und den Ursprung der Dinge den Terminus »Mythos« zu gebrauchen, weil »die Limba selbst zwischen solchen und anderen Geschichten nicht differenzieren; es ist auch nicht einfach, ihnen von außen eine derartige Unterscheidung aufzudrängen.«[7] Was ihrer Meinung nach einen Mythos konstituiert, ist vielleicht etwas zu vereinfacht (sie meint, ein Mythos sei »systematisch«, »stehe mit Riten in Verbindung« und werde ständig in der gleichen Form wiedergegeben), aber das entkräftet nicht ihre Aussage, daß eine Überschneidung zwischen verschiedenen Arten traditioneller Erzählungen vorliegt. Außerdem vermerkt sie, daß die grundlegenden Handlungsabläufe vielen verschiedenen Stammesgruppen gemeinsam sind, daß die Limba sie aber jeweils in Übereinstimmung mit »ihren momentanen Lebensformen, gegenwärtigen Interessen und literarischen Konventionen« umändern und adaptieren.

Die Folgerung, die vielleicht aus der Position von Boas – zu der jüngere Ethnologen (oftmals fast unbewußt) tendieren – zu ziehen wäre, ist die, daß es zwischen Mythen und Volkserzählungen *keine* gültige Unterscheidung gibt. Aber auch ohne allgemein verbindliche Trennungslinie ist es meiner Ansicht nach nützlich, bestimmte Motive, Handlungen und Verwendungsweisen eher zur Tradition der Volkserzählungen zu zählen als zu dem, was üblicherweise unter Mythen verstanden wird. Volkserzählungen befassen sich im wesentlichen mit dem Leben, den Problemen und

Hoffnungen gewöhnlicher Menschen, der gemeinen Leute also. Ihr Tonfall ist nicht aristokratisch. Andererseits handeln griechische Mythen wenn nicht von Göttern, so von »Heroen«, aristokratischen Gestalten, die sich durch Geburt und Milieu von den gewöhnlichen Menschen unterscheiden. Es war in der Tat der aristokratisch gefärbte Inhalt der griechischen Mythen – besonders, wie sie ein klassenbewußter Dichter wie Pindar erzählte –, der dazu führte, daß die Erzählungen der europäischen Bauern, als ihnen zu Beginn des 19. Jahrhunderts ein gesondertes Interesse eingeräumt wurde, »Volkserzählungen« oder »Hausmärchen« und nicht Mythen genannt wurden, worunter die Menschen damals die großartigen Taten des Theseus, Herakles, Zeus, der Athene und der übrigen verstanden. Volkserzählungen befassen sich nicht mit ernsthaften Problemen wie der Unvermeidbarkeit des Todes oder mit so institutionellen Angelegenheiten wie der Rechtfertigung der königlichen Herrschaft. Ihre sozialen Bezüge beschränken sich auf die Familie. Schwierigkeiten mit Stiefmüttern oder eifersüchtigen Schwestern sind Thema der Volkserzählungen, nicht aber Überlegungen über Inzest oder die sanktionierten sexuellen Kontakte.

Zu den übernatürlichen Elementen in den Volkserzählungen gehören Riesen, Monster, Hexen, gute Feen, magische Gegenstände oder Zaubersprüche; sie reichen nicht wirklich bis zu den Göttern, zu Fragen nach der Entwicklung der Welt oder der Gesellschaft oder zu Angelegenheiten der Religion. Volkserzählungen neigen dazu, realistisch und unpersönlich zugleich zu sein; sie werden nicht, wie es häufig bei Mythen der Fall ist, in eine zeitlose Vergangenheit verlegt, vielmehr sind Zeit und Raum bestimmt, aber unbekannt, und die Personen haben meist gewöhnliche Namen. Diese Erzählungen sind auf die Leute, das heißt auf jedermann zugeschnitten und werden so allgemein wie nur möglich gehalten. Geschicklichkeit und unerwarteter Erfolg sind die beiden Eigenschaften, die Freude und Spannung ins tägliche Leben bringen, und sie werden auf imaginierte Personen einer imaginierten Umgebung appliziert, weil so etwas in den eigenen vier Wänden nicht passiert.

Schließlich werden Volkserzählungen meist auf eine bestimmte Art erzählt und enthalten häufig einfache epische Einfälle, die die Überraschungen oder Höhepunkte einleiten sollen. Oft sind ihre Themen eine Probe oder eine Aufgabe; um zu überleben – einen Preis zu gewinnen oder einen bösen Feind zu besiegen –, muß der Held eine schwierige und gefahrenvolle Tat ausführen. Die Aufgabe ist zumindest in drei Etappen eingeteilt, wobei jede Etappe schwieriger ist als die vorhergehende. Das ist bei diesen Abenteuern schon fast zum Klischee geworden, und selbst die griechischen Heroenerzählungen laufen so ab. Bellerophon wird des Landes verwiesen, weil die Königin sich in ihn verliebt und ihn zu Unrecht beschuldigt, sie verführen zu wollen; es ist immer wieder das Motiv der Erfindungsgabe, wie bei »Potiphars Weib« und auch in anderen griechischen Mythen, so in den Geschichten von Phaidra und Hippolytos oder von Peleus und der Frau des Akastos. Bellerophon also werden der Reihe nach drei Aufgaben gestellt: zuerst soll er die ungeheuerliche Chimaira töten, dann den kriegerischen Stamm der Solymer besiegen, und schließlich muß er sich den gefährlichen Kriegerinnen, den Amazonen, stellen. Ein weiteres typisches Motiv der Erzählungen ist das des »einzig Überlebenden«. Als die Thebaner Tydeus, dem Vater von Diomedes, auflauern, tötet dieser alle bis auf einen, der die schlechte Nachricht überbringen muß, und als des Danaos fünfzig Töchter darum gebeten werden, ihre beharrlichen Freier, die zugleich ihre Vettern sind, zu töten, da tun dies alle mit einer Ausnahme, Hypermnestra, die sich in ihren Vetter Lynkeus verliebt und ihn statt dessen heiratet.

Erstaunlicherweise ist Bellerophon kein gutes Beispiel für dieses spezielle Motiv, da er, nach seinem dreimaligen Sieg, eine Truppe, die ihn auf Geheiß des Lykischen Königs töten soll, bis auf den letzten Mann tötet: »... auf den Heimkehrenden plante der König einen anderen Anschlag« – so Homer in der *Ilias*, VI, 187 ff. – »er wählte die besten Männer aus dem weiten Lykien und sandte sie, einen Hinterhalt zu legen; aber diese Männer kehrten nicht mehr heim, denn der untadelige Bellerophon tötete sie alle.« Vielleicht ein Versehen; aber Homer macht es mit Hilfe eines anderen Kunstgriffs aus den Volkserzählungen wieder gut, indem er den König zuletzt seinen Zorn vergessen läßt, Bellerophon die Prinzessin zur Frau bekommt und – wie es im Märchen heißt – »die Hälfte seines Königreichs«. Bei Homer heißt es: ... er gab ihm seine Tochter, gab ihm auch die Hälfte seiner Königswürde; und die Lykier grenzten ihm ein Stück Land ab, das besser war als alle anderen Stücke, schön an Ackerland und Pflanzungen, damit er es bebaue (VI, 192 ff., A. d. Ü.). Spiegelt sich hierin nicht eine gewisse Inkonsequenz? Einerseits behaupte ich, daß es tatsächlich zwischen Volkserzählungen und Mythen eine brauchbare Unterscheidung *gibt*; andererseits aber scheinen auch in griechischen Erzählungen, bei denen ich darauf bestehe, sie Mythen zu nennen, den Volkserzählungen entlehnte Elemente vorzukommen. Wenn man aber den Standpunkt von Boas-Benedict akzeptiert, wonach es zwischen Volkserzählungen und Mythen eine Wechselwirkung gibt, und vor allem, wenn man davon ausgeht, daß in einer Gesellschaft, in der die mündliche Überlieferung vorherrscht, jede Erzählung im Laufe der Zeit und durch wandelnde Umstände dahin tendiert, sich zu verändern, dann liegt hier kein Widerspruch vor. Die Bellerophon-Geschichte ist ein komplexes Ganzes, eine Zusammensetzung verschiedener Themen und Motive; dies gilt zumindest für die Version, die uns durch Homer überliefert ist. Die Elemente aus den Volkserzählungen sind nicht zu übersehen: die komplizierte, aber durchaus bekannte sexuelle Situation, das Zeichen, dessen gefährliche Nachricht dem Überbringer unbekannt ist (denn Bellerophon wurde mit »verderblichen Zeichen« zum König von Lykien gesandt, die den König veranlaßten, ihn zu töten), die drei aufeinanderfolgenden Aufgaben, die königliche Belohnung. Aber Bellerophon ist mehr als nur eine Figur aus den Volkserzählungen. Seine Verbindung zum geflügelten Pferd Pegasos ist mehr als die übliche magische Hilfestellung, und sein Scheitern bei dem Versuch, zum Himmel zu reiten – mit anderen Worten, die Grenze zwischen Menschen und Göttern zu überschreiten –, ist ein anderes als das der Helden in den Volkserzählungen. Davon handeln komplexere und phantasievollere Geschichten, nämlich die Mythen.

In Wirklichkeit gehören diese volkserzählerischen Elemente zum Geschichtenerzählen überhaupt; aus diesem Grunde findet man sie sogar in solchen Erzählungen wieder, die ernsthaftere Anliegen spiegeln, und sie beruhen nicht ausschließlich, was ihren Status als traditionelle Erzählungen betrifft, auf epischen und dramatischen Eigenschaften. Anders gesagt stützen sich alle Erzählungen bis zu einem gewissen Grad auf herkömmliche Erzählmuster und dramatische Handlungen. Volkserzählungen, in denen diese Elemente gegenüber den intellektuellen und imaginären überwiegen, sind an solchen Mustern besonders reich (aus diesem Grund verweist man auf »volkserzählerische Motive« und ähnliches); aber auch subtilere und komplexere Erzählungen oder Mythen können nicht gänzlich ohne sie auskommen. Manchmal passiert es freilich, daß in einem Teil des Mythos die epischen Momente überhand nehmen, was vorwiegend bei Perseus und zum Teil auch bei Bellerophon geschieht. Sogar die ausgesprochen »ernsten« griechischen

Mythen – die Göttermythen eingeschlossen – haben gelegentlich eine volkserzählerische Note. Hera, eine sicherlich ehrwürdige Figur, ist zugleich die typische keifende Ehefrau, die Zeus' Liebesleben nach Möglichkeit behindert und ihn dazu zwingt, sich die genialsten Verwandlungen einfallen zu lassen (in einen Stier, einen Bären, in Goldregen), was ebenfalls volkserzählerische Motive sind. Kronos wird von Gaia, Mutter Erde, auserwählt, ihren Plan auszuführen, weil er der jüngste und mutigste von ihren Kindern ist. Das ist, wie der Vater-Sohn-Konflikt überhaupt, ein typischer Gedanke der Volkserzählung; und wenn Kronos die Genitalien des Uranos abtrennt (die des Himmelsgottes, der sich sonst unaufhörlich mit seiner Frau, der Erde, vereinigen würde), hat dies etwas von der genialen Lösung, die häufig im traditionellen Erzählgut der einfachen Leute anzutreffen ist.

Auch wenn das Wesen der Mythen zwangsläufig noch immer recht nebulös erscheint, so sollte jetzt wenigstens deutlich geworden sein, was ich unter »Volkserzählung«, »volkserzählerischen Motiven« usw. verstehe. Die Alternative zu diesem Bemühen um brauchbare Kategorien bestünde darin, die Begriffe »Mythos« und »Volkserzählung« gänzlich abzuschaffen; davon auszugehen, daß das, womit wir uns beschäftigen, einfach viele, untereinander verschiedene Geschichten sind, und lediglich über »griechische traditionelle Erzählungen« zu schreiben. Das aber würde seine eigenen Schwierigkeiten und Grenzen zur Folge haben und ist, glaube ich, unnötig streng. Dennoch sehe ich, woran ein scharfsichtiger Kritiker dachte, als er zu einem früheren Buch von mir bemerkte: »Sein großes Problem teilt er mit vielen Autoren, die sich in letzter Zeit zu diesem Thema geäußert haben, nämlich daß »Mythos« sich als keine sehr brauchbare analytische Kategorie erweist.«[8]

Kapitel 3

Fünf monolithische Theorien

Eine grundlegende Tatsache, die nicht oft genug wiederholt werden kann, ist, daß Mythen traditionelle Erzählungen sind. Erzählungen dieser Art enthalten je nach Persönlichkeit, Wunschvorstellung und Umständen der Erzähler und Zuhörer eine Vielfalt von Implikationen und Bedeutungen. Ihre Beschaffenheit und ihre Funktion sind daher jeweils verschieden. Der größte Fehler der modernen Mythenforschung liegt darin, daß sie meist aus einer Reihe angeblicher Universaltheorien besteht, die sich gegenseitig ausschließen, wobei jede durch eine beliebige Anzahl von Gegenbeispielen leicht widerlegt werden kann. Dennoch scheinen die meisten dieser Theorien mindestens *einige* Mythen erhellt zu haben: zum Beispiel die, die eine besondere Form aufweisen, oder die, die mit einer besonderen Gemeinschaft oder Kultur verbunden sind. Immerhin kann eine Theorie nur dann Fuß fassen, wenn es bestimmte Phänomene gibt, auf die sie sich in der einen oder anderen Weise bezieht. Trotz allem bin ich der Überzeugung, daß es nicht nur eine einzige und alles umfassende Mythentheorie geben kann – außer vielleicht die Theorie, daß all diese Theorien mit Notwendigkeit falsch sind. Die einzige Ausnahme wäre eine so einfache Theorie, daß sie kaum die Bezeichnung verdient (wie die Definition der »traditionellen Erzählung«), oder eine so komplizierte und auf so vielen Voraussetzungen und Möglichkeiten beruhende Theorie, daß sie als eine einzige Theorie nicht gelten kann.

Mythen bilden also eine unerhört komplexe und zugleich vage Kategorie, und man muß alle Deutungs- und Klassifikationsmöglichkeiten auf sie anwenden können. Auf jeden Fall gibt es Mythen, die sich einer Auslegung versperren. Wenn wir zum Beispiel die Volkserzählungen zu den Mythen im weitesten Sinn hinzuzählen, so sind diese kaum »auslegbar«, oder ihre Auslegung würde primär fast nur aus einer Reihe von stilistischen und ethnologischen Beobachtungen bestehen. Im übrigen mag jede der anderen bestehenden Theorien ihre Gültigkeit haben. Aber auch dies beinhaltet, die einzelnen Mythen als einfach und einheitlich zu betrachten, während ich die Ansicht vertrat, daß traditionelle Erzählungen im allgemeinen – abhängig unter anderem von ihrem jeweiligen sozialen und historischen Rahmen – die Tendenz haben, sich zu verändern. Diese Veränderungen treten aber erst allmählich ein, und sogar der Mythos, der in einer früheren Fassung eine einfache Bedeutung hat (und viele haben eher mehr als eine), kann verwirrende Zweideutigkeiten entwickeln, sobald jene Fassung eine Akzentverschiebung erfährt. Deshalb sind Mythen oft multifunktional, und verschiedene Zuhörer können dementsprechend einen Mythos aus unterschiedlichen Gründen verschieden werten. Ein Mythos kann, wie jede andere Erzählung auch, unterschiedliche Akzente oder Bedeutungsebenen haben. Sind diese besonders abstrakt, dann erfahren die möglichen Ambivalenzen eine zusätzliche Steigerung. Daraus folgt, daß die Deutung eines Mythos nicht dann aufhören sollte, wenn sich eine theoretische Auslegung gefunden und als fruchtbar erwiesen hat. Andere Auslegungen können ebenfalls ihre Gültigkeit haben. Genauso wie eine menschliche Handlung im Sprachgebrauch der Psychologie »überdeterminiert« sein oder mehr als nur ein Motiv haben kann, so kann auch eine Erzählung über menschliche Handlungen mehr als nur einen Aspekt und eine Implikation enthalten.

Die Multifunktionalität von Mythen wurde von Dr. Percy S. Cohen in seiner 1970 gehaltenen Malinowski-Gedächtnisvorlesung hervorgehoben. In gewisser Hinsicht ist sein Beitrag eine Weiterführung der Aussage von Franz Boas, wie sie im zweiten Kapitel beschrieben wurde, obwohl sie dort streng genommen nur im Hinblick auf die Wechselwirkung zwischen »ernsten« Mythen und Volkserzählungen referiert wird. Der Gedanke einer Multifunktionalität beansprucht aber keinesfalls, eine alles übergreifende Theorie zu sein (da es falsch wäre, alle Mythen als multifunktional zu bezeichnen), sondern ist eher eine allgemein gefaßte Aussage über Mythen einerseits und ein Beitrag zur Methodologie andererseits. Aber auch so besteht die Gefahr, daß die Verallgemeinerung mißbraucht wird. »Multifunktionalität« und »Überdeterminierung« können als Entschuldigung für eine eigenwillige und ungenaue Deutung dienen sowie für die Hervorhebung einer bestimmten Interpretation eines Mythos, die auch viel einfacher begründet werden kann. Zweifelsohne stehen verschiedene Bedingungszusammenhänge nebeneinander; ein Mythos kann beispielsweise sowohl eine bestimmte gesellschaftliche Implikation (etwa, daß Inzest eine Gefahr für die Gesellschaft bedeutet) als auch eine psychologische Implikation haben (etwa, daß verbotene

Verhältnisse verlockend sind). Das gesellschaftliche Anliegen zu benennen, meint nicht notwendig, daß die psychologischen Aspekte nicht beachtet werden. Wie ich schon vorhin behauptete, sollte ein Mythos jeder nur möglichen Deutung unterzogen werden, bevor man zu dem Schluß kommt, daß er angemessen untersucht und bis zu einem gewissen Grad »erklärt« ist – oder als nicht auslegbar erachtet wird.

Gegen die eben von mir aufgestellte Behauptung zur Methodologie ließen sich leicht zwei Einwände – der eine trivial, der andere schon ernstzunehmender – anbringen. Der erste bezieht sich darauf, daß es eklektisch und deshalb verwerflich ist, zu den alten Mythentheorien nach Art eines Lackmustests noch eine oder zwei neue hinzuzufügen, in der Hoffnung, eine oder mehrere werden sich als brauchbar erweisen. Aber ist es nicht so, daß der Eklektizismus eine gute und eine schlechte Seite zugleich hat? Der positive Aspekt ist, daß man ein Problem von allen möglichen Seiten angeht, um dadurch die Vorgehensweisen auszuwählen, von denen man sich am meisten verspricht. Diese werden mit anderen Standpunkten und Beobachtungen zu einer neuen Sicht verschmolzen, die die vorhergehenden Erkenntnisse nicht gänzlich unberücksichtigt läßt. Der negative Aspekt dabei ist, daß das Aussortieren früherer Sichtweisen ein mehr oder weniger mechanischer Vorgang und das Ergebnis eine unbeholfene Mischung aus sich widersprechenden Einzelteilen ist.

Es zeigt sich, daß die verschiedenen monolitischen Mythentheorien nicht wahllos gebraucht werden dürfen, auch wenn viele von ihnen ihren legitimen Verwendungsbereich haben. Eine extreme Theorie besagt, wie bereits erwähnt, daß alle Mythen etwas mit Naturerscheinungen, wie Sonne, Mond, Winde usw., zu tun haben. Dies ist absurd, auch wenn *einige* Mythen tatsächlich davon handeln. Poseidon wird zweifelsohne mit dem Meer, den unterirdischen Quellen und dem Erdbeben assoziiert, und als er und Athene mittels verschiedener Gaben um Athen wetteifern, bot er, indem er seinen Dreizack auf die Akropolis schleuderte, eine Quelle als Geschenk an. Dies ist eine Art Naturmythos. Ein eindeutigeres Beispiel ist der Uranos-Mythos, in dem Uranos – der Himmel – mit Gewalt von Gaia – der Erde – getrennt wird, damit die Welt zwischen ihnen existieren kann. Auch Helios – die Sonne, die alles, was auf der Erde geschieht, sehen kann – und seine allnächtliche Rückkehr in einer goldenen Schale entlang dem nördlichen Okeanos-Strom ist, wenn auch mythisch, so doch eine völlig einsichtige Wiedergabe eines Naturereignisses, daß nämlich die Sonne im Westen unter- und im Osten aufgeht. Deshalb ist es keineswegs »eklektisch« im negativen Sinn, derartige Übereinstimmungen zuzugeben, auch wenn man die Auswüchse der Schule der Naturmythologie ablehnt. Die diesen schwachen Einwand vorbringen, haben sich wahrscheinlich noch immer der Idee verschrieben, daß es für alle Mythen nur eine Erklärung geben kann und daß jede komplexe Darstellung infolgedessen zwangsläufig unzulänglich ist.

Der zweite und ernstzunehmendere Einwand ist der, daß das Beschreiben der Möglichkeiten unterschiedlicher Funktionen und der Verweis auf verschiedene Bezugsebenen schon besagt, daß Mythen mit Hilfe der richtigen Methode immer zu bestimmen seien, obwohl uns doch allen bekannt ist, daß das »Mythische« einen poetischen oder mystischen Kern enthält, der mit logischen und konkreten Begriffen nicht zu deuten ist. Dieser Einwand könnte in gewisser Weise dadurch entkräftet werden, daß im Verlauf meiner Annäherung an die Mythen unter anderem auch die poetischen und mystischen Aspekte berücksichtigt werden. Das würde aber insofern nicht ausreichen, als die eigentliche Kritik darauf zielt, daß die analytischen Methoden, die hier zur Debatte stehen, diese Aspekte erst gar nicht aufdecken könnten. Inwiefern dies tatsächlich so ist, bleibt noch zu beweisen. Zu sagen, daß Mythen auf einer Ebene angesiedelt sind, die sich der Vernunft sperrt, *scheint* unwiderlegbar, ist aber vielleicht nicht ganz so wahr, wie es zu sein scheint. Es wäre vorschnell, abstreiten zu wollen, daß einige Mythen eine verborgene symbolische Bedeutung haben, daß sie den Träumen verwandt sind und daß sie bestimmte Züge aufweisen, die eher von unbewußten als von bewußten Verhaltensweisen herrühren; vielleicht jedoch sind diese Komponenten von geringerer Bedeutung, als gemeinhin angenommen. Sie erweisen sich keinesfalls als die entscheidenden Elemente der meisten griechischen Mythen, obwohl es hierfür, wie wir gesehen haben, und für die Tatsache, daß griechische Mythen im eigentlichen Sinne nicht typisch sind, spezielle Gründe geben mag. Aber Mythen sind schon aufgrund dessen, daß sie Erzählungen sind, keineswegs nur – nicht einmal überwiegend – geheimnisvoll und unlogisch. Es bleiben noch viele Aspekte, für die eine analytische Betrachtungsweise Gültigkeit hat und für die sie sich als fruchtbar erweisen mag. Sogar poetische Wahrheit, Symbolik und verborgene Deutungen sind bestimmten Deutungen zugänglich; allein die Voraussetzung hierfür ist, daß die der Deutung zugrundeliegenden Annahmen nicht unmittelbar einsichtig sind und daß Zusammenhänge und Beziehungen miteinbezogen werden, die der abendländischen Logik fremd sind. Die Zeiten sind längst vorbei, als E. B. Tylor und Lucien Lévy-Bruhl über eine besondere Art von »primitiver Mentalität« schreiben konnten, der keinerlei System zugrunde liege und in der bestimmte Phänomene durch eine »mystische Partizipation« und ähnliches verbunden seien. Dies mochte bei der Entdeckung und Rehabilitierung der Kulturen der Naturvölker ein notwendiger Schritte gewesen sein, aber er ließ die simple Wahrheit außer acht, daß die meisten Eingeborenen ganz und gar nicht dumm und durchaus dazu in der Lage sind, in ihrem täglichen Leben Ursache und Wirkung zu unterscheiden.

Vor allem waren es Mythen, die sich einer rationalen Deutung zu widersetzen schienen und die der Ansicht Vorschub leisteten, daß ihre Urheber in einem mystischen Nebel herumirrten. Eingehendere Beobachtungen sowie die Tendenz der Ethnologen, die Stammesgesellschaften mit zunehmendem Respekt zu behandeln, haben gezeigt, daß die scheinbar unlogischen Bezüge in den »primitiven« Mythen in Wirklichkeit gar nicht unlogisch sind. Vielmehr handelt es sich hier um logische Systeme, die sich von denen der westlichen Kulturen unterscheiden. Lévy-Strauss hat in *La Pensée sauvage*[3] gezeigt, daß viele einfache Gesellschaften durchaus ein auf Kategorien basierendes Gefüge haben, ja sogar Systeme von außerordentlicher Reichweite und Komplexität. Dies ist unbestreitbar; dennoch sollte man sich hier vor jeder Sentimentalität hüten, da es zu einfach wäre zu sagen (wie es viele heute tun), daß diese alternativen logischen Strukturen »genausogut« sind wie die, die zufälligerweise die unsrigen sind. Jene gebrauchen das Argument, daß sogar die aristotelische Logik unter bestimmten Voraussetzungen einer anderen weichen mußte, genauso wie die Lehre des Euklid, die früher als das Kernstück der logischen Geometrie erschien, heute als zu begrenzt gilt, um damit die gesamte Welt zu erforschen. In Wirklichkeit aber ist die aristotelische Logik, die einfache und stimmige Regeln der Ursache und Wirkung aufgestellt hat, in vielerlei Hinsicht den anderen Systemen, die sich auf vage symbolische Assoziationen stützen, bei weitem überlegen. Einige Aspekte der Mythen können mit Hilfe dieser anderen Systeme besser gewürdigt werden, trotzdem gibt es Elemente und Eigenschaften, auf die sich – wenigstens in einem ersten Schritt – eine diskursive Deutung anwenden läßt. In der nun folgenden Betrachtung der fünf monolithischen Theorien haben solche rationalen Vorgehensweisen mit Sicherheit ihren Platz.

Die erste Universaltheorie ist bereits gestreift worden: sie besagt, daß alle Mythen *Naturmythen* sind, das heißt, sich auf meteorologische und kosmologische Erscheinungen beziehen. Eine Zwangsvorstellung, die deutschen Ursprungs war und in England unter Max Müller – einem bekannten Philologen, der in Oxford Professor wurde – ihren Höhepunkt erlebte. Müller war der Ansicht, daß Mythen oft aus falsch verstandenen Namen gebildet wurden, besonders wenn sie sich auf Himmelskörper bezogen; in einem Satz, der allbekannt wurde, behauptete er, sie seien eine durch die Sprache bedingte »Erkrankung«. Das war wenigstens eine Abwandlung der landläufigen Meinung, wonach Erzählungen von Heroen, die ein Ungeheuer töten, immer durch ein mysteriöses Gesetz auf das Morgengrauen als Bezwinger der Nacht oder auf die Mittagshitze als Vertreiberin des morgendlichen Herbstnebels verweisen müssen. Keiner der Wissenschaftler, die diese bemerkenswerten Ansichten vortrugen, war in der Lage (noch interessiert daran), zu begründen, warum sich die Urheber der Mythen solche Mühe gegeben haben sollten, nur um zu solch offensichtlichen Naturerscheinungen allegorische Aussagen zu machen. Es gibt natürlich Gelegenheiten, bei denen die Personifikation solcher Ereignisse sinnvoll sein kann. Einen Schneemann zu verbrennen, um das Ende des Winters darzustellen, oder den Blitz als die Waffe eines Gottes zu betrachten, der durch Opfer besänftigt werden kann, sind eindeutige und verständliche Sinnbilder. Aber wie verhält es sich mit der Hochzeit von Peleus und Thetis, Herakles' Hörigkeit gegenüber der lydischen Königin Omphale, Pasiphaës widernatürlichen Liebe zum kretischen Stier, Hermes' Diebstahl der Rinder Apollons oder Zeus' Entthronung seines Vaters Kronos? Und wie steht es mit den vielen anderen?

Das gleiche trifft auch auf andere Gruppen von Mythen zu. Odin und Thor mögen in den nordischen Mythen Naturgottheiten sein, aber wie steht es mit Balder und Freyja? Bestimmte Handlungen der mesopotamischen Götter befassen sich mit der Teilung von urzeitlichen Gewässern, mit Bewässerung und ähnlichem, viele andere aber stehen mit sozialen, politischen oder theologischen Entwicklungen in Verbindung. Gilgamesch, der einer mesopotamischen mythischen Herosfigur am nächsten kommt, steht mit Sicherheit nicht für die Sonne, den Mond, einen Wind oder ein Gewitter. Indianermythen wiederum enthalten manchmal Gestalten, die vom Himmel herabsteigen und zum Beispiel mit der Tochter der Sonne verheiratet werden; Gegenstände der Natur und kosmische Ereignisse sind nicht ausgeschlossen, aber hauptsächlich beschäftigen sie sich mit der imaginären Vorgeschichte der lokalen Bräuche und der unmittelbaren Umgebung sowie mit den Problemen und Widersprüchen menschlicher Existenz. Es ist natürlich richtig, daß es Naturmythen tatsächlich *gibt,* aber nicht alle, geschweige denn die meisten Mythen sind dazu zu zählen. Seit Andrew Lang vor achtzig Jahren schließlich die Geduld verlor und die ganze aufgebauschte Theorie in die Luft gehen ließ, hat auch niemand mehr ernsthaft daran geglaubt.

Gleichwohl ist die Darstellung bestimmter Aspekte der Natur in den Mythen und im Kult ein wichtiges Thema, und wenn die Exzesse der Schule der Naturmythologie überhaupt etwas gezeigt haben, dann, daß dies kaum eingehend berücksichtigt worden ist. Zwar hat Raffaele Pettazoni darauf hingewiesen, daß die meisten mythenbildenden Kulturen einem Himmels- oder Wettergott die Vormachtstellung einräumen und daß dieser dann zum Hüter der Ordnung und Gesellschaft wird. Die Griechen bestätigen diesen Gedanken: Zeus – ihr höchster Gott – wird aus dem indogermanischen Himmelsgott Dyaush (der Genetiv von Zeus im Griechischen ist *Dios*) hergeleitet. Man glaubt, daß er sich am Himmel oder wenigstens auf der Spitze eines hohen Berges aufhält, die bis in den Äther (*aither*) – die oberste reine Luft – reicht, und seine Waffen sind der Blitz und der Donnerkeil; er ist der Beschützer der Fremden und Bittsteller und der Hüter der Eide. Zeus ist es auch, der aus den Wolken Regen macht; eines seiner Standard-Epitheta ist der »Wolkensammler«; ihm entspricht im Lateinischen Jupiter Pluvius (Jupiter des Regens) – »Ju-piter« ist nahe verwandt mit dem vedischen *Dyaush-pitar* und verweist auf Homers Bezeichnung für Zeus als »Vater der Götter und der Menschen«. In Hesiods *Theogonie* kommt die letzte Herausforderung gegen die Oberhoheit des Zeus von seiten der Titanen, den alten Göttern (die er mit Blitzstrahlen, die den gesamten Bereich zwischen Himmel und Erde in Feuer auflodern lassen, vernichtet), und schließlich vom Typhon, dem Sturmungeheuer. Hier benimmt er sich wie ein typischer Wettergott. Er gleicht dem sumerischen Enlil, dem Herrn der Luft und der Winde, und dem babylonischen Marduk, der im akkadischen »Schöpfungsepos« Enlil abgelöst hat. Dort wird die ungeheuerliche Tiamat von Marduk in zwei Teile gerissen, so daß ihre obere Hälfte der

Himmel und ihre untere Hälfte die Erde wird. Auch die Chur-riter, die das nördliche Syrien und einen Großteil Kleinasiens im 2. Jahrtausend v. Chr. beherrschten, verehrten einen mächtigen Wettergott, und dessen Sohn, Telepinu, wurde mit der Fruchtbar-keit der Erde assoziiert – als er vor Wut davonlief, kam eine große Trockenheit, und selbst die Götter fingen zu leiden an.

Das Verschwinden Telepinus exemplifiziert eine wesentliche Verbindung zwischen zwei Kategorien von Naturgottheiten: die Himmels-, Regen- und Wettergötter einerseits und andererseits die, die sich in der Erde aufhalten und die Fruchtbarkeit der Pflanzen und indirekt der Tiere und der Menschen repräsentieren. Zeus selbst ist kein »chthonischer« Gott – sein Bereich liegt nicht unter der Erdoberfläche –, dafür sein Bruder Hades und seine Schwester Demeter (die zugleich seine Gemahlin ist), genauso wie ihre Tochter Kore – das Mädchen –, auch als Persephone bekannt. Als Persephone eines Tages Blumen pflückte, wurde sie von Hades, dem Herrn der Unterwelt, entführt. Es hatte die gleichen Kon-sequenzen wie im churritischen Mythos vom Verschwinden des Telepinu. Eine große Hungersnot brach aus, und die Saat ging nicht auf. Die Götter waren beunruhigt, und schließlich mußte Zeus Hades befehlen, seine junge Braut wieder freizugeben. Per-sephone mußte ein Drittel des Jahres zu ihm gehen, weil er ihr den Kern eines Granatapfels zu essen gegeben und dadurch einen Teil von ihr an seinen Bereich gefesselt hatte.

Deshalb hat Zeus, obwohl er ausdrücklich der Gott des Him-mels und der oberen Luft bleibt, Verbindung zur Unterwelt. Bei der Aufteilung der Welt, die er nach Errichtung seiner Oberhoheit vornahm, erhielt sein Bruder Poseidon das Meer und sein anderer Bruder Hades das Königreich unter der Erde. Die Erdoberfläche sollte von allen dreien geteilt werden, aber in Wirklichkeit war Zeus auch dort der Höchste. Diese Verbindung zwischen Himmel, dem Ort, von dem der Regen kommt, und der Erde, die davon fruchtbar gemacht wird, gibt es schon bei den Vorvätern des Zeus. Das urzeitliche Götterpaar – noch immer teilweise als große Erd-massen gesehen – waren Uranos und Gaia, Himmel und Erde, und der Himmel legte sich auf die Erde und liebte sie ohne Unter-laß. Der Mythos kann als eine symbolische Darstellung der Wech-selwirkung zwischen Regen und Erde gesehen werden, die die Pflanzen zum Leben und Wachsen bringt. In den verlorengegan-genen *Danaiden* schreibt Aischylos: »Der göttliche Himmel be-gehrt heftig, in die Erde einzudringen... Regen fällt und befruchtet die Erde, und sie bringt Weiden für Herden und Demeters lebenspendendes Korn hervor.« Einer späten Quelle zufolge sollen die Eingeweihten bei den Eleusinischen Mysterien zum Himmel hinaufgeschaut und »Regen!« gerufen, danach zur Erde geschaut und »Empfange!« gerufen haben.

In Hesiods *Theogonie* heißt es: »Wahrlich, zuerst entstand das Chaos.«[4] Im archaischen Griechenland bedeutet *Chaos* eher »Kluft« als »Unordnung«, und Hesiods Beschreibung weist Ähnlichkeiten mit Mythen aus der ganzen Welt auf (einschließlich des akkadischen Schöpfungsmythos, der wahrscheinlich sein besonderes Vorbild war), in denen Himmel und Erde erst mit Gewalt entzweit werden mußten, bevor die Welt der Menschen entstehen konnte. Eigentümlicherweise ist es Kronos, eines der Kinder Gaias, das in ihrem Schoß gefangen ist, der, sobald er zur Welt kommt, seinen Vater Uranos in einem weiteren Fruchtbarkeitsakt kastriert (S. 109 ff.). Kronos kann jetzt zusammen mit seinen Brüdern und Schwestern – den Titanen – geboren werden; er wiederum benimmt sich abscheulich gegenüber seinen Kindern, unter denen sich auch Zeus befindet. Zeus' Vater ist demnach eine Figur, die schwer zu definieren ist; aber abgesehen von den Einzelheiten über diesen komplexen Sukzessionsmythos und seine paradoxe Verknüpfung mit dem Goldenen Zeitalter (s. S. 126 ff.), ist das einzige, was wir über seinen Kult wissen, daß er eine Art von Fruchtbarkeitsgott war, da die Kronia, ein Fest, welches ihm zu Ehren abgehalten wurde, eine Pflug- und Erntefeier war (s. S. 222 f.). Rhea, seine Frau und zugleich die Mutter des Zeus, ist in den erhaltenen Berichten sogar noch farbloser, aber wenigstens wird jetzt deutlich, daß Zeus der Sohn eines Fruchtbarkeitsgottes und zugleich Enkel von Himmel und Erde ist, die eine permanent fruchtbare Beziehung unterhalten. Er wird zur obersten Gottheit des Himmels, aber zu seinem Wesen gehört auch die Vitalität der Erde.

Erzählungen über Götter, die den Himmel, die Erde, den Regen und das Wetter entweder darstellen oder beherrschen, sind, abgesehen von den komplexen Geschichten über verschwindende Fruchtbarkeitsgottheiten, nur eine Kategorie der Naturmythen. Zum Beispiel gibt es auch Sonnen- und Mondgötter. Besonders die mesopotamischen Mythen enthalten viele solche Figuren, und Schamasch ist der große Sonnengott, der alles, was unter den Menschen geschieht, sieht und infolgedessen der Herr der Eide und der Gerechtigkeit ist. Helios – sein griechisches Pendant – hat ähnliche Merkmale, und das Interessante ist, daß solche Naturgottheiten dazu neigen, nicht gänzlich anthropomorph zu sein. Griechische Dichter wie Stesichoros und der Elegiker Mimnermos konnten Frau und Kinder des Helios, zu denen er jede Nacht, nachdem er im Westen untergegangen ist, zurückkehrt, nur als ein Detail erwähnen in der Geschichte von Herakles, der von seinen Abenteuern im Westen zurückkehrte, indem er sich die Schale des Sonnengottes auslieh; darüber hinaus erfahren wir reichlich wenig über diese Verwandten, und besonders konkret werden sie uns nicht vor Augen geführt.[5] In einem sumerischen Mythos verhält sich Enlil der reizenden Ninlil gegenüber, die noch minderjährig ist, ziemlich schändlich, und sie folgt ihm in die Unterwelt.[6] Die anderen Götter sind ganz aufgebracht, nicht zuletzt, weil sie wissen, daß sie in Kürze Nanna-Sin gebären wird. Dieser ist ein Gott, der mit dem Mond assoziiert wird, und ein Mondgott gehört in den Bereich der oberen Luft von Enlil und sollte nicht im »Haus des Staubes« – so nannten die Sumerer und die Akkader die Unterwelt, die Welt der Toten – geboren werden. Aber auch in diesem Falle bleibt der Mondgott ziemlich abstrakt.

Die Meeresmythen sind genauso wichtig wie die Sonnen- und Mondmythen. In Ägypten war Nun der Urozean, aus dem ein konisches Stück Land hervortrat; es wurde die Erde – Pyramiden erinnern von der Form her daran –, und die anfänglichen Wasser traten zurück und bildeten den Nil und die Außenmeere. Enki, Herr des Süßwassers und der Weisheit (weil er genauso flexibel und wendig ist wie das Wasser, welches durch die Bewässerungskanäle durchsickert?), war bei den Akkadern einer der »jüngeren Götter«, der Tiamat besiegte. Sie war die Schlangengottheit des Urwassers, die, nachdem sie entzweigerissen worden war, vom Himmel Regen sprühte und aus der Erde Quellen entsandte. In den griechischen Mythen reitet Poseidon auf den Wellen in seinem Wagen (»... und die Seeungeheuer erfreuten sich ihres Herren«, heißt es bei Homer) oder hält sich in seinem Unterwasserpalast bei Aigai auf, aber seine kosmologischen Funktionen sind weniger deutlich. Thetis und Eurynome sind Meeresgöttinnen, die in einigen wenigen Berichten in einem sonderbaren Verhältnis zur ursprünglichen Weltschöpfung stehen.

Auch Winde werden personifiziert und sind Thema traditioneller Erzählungen. Typhoeus (auch Typhon genannt – der Ursprung von »Taifun«) unterlag Zeus, aber in einer späteren Epoche raubte Boreas – der Nordwind – Oreithyia, die Tochter des Königs Erechtheus von Athen, genauso wie Hades Kore-Persephone entführt hatte. Boreas nahm sie mit in seinen Palast in Thrakien, weil dort jene Region nördlich der Ägäis liegt, von wo aus der Nordwind auf die zivilisierten Griechen bläst. Und sie gebar Zetes und Kalais, die kleinere Windgötter waren. Im Leben der Griechen spielt der Nordwind eine wichtige Rolle: die pfeifenden Etesien blasen im Sommer und ermöglichen beziehungsweise verunmöglichen das Segeln, und überall im Adriatischen Meer ist die »Bora« – wie sie heute genannt wird – eine ständige Bedrohung. Es war der Nordwind, der die Persische Flotte bei Salamis vernichtete, und die Athener riefen einen Kult ins Leben, um daran zu erinnern; kurz danach lieferte Sokrates ein klassisches Beispiel trivialer Rationalisierung, indem er, laut Platon in *Phaidros,* behauptete, daß die Vergewaltigung Oreithyias durch Boreas auf eine Prinzessin aus Athen zurückginge, die zufällig über einen Felsen geblasen wurde.[7]

Nicht nur Winde, sondern Flüsse, Landzungen, Berge und Quellen, alle erhielten ihre lokale Gottheit, Nymphe oder einen Geist – was die Griechen »daemon« nannten –, und Erzählungen entstanden über sie, die gewöhnlich in ihrer örtlich begrenzten ätiologischen Absicht eindeutig und mechanisch in ihrem Gebrauch gängiger Motive waren. Sie qualifizierten sich kaum noch als Mythen, und dennoch sind sie Ergebnis einer der wichtigsten und allen Mythen zugrundeliegenden Annahme: daß die Natur von Kräften durchdrungen ist, die durch Begriffe der Menschen gewissermaßen zu veranschaulichen sind. Animismus, Personifikation, Anthropomorphismus, »die Vermenschlichung der Natur« – das sind alles ineinander übergreifende Tendenzen, die der Anschauung von Naturgöttern und -mythen zugrunde liegen.

Es ist verlockend, derartige Ansichten zu dogmatisieren und sie auf Formeln zu bringen; beispielsweise, daß der primitive Mensch (was immer man darunter verstehen mag) die Welt als ein »Du« sah; daß er an sie dachte, mit ihr sprach, als wäre sie eine Person. Das ist eine Interpretation, die hinsichtlich der ägyptischen Mythen von H. und H. A. Frankfort – Herausgeber eines wichtigen Buches mit dem Titel *Before Philosophy* – geltend gemacht wurde. Aber wie und warum die ersten Mythenurheber über die Welt genauso dachten, wie sie es taten, und aus welchen anthropozentrischen und symbolischen Motiven heraus sie sich Götter in der Form des Himmels oder den Himmel gewissermaßen als Mensch vorstellten, bleibt nach wie vor unverständlich. Man kann annehmen, daß bestimmte Aspekte der Natur, wie Donner oder

Meeresstürme, furchterregend waren und der Mensch sie dadurch bezwang, daß er sie so behandelte, als würden sie quasi menschlichen Motiven gehorchen und sich schließlich beruhigen oder mittels Geschenken abfinden oder durch Gebete und Schmeicheleien besänftigen lassen. Man kann aber auch sagen, daß die Menschen, sobald sie eine bestimmte Entwicklungsstufe erreicht haben, so egozentrisch sind, daß sie ihre Außenwelt nur über sich selbst wahrnehmen. Weiterhin, daß die Ehrfurcht, die sie angesichts der Natur empfinden, mit derjenigen, die sie ihren eigenen Vätern gegenüber empfanden, vergleichbar ist, so daß besonders der Wettergott zum übernatürlichen Vater wird.

Das und noch vieles andere sind mögliche Erklärungen; die Ursprünge des Anthropomorphismus sind in jedem Fall ziemlich vielschichtig. E. E. Evans-Pritchard hatte in seinem Buch *Theories of Primitive Religion* ausdrücklich betont, daß Mutmaßungen über den »genauen« Ursprung der Religion eine gelehrte Zeitverschwendung sind; genauso unmöglich ist es, den Ursprung der Personifizierung festzulegen. Unsere kultivierte und literale unmittelbare Erkenntnis wird uns hierbei höchstwahrscheinlich gänzlich irreführen. Erfolgversprechender ist es, genauestens zwischen verschiedenen Gruppen anthropomorpher Geschöpfe zu unterscheiden: beispielsweise zwischen den personifizierten Darstellungen wichtiger Aspekte der Natur, wie Himmel oder Meer, und den zufälligeren Verknüpfungen komplexer mythischer Figuren mit Phänomenen der Natur, wie die des Apollon mit der Sonne und die des Herakles mit warmen Quellen; oder zwischen den soeben erwähnten Naturgeistern, wie Nymphen und Satyrn, die meistens einer ausgeprägt ländlichen Phantasie entsprungen zu sein scheinen.

Zwei Bemerkungen zu den griechischen Naturmythen stehen noch aus. Die erste ist, daß die Griechen Tiere nicht unbedingt zur »Natur« zählten. Trotzdem gibt es genügend Tiercharaktere; Io verwandelt sich in eine Kuh und Zeus in einen Stier; Kerberos, der den Eingang zum Hades bewacht, ist ein vielköpfiger Hund; es gibt berühmte Ungeheuer, wie den kalydonischen Eber oder den nemeischen Löwen, und auch schlangenförmige Wesen, wie Echidne und Typhoeus, sowie Kekrops, der erste mythische König von Athen. Bellerophon reitet auf dem geflügelten Pferd Pegasos und Arion auf einem Delphin; Zeus' spezieller Vogel ist der Adler, zu Athene gehört die Eule. Aber eine Vermischung im eigentlichen Sinn zwischen Mensch und Tier gibt es in der mythischen Welt der Griechen nicht. Dennoch ist das in vielen Gebieten, besonders in Nord- und Südamerika sowie Afrika, bezeichnend für Mythen. Griechenland hat zwar eigene »Trickster«, aber das sind Männer wie Sisyphos, Autolykos oder Odysseus, oder anthropomorphe Götter wie Hermes oder Prometheus. Dagegen ist bei den nordamerikanischen Flachlandindianern der »Trickster« Kojote oder Krähe, und bei unzähligen afrikanischen Stämmen ist er Spinne. Diese Kreaturen sind nur zum Teil Menschen; im »Trickster«-Zyklus der Winnebago hat Kojote einen riesengroßen Penis, den er in einer Schachtel, die über seine Schulter hängt, tragen muß. Ihr Status ist ganz und gar ambivalent; meistens sehen sie wie Männer oder Frauen aus, haben aber den Charakter eines Tieres, manchmal indes paaren sie sich mit Tieren und werden beinahe mit ihnen identisch.

Hinter solchen Mythen steckt die verbreitete Annahme, daß die Tiere früher die Welt beherrschten, und in vielen Schöpfungsgeschichten, zum Beispiel jenen, in denen der Himmel zuerst emporgehoben wird, ist derjenige, der die entscheidende Handlung ausführt, ein Vogel oder Tier. Nachdem die Erde ihre jetzige Form erhalten hat, bringen die Tiere nach und nach menschliche Wesen hervor, und wenn das Zwischenstadium, welches in vielen nichtgriechischen Mythen dargestellt wird, zu Ende ist, bekommen sie ihr jetziges Aussehen. Noch ungefähr 3000 v. Chr., in der vordynastischen Zeit, verehrten die alten Ägypter fast ausschließlich Götter in Tiergestalt, und bis zum klassischen Zeitalter hatten ihre Götter Tierköpfe oder andere Tiermerkmale, wie Horus zum Beispiel einem Falken ähnelt und Anubis einem Schakal. Manche sind der Ansicht, daß auch die Griechen einmal den gleichen Glauben hatten und daß die formelhaften Epitheta für Athene und Hera – wortwörtlich »eulengesichtig« und »kuhgesichtig« – ein Beweis dafür sind. Auch andere Götter besitzen animalische Eigenschaften: zum Beispiel ist Artemis eng mit Kallisto verbunden, die sich in eine Bärin verwandelte, und beim Artemis-Kult zu Brauron in Attika dienten ihr kleine Mädchen in gelben Kleidern, auch »Bärinnen« genannt; Poseidon und Demeter wurden in Arkadien als Pferdeköpfige verehrt.

Solche theriomorphe Tendenzen – wenn es welche sind – bilden eher die Ausnahme als die Regel. Im Vergleich zu vielen »wilden« Mythen ist der Ausgangspunkt hier ein anderer: die Griechen hatten niemals die Tiere als Herrscher der Welt betrachtet, und daß sich Tiere mit Menschen vermischten, war ihnen fremd. Ihr Anthropomorphismus war genauestens festgelegt. Ich meine, daß ihnen dadurch etwas abging, aber die Ursachen hierfür scheinen eindeutig zu sein: sie lebten nicht mehr, wie es viele Stammesgesellschaften taten und heute noch tun, in einer Welt, die von Tieren und der Notwendigkeit, sie zu jagen und zu fangen beziehungsweise sie sich vom Leib zu halten, dominiert wurde. Aber ihre entfernten Vorväter waren, noch bevor sie vor 2000 v. Chr. nach Griechenland herunterkamen, prähistorische Jäger gewesen; die Gewohnheiten und das Verhalten der Bären und Wisente müssen zu dem gehört haben, womit sie sich ständig beschäftigt haben. Der Schweizer Wissenschaftler Karl Meuli stellte die These auf, daß bestimmte zur Jagd gehörende Verhaltensweisen zwar in den geschichtlich belegten Opferbräuchen überdauerten, aber den Tieren in den Mythen nur eine zweitrangige Stellung eingeräumt wurde.[8] Schon im frühen Neolithikum – ungefähr 5000 v. Chr. – hörten die Vorfahren der Griechen auf, eine Gemeinschaft von Jägern zu sein; ein Teil der Tiere war domestiziert, und von den übrigen hatten die Menschen wenig zu befürchten. Tiere wurden »Werkzeuge« und nicht Gebieter der Menschen, und die ersten Griechen brachten den langen Humanisierungsprozeß in Gang, der den Menschen in den Mittelpunkt stellt und die Griechen von den Ägyptern mit ihrer nicht enden wollenden Tradition der Krokodilgötter und ähnlichem unterscheidet.

Die zweite Bemerkung zu Naturaspekten in den griechischen Mythen ist die, daß sie ziemlich unzusammenhängend behandelt wurden. Der frühe große Sukzessionsmythos, in dem der Himmel von einer angeblich flachen Erde am Horizont von Okeanos (dem umgebenden Frischwasserstrom) getrennt wird, blieb eine feste Komponente des vorwissenschaftlichen Weltbildes. In weniger eindeutigen Fällen geriet die mythische Beschreibung der Natur erstaunlich vage. Wo und was ist der Olymp – der Sitz der Götter? Ist er ein Berg oder der Himmel selbst? Gelegentlich waren die Griechen davon überzeugt, daß es der Berg Olymp in Thessalien war – der höchste Berg Griechenlands, und als Hermes in der *Odyssee* von den Göttern herabsteigt, kommt er durch Pierien, das am Fuße des Berges liegt. Gelegentlich glaubte man, daß sich die Götter im Himmel selbst aufhielten, während in der *Odyssee*, 6, 44 ff., der Olymp mit Hilfe eines Kompromisses beschrieben wird: »... weder von Wind erschüttert noch von Regen benetzt, kein Schnee fällt dort, sondern heitere, wolkenlose Klarheit breitet sich überall.« Zweifellos spiegelt eine solche Unentschlossenheit die Schwierigkeit, einen prosaischen Berg – einen kahlen und oft

sehr bedrohlichen Ort – als den Platz zu sehen, an dem Zeus'
Goldene Hallen sich befinden; es zeugt aber auch von einem sich
verringernden Interesse daran, die Götter der Mythen mit Natur
in Verbindung zu bringen. Ungefähr die Hälfte des griechischen
Pantheon (auf jeden Fall Hera, Athene, Ares, Dionysos, Aphrodite und Hermes) haben nichts mit der kosmologischen oder me-
teorologischen Seite der Natur zu tun, und die Verbindung anderer, wie Apollons mit der Sonne und der Artemis mit dem
Mond, kam erst relativ spät auf. Das sich erst spät herausbildende
Interesse der Griechen an Astrologie und an Erzählungen, in denen Sterbliche zu Sternbildern werden, hielt diese Entwicklung an
und kehrte sie sogar um, aber zu Hesiods Zeiten waren kosmologische Aspekte der Geburt und der Entwicklung der Götter nicht
weit verbreitet. Auch bei Homer wurden sie nicht besonders hervorgehoben, und Iris, die Göttin des Regenbogens und Götter-
botin in der *Ilias,* wird in der *Odyssee* stillschweigend durch Hermes ersetzt, der auf keinerlei Weise ein Naturphänomen, sondern
ein namhafter Reisender und Begleiter war.

Die zweite der großen, allumfassenden Theorien ist mit dem
Terminus *ätiologisch* nur ungenau umrissen; sie besagt, daß
alle Mythen für etwas, das in der realen Welt geschieht, einen
Grund oder eine Erklärung liefern. Als Andrew Lang die Naturmythos-Theorie verabschiedete, versuchte er sie durch eine Vorstellung zu ersetzen, nach der Mythen eine Art von Protowissenschaft sind.[9] Er wandte nicht nur ein, daß viele Mythen eindeutig nichts mit Natur zu tun haben; er behauptete, daß
selbst die, die damit etwas zu tun haben, mehr sind als bloße
allegorische Phantasiegebilde – daß sie in bestimmter Weise er-
läuternd sind, dies ihr zentrales Merkmal ist und sie nichts mit
bestimmten Themen, wie Naturereignissen oder Gesellschaft, zu
tun haben. Leider aber ist die Vorstellung von Mythen als einer
Art von primitiver Wissenschaft allein nicht besonders hilfreich.
Sie läßt durchblicken, daß Mythen wie Krücken auf dem Weg zu
erkenntnistheoretischer Reife zu gebrauchen sind.

Das ist eine sehr aristotelische Formulierung, und die Auffassung, daß Mythen eine »Protowissenschaft« sind, ist tatsächlich
damit zu vergleichen, wie Aristoteles über die frühen griechischen
Naturphilosophen (die Vorsokratiker, angefangen bei Thales)
dachte, daß sie einen ersten Schritt in Richtung auf die von ihm
selbst eröffnete, intellektuell erfahrbare Wirklichkeit repräsentieren. Aber Aristoteles und die Vorsokratiker redeten wenigstens

von ein und derselben Sache – dem Wesen der Erscheinungswelt. Mythen hingegen befassen sich offensichtlich nicht ausschließlich damit, sondern geben einfach solche Dinge wieder wie die emotionale Einschätzung vieler Aspekte des Privatlebens. Im letzten Kapitel werde ich den Übergang vom Mythenbilden zum diskursiven Gebrauch des Intellekts in Griechenland behandeln; inzwischen lohnt es, sich vor Augen zu halten, daß die beiden Kategorien in der Auseinandersetzung mit gemeinsamen üblichen Fragestellungen weder polare Gegensätze noch aufeinanderfolgende und sich gegenseitig ausschließende Phasen sind. Lang, der in der Zeit der viktorianischen Wissenschaftsblüte lebte, konnte leicht ein solcher Fehler unterlaufen, wir aber sollten dazu in der Lage sein, ihn zu vermeiden.

In jedem Falle ist »Ätiologie« kein sehr guter Begriff.[10] Noch immer wird er häufig gebraucht, vor allem, weil er genauso wie »Mythologie« bedeutend klingt. Wahrscheinlich ist mit ihm »die Lehre von den Ursachen« gemeint, da *aition* im Griechischen »Ursache« bedeutet. Tatsächlich aber verweist die Aussage, daß Mythen ätiologisch sind, lediglich darauf, daß sie Begründungen liefern. Das scheint eine ziemlich klare und harmlose Aussage zu sein, nur ist sie in bezug auf viele Mythen schlicht und einfach falsch. Aus dem Bereich der traditionellen Erzählungen gibt es, abgesehen von Legenden und Volkserzählungen, eindeutige Gegenbeispiele. Beispielsweise erklärt die Erzählung vom Goldenen Vlies nichts, sie liefert keine Begründung für etwas, höchstens dafür, warum man sich vor fremden Zauberinnen wie Medea in acht nehmen sollte. Das aber ist keine zutreffende Verwendung von »Ursache«, und wollte man Oidipus oder Theseus oder einen Großteil der Herakles-Mythen »ätiologisch« begründen, wäre man genötigt, den Begriff überzustrapazieren. Nicht einmal die Göttermythen erklären etwas. Aphrodite entsteigt dem Meer, gezeugt von den abgetrennten Genitalien des Uranos – ein Hinweis auf das schaumähnliche Aussehen von Sperma; jedoch ist das nicht als *Erklärung* gedacht, sondern weist lediglich in malerischer Form auf den Bereich menschlichen Lebens hin, der als der ihre gilt. Zeus bekämpft die Titanen genauso, wie in Mesopotamien Enlil, Enki und die anderen die »älteren Götter« bekämpfen – eine Phase in der Entwicklung von unbestimmteren zu bestimmteren Göttern, oder abstrakt gesagt, von Unordnung zur Ordnung. Darin spiegelt sich natürlich eine bestimmte Meinung über die Welt und ihre Entwicklung. Hierin nähern wir uns mehr einer »Ursache«, einem *aition* an: eine Begründung dafür, warum die Welt so ist, wie wir sie heute vorfinden. Aber auch das ist eine sehr ungenaue Verwendung des Begriffs, während es weniger irreführend wäre zu sagen, daß Zeus und die Titanen vielleicht eine bestimmte Haltung gegenüber den Schwierigkeiten der Organisation und des Chaos repräsentieren.

Nichtsdestoweniger gibt es viele Mythen, die etwas erklären. Aber auch in diesem Fall gibt es Schwierigkeiten, weil sie auf so unterschiedliche Art und auf so unterschiedlichen Ebenen etwas erklären, daß es irreleitend ist, ihnen so ohne weiteres »Erklärung« als ihre übliche Funktion zuzuschreiben. Einige Erzählungen bieten für Einzelheiten in unserer Umgebung oder für Namen uns bekannter Objekte oder Geschöpfe triviale und konkrete Erklärungen an. Sie sind Geschichten – »einfach so« – und die Begründung, die sie liefern, ist, wenn auch reizvoll und unterhaltend, willkürlich. Warum ist Hephaistos, der Schmiedegott, ein Krüppel? Vielleicht, weil das Schmieden faktisch ein Handwerk war, das Lahme ausüben konnten; mythisch gesehen, weil Zeus ihn einmal aus dem Himmel warf und er unsanft auf der Insel Lemnos landete. Warum wird der Hellespont so genannt? Weil er seinen Namen der Helle verdankt, die mit dem goldenen Vlies vom Widder herunterfiel, als sie auf dessen Rücken zusammen mit ihrem Bruder Phrixos flog. Warum werden in Rhodos auf dem Altar der Athene auf der Akropolis zu Lindos nur feuerlose Opfer dargebracht? Weil jemand bei der Einweihung des Altars die Zündhölzer vergaß.

Die Ureinwohner Australiens besitzen viele solche Mythen. Warum gibt es auf der Erde, in der Nähe des Daly River, schwarze Flecken und warum essen die Hunde ihr Futter roh? Weil Hühnerhabicht, Großer Falke und Hund einmal während der »Traumzeit« etwas Yamswurzeln zu essen hatten; sie versuchten, mit Hilfe von Feuerhölzern Feuer zu machen, aber es gelang ihnen nicht. Daraufhin stahl Hühnerhabicht von einer Frau in der Nähe Feuer; auf dem Rückweg verlor er etwas Asche, die die schwarzen Flecken verursachte, und als er wieder zurückkam, hatte Hund, der inzwischen ungeduldig geworden war, die Yamswurzeln roh gegessen.[11] Über jede Besonderheit in der Natur auf dem Weg übers Land und zwischen den Wasserlöchern gibt es eine einfache ätiologische Erzählung; der und der Vorfahre machte hier halt, um sich auszuruhen, oder gab ihr ihren Namen, als er in der Traumzeit hier vorbeikam. Es gibt hunderte von Mythen der amerikanischen Indianerstämme, die genauso einfach sind, obwohl es auch, wie bei den Australiern, komplexere, tiefergehende gibt.

Oft enthält eine Erzählung mehrere verschiedene *aitia*, davon sind einige trivial, andere ernsthafter. In der Erzählung der Tsimshian von Asdiwal – in mehreren Versionen von Boas gesammelt und von Lévi-Strauss einer sorgfältigen strukturalen Analyse unterzogen – erlebt Asdiwal verschiedene Abenteuer, die ziemlich direkt sowohl mit den drei aufeinanderfolgenden Frauen, eine davon ist eine Göttin, zu tun haben als auch mit den typischen Wanderungen seines Stammes, der jährlich die Lachsflüsse flußauf- und flußabwärts zieht.[12] Zum Schluß wird er auf einem Berg zu Stein verwandelt, und (laut einer anderen Version über seinen Sohn Waux) die Fettstücke, mit denen sich seine Frau vollstopft, werden zu den auffallend fettig aussehenden Kieseln, die heute noch in diesem besagten Tal anzutreffen sind. Abgesehen von der trivialen Ätiologie der Kiesel nimmt diese Erzählung eher Bezug auf die jährlichen Wanderungen des Stammes, als daß sie eine Erklärung liefert, die auf das Verhalten der Fische zurückzuführen und demnach eindeutig wäre; sie enthält aber auch Überlegungen über die Folgen unterschiedlicher Ehen, die ihrerseits auf den Stammesgesetzen über Beziehungen zu Schwägern beruhen. Ich habe die der Volkserzählung entlehnten Motive und Episoden, die diesen komplexen Mythos – den »ätiologisch« zu nennen äußerst irreführend wäre – noch zusätzlich beleben, nicht angeführt.

Manchmal besteht ein ziemlich subtiles Verhältnis zwischen offensichtlich trivialer Ätiologie und sorgfältigem Erforschen von Problemen. Mythen vieler verschiedener Völker befassen sich mit dem Ursprung und der Begründung des Todes. Meistens scheinen sie trivial, wie die australische Erzählung der Maung vom Mond und Opossum, einst Männer, die sich stritten. Mond tötete Opossum, der im Sterben sagte: »Nach mir müssen die Menschen immer sterben.« Aber wäre Mond zuerst gestorben, dann müßten die Menschen nicht sterben, weil Mond ständig als der neue Mond wiedergeboren wird.[13] Es ist eine weitverbreitete Vorstellung, daß der Tod der Menschen auf derartige triviale Unglücksfälle oder Versehen zurückzuführen ist. In der alten akkadischen Erzählung von Adapa ist der Held ein Priester, der versehentlich den Gott des Südwinds verflucht. Als er daraufhin in den Himmel zitiert und vom großen Gott Enlil vor die Wahl zwischen der Lebensspeise und der Todesspeise gestellt wird, trifft er, weil er offenbar

– vielleicht zufällig – von Enki, dem Gott der Weisheit, getäuscht wurde, die falsche Entscheidung.[14] Den Griechen war dieser Gedanke fremd, da sie es zu akzeptieren schienen, daß die Menschen sterblich sind und sich in dieser Hinsicht von den Göttern unterscheiden. Obwohl sie den Tod haßten, hielten sie es nicht für besonders hilfreich, Erzählungen zu erfinden, die ihn wegerklären oder ihn als etwas Unumgängliches darstellen sollten. Dennoch ist die Erzählung von Prometheus und den Opfergaben eine Variante des Adapa-Motivs. Prometheus läßt, im Auftrag der Menschen, den großen Gott Zeus zwischen Fleisch und Knochen wählen; Zeus läßt sich – oder tut nur so – von der äußeren Fettschicht täuschen und wählt die Knochen. Seitdem behalten die Menschen das Fleisch der geopferten Tiere für sich und verbrennen die ungenießbaren Stücke zu Ehren der Götter (s. S. 130 ff.). Im Gegensatz zu Adapa sind die Rollen hier vertauscht, und die Betonung liegt eher auf dem Wesen der Opferhandlung als auf dem des Todes. Das gemeinsame Element mag an sich nur das Motiv der Findigkeit sein, wie es in den Volkserzählungen vorkommt, aber um eine ambivalente Situation, in der es um eine grundsätzliche menschliche Angelegenheit geht, wird es annähernd ähnlich gebraucht.

Daß der Tod aber oftmals als Ergebnis eines einfachen Irrtums oder einer menschlichen Torheit gesehen wird, ist sicherlich kein Zufall und resultiert auch nicht einfach aus einem immer wiederkehrenden Gefallen an der Vorstellung, jemanden dazu zu bringen, die schlimmere Alternative zu wählen. Unsere Einstellung zum Tod *ist* tatsächlich widersprüchlich: einerseits scheint der Tod unausweichlich, andererseits gibt es Momente, in denen wir das bezweifeln. In solch einem Kontext haben Mythen die Funktion, einer störenden und zugleich verwirrenden biologischen Notwendigkeit entgegenzuwirken. Die Funktion des Opfers im Prometheus-Mythos ist ähnlich, weil das Opfer sowohl im Leben wie in den Bräuchen der Griechen einen entscheidenden Stellenwert hat und der Schlüssel zum Verhältnis zwischen Menschen und Göttern, Sterblichen und Unsterblichen ist. Es gibt ein *aition*, das trivial zu sein scheint, aber zumindest in der Antike es nicht war; in seinem Vorgehen unterscheidet es sich gänzlich von vielem, was unter »ätiologisch« fällt. Hiermit meine ich, Ursachen aufgrund der offensichtlichen Bedeutung eines Wortes oder eines Namens zu bestimmen. Da schon relativ früh ein Sinn für Etymologie vorhanden war, gibt es in den literarischen Versionen der griechischen Mythen häufig etymologische Details. Schon die Dichter, die der homerischen Tradition verpflichtet waren, waren von der Ähnlichkeit zwischen dem Namen »Odysseus« und dem Verb *odyssomai* – »ich zürne« – fasziniert. Zur Zeit der Entstehung des *Hymnos an Apollon* – wahrscheinlich gegen Ende des 7. Jahrhunderts v. Chr. – war dieser Sinn noch etwas unausgereift. Pytho, Delphis alter Name, geht auf die Schlange zurück, die von Apollon dort erschlagen und der Verwesung – *pythein* – anheimgegeben wurde. Die Priester, die seinem Heiligtum vorstehen, sind Seeleute aus Kreta, die vom Gott selbst vom Kurs abgebracht worden waren, und zwar tat er dies in der Gestalt eines Delphins – weil es auf Kreta einen Kult gab, in dem Apollon als Delphin verehrt wurde.[15] Das ist eine Verbindung zwischen Etymologie und einer gelehrten Interpretation eines kultischen Epithetons, die aus einfachen mythischen Ereignissen resultiert; sie werden in Verbindung gebracht, sind aber nicht identisch. Zu Beginn des klassischen Zeitalters erwacht das Interesse an Etymologie von neuem. Der Vorsokratiker Heraklit fand es bezeichnend, daß ein Wort für Bogen dem Wort für Leben (*biós* und *bíos*) ähnelt, und Aischylos brachte den Namen der Helena mit der Vorstellung, daß sie »die Schiffe nahm« (*hele-naus*), den des Apollon mit *apollynai* – »zerstören« – und den des Zeus mit *zen* – »Leben« – in Verbindung.[16]

Wenn diese in Griechenland gelegentlich auftretenden Beispiele in Ägypten und Mesopotamien nicht weitaus häufiger vorkommen würden, dann könnten wir geneigt sein, sie als bloße *jeux d'esprit* zu betrachten. In einer Inschrift zweier Pyramiden in Heliopolis in Ägypten aus dem 24. Jahrhundert v. Chr. wird der Sonnengott Atum mit folgenden Worten angesprochen: »Du warst erschienen als der *Benu*-Vogel des *Benben*-Steins im *Ben*-Haus in Heliopolis; du hustetest Schu aus, du spiest Tefnut aus.«[17] Diese Passage bezieht sich auf die Schöpfung der Welt und geht auf mehrere verschiedene Etymologien zurück. Die Bedeutung von *Ben* ist ungewiß (obwohl wenigstens der Vogel später mit dem mythischen Phoenix identifiziert wurde), aber kurz davor gibt es ein bezeichnendes Wortspiel mit dem Wort »aufgehen«, »emporsteigen« (*weben*). Schu ist der Luftgott, der ausgehustet wird, weil sein Name annähernd dem Wort für »aushusten« (*jeschesch*) gleichkommt, während Tefnut, die Göttin der Feuchtigkeit, *tef* ähnelt, welches »ausspeien« bedeutet. Luft und Feuchtigkeit zwingen den Himmel, sich von der Erde zu trennen, und speziell in dieser Kosmogonie werden sie dargestellt, als würde sie der Sonnengott herausblasen, weil ihre Namen auf ein urzeitliches Niesen schließen lassen. (Auf der Ebene der volkstümlichen Magie schrieben die Ägypter die Namen ihrer Feinde auf Schalen, die sie dann nach einem bestimmten Ritual zertrümmerten.) Dem nicht unähnlich, wird in dem bedeutenden sumerischen Mythos von Enki und Ninchursag Enki, der Gott des Frischwassers, krank und in die Vulva von Ninchursag, der Göttin des ersten Steinhaufens, gelegt. Acht seiner Organe erkrankten, und die Erdgöttin gebiert acht Gottheiten, deren Namen denen der acht Organe ähneln.[18]

Der letzte Mythos scheint in erster Linie vom Ausbau der Bewässerung bis in die Wüste hinein und dessen Beziehung zum menschlichen Sexualverhalten zu handeln, während die gemischte Gruppe von kleineren Gottheiten nur durch eine etymologische Auslegung mit der Beziehung zwischen Enki und Ninchursag zu verbinden ist. Zweifelsohne haben gelehrte sumerische Priester bei diesem besonderen mythischen Durcheinander ihre Finger mit im Spiel, das Ergebnis aber ist nicht nur ein triviales Wortspiel, sondern man war tatsächlich der Überzeugung, daß Namen Teile des wahren Wesens der Dinge oder der Person, mit denen man sie in Verbindung brachte, enthüllten. Platons Dialog *Kratylos* beschäftigte sich noch immer mit dieser Möglichkeit, rund tausenddreihundert Jahre, nachdem der Enki-Mythos auf einer Tafel in Nippur niedergeschrieben wurde – dabei ist ein Großteil des Mythos noch viel älter.

Malinowski wandte sich fast genauso sehr gegen die Theorie, wonach Mythen erklärend sein sollen, wie Lang sich dagegen gewandt hatte, daß sie Naturallegorien seien. Statt dessen schlug er vor (und jetzt zu unserer dritten monolithischen Theorie), sie als *Charters* für Bräuche, Institutionen und Glaubensvorstellungen zu betrachten.[19] Damit meinte er annähernd so etwas wie »Begründungen«, aber nicht im theoretischen Sinne. Seine Untersuchungen über die Bewohner der Trobriand-Inseln im westlichen Pazifik hatten ihn davon überzeugt, daß ihre Mythen immer sehr praktische Ziele verfolgten, daß sie nichts mit Wissenschaft zu tun hatten und auch nicht aus dem Bedürfnis heraus entstanden waren, einen Wissensdrang zu stillen. Wir mögen solche Hervorhebungen ziemlich banal finden, aber sie waren durch die übertriebenen Formulierungen von Lang und anderen gerechtfertigt, in denen Mythen als vorwiegend spekulativ gekennzeichnet wurden. Ähnliches gilt für Malinowskis Beharren auf dem Standpunkt, daß die einzige Person, die qualifiziert genug ist, sich über Mythen zu äußern, nicht der Altertumswissenschaftler (er dachte besonders an Sir

James Frazer) und auch nicht der Lehnstuhlphilosoph, sondern der Ethnologe im Feld sei, der »den Schöpfer der Mythen bei der Hand«[20] hat; ein Standpunkt, der sicherlich damals besser zu verstehen war als heute. Heute ist man eher geneigt, die Ethnologen darum zu bitten, mit dem Theoretisieren aufzuhören und statt dessen ein wenig mehr zu beobachten. Aber ich gebe zu, daß Malinowski mit seinem Drängen, Mythen in ihrem Wirkungskreis zu beobachten, recht hatte; unabhängig davon, ob seine »Charter«-Theorie richtig ist oder nicht, haben seine Beobachtungen mit Sicherheit zu wichtigen Veränderungen in der Mythenforschung geführt. Und eine dem Gegenstand angemessene Mythenforschung ist auf eine interdisziplinäre Zusammenarbeit angewiesen – auf die vergleichende Religionswissenschaft ebenso wie auf die Psychologie und Ethnologie. Die Altertumswissenschaftler drängen sich hier fast aus Gefälligkeit auf – zumindest dann, wenn man einräumt, daß die noch vorhandenen griechischen Mythen untypisch sind.

Die »Charter«-Theorie beinhaltet, daß in einer traditionalen Gesellschaft die Tendenz besteht, jeden Brauch und jede Institution mittels eines Mythos für gültig zu erklären oder zu bestätigen. Es wird zwar dadurch auf einen Präzedenzfall verwiesen, aber ohne daß der Versuch unternommen wird, Brauch und Institution in einem logischen oder philosophischen Sinn zu erklären. Wieso gehört der König immer diesem besonderen Klan an? Weil das schon der erste König mit dem und dem Namen tat. Dieses Beispiel könnte ebensogut historisch wie mythisch sein, andere sind es nicht. Wieso besitzt dieser Klan Land im fruchtbarsten Teil der Insel? Wie wird das gerechtfertigt? Weil die Klanvorfahren in dieser besonderen Region der Erde entstiegen sind. Sogar derartige Berichte sind pseudogeschichtlich. Sie geben vor, als Begründung für eine gegenwärtige Sachlage ein geschichtliches Ereignis zu liefern, obwohl es sich oftmals um ein imaginiertes Ereignis handelt oder zumindest um eines, das anderen Gesetzen gehorcht als denen unseres unmittelbaren Erfahrungsbereichs. Es ist ganz klar, daß solche Erklärungen in gewissem Sinne »ätiologisch« sind; dies ist auch die Erzählung, die die feuerlosen Opferriten zu Lindos erklären soll. Fast jedes *aition*, vorausgesetzt, es zeigt den ursprünglichen Ablauf der fraglichen Bräuche oder Handlungen, wäre hierfür geeignet. Glaubwürdigkeit im historischen oder realistischen Sinn ist unwichtig. Man muß sich vor Augen halten, daß die Gültigkeitserklärung ein Mythos, eine Erzählung ist und daß sie vor allem einleuchtend und unterhaltend zu sein hat. Gültigkeitserklärungen, die glaubwürdig oder allgemein verständlich sind (wie »eine Familie ließ sich in der Gegend nieder, und die Nachkommen breiteten sich mit der Zeit aus und übernahmen größere Teile des Landes«), sind zu banal, um denkwürdig zu sein, und werden in einer traditionalen und illiteralen Gesellschaft deshalb nicht oft als »Charter« akzeptiert. Oder sie müssen sich zumindest denen unterordnen, die exotischer und denkwürdiger sind und später zu Mythen werden.

Auf einige Mythen trifft die »Charter«-Vorstellung zweifelsohne zu; auf viele andere zweifelsohne nicht. Malinowski ging zu weit in seiner Ansicht, daß Mythen nichts mit Philosophie zu tun haben. Sogar die Mythen, die er auf den Trobriand-Inseln aufzeichnete, haben spekulative Implikationen, die ihm entgingen. Viele sind praktisch orientiert, und einige befassen sich mit einfacher Magie, um die Fruchtbarkeit der Gärten oder die Seetüchtigkeit der Boote zu gewährleisten. Andere wiederum sind komplexer. Die, die sich mit den Ursprüngen des *kula*-Systems befassen (eine außergewöhnliche Vereinbarung, mittels derer auf den ganzen Inseln zeremonielle Armreife in die eine und zeremonielle Halsketten in die andere Richtung gehandelt werden), haben oft wichtige Implikationen; sie reflektieren grundsätzliche Gedanken im Hinblick auf Themen wie Jugend und Alter (da vorteilhaftes Aussehen bei günstigem *kula*-Handel eine Rolle spielt) oder die Beziehung zwischen der Fruchtbarkeit des Gartens und dem sozialen Status.[21]

Die Berücksichtigung anderer Mythengruppen macht die Sache noch eindeutiger. Lévi-Strauss hat bewiesen, daß viele Mythen der Indianer sich auf die eine oder andere Art mit Problemen beschäftigen. Sie schaffen künstliche (mythische) Situationen, die unbewußt so aufgebaut sind, daß sie eine Vermittlung dieser Probleme, die sich oft als einfache Antithesen präsentieren, herstellen. Auch mesopotamische Mythen sind manchmal spekulativ; das merkwürdig invertierte Verhältnis zwischen Gilgamesch und seinem Freund Enkidu im akkadischen Gilgamesch-Epos ist ein Beispiel hierfür. Sogar griechische Mythen, bei denen im Laufe einer literalen oder quasi literalen Tradition das spekulative Element ausgehöhlt wurde, enthalten wichtige Beispiele. Die Erzählung von Prometheus stellt nicht nur einen Präzedenzfall über die Aufteilung von Opferfleisch dar. Durch die Betrügerei und durch Zeus' sofortige Rache, indem er den Menschen das Feuer wegnimmt, wird die ganze Unternehmung zu einer etwas umstrittenen moralischen Angelegenheit. Der unmittelbar darauffolgende Mythos bei Hesiod handelt von der ersten Frau, Pandora, und hat die gleiche Tendenz. Als Prometheus das Feuer zurückgeholt hat, wird sie als neue Strafe für die Sterblichen erschaffen; erneut versieht ein in der Handlung angelegter Widerspruch das einfache Motiv der Volkserzählung von der extravaganten oder neugierigen Frau mit einer spekulativen Wendung, denn Frauen werden als verführerisch und verschwenderisch zugleich, als zwar raffiniert, aber notwendig hingestellt.

Ähnliche Gegensätze in den Verhaltensweisen zeigen sich auch bei den Göttinnen. Artemis und Aphrodite sind sich polar entgegengesetzt, was am deutlichsten in Euripides' *Hippolytos* zutage tritt, wo der keusche Anhänger der Artemis, der alles Geschlechtliche streng zurückweist, eben dieser Keuschheit wegen buchstäblich in Stücke gerissen wird. Es ist richtig, daß Artemis in ihrer früheren asiatischen Form auch eine Muttergöttin war, und ihr Kultbild im Tempel zu Ephesos (»Groß ist die Diana der Epheser«) war vielbrüstig, ganz bedeckt mit Brüsten. Die Griechen haben hier ein wenig vereinfacht, aber es endete in der fesselnden Entgegensetzung von ihr und Aphrodite. Bei den Heroenmythen ist es schwieriger, theoretische Anspielungen zu finden, aber der Gott Cheiron, der Kentaur, liefert sie, und auch Bellerophon mit seiner dreisten Fahrt auf Pegasos in Richtung Himmel, Herakles in seinem Verkehr mit der Unterwelt oder den Frauen (der Königin Omphale, der er als Sklave, manchmal in Frauenkleidung, diente, oder Megara, seiner Frau, deren Kinder er an einem Wahnsinnsanfall ermordete); bei Peleus sind sie zu finden in seiner letzten Endes nicht sehr glücklichen Heirat mit Thetis, einer Meeresgöttin, und bei Oidipus in seinem Dilemma der Unwissenheit. An und für sich genügen diese Beispiele schon, um sich von der Theorie, daß alle Mythen nichttheoretische »Charter« seien, zu verabschieden. Indem Malinowski zugab, daß es »Charter« für »Glaubensvorstellungen« geben kann, wies er selbst auf die in seiner Theorie enthaltenen Widersprüche hin, denn solche Mythen, die sich mit Abstraktionen wie den Schranken der Sterblichkeit oder auch nur den Verhaltensweisen beschäftigen, sind nicht bloß willkürliche Märchen, die Ängste und Zwistigkeiten abbauen sollen. Sie sind Bestandteil einer (oft unbewußten) Auseinandersetzung. Sogar wenn es um konkrete Sachverhalte geht, wie die Gültigkeitserklärung von gesellschaftlichen Einrichtungen, ist die

»Charter«-Theorie zu selbstgefällig, indem sie gleichsam andeutet, daß diese Gesellschaft eine statische Maschine ist. Malinowskis Schüler E. R. Leach hatte mit Sicherheit recht, als er unterstrich, daß »Mythos und Ritus eine Zeichensprache sind, in der Rechts- und Statusforderungen ausgedrückt werden, es ist aber *eine Sprache der Auseinandersetzung, nicht der Harmonie*«[22] (Hervorhebung von G. S. Kirk).

Australische Mythen können so interpretiert werden, daß sie die »Charter«-Theorie stützen. Dazu die Berndts: »Mythen können dazu dienen, bestimmte Riten zu begründen oder zu erklären oder zu zeigen, weshalb verschiedene Handlungen ausgeführt werden: weshalb ein gewisser Stamm Beschneidungen vornimmt oder weshalb er im Unterschied zu seinen Nachbarn keine vornimmt. Die Antwort darauf könnte sein, daß eine mythische Person dies befahl oder den Brauch initiierte.«[23] Betrachtet man die australischen Mythen aber aus einer nur wenig veränderten Perspektive, dann stützen sie eine durchaus andere Theorie – die vierte in unserer Auswahl –, die eine subtile Weiterführung der »Charter«-Theorie Malinowskis darstellt.

Mircea Eliade hat viele Bücher geschrieben, um zu zeigen, daß die allen Mythen zugrundeliegende Absicht die ist, die *Schöpfungszeit* wachzurufen beziehungsweise zu restituieren.[24] Obwohl ihr etwas von Sehnsucht nach dem Goldenen Zeitalter anhaftet, so ist sie seiner Ansicht nach nicht nur nostalgisch, sondern praktisch und sogar magisch, da man durch die Wiederherstellung jenes Zeitalters zum Teil auch ihren einmaligen schöpferischen Kräften zu neuem Leben verhilft. Um die Kraft, mit der sich die Saat jedes Jahr von neuem ihren Weg aus der Erde bahnt, zu potenzieren, ist es nützlich, davon zu erzählen, wie Demeter ihre Tochter Persephone fand, mit dem Ergebnis, daß das Korn ein zweites Mal sproß. Jede Geschichte, die vorübergehend die mythische Vergangenheit wieder aufleben läßt, hilft der Welt, die einst gewonnene Ordnung aufrechtzuerhalten, und hilft den Menschen, an der Kraft der göttlichen Handlungen *in illo tempore* (wie Eliades einprägsame Formulierung lautet) teilzuhaben. Zu diesem Zweck sind australische Mythen besonders geeignet, da es bei den Ureinwohnern eine weitverbreitete Vorstellung ist, daß die Wesen, die zu Beginn der Welt existierten, es auch heute noch tun. Sie leben in einer nichtkörperlichen Form weiter, in dem, was von einigen Stämmen die »Traumära« oder »Ewige Traumzeit« genannt wird. Gemeint ist damit, daß sie uns im Traum erscheinen, daß sie sich tatsächlich genauso wie Träume »ereignen«. Sie sind nicht mit den Vorfahren, die auch im Traum erscheinen, identisch, sondern haben – wie die Regenbogenschlange oder die Zwei Männer oder der Djanggawul-Bruder und seine Schwestern oder der »Trickster«, im nordöstlichen Arnhem-Land als Namaranganin bekannt, oder viele andere – menschliche Fähigkeiten, wie Kinder zu gebären; sie haben die jetzigen Vorfahren hervorgebracht. Dieser Vorstellung zufolge kann man sagen, daß die Mythen und Riten, die in Australien ziemlich eng miteinander verbunden sind, diese Wesen aktualisieren und die Traumzeit ins Jetzt verlegen sollen, um kraftvolle und fruchtbare Ergebnisse zu erzielen. Diese Vorstellung wird von Eliade generalisiert, ohne daß sie vorher einer stringenten Analyse unterzogen und auf eine Vielzahl von Mythen aus unterschiedlichen Kulturen appliziert wird. Er wiederholt sich einfach nur. Ein Beispiel: »Periodisch wurden die wichtigsten mythischen Ereignisse vergegenwärtigt und also wieder gelebt: Man wiederholte dergestalt die Kosmogonie, die vorbildlichen Handlungen der Götter, die Taten, welche die Gesittung begründeten. Das war die Sehnsucht nach dem *Anfang*; in bestimmten Fällen kann man sogar von einer Sehnsucht nach dem ursprünglichen Paradies sprechen.«[25] In Wirklichkeit scheint es jedoch so zu sein, daß viele Mythen vieler Gesellschaften dem nicht entsprechen und sich jedweder Deutung dieser Art sperren. Die Vorstellung von einer Traumzeit ist einmalig; andere Mythen können nicht unbedingt unter diesem Aspekt betrachtet werden. Die Mythen der Indianer etwa enthalten nichts Vergegenwärtigendes oder Sehnsüchtiges, sondern sind meist detaillierte und äußerst praktisch orientierte Schilderungen. Viele handeln von Tieren, die während einer mythischen Epoche – der Zeit, in der alles seine Ordnung bekam – als Neuerer oder »Kulturheroen« agierten. Danach aber sind die Tiere zu Menschen geworden, und die Unterscheidung zwischen beiden ist genauestens festgelegt. Schon dadurch wird die Wiedergabe der Mythen als eine Wiederherstellung von Urkräften in ihrer Wirksamkeit reduziert. Viele Indianermythen haben außerdem offenkundig andere und davon ziemlich verschiedene Funktionen; ich denke vor allem an die Mythen aus dem Amazonas-Gebiet, die von Lévi-Strauss in allen Einzelheiten berücksichtigt worden sind, und an die von Boas aufgezeichneten Mythen von der Nordwestküste, in denen Gründungs- und »Charter«-Handlungen, Motive der Volkserzählungen, triviale Ätiologien, ernsthafte strukturale Implikationen in der Art, wie sie von Lévi-Strauss für den Asdiwal-Mythos skizziert wurden, Gedanken über Religion usw. zu finden sind.

Eliades Universaltheorie wird auch in keiner Weise von den griechischen Mythen gestützt. Alle griechischen Heroenmythen spielen außerhalb einer Zeit, die wahrhaft »schöpferisch« ist. Herakles und Kadmos gründeten Städte, und Herakles stiftete solch große Feste wie die Olympischen Spiele; die Erde ist großenteils von Ungeheuern (die nur noch lokal eine Bedrohung sind) gesäubert, und das Nacherzählen solcher Mythen ruft keine besonders schöpferische Vergangenheit wach. Das Goldene Zeitalter ist vorbei, für immer – vielleicht ein sehnsüchtiger, nicht aber ein wirklich realer Traum. Liefern die Göttermythen eventuell einen besseren Beweis? Im großen und ganzen nicht. Zeus triumphiert über seine Feinde, teilt die Welt unter den Göttern auf und setzt Dike – Gerechtigkeit oder die Ordnung der Dinge – über die Serblichen ein. Das aber konstituiert keine Schöpfungszeit, wie Eliade sie sich dachte. Tatsächlich erfährt man wenig über die Enstehung menschlicher Funktionen und gesellschaftlicher Institutionen in den griechischen Mythen. Zum Beispiel ist die Geburt nicht länger Gegenstand mythischer Neugierde, wie dies bei so vielen anderen Völkern der Fall war. Pandora taucht einfach auf, die Menschen scheinen schon vor ihr geboren worden zu sein. Griechische Mythen waren im Hinblick auf die Schöpfung der Menschen, wie wir in Kapitel 11 sehen werden, verschwommen und widersprüchlich. Grundlegende gesellschaftliche Institutionen, wie Heirat, Erbschaft oder Königtum, sind eine Selbstverständlichkeit; dadurch werden andere Probleme aufgeworfen, nicht aber die Vorstellung gestützt, daß alle Mythen die Funktion haben, eine besonders schöpferische Zeit zu vergegenwärtigen. Die Untersuchung anderer Mythengruppen würde zum gleichen Ergebnis führen: bestimmte Mythen werden mit Hilfe der Theorie von Eliade erfaßt, aber sie eröffnet nicht das Verständnis zu allen Mythen.

Die fünfte Universaltheorie ist eine der langlebigsten und wichtigsten zugleich. Sie lautet: zwischen Mythen und *Riten* besteht eine Beziehung. Ihre extremsten Exponenten machen geltend, daß Mythen eigentlich aus Riten entstanden sind, die im Laufe der Zeit sinnlos und unverständlich werden, worauf ätiologische Erzählungen entstehen, die vorgeben, sie zu erklären. Dies war die bemerkenswerte Erkenntnis eines berühmten spätviktorianischen Alttestamentlers – W. Robertson Smith. Sein Buch *Lectures on the*

Religion of the Semites (1894) wäre nach einer Generation leicht in Vergessenheit geraten, aber die darin zum Ausdruck gebrachte Auffassung, daß Mythen aus Riten entstanden sind, wurde dadurch, daß sie von seinem Freund und Bewunderer J. G. Frazer aufgegriffen und zur grundlegenden Voraussetzung seines Werkes *The Golden Bough* wurde, geradezu unsterblich. Die »Cambridge-Schule«, vertreten durch Jane Harrison, Gilbert Murray, A. B. Cook und F. M. Cornford, ergötzte sich an der Vorstellung, daß die scheinbar so hochentwickelte griechische Kultur in Wirklichkeit auf primitiven Riten beruhen könnte – eine Anschauung, die der griechischen Religion, ein eher literarisches Phänomen, mehr Gestalt zu verleihen schien. Auch Bibelforscher sahen sich in ihrer Arbeit durch die offensichtliche Anwendbarkeit der Theorie von Robertson Smith auf bestimmte griechische Mythen bestätigt und ermunterten ihrerseits Altertumswissenschaftler, indem sie diese mit passenden orientalischen Beispielen versahen. Aber auch abgesehen von der Bibel erwies sich der alte Nahe Osten reich an geeigneten Belegen. Insbesondere akkadische Riten waren gut dokumentiert, und es ließ sich nicht bestreiten, daß sie im Leben der Mesopotamier zumindest seit 2500 v. Chr. eine bedeutende Rolle gespielt hatten.

Die von Spencer und Gillen Ende des letzten Jahrhunderts begonnenen Untersuchungen über die australischen Ureinwohner bestätigten erneut, daß Mythen und Riten im Leben einiger Völker eng miteinander verbunden werden können. Aus dieser Erkenntnis heraus enstand unter anderem die ethnologische Theorie des Funktionalismus, die in der Folge von Malinowski, von A. R. Radcliffe-Brown (dessen Laufbahn mit der Erforschung der Ethnologie Australiens begann) und seinen Schülern in extremer Weise entwickelt wurde.[26] Die Funktionalisten betrachteten die Gesellschaft als einen genau festgelegten und komplexen Mechanismus, in dem sich jeder Aspekt auf einen grundlegenden sozialen Zweck bezieht (Heirat, Eigentum, Verwandtschaftsregeln). In den Gesellschaften der Wilden waren Riten nur ein bedeutender Aspekt unter vielen; aus diesem Grund mußten sich Mythen in dasselbe Schema zwängen lassen, und da es den Anschein hatte, als würden sie sich den Riten meist unterordnen, wurde die Theorie von Robertson Smith und J. G. Frazer, mit Ausnahme kleinerer Korrekturen, akzeptiert. Wie wir oben bereits sahen, berichtigte E. R. Leach zwar jene Akzentuierung, die darauf zielt, daß die Gesellschaft eine statische Struktur habe, aber auch er behauptete: »Mythen beinhalten Riten, Riten beinhalten Mythen, sie sind ein und dasselbe.«[27]

Das ist aber nur eine Seite einer sicherlich überstrapazierten und einseitigen Theorie. Es stimmt ganz einfach nicht, daß Mythen immer mit Riten in Verbindung stehen, geschweige denn auf merkwürdige Art mit ihnen identisch sind. Verschiedene Gesellschaften, auch solche, die äußerst traditional sind, unterscheiden sich in hohem Maß voneinander, was die Häufigkeit der Riten in ihrem Leben und die Breite und Bedeutung ihrer Mythen betrifft. Selbst dort, wo Mythen wie Riten eine außerordentliche Bedeutung beigemessen wird, wie bei den australischen Ureinwohnern, beziehen sich viele Mythen nicht auf Riten. Dies den ethnologischen Darstellungen zu entnehmen, ist nicht immer einfach, da jene überwiegend die Vorstellung vertraten, daß die Bezeichnung Mythos für eine Geschichte nur dann berechtigt sei, wenn die Beziehung zu Riten offenkundig ist. Für unser Verständnis des Begriffes Mythos trifft dies offensichtlich nicht zu. Es bedarf von seiten der Berndts schon einiger Geschicklichkeit, Erzählungen, wie z. B. der auf Seite 54 f. zitierten, über den Ursprung des Todes die Bezeichnung »Mythos« strittig zu machen, oder einer Erzählung der Pitjandjara von den Zwei Männern, die einst in der Nähe der Südküste auf Reisen waren: der eine war im Besitz des Wasserbeutels und weigerte sich, ihn dem anderen zu geben; daraufhin durchbohrte dieser ihn, so daß Wasser herausdrang, sie ertränkte und zum Meer wurde; oder einer anderen Erzählung des gleichen Stammes über Tulina, einen alten Geist, der ein Mamu-Kind (bösen Geist) fing und es kochte.[28] Seine Frau entdeckte in dem Gericht eine Hand und lief weg: Tulina ließ sich Brüste wachsen und stillte die anderen Kinder. Danach ging er auf die Suche nach einem zweiten Mamu-Kind, das ihm, obwohl gelähmt, entwischt war. Dabei wurde Tulina von Mamu attackiert, der ihn molk, ihn seiner Fähigkeit beraubte und sie dem lahmen Kind gab, welches daraufhin gesund wurde.

Obwohl diese Erzählung offensichtlich ein Mythos ist, hat sie keine Verbindung zu Riten. Sie besitzt auch keinen ausgesprochenen gesellschaftlichen Bezug, obwohl es wahrscheinlich einen verborgenen gibt. Lévi-Strauss hat gezeigt, wie sich in vielen Mythen aus dem Amazonasgebiet, die offenbar auf ähnliche Weise in sich inkonsequent sind, die Beschäftigung mit sozialen oder anderen Fragen niederschlägt. Das sind keine zufälligen Erzählungen, die von irgendeiner Person ausgedacht und dann vergessen wurden;

es sind traditionelle Erzählungen, die zugleich wichtig sind. Das gilt auch für Mesopotamien, wo viele der eindrucksvollsten Mythen, die heute noch existieren, ohne jeglichen rituellen Bezug sind: Inannas Höllenfahrt zum Beispiel oder Enki und Ninchursag oder ein Großteil des Gilgamesch-Epos. Die nordischen Mythen sind eine weitere große Gruppe, die sich ebenfalls nur selten und am Rande auf rituelle Praktiken bezieht.

Die griechischen Mythen werden unter diesem Gesichtspunkt in Kapitel 10 näher betrachet werden; inzwischen sind vielleicht die folgenden Feststellungen von Interesse. Die großen theogonischen Sukzessions-Mythen haben keine uns bekannten rituellen Implikationen; die alten Griechen führten keine Handlungen aus, die die Trennung von Himmel und Erde, die Kastration des Uranos durch Kronos oder die Entmachtung von Kronos durch Zeus imitieren oder reproduzieren sollten. Solch entscheidenden Vorstellungen gehörten zu den Mythen und nicht zu den Riten. Manchmal enthielt der Kult der Götter Anspielungen auf die Mythen über ihre Geburt, eher aber durch das Vortragen der Erzählung als durch die Ausführung eines damit verbundenen Ritus. Was die großen Heroenmythen betrifft, findet man im Grunde nichts, was auf Riten in Verbindung mit den Taten von Perseus, Herakles, Iason, Oidipus, Bellerophon, Orpheus, Peleus und vielen anderen hinweist. Im allgemeinen scheinen griechische Mythen, wie wir sie heute kennen, auffallend wenig rituelle Bezüge zu haben. Später werden bestimmte dieser Regel widersprechende Beispiele untersucht, zwischenzeitlich aber hat es den Anschein, als sei dies eine weitere Universaltheorie, die man besser beiseite legt.

Kapitel 4

Mythen als Produkte der Psyche

Die im vorhergehenden Kapitel berücksichtigten Theorien legten
nahe, Mythen vordringlich auf Natur oder auf die Menschen als
Teil eines sozialen Gefüges oder als Verehrer von Gottheiten zu
beziehen. Das heißt, daß sie angeblich auf die objektive Sach-
welt oder auf die subjektive Wahrnehmung der Außenwelt anspielen. Im folgenden soll eine Gruppe von Interpretationen berücksichtigt werden, die behauptet, in der Psyche des einzelnen
die letztendliche Wirklichkeit der Mythen zu finden. Wenn Mythen jenseits ihrer oberflächlichen Bedeutung als Schilderungen
einen Zweck und einen Bezug haben – und laut diesen Theorien
ist das der Fall –, dann in erster Linie den, sich mit den Gefühlen
des einzelnen und nicht mit der Gesellschaft oder der Außenwelt
zu beschäftigen. Mit der Zeit können diese traditionell werden,
indem sie in der Gemeinschaft vorgetragen und durch die Bräuche
und Verhaltensweisen der Gruppe unterstützt werden, aber im
wesentlichen richten sie sich an den einzelnen in seinem Bemühen,
eher mit sich selbst als mit der Gemeinschaft oder Umwelt als solcher zurechtzukommen. Der Unterschied zwischen den Interessen
des einzelnen und den Interessen des einzelnen in einer Gruppe
ist oftmals ein feiner, besonders in traditionalen oder totalitären
Gemeinschaften, in denen das kollektive Interesse scheinbar ausschlaggebend ist. Dennoch besteht ein deutlicher Unterschied zwischen dem Vergnügen an einer Erzählung, die einen bestimmten
Brauch legitimiert oder einem Teil der natürlichen Umwelt seinen
Platz zuweist, und der Befriedigung, die aus der Identifikation
mit dem Helden eines phantastischen und letzten Endes erfolg-
reichen Abenteuers resultiert. Die meisten der hier zu berücksich-
tigenden Theorien würden behaupten, daß sogar die objektiven
Funktionen von »Charter« etc. im Verhältnis zu den seelischen
Problemen des einzelnen in Wirklichkeit sekundär sind.

Der psychologische Gebrauch der Mythen kann wiederum in
verschiedene Kategorien, die unterschiedliche Funktionen repräsentieren, aufgeteilt werden; ein Mythos kann zum Beispiel wichtig sein, weil er etwas, was im einzelnen sonst verdrängt oder nur
latent vorhanden ist, ausdrückt, oder weil er alternativ dazu einen
Wunsch zu erfüllen oder einen wünschenswerten emotionalen Zu-

stand herzustellen scheint. Die zuerst genannte Funktion entspricht Aristoteles' Auffassung, daß eine Tragödie durch Furcht und Mitleid beim Zuschauer eine *Katharsis* – eine Art Reinigung – bewirkt. Der Mythos vom Ungeheuer in der Mitte des Labyrinths würde nach seiner Interpretation die Angst vor unbekannten Greueln ausdrücken und somit davon befreien, und wenn es stimmt, daß wir eine unterschwellige Angst davor haben, unsere eigenen Väter zu töten, dann bringt es die Erzählung von Oidipus und Laios wenigstens offen zutage. Die Wirkung der zweiten Kategorie ist ziemlich verschieden. Danach ermöglicht der Mythos ein emotionales Miterleben. »Wunscherfüllung der Phantasie« war der Freudsche Ausdruck für unsere Neigung, uns vorzustellen, wie wir zu Ruhm, Reichtum oder zu schönen Gefährten kommen. Tagträume dieser Art haben etwas Tröstliches, und Mythen oder Volkserzählungen, in denen der Held fürchterliche Gefahren überwindet, um die ihm gestellte Aufgabe auszuführen und den Preis zu gewinnen, können als eine verallgemeinerte Phantasie betrachtet werden, wobei der Held den individuellen Hörer repräsentiert, der seine eigenen Probleme und Frustrationen analog zu den größeren und konkreteren Unternehmungen der Erzählung sieht.

Daß es Mythen gibt, die einen derartigen Effekt haben und auf ihn angewiesen sind, um Hörer anzuziehen, steht außer Zweifel. Ein Grund, warum die Erzählung von Theseus und Minotauros Vergnügen bereitet, ist sicher, daß Theseus – selbstverständlich mit Hilfe einer wunderschönen Prinzessin – der Gefahr entrinnt, indem er das Ungeheuer tötet und dem Labyrinth entkommt. Nach der Angst kommt die Erfüllung: die beiden psychologischen Effekte schließen sich nicht aus, sondern sind komplementär. Innerhalb jeder Kategorie müßten weitere Unterscheidungen getroffen werden, während ich jetzt nur einen groben Umriß gegeben habe. Psychologen und andere können dies weiter ausführen und haben es zweifelsohne auch *en passant* getan. Zumeist aber verlassen sie nicht den Rahmen der großen psychologischen Theorien, die zwar komplexer, dafür aber weniger glaubhaft als diese einfachen Unterscheidungen sind.

Die »großen« psychologischen Mythentheorien sind mit Sigmund Freud und Carl Jung verbunden. Zu nennen wären noch die sorgfältig ausgearbeiteten und weniger bekannten Ansichten Ernst Cassirers, dessen umfangreiche *Philosophie der symbolischen Formen* sich großenteils mit Mythen als einem primär kulturellen Ausdruck beschäftigt. Ich habe mir auch die strukturale Mythentheorie, die vor noch nicht allzu langer Zeit von Claude Lévi-Strauss vorgebracht wurde, für dieses Kapitel aufgespart. Sie ist im wesentlichen keine psychologische Theorie; sie bedient sich ausführlicher Analysen ethnologischen Materials und räumt ein, daß Mythen sich in erster Linie mit Problemen und Widersprüchen der Gesellschaft und nicht unmittelbar mit der Psyche des einzelnen beschäftigen. Ihre Voraussetzung basiert aber lezten Endes auf der Behauptung, daß der menschliche Geist (was Lévi-Strauss *ésprit* nennt)immer auf ungefähr dieselbe Art und Weise funktioniert – daß Mythen und Gesellschaft ein Produkt des Geistes sind und mit fast wissenschaftlicher Präzision seine generelle Struktur wiedergeben. Aus diesem Grund widmet sich diese Theorie fast ausschließlich den psychologischen und geistigen Ursprüngen der Mythen, auch wenn ihr brillanter Urheber es vorzieht, zu den Prozessen selbst fast gar nichts zu sagen, statt dessen die indirekten Beweise ihres Wirkens genauestens aufzeigt. Schließlich werde ich ganz allgemein auf die für viele Mythen charakteristischen Verzerrungen der geläufigen Logik und Folgerichtigkeit eingehen, die phantasiebildend wirken und in der Freudschen Traumlehre implizit enthalten sind.

Vieles der Freudschen Theorien ist heute nicht mehr allgemein anerkannt. Sein Ruhm gründet auf dem generellen Konzept des Unbewußten, wohingegen seine Hervorhebung der kindlichen Sexualität mittlerweile als übertrieben gilt. Nach wie vor aber wird *Die Traumdeutung*, die zuerst 1900 erschienen ist, von vielen Bewunderern als sein Meisterwerk betrachtet. Darin erkannte Freud, daß Mythen und Träume oft ähnlich verlaufen. Schon E. B. Taylor hatte eine generelle Verbindung geltend gemacht, aber Freud ging weit darüber hinaus, indem er die Symbole der Mythen mit denen der Träume in Beziehung brachte. Die Verbindung ist tatsächlich offensichtlich, und wir benötigen keine mechanistisschen Theorien über den unbewußten Verlauf der Träume, um uns davon zu überzeugen. Mehrere Stammesgesellschaften und vor allem die Ureinwohner Australiens mit ihrer »Traumzeit« betrachten es als einen Allgemeinplatz, daß Mythen und Träume gleichermaßen eine Einsicht in die Realität vermitteln. Trotz kultureller Unterschiede sind sich viele Indianerstämme im Südwesten Amerikas darin einig, daß Mythen geträumt werden und auf diese Weise entstehen. Sie sind von großer Bedeutung, weil eng mit den Riten verbunden, um das sich das ganze Leben besonders der Pueblo-Indianer dreht.

Freud vertrat die Ansicht, daß Mythen und Träume in Beziehung zueinander stehen und hob beider Bedeutung für das Unbewußte hervor. Besonders seine Erkenntnisse über die »Traumarbeit« (wobei Erfahrungen und Emotionen so geordnet werden, daß die potentielle Angst zurückgedrängt und der Schlaf gesichert wird) und seine Reduktion des Unbewußten auf die drei Funktionen des *Verdichtens* der tagsüber gemachten Erfahrungen, des *Verschiebens* ihrer Elemente und ihrer *Darstellung* in Symbolen und Bildern sind, wenn auch zu formal und mechanisch, um im einzelnen zu überzeugen, äußerst anregend. Es ist möglich, daß in der Evolution der Mythen ähnliche Prozesse stattgefunden haben; das ist die Implikation Freuds, und sie könnte für bestimmte Erzählungen zutreffen. Es ist beispielsweise nachvollziehbar, daß viele Mythen insofern *symbolisch* sind, als sie eine versteckte Haltung oder einen unausgesprochenen Gedanken mittels konkreter Aktionen in einem offenkundig anderen Bereich indirekt darstellen, und wir werden feststellen, daß ihre phantastischen Eigenschaften meist auf einer *Verzerrung* alltäglicher Zusammenhänge beruhen, einem Prozeß, der dem, was Freud »Verdichtung« nannte, nahe kommt.

Abgesehen davon, ob Freuds Ansichten über Träume richtig sind oder nicht, glaube ich, daß es mit Sicherheit wichtige Zusammenhänge zwischen den beiden Phänomenen gibt. Es versteht sich von selbst, daß es falsch wäre, einen Mythos lediglich als Produkt eines Unbewußten zu betrachten, und seine Eigenschaft als traditionelle Erzählung zeigt, daß das eine zu große Vereinfachung ist. Dennoch scheint in Mythen, die sich deutlich auf gesellschaftliche und individuelle Anliegen beziehen, auf einer nicht mehr bewußt zu nennenden Ebene eine Manipulation von Gefühlen und Erfahrungen enthalten zu sein. Zum jetzigen Zeitpunkt ist es schwer, darüber hinaus etwas zu sagen. Fortlaufende Untersuchungen über das Wesen des Träumens könnten hilfreich sein. Leider ist es erheblich schwieriger, den Entstehungsprozeß von Mythen zu analysieren, da die letzten traditionalen Gesellschaften – jene, die von der Literatur und den Werten der westlichen Welt bisher noch verschont geblieben sind – ungeheuer schnell und beinahe systematisch ausgerottet werden.

Es gibt eine bestimmte Freudsche Theorie, die in diesem Zusammenhang nicht sehr hilfreich gewesen ist: daß Mythen in gewisser Weise »das Traumdenken der Menschen« sind, die die unbewußten Anliegen aus der »Kindheit des Volkes« in sich aufbewahren.

Freuds Nachfolger Karl Abraham und Otto Rank waren an der überzogenen Formulierung dieser irreführenden Vorstellung beteiligt. Abraham schrieb in seinem Buch *Traum und Mythus* (1909), daß »der Mythus ein erhalten gebliebenes Stück aus dem infantilen Seelenleben des Volkes (ist) und der Traum der Mythos des Individuums« (S. 321). Freud selbst hatte zur gleichen Zeit geäußert, daß »Mythen ... den entstellten Überresten von Wunschphantasien ganzer Nationen, den *Säkularträumen* der jungen Menschheit entsprechen«.[1] Freuds Aussage beinhaltet zugleich, daß Mythen »Wunscherfüllungen der Phantasie« seien, was mit Sicherheit auf einige, nicht aber auf alle Mythen zutrifft. Die Vorstellung aber, daß Mythen Traumüberreste aus der Kindheit der Gesellschaft sind, wirkte auf Freud und seine Anhänger aus dem einfachen Grund, weil sie gut zu der Ansicht zu passen schien, daß der Mensch durch seine infantilen Emotionen determiniert und seine Psyche als Erwachsener von den Überresten infantiler Wünsche, Repressionen und Erfahrungen konditioniert sei. Das ist schon deshalb absurd, weil sich ein Volk oder eine Gesellschaft im allgemeinen erheblich von einem Individuum, das vom Kind zum Erwachsenen wird, unterscheidet. Es so wahrzunehmen bedeutet, sich eines genetischen Irrtums schuldig zu machen. Unser Denken ist in hohem Maß von dieser anthropomorphen Metapher beeinflußt, aber es besteht kein Grund, sie auch in Themen wie das Erforschen der Mythen hineinzutragen.

Mythen, sofern sie wirklich traditionell sind, entstammen einer illiteralen Kultur; die meisten behalten Elemente bei, die einer Zeit entstammen, die viele Generationen vor ihrer ersten schriftlichen Fixierung liegt. Aber dadurch werden sie kaum in eine rudimentäre Entwicklungsphase der Menschheit verlegt, die mit der »Kindheit« eines Volkes gleichzusetzen wäre; selbst wenn wir die Metapher akzeptierten, so bliebe die Vorstellung auch in diesem Fall irreführend. Viele Probleme der Mythen kehren immer wieder, wie Natur und Kultur oder Leben und Tod, und die von ihnen angebotenen Linderungen sind keineswegs »infantil«, nicht einmal notwendig unschuldig. Sie sind denen auffallend ähnlich, die in etwas veränderter Form heute noch von der Religion oder der herrschenden Moral angeboten werden. Schließlich verstellt die Vorstellung, daß Mythen die Emanation des Unbewußten eines Volkes seien, den Blick auf eine kollektive Verfasserschaft, die sogar den traditionellen Erzählungen zu Recht zugeschrieben werden kann.

Ähnliche Schwierigkeiten entstehen bei den Theorien von Jung und in gewisser Weise auch bei denen von Lévi-Strauss, aber es war der Philosoph und Soziologe Emile Durkheim, der mit seiner Ansicht, daß Religion eine Verschmelzung der *représentations collectives* sei (womit er kollektive *Vorstellungen* meinte), dem Freudschen Irrtum am nächsten kam. Durkheim gestand wenigstens zu, daß die in einer Gruppe vorhandenen Vorstellungen zunächst die Vorstellung von einzelnen sind, und das gilt auch für Mythen – sie sind Imaginationen eines einzelnen zusammen mit den gegenwärtigen Interessen und Vorurteilen der sozialen Gruppe. Hinter der Annahme eines Kollektivbewußtseins, das sich bei der Entstehung von Mythen und religiösen Vorstellungen angeblich manifestiert, zeichnet sich die andere Auffassung – romantisch und herablassend zugleich – von einer »primitiven Mentalität« der Wilden ab, die von E. B. Tylor und Lucien Lévy-Bruhl entwickelt wurde. Danach lebt der illiterale Mensch nicht in einer Welt der Vernunft oder der individuellen Entscheidung, sondern er ist ein Opfer fremder Emotionen und mystischer Assoziationen. »Kollektive« Vorstellungen sind das einzige, auf das diese unglücklichen und wahrlich mythischen Kreaturen wirklich Anspruch erheben können. Heute wissen wir, daß sich nicht einmal die primitivsten Menschen in dieser Weise verhalten; ihr Denken und ihre Vernunft beruhen auf den ihnen eigenen Gesetzen.

Noch weniger überzeugend als die Auffassung von einer »Kindheit des Volkes« ist Freuds Ansicht, daß bestimmte unbewußte Neigungen von einem prähistorischen Konkurrenzkampf zwischen Vater und Sohn in der »Urhorde« herrühren. Daß der Erhaltungstrieb sich parallel zur kulturellen Evolution der Menschen entwickelt, ist durchaus einsichtig, aber Freud bediente sich einer inadäquaten Studie über das Verhalten der Tiere, um eine abenteuerliche Erkenntnis über menschliches Verhalten zu rechtfertigen. Sein »Ödipuskomplex« hat letzten Endes wenig Anhänger gefunden, und bei den griechischen Mythen fördert er erstaunlich wenig Interessantes zutage. Freud kam vielmehr auf den Oidipus-Mythos, um für die komplexen Probleme, die er bei seinen Wiener Patienten zu entdecken meinte, einen Namen zu haben. Seine Wahl war einerseits verständlich, da Oidipus in der mythischen Erzählung seinen Vater tötet und seine Mutter heiratet. Andererseits tat er es aus Versehen (oder in Übereinstimmung mit der göttlichen Vorsehung), und es gibt keinen Hinweis darauf – nicht einmal in Sophokles' *Oidipus Tyrannos* (980–82) –, daß er auf ein unbewußtes Verlangen reagierte oder eine allgemeine Neigung exemplifizierte.

Die Bedeutung des Unbewußten, dessen Funktion bei Mythen wie bei Träumen, die besonderen Auswirkungen, wenn Emotionen unterdrückt werden, die Notwendigkeit, bestimmte Wünsche auszuleben, sei's auch nur in der Phantasie – das sind unserer Meinung nach die großen Entdeckungen Freuds. Seine Nachfolger haben die Theorie ausgebaut, und viele der Mythendeutungen, die von heutigen Verfassern ohne Bedenken angeboten werden, sind der Gesinnung nach freudianisch. Ein in diesem Kontext nicht ohne Einfluß gebliebenes Beispiel ist ein Aufsatz mit dem Titel »Myth and Ritual: a General Theory«[2] von dem bekannten amerikanischen Ethnologen Clyde Kluckhohn. Seine Theorie geht davon aus, daß Mythen und Riten wesentlich miteinander verbunden sind. Mythen beruhen nicht auf Riten, sondern sind eine alternative Äußerungsform *eines* psychologischen Zustands. Beides sind »Ausgleich verschaffende Entgegnungen« auf Situationen, die Angst hervorrufen, und sorgen durch »Angstminderung« für eine Entspannung; mit anderen Worten, sie lenken unsere Aufmerksamkeit von den unbehaglichen Dingen im Leben ab und helfen uns, bestimmte Sorgen durch angeblich wirksame Formen des rituellen Verhaltens oder durch tröstende Erzählungen zu überwinden. Eine weitere Funktion besteht nach Kluckhohn darin, eine »Sublimierung antisozialer Tendenzen« zu erreichen, das »Ausleben individueller Emotionen in gesellschaftlich sanktionierten Kanälen«. Damit ist gemeint, daß Mythen über Mord oder Inzest uns von einer krankhaften Beschäftigung mit derartigen Dingen abhalten, während rituelles Blutvergießen unsere sadistischen Wünsche in eine gesellschaftlich akzeptable, ja sogar nützliche Bahn leitet.

An dieser Deutung erkennen wir deutlicher als bei Freud die uns mittlerweile bekannte Tendenz, eine Universaltheorie für alle Mythen geltend zu machen. Der Irrtum ist offensichtlich. Es liegt auf der Hand, daß viele Mythen sich mit anderem als der Beschränkung auf Ängste oder der Sublimierung unserer niederen Instinkte beschäftigen: die »charter«ähnlichen Mythen, die Schöpfungsmythen usw. Gleichermaßen erfüllen viele Riten andere Zwecke: zum Beispiel jene, die den Kult der Götter bewahren, indem sie vielleicht eine formalisierte Säuberung der göttlichen Attribute vornehmen, wie bei den Plynteria in Athen, in denen das Kleid Athenes jährlich in einer Prozession zum Meer getragen und gewaschen wurde. Die Vorliebe für Zeremonien ist ein anderes rituelles Motiv, genauso wie das Gefallen an schönen Geschichten ein entscheidendes Motiv für Mythen ist. Die beiden Phänomene sind, was Umfang und Reichweite betrifft, keineswegs vergleichbar (was ich in Kapitel 10 zeigen werde), und viele ihrer Formen dienen gänzlich unterschiedlichen Absichten, seien sie psychologischer oder anderer Art. Wir können Kluckhohn dafür dankbar sein, uns daran erinnert zu haben, daß einige Mythen die Tendenz haben, uns mit den Bedingungen unseres Daseins zu versöhnen, auch wenn wir das bereits wußten. Die Sublimierung antisozialer Tendenzen zählt zu den genaueren Vorstellungen; dieser Gedanke wurde von A. M. Hocart bereits vorgegeben und geht letztendlich auf Aristoteles' Reinigung durch Furcht und Mitleid zurück. Das mag bei einigen Mythen ein wesentlicher Aspekt sein, wenn auch diese Auffassung weiterer Überprüfung bedarf. Jedenfalls gibt es noch andere psychologische Funktionen von Mythen, die von Kluckhohns einseitiger Theorie nicht erfaßt werden, und einige ergeben sich aus verschiedenen Interpretationen, die im folgenden berücksichtigt werden sollen.

Carl Jung gesellte sich zunächst zu dem Kreis um Freud, sagte sich aber dann von ihm los. Seine Vorstellungen lassen in einigen Punkten die Verwandtschaft zu Freud erkennen, in anderen wiederum berichtigte er die Thesen seines Lehrers erheblich. Auch er war der Ansicht, daß Mythen und Träume bestimmte Konfigurationen des Unbewußten offenlegen können; aber statt sie als Relikte von Wünschen und Bedürfnissen aus der »Kindheit des Volkes« zu betrachten, sah er sie als Offenbarungen dessen an, was er das »kollektive Unbewußte« nannte – eine vererbte und kontinuierliche Beschäftigung der Menschen mit bestimmten Schlüsselsymbolen.[3] Für den praktizierenden Psychologen liegt die Bedeutung der »Archetypen« (ein verwirrender Jungscher Terminus, der sich entweder auf diese universalen Symbole selbst oder auf die sie formende Disposition bezieht) darin, daß ihre individuelle Bearbeitung – zum Beispiel in Träumen – der Index zu einem unbewußten psychischen Drama ist, das entweder seelische Gesundheit oder seelische Krankheit erzeugt. Andererseits offenbaren Mythen die normativen psychischen Tendenzen der Gesellschaft – Tendenzen, die eine Beschäftigung mit Widersprüchen und Problemen sowohl gesellschaftlicher wie persönlicher Art einbeziehen. Mythen haben nichts »Infantiles«; sie offenbaren im Gegenteil die unbewußten Bedürfnisse und Phobien früher wie moderner Gesellschaften, und ihre Aussagen lindern sogar die komplexen Zusammenhänge des gegenwärtigen Lebens. Jungs bedeutendste Erkenntnis ist die, daß der Mensch heute wie damals auf diese alten und traditionellen Ausdrucksformen – Riten und Religion genauso wie Mythen – angewiesen ist; sie in die Sphäre historischer Kuriositäten zu verweisen, hat die Neurosen des modernen Menschen bloß schlimmer werden lassen. Dieser allgemeinen Auffassung, daß Mythen für das psychische, erst recht für das soziale Gleichgewicht der Gruppe eine wesentliche Rolle spielen, kann ohne weiteres zugestimmt werden. Leider sind viele der näher ausgeführten Überlegungen Jungs weniger akzeptabel.

Eine tatsächlich fragwürdige Vorstellung ist die der »Archetypen«: die Erdmutter, das göttliche Kind, der alte Weise, die Sonne, Gott, das Selbst, Animus und Anima (die weibliche Vorstellung vom Mann, die männliche Vorstellung von der Frau), sogar bestimmte Formen wie die Mandala und das Kreuz sowie die Nummer vier. Jung stellt die Behauptung auf, daß diese Bilder häufig in Mythen, Träumen und anderen Manifestationen des allgemeinen Bewußtseins wiederkehren. Aber verhält es sich tatsächlich so? Stimmt es, daß sie eindeutig genug sind, um bezeichnend zu sein? Jungs Schüler haben sich mit seiner wiederholten Erklärung begnügt, *daß* es sich so verhält, und greifen auf Beispiele zurück, die einigen Mythen, der Kunstgeschichte und dem mittelalterlichen Mystizismus entnommen sind. Sie beeindruckten Jung besonders und kommen immer wieder in seinen umfangreichen Schriften vor. Notwendig wäre offensichtlich eine Statistik über mythische Motive (eher von immer wiederkehrenden Figuren als von typischen Ereignissen), aber das scheinen seine heute noch lebenden Anhänger nicht nur überflüssig zu finden, es widerstrebt ihnen auch.

Ich habe in einem früheren Buch behauptet, daß der alte Weise, die Erdmutter, das göttliche Kind usw. in vielen Mythengruppen keine im eigentlichen Sinn wiederkehrende Gestalten sind: insbesondere nicht in den griechischen Mythen.[4] Der »Meeresgreis« – Phorkys oder Nereus – ist eine typisch prophetische Gestalt, und die Altersweisheit wird von Nestor verkörpert, dessen Leben sich über drei Generationen erstreckte und der – laut Homers *Ilias* – ständig von Agamemnon um Rat gefragt wurde. Demeter symbolisiert zweifellos die Fruchtbarkeit der Erde, und das Verschwinden ihrer Tochter Persephone ist einer der ältesten und ergreifendsten griechischen Mythen. Es wäre möglich, daß in den

Erzählungen über die Jugend des Dionysos, Hermes oder sogar Herakles das göttliche Kind dargestellt wird. Aber diese Themen sind nicht universell, geschweige denn besonders häufig in den griechischen Mythen, und man kann nicht ernsthaft behaupten, daß die Vorstellungen, die sie verkörpern, im Vergleich zu anderen überwiegen. Wie dem auch sei, es fragt sich, ob Jungs kollektive Symbole etwas anderes als grundsätzliche menschliche Vorstellungen sind, die natürlich mit der Physiologie des Menschen und den gesellschaftlichen Verhältnissen zusammenhängen. Bei den meisten von uns, die ihre Väter gekannt haben, ist ein unfehlbarer männlicher Elternteil ein wesentlicher Faktor in der psychischen Entwicklung; die Sonne ist wichtig, das versteht sich von selbst; die Vorstellung von Gott taucht in der einen oder anderen Form in jeder Gesellschaft auf; »Erdmütter« sind eine gängige Vorstellung, und die Griechen waren von der asiatischen Kybele und den Vorläuferinnen der Artemis sowie von Demeter geradezu besessen. Selbstverständlich kehren einige dieser gängigen Vorstellungen in den Mythen wieder; es wäre verwunderlich, täten sie es nicht. Aber sagt das etwas über die Tatsache hinaus, daß sich Mythen manchmal auf allgemein menschliche Vorstellungen und Verallgemeinerungen beziehen? Müssen wir, um sie zu begründen, das »kollektive Unbewußte« postulieren, welches noch über die Universalinteressen der Menschen hinausgeht? Müssen wir dazu so verwirrende Begriffe wie »Archetypus« verwenden? Müssen wir, wie Jung und sein Nachfolger Karl Kerényi, daran glauben, daß es eine tatsächliche *Wissenschaft* der Mythologie geben kann, durch die bestimmte Symbole spezifische Werte erhalten und ihren verschiedenen Verwendungen ein Rang auf einer Skala zugewiesen wird, die die psychische Normalität anzeigt?

Schon interessanter ist Jungs Auffassung, daß bestimmte Konzepte genauso wie biologische Verhaltensmuster vererbbar sind. Ob sie richtig oder falsch ist, bleibt zu beweisen; ihre Attraktivität für die Erforschung der Mythen besteht darin, daß sie für das Auftreten recht detaillierter mythischer Themen in, wie es scheint, voneinander unabhängigen Kulturen möglicherweise eine Erklärung bietet. Der Streit zwischen den »Evolutionisten« und den »Diffusionisten« hat sich momentan etwas gelegt; früher gab dies des öfteren Anlaß zu gelehrten Auseinandersetzungen darüber, ob scheinbar ähnliche Vorstellungen sich unabhängig voneinander entwickelt hatten (aufgrund von gemeinsamen Merkmalen der menschlichen Verhältnisse) oder das Ergebnis von Kulturkontakten waren. Es ist wichtig, darauf hinzuweisen, daß Experimente in der Art von »Kon Tiki« zeigen, daß die Diffusion oft größer sein kann, als zunächst angenommen; bestimmte mythische Vorstellungen aber, insbesondere die, daß einer der ersten Schöpfungsakte die Trennung von Himmel und Erde war, das »Erdtaucher«-Motiv, wobei eine Schöpfungsgestalt auf den Grund des Urozeans taucht und ein Landstückchen mit heraufbringt, das zu Festland wird, ereignen sich an derart entfernten und unwirklichen Orten, daß eine nach instinktiven Schemata verlaufende Imagination vom ätiologischen Standpunkt etwas für sich hat. Gegen diese Annahme einer vererbten Vorstellung richtet sich die mit Jean Piaget verbundene Auffassung von den geistigen Funktionen. Seine Arbeiten über die Entwicklung des Kindes legen nahe, daß solche scheinbar apriorischen Vorstellungen wie Zahlen, Raum und kausale Zusammenhänge in den ersten Lebensjahren experimentell entwickelt werden.

Einer der schwachen Punkte in der gesamten Auseinandersetzung über Mythen als eine Form des Ausdrucks war die Zweideutigkeit des Begriffs »Symbol«. Wir begegnen dieser Schwierigkeit erneut in Ernst Cassirers Ansichten über das Wesen der Mythen. Cassirer nahm sich der gewaltigen Aufgabe an, eine Philosophie der Kultur zu entwerfen; das Ergebnis ist kantianisch, eklektisch und letzten Endes nicht überzeugend, aber seiner zeitweiligen Geistesblitze wegen bewundernswert. Der Mythos wird neben Sprache und Wissenschaft als eine der wichtigsten »symbolischen Formen« des Ausdrucks verstanden. Er behauptet, daß ein Mythos nicht mit dem Intellekt beurteilt werden kann, weil er nicht allegorisch, sondern tautegorisch ist – eine eigengesetzliche Ausdrucksform, in der der Geist der faktischen Erfahrungswelt eine eigene Bilderwelt gegenüberstellt: reiner Ausdruck in Entgegensetzung zum hergeleiteten Eindruck. Da wir so genötigt sind, mit Mythen nicht als Produkten der Vernunft, sondern der Emotion umzugehen, ist seine Theorie ein begrüßenswertes Korrektiv der intellektualistischen Mythentheorie in der Art einer »Protowissenschaft«. Aber was bedeutet sie darüber hinaus? Letztlich, daß das »mythische Bewußtsein«, das sich dann einschaltet, wenn die Außenwelt »den Menschen jählings und unvermittelt … überfällt«, so daß »die subjektive Erregung sich objektiviert, indem sie als Gott oder Dämon vor den Menschen hintritt«, kaum etwas anderes ist als die Fähigkeit, religiöse Ehrfurcht zu empfinden.[6]

Cassirers Ansicht nach sind Mythos und Religion ein Kontinuum – was uns aber nicht vergessen lassen sollte, daß viele Mythen sich von der Religion unterscheiden, daß zumindest *ihre* Genesis von der Einstellung zu Göttern oder zum Kult ziemlich verschieden ist. Außerdem läßt uns Cassirer darüber im unklaren, was genau durch diesen emotionalen Kontakt zur Außenwelt »ausgedrückt« wird; manchmal ist es ein »Gott oder Dämon«, manchmal ein Symbol. Aber ein Symbol wofür? Wir begegnen von neuem der Schwierigkeit, daß ein Symbol, auch wenn es nicht allegorisch – ein Punkt eines rationalen Codes – ist, wenigstens einen emotionalen Inhalt besitzen muß. Bei Cassirer scheint es manchmal so, als sei dieser Inhalt einfach eine Art Empfindung der göttlichen Gegenwart. (Ist davon aber in den meisten Mythen tatsächlich die Rede?) In einem anderen Zusammenhang schreibt er von »mythischen Grundgebilden«, daß sie »faktische Einheit« besitzen, weil sie auf eine *»Strukturform* zurückgeführt« werden.[7] Diese Symbole sind wenigstens komplex, ausführlicher als die bloßen Empfindungen der Gottheiten und ähnliches, und in Wirklichkeit sehen ihre »Grundgebilde« den Jungschen Archetypen sehr ähnlich, wie auch ihre allgemeine Struktur eine Vorwegnahme der Gedanken Lévi-Strauss' ist. Cassirer war Jung gegenüber durchaus wohlwollend, und wenn auch nur deswegen, weil Jung sich von der Versteifung Freuds auf sexuelle Motivation distanzierte; für Cassirer bedeutete das eine Degradierung menschlicher Kultur. Aber auch er trug nur wenig zur Klärung des Wesens und des Wirkens mythischer Symbole bei; es läßt sich vermuten, daß beide gleichermaßen durch die im wesentlichen Freudsche Vorstellung von den festgelegten Korrelationen zwischen bestimmten Symbolen und bestimmten Gefühlen oder Gedanken – nämlich zwischen phallischen und uterusähnlichen Objekten und sexuellen Obsessionen oder Repressionen – beeinflußt waren.

Dem einfachen Gedanken hinter Jungs metaphysischer Theorie – daß es bestimmte grundlegende menschliche Angelegenheiten gibt, deren Verarbeitung in Mythen die Anpassung des Individuums an seine soziale und physische Situation begünstigt – hat Cassirer im großen und ganzen wenig hinzuzufügen. Auch bei Lévi-Strauss ist dieser Gedanke von Bedeutung, aber seine Mythentheorie ist nicht zuletzt deswegen interessanter, weil sie detaillierte Analysen darüber, wie Mythen die verborgenen Neigungen des Menschen spiegeln, bietet.[8] Wie bereits erwähnt, geht die Theorie von der grundlegenden Voraussetzung aus, daß der *esprit* des Menschen in jeder Epoche und jeder Gesellschaft struktural gleich ist. Seine Theorie akzeptiert großenteils den »funktionalistischen« Standpunkt, daß die Gesellschaft eine Maschine sei, in der jeder einzelne Teil am Gang des Ganzen beteiligt ist. Für Lévi-Strauss ist die strukturale Einheit der sozialen Maschine bedingt durch die konsistente Struktur der *ésprits,* die diese letzten Endes formen. Myhen wie Riten sind Teile dieser Maschine und übernehmen bestimmte Rollen, indem sie sie in Gang halten; deshalb werden auch sie letztendlich von der Struktur des Geistes determiniert. Lévi-Strauss ist sogar dazu in der Lage, uns ein Hauptmerkmal dieser Struktur zu benennen: die Neigung, Erfahrungen zu polarisieren, sie zwecks besseren Verständnisses fast wie ein binärer Computer in Gegensatzpaare aufzuteilen.

Es ist durchaus richtig, daß uns viele unterschiedliche Gesellschaften bekannt sind, die ein Klassifikationssystem mit binärem Charakter besitzen. Oft sind einfache Gesellschaftsformen in Hälften angeordnet, in zwei Gruppen, wobei die eine aus der jeweils anderen die Heiratspartner auswählt; Lévi-Strauss selbst hat gezeigt, daß solche Systeme realiter etwas komplexer sind. Auch bei anderen Gesellschaften entdeckt man häufig die Bereitschaft, eine binäre (im Gegensatz zu ternär usw.) Aufteilung der Erfahrungsgegenstände vorzunehmen; es wird sich zeigen, daß auch die Griechen diese Tendenz besaßen. Selbstverständlich gibt es objektive Faktoren, die dieser Betrachtungsweise Vorschub leisten. Die beiden wichtigsten Aspekte des sozialen Lebens, die Paarung und die Erhaltung des Stammes, sind auf die Aufteilung in zwei Geschlechter zurückzuführen. Der Gegensatz von subjektiv und objektiv, zwischen der eigenen Person und der Außenwelt, verstärkt noch zusätzlich die Tendenz, alles als das Gegenteil vom anderen wahrzunehmen: wünschenswert und nicht wünschenswert, dein und mein, schwarz und weiß, Freund und Feind. Die Individualität wie die Physiologie des Menschen bestärken uns darin, die Welt in Gegensatzpaare aufzuteilen, und zweifellos spiegelt sich diese Tendenz in einigen Aspekten der sozialen Organisation wider. Doch zu sagen, daß sich uns zwangsläufig binäre Aspekte der menschlichen und sozialen Organisation aufdrängen, und nicht, daß eine rein geistige Struktur jedes Ergebnis menschlichen Verhaltens determiniert, käme gewiß der Wahrheit näher. Alles was uns bislang über die Funktionsweise des Gehirns bekannt ist, läßt nicht den Schluß zu, es arbeite wie ein binärer Computer, und dennoch behauptet der Strukturalismus unmißverständlich, daß dem so sei.

Zurück zu den Mythen, stellen wir fest, daß Lévi-Strauss in ihrer quasi binären Eigenschaft die Funktion sieht, *Widersprüche zu versöhnen*. Das heißt, die Menschen werden im Laufe ihres Lebens mit allerhand Problemen konfrontiert, wovon einige, die nicht von individuellen Umständen abhängen, allgemeiner Art sind: Fragen, wie zum Beispiel die eigenen Interessen und Ambitionen mit denen der Gruppe in Einklang zu bringen sind, wie das Wissen um den Tod zu ertragen ist, wenn alles in uns auf Leben drängt, wie Gier und Wollust mittels Besonnenheit in Grenzen zu halten sind. Die meisten dieser allgemeinen Probleme tauchen als Widersprüche auf: zwischen Bedürfnis und Realität, dem Erreichbaren und Unerreichbaren, dem Individuum und der Gesellschaft. Also ist die Funktion der Mythen die, solche Widersprüche erträglich zu machen, weniger, indem sie die Phantasien der Wunscherfüllung verkörpern oder die Hemmungen lösen sollen, als vielmehr, indem sie pseudologische Modelle anbieten, mit deren Hilfe die Widersprüche gelöst beziehungsweise überdeckt werden.

Worauf Lévi-Strauss hinauswill, wird in seiner Analyse des Schöpfungsmythos der Pueblo-Indianer am deutlichsten, in dem das Jagen als eine Existenzquelle zwischen den Ackerbau einerseits und die Kriegsführung andererseits gestellt wird.[9] In einem anderen Teil desselben Mythenzyklus wird der polaren Kategorisierung der Tiere in *Pflanzen-* und *Fleischfresser* die Beobachtung entgegengestellt, daß *Aasfresser* zwischen den beiden intervenieren, da sie zwar totes Fleisch essen, aber nicht zu diesem Zweck töten. Der in diesem Mythos zu versöhnende Widerspruch ist der zwischen Leben und Tod; das wird durch den Hinweis erreicht, daß es in bestimmten Bereichen der Nahrungsbeschaffung und im instinktiven Verhalten der Tiere keinen einfachen Gegensatz zwischen Lebendigem und Totem gibt, sondern daß zwischen sie Stufen der Vermittlung eingeschoben sind. An der Endgültigkeit unseres Todes entstehen dadurch allerhöchstens Zweifel. Mythen wollen keine philosophischen Beweise liefern, sondern gegenüber einem Aspekt unserer Erfahrung ein anderes emotionales Verhalten bewirken.

Lévi-Strauss' Beweisgrundlage umfaßt hauptsächlich die Mythen miteinander verwandter Indianerstämme in Brasilien und Paraguay und ist deshalb so wertvoll, weil diese Mythen über mehrere Jahrhunderte hinweg von verhältnismäßig aufgeklärten Missionaren festgehalten worden sind. Ihre Aufzeichnungen der verschiedenen Varianten haben es Lévi-Strauss ermöglicht zu zeigen, daß es gerade die speziell persönlichen oder individuellen Begebenheiten sind, die im Lauf der Jahre dazu tendieren, sich innerhalb eines Mythos zu verändern; das Verhältnis zwischen einer Person oder Begebenheit und einer anderen, das heißt, die gesamte Struktur der Erzählung bleibt konstant. Es spielt fast gar keine Rolle, ob ein Mythos von einem jungen Mädchen handelt, das seiner Mutter nicht gehorcht, oder von einer Großmutter, die ihren Enkel vergiftet – die Struktur bleibt unverändert und bezieht sich auf einen Generationskonflikt, letzten Endes auf die mythische Lösung.

Die extreme Art der Darstellung dieser Theorie durch den Verfasser bereitet Schwierigkeiten. Mit der Behauptung, die Mythen befaßten sich in Wirklichkeit mit einer Art Algebra, einer abstrakten strukturalen Affinität zwischen Geist und Umwelt, welche spezifisch soziale Probleme und Gedanken transzendiere, geht er in der Einschätzung der strukturalen Erkenntnismöglichkeit bestimmt zu weit. Hingegen ist die Vorstellung, daß sich Mythen vor allem mit der Versöhnung von Widersprüchen beschäftigen, durchaus produktiv, insofern sie zeigen, wie »empirische Kategorien ... als begriffliches Werkzeug dienen können, mit dessen Hilfe sich abstrakte Begriffe herausarbeiten ... lassen«.[10] Leider ist sie nicht mit dem gleichen Erfolg für die griechischen (und anderen westlichen) Mythen zu gebrauchen wie für die der Bororo-Indianer und ihrer Nachbarn. Das hat vermutlich zwei Gründe: sie wurden durch eine literarische Tradition entstellt, und ihre strukturale Betonung ist aus Mangel an einer ausreichenden Anzahl von Varianten in jedem Fall verborgen. Strukturalisten aber finden jede Abschwächung ihrer Theorie anrüchig. Schon die Vorstellung, daß eine mythische Struktur im Verlaufe der Übermittlung verändert werden kann, ist in ihren Augen störend, weil sie der Meinung sind, daß der Geist des Menschen, der für die Beibehaltung derselben Struktur einsteht, Kontinuität garantieren sollte, und weil alle Mythen ein Produkt des Geistes und der Gesellschaft sind, sollen alle auch gleichermaßen einer strukturalen Analyse zugänglich sein. Hier kann ich nur widersprechen und darauf hinweisen, daß auf jede Erzähltradition der Zufall, menschliche Schwäche, wechselnder gesellschaftlicher Hintergrund und willkürliche subjektive Auswahl einwirken.[11] Wie so viele ethnologische Theorien ist das gesamte Lévi-Strauss-Konzept aufgrund seiner Stringenz absurd geworden. Gesellschaft ist *keine* Maschine, obschon sie einer solchen ähnelt; der analytische Verstand des Menschen ist *nicht* so rigide; selbst auf höchstem Abstraktionsniveau sind nicht *alle* Mythen gleich in ihrer Struktur und Zielsetzung.

Erst die Betrachtungsweisen, die geistige Vorgänge und soziale Übereinkünfte weniger strikt zu fassen suchen, befähigen uns dazu, den Mythos als einer Art Versöhnung neben anderen bereits erwähnten Möglichkeiten zu verstehen – er kann eventuell »Charter« sein, eine Erklärung anbieten, einen primär dramatischen Wert haben und so fort. Daß sich einige Mythen mit Problemen, besonders mit den Ursachen der Angst, beispielsweise vor dem Tod, auseinandersetzen, liegt auf der Hand. Eine mit Einschränkung vorgenommene strukturale Analyse vermag aufzuweisen, daß der entscheidende Punkt mehr in den nicht greifbaren Beziehungen als den offensichtlichen Themen liegt (selbst wenn sie symbolisch gedeutet werden) und daß Probleme sich in Form von Widersprüchen darstellen und diese Widersprüche mittels eines möglicherweise fiktiven *tertium quid* besänftigt werden können.

Eine grundsätzliche Entgegensetzung, die Lévi-Strauss im Leben und den Mythen der südamerikanischen Indianer entdeckte, ist die von Natur und Kultur, die in ihren Mythen oftmals durch die Unterscheidung zwischen Rohem und Gekochtem symbolisiert wird. Auch griechische Mythen scheinen sich mit dem Widerspruch zwischen dem Gesetz der Natur und dem des Menschen, zwischen Druck und Gegendruck, zwischen Barbarei und Zivilisation zu beschäftigen, und die Arbeiten Lévi-Strauss' können uns behilflich sein, den Stellenwert dieses allgemeinen Widerspruchs nachzuvollziehen, den ich in Kapitel 8 in Verbindung mit Herakles eingehender untersuchen werde. Auch andere Anzeichen weisen darauf hin, daß die »polare« Betrachtungsweise schon früh dem griechischen Denken eigen ist. Künstliche Gebilde wie die Kentauren (halb Mensch, halb Tier) und Kyklopen (einäugige Riesen) sind so konstruiert, daß sie unbewußt die ineinandergreifenden Tugenden und Laster der Natur und Kultur offenbaren. Die Kentauren sind mächtig und häufig ungesittet, wie zum Beispiel auf der Hochzeit der lapithischen Prinzessin Hippodameia – ihrer Nachbarin in dem Land, das an den Berg Pelion grenzt –, wo sie sich betrinken und wie Wilde aufführen. Sie versuchen, sie und die anderen Mädchen zu vergewaltigen, und werden deshalb vom König Peirithoos vertrieben und von Herakles persönlich verfolgt. Das Oberhaupt der Kentauren ist Cheiron, der sich von solch schmachvollen Taten fernhält und in seiner Berghöhle überraschenderweise ein außerordentlich zivilisiertes und exemplarisches Leben führt – geradezu der Inbegriff von Kultur. Bei den Kyklopen ist diese Art der Dualität schwerer wiederzufinden. Wenn wir nur an Polyphemos in der *Odyssee* denken, erhalten wir ein schreckliches Bild der Bestialität und des Kannibalismus, doch in Wirklichkeit sind die Kyklopen mit den Göttern verwandt und leben friedfertig – nur Polyphemos ist gewissermaßen ein Außenseiter. Die anderen wurden als die Erbauer der gigantischen Mauern von Tiryns und Mykene gesehen, nachdem sie für Zeus die Donnerkeile angefertigt hatten, mit welchen er seine Herrschaft und eine gesetzliche Ordnung festigte.

In ihrer Aufassung von den drei großen Elementen der Welt – Feuer, Erde und Meer (oder Wasser) – gab es auch bei den Griechen widersprüchliche Züge, die mit Hilfe der Mythen verbunden werden sollten. Das Feuer ist heilig und profan, nützlich und destruktiv zugleich. In Gestalt der Blitze kommt es vom Äther herab – dem klaren Himmel oder der reinen oberen Luft, welche der natürliche Aufenthaltsort der Götter ist; es läutert alle Übel, räuchert sie aus; es ist das Geschenk der Götter an die Menschen, womit diese nicht nur ihr Essen kochen, sondern auch ihre Opfer verbrennen können, um dadurch ihre Verbindung zu den Himmlischen aufrechtzuerhalten; es ist das wesentliche Mittel zur Herstellung von Keramik und Schmiedearbeiten, Handwerke, denen Gottheiten vorstanden wie Athene und Hephaistos. Andererseits ist es ein Mittel der göttlichen Bestrafung und der verzehrenden Destruktion: Zeus' Donnerkeil und Strahlenblitz. Auch Wasser ist lebensspendend und, als verheerende Überschwemmung, todbringend zugleich – wie damals, als Deukalion und Pyrrha die einzigen Überlebenden waren. Unmittelbar einsichtig wird dies am Beispiel der Erde, die sowohl das Korn zum Keimen bringt, den befruchtenden Regen wie auch die sterblichen Überreste empfängt, der Ort, von dem aus die verzweifelten Seelen der Toten in den Bereich des Hades hinabsteigen. Auch in anderer Hinsicht waren die Griechen darauf bedacht, die in den Dingen enthaltenen Widersprüche hervorzuheben. Frauen werden als Zierde und Übel betrachtet, Liebe als etwas Dämonisches und Himmlisches, Alter als etwas, das Weisheit und Torheit in einem hervorbringt. Manchmal stellen Mythen eine Versöhnung dar (beim Feuer in der Gestalt von Prometheus, bei der Erde verkörpert durch Persephone), doch oft tun sie es nicht. Im allgemeinen ist es daher wichtig einzuräumen, daß viele Elemente der griechischen Weltsicht, wie zum Beispiel die Aufzählung der göttlichen Funktionen selbst, sich nicht durch Polarität auszeichnen.

Doch sind wir jetzt von den Mythen als einem psychologischen Phänomen etwas abgekommen. Zu dieser Abschweifung führte die Annahme einer Verbindung zwischen der polaren Struktur der Mythen und der Struktur des Geistes. Die Theorie von Lévi-Strauss basiert eindeutig auf einer besonderen Auffassung des *ésprit,* die wahrscheinlich auch die Psyche miteinbezieht; indes zeigt sich die Brauchbarkeit der Theorie dort, wo sie sich nicht auf die den Geist betreffende Vermutung stützt. Versöhnung beinhaltet eine Tendenz zur Polarisierung, die in gewissem Sinne geistigen Ursprungs ist; aber dennoch gehört diese strukturale Bewertung schon eher zu einer intellektuellen als zu einer psychologischen Deutung der Mythen.

In Anbetracht der Zuversicht, mit der Psychologen ihre Ansichten vortrugen, und der Reaktion darauf, muß man zugeben, daß die Ergebnisse der Psychologie insgesamt (um dazu zurückzukehren) nicht sehr ergiebig sind. Mythen sind selbstverständlich nur ein Aspekt der Produkte des Unbewußten; aber Rank, Abraham, Jung und Cassirer widmeten ihnen besondere Aufmerksamkeit. Unabhängig von den Universaltheorien gibt es in der psychologischen Forschung auch Ansätze, die gewisse mythische Themen zu erhellen helfen. Moderne Untersuchungen haben gezeigt, daß Träume vom Fliegen erstaunlich häufig auftreten. Über ihre Implikationen läßt sich streiten, aber sie tragen zur Klärung bei, warum der Mythos von Ikaros, der zur Sonne fliegt, oder von Bellerophon auf Pegasos besonders einprägsam ist; ihr Thema ist auch das häufig auftretende und mysteriöse des Traums. Zweifelhafter erscheint mir die Freudsche Deutung jener Mythen, die vom Treiben auf dem Wasser handeln. Sie sollen für eine unbewußte Bezugnahme auf das vom Fruchtwasser umgebene Embryo stehen. Ganz sicher willkürlich ist es, in diesem Zusammenhang die Paradies-Mythen mit einer unbewußten Reminiszens an eine glückliche Kindheit in Verbindung zu bringen, da es viele andere Erklärungsmöglichkeiten gibt. Psychische Möglichkeiten sind bei anderen Motiven, so wie sie auftauchen, angemessen zu berücksichtigen, doch konnte bislang überhaupt kein Grund angeführt werden, weshalb ein ausschließlich psychologisches Vorgehen den Mythen an und für sich gerecht werden könnte, weshalb ihnen – im Gegensatz zu anderen Formen des Erzählens – nur eine einzige Ausdrucksweise als besonderer Akt imaginativer Reaktion eigen sein sollte. Ihre Qualität, Überlieferung zu sein, besagt mehr über die Besonderheit ihrer Gegenstände und Imaginationen als jede bestimmbare Relation zur Psyche des Menschen, und gerade durch ihre besonderen Themen, als eine Form des Ausdrucks eher als durch ihre Ätiologie, erheben sie Anspruch auf mehr als ein rein beiläufiges psychologisches Interesse.

Und doch sollte man sich damit nicht voreilig zufriedengeben. Viele Mythen haben in der Tat eine gewisse imaginative Qualität, die eine Reaktion besonderer Art, ein fast physisches Einfühlungsvermögen, mit der Wirkung hervorragender Musik oder Dichtkunst vergleichbar, bewirkt. Dieser Eindruck entsteht nicht nur bei außerordentlich evokativen Themen (obwohl das vielleicht die Ebene ist – ich habe es bereits erwähnt –, auf der bestimmte psychologische Theorien etwas leisten). Vielleicht sollte die Eigenart, die sie ans Licht bringt, nicht mit einer speziellen mythischen Ausdrucksweise assoziiert werden, sondern mit den allen Mythen eigenen Themen oder sogar mit den besonderen Umständen, unter denen sie erzählt werden. Die erste Möglichkeit bringt uns wieder zurück zu Mircea Eliades Theorie, wonach Mythen die Aura einer vergangenen Schöpfungszeit, einer Epoche voll mysteriöser Kräfte, wiederherstellen. Wir haben festgestellt, daß dies auf einige Mythen zutrifft, auf viele andere nicht. Ein Überblick über griechische Mythen trägt nicht gerade dazu bei, diese Erkenntnis Eliades zu untermauern. Die kosmogonischen Mythen (zum Beispiel die Machtfolge von Uranos, Kronos und Zeus) haben eine gewisse imaginative Brutalität, von einer dem Menschen nützlichen Kreativität kann noch kaum gesprochen werden. Die Taten des Prometheus zugunsten der Menschen sind diesbezüglich deutlicher, ihre Wirkung ist aber eher intellektuell als emotional. Die Geburten der verschiedenen Götter und der Weg, auf dem sie ihre Funktionen erlangen, worin sie den Heroen nicht unähnlich sind (Reisen über oder unter der Erde eingeschlossen), sind viel zu pragmatisch, als daß sie mit der Theorie harmonieren würden. Trotz der an rationalen Gesichtspunkten orientierten Aufteilung der griechischen Mythen haben sie als Ganzes noch immer eine gewisse imaginative Kraft, die mit dem Postulat von Eliade nicht übereinstimmt. Mesopotamische Mythen sind in vielerlei Hinsicht sinnfälliger als die griechischen, ihnen aber fehlt die Macht ursprünglicher Sehnsucht, die auf paradigmatische Ereignisse »in illo tempore« zielen.

Der Ethnologe V. W. Turner schlägt vor, Mythen als »liminal« zu verstehen – das heißt, sie werden »auf der Schwelle zu etwas« oder in Übergangssituationen erzählt.[12] Dies ist eine Weiterführung der berühmt gewordenen Bestimmung der Riten von A. van Gennep als *rites de passage*, deren Funktion darin besteht, den Übergang von einem vitalen oder sozialen Status zu einem anderen zu bewirken: bei der Geburt, bei der Pubertät und Initiation, bei Heirat, Alter und Tod. Solche Riten werden meist zu ungewohnten Zeiten und an ungewöhnlichen Orten ausgeführt (bei Nacht, im Busch oder in der Wüste, nackt oder in seltsamer Kleidung), um die Teilnehmer aus Raum und Zeit herauszulösen. In den kontinuierlichen, profanen Erfahrungsablauf wird ein heiliges Intervall eingeflochten, um den abrupten Übergang von einem Zustand in einen anderen zu erleichtern. Nach Turner werden Mythen ebenfalls »oft zu einem Zeitpunkt oder an einem Ort erzählt, der nicht einzuordnen ist«. Nur trifft dies wahrscheinlich bloß auf eine kleine Gruppe von Mythen zu. Jedenfalls gilt es für keine Phase der griechischen Mythen, die wir rekonstruieren können, und sogar in Stammesgesellschaften werden Mythen häufig bei informellen und alltäglichen Gelegenheiten wiedergegeben. Natürlich werden bestimmte Mythen zeremoniell rezitiert – aber nichts berechtigt dazu, diese unabhängig von den anderen als typisch für das *Genre* zu betrachten. Es trifft auch nicht zu, daß zeremonielle Mythen (die häufig »Charter« sind) eher imaginativ seien als andere. Sollten, wie er vorschlägt, Mythen eine Art »totale Perspektive« vermitteln, hat dies oftmals andere Gründe. Tatsächlich scheint es, als ob sich Turner hier Eliades Standpunkt annähert: Mythen »werden als außerordentliche und tiefe Mysterien erfahren, die den Initianden zeitweilig mit der ersten oder uranfänglichen schöpferischen Kraft des Kosmos harmonieren lassen«.[13]

Trotzdem besteht ein Teil der imaginativen Kraft vieler Mythen darin, daß sie tatsächlich etwas von Turners »totaler Perspektive« vermitteln. Zumindest ist es eine andere Perspektive als die des täglichen Lebens. Die phantastische Seite der Mythen habe ich bereits erwähnt. Sie ist zum Teil nicht auf unmittelbar einleuchtende epische Motive, sondern auf den Gebrauch übernatürlicher Elemente, seien es Ungetüme, Götter oder Magie, zurückzuführen. Die Wirkung ist nicht in dem Ausmaß als religiös zu bezeichnen, wie es die, die das »Heilige« als die zentrale mythische Eigenschaft hervorheben, implizieren. Vielmehr wird auf die Gleichzeitigkeit in der Erfahrung des Menschen von Gewöhnlichem und Außergewöhnlichem, Heiligem und Profanem verwiesen. Das ist eine Form von mythischer Phantasie. Eine andere – ähnlich und dennoch verschieden – beruht auf der *Verzerrung* normaler Sequenzen und Erwartungen, die mehr als nur paradox ist und in eine traumähnliche, manchmal alptraumhafte Außerweltlichkeit führt. Freud betonte das »Verschieben« der tagsüber gemachten Erfahrungen als eine Funktion der »Traumarbeit«. Wenn es stimmt, wie es manchmal den Anschein hat, daß Mythen in ihrer Verzerrung von Ereignissen den Träumen ähneln, dann wahrscheinlich nicht aus den psychologischen Gründen (Protektion des Schlafs, Repression antisozialer Tendenzen), die von Freud angegeben wurden. Mein Vorschlag wäre, daß die Verzerrung des täglichen Lebens selbst schon wie eine Potenzierung des Lebens und befreiend wirkt. Nach dieser Auffassung ist es nicht die »Liminalität« der Mythen, die ihnen eine »totale Perspektive« verleiht, sondern ihre Fähigkeit, neue, sonst ungeahnte Erfahrungsmöglichkeiten aufzuspüren. Einer Gesellschaft, die sich am Surrealismus begeistert und ein »Absurdes Theater« benötigt, kann dieser Gedanke unmöglich fremd sein, und es leuchtet ein, daß die unbewußte Wirkung der Verzerrungs-Phantasie, wenn auch qualitativ anders, unter den sozial und kulturell begrenzten Umständen einer traditionalen vorliteralen Gesellschaft nicht geringfügiger sein muß.

Griechische Mythen machen von der Verzerrung kaum Gebrauch, und die Phantasie, die zeitweilig in ihnen enthalten ist, beruht auf ihren übernatürlichen Komponenten. Das gleiche gilt für skandinavische Mythen und gewiß für die meisten, die irgendwann einmal einer literalen oder quasiliteralen Übermittlung unterworfen waren. Trotz einer langen Schrifttradition haben mesopotamische Mythen überraschenderweise einige Anzeichen einer offensichtlichen Verzerrung beibehalten. Beispiele dafür wären, wie Gilgamesch wertvolle Gegenstände durch ein Loch in die Unterwelt wirft, und Enkidus' fatale Übereile, sie zurückzuholen, oder wie die Erdgöttin Ninchursag Enkis acht Krankheiten dadurch heilt, daß sie ihn in ihre Vagina legt.[14] Eine mechanische Themenreihung und die Bestimmung von Ereignissen mit Hilfe der Etymologie sind besondere Faktoren, die zu unvorhergesehenen Sequenzen führen. Doch auch ohne dieses gibt es einen genuinen phantastischen Rest, der aber nicht annähernd so beeindruckend ist wie die Phantasie in den Mythen der Stammesgesellschaften der Indianer oder der Australier. Nach einem Mythos der Pitjandjara aus dem zentralen Australien brachten zwei Spinnenschwestern einem Novizen, der beschnitten werden sollte, Essen in den Busch. Die eine versuchte, ihn dazu zu bringen, mit ihr zu kopulieren, und legte ihn in eine Grube; aber er weigerte sich standhaft; schließlich brachte sie ihn in den Himmel.[15] Wir sehen darin erneut ein Motiv der offenkundigen Paradoxie, da viele Einzelheiten der Erzählung mit ritueller Praxis in Verbindung stehen – die Grube und insbesondere die sexuelle Enthaltsamkeit. Also kommt zur phantastischen eine allegorische Ebene, aber ohne erstere abzuschaffen oder dem Mythos im Verhältnis zur gewöhnlichen profanen Erfahrung etwas von seiner Mysteriosität zu nehmen.

Das Fehlen »furchterregender Charakteristika« (wie H. J. Rose sie nannte) und größerer Ungereimtheiten bei den griechischen Mythen gab unter den Altertumswissenschaftlern Anlaß zur Bewunderung, es galt als Zeichen des klaren Denkens, weshalb die Griechen der Klassischen Zeit zu Recht bewundert wurden. Es stimmt, daß die Mythen mit Beginn der Zeit von Homer und Hesiod eine organisierte Form erhalten hatten, in der dem Übernatürlichen ein definitiver Platz zugewiesen worden war; andere Formen der Phantasie, besonders rituelle Grobheiten und andere Brüche in der täglichen Erfahrung, waren davon großenteils ausgeschlossen. Zweifellos hatte dies positive Auswirkungen; vielleicht half es sogar, eine rationale Weltsicht zu schaffen – dies soll im letzten Kapitel untersucht werden. Meiner Ansicht nach aber waren die griechischen Mythen nicht immer so, sie waren nicht immer derart ausgeglichen, ohne wirkliche Überraschungen. Es kann ihnen nicht immer an roher Kraft und ekstatischer Verzerrung des alltäglichen Lebens gemangelt haben, da sie ein wesentliches Element in der Entwicklung wahrhaft schöpferischer Kultur sein mögen.

Teil 2

Die griechischen Mythen

Kapitel 5

Griechische Mythen in der Literatur

Griechische Mythen gehören so, wie wir sie kennen, nicht zu den traditionellen Erzählungen, die mit den sich ändernden Interessen und dem sozialen Druck ihre Akzente verlagern. Die meisten besitzen im Gegenteil schon eine verhältnismäßig fest gefügte literarische Form. Sie gehören keiner mündlichen Kultur und gänzlich traditionalen Gesellschaft mehr an. Sie sind Literatur geworden – eine entscheidende Überlegung, sollte man der Versuchung unterliegen, sie mit den Mythen anderer und einfacherer Völker zu vergleichen. Sie machen noch immer Veränderungen durch, aber die Veränderungen sind bedingt durch einmalige ästhetische Ziele individueller Autoren oder durch das Aufkommen neuer literarischer Techniken und *Genres* und nicht in erster Linie durch die sozialen, intellektuellen und emotionalen Bedürfnisse der Gemeinschaft insgesamt. Das Ergebnis ist eine Zusammenstellung von Mythen äußerst ungewöhnlicher Art. Wie wurden sie zu dem, was sie sind, was kennzeichnet diese literarische Entwicklung und welches sind die Besonderheiten und Anliegen der großen literarischen Quellen griechischer Mythen? Das sind die Fragen, mit denen sich das nun folgende Kapitel beschäftigen wird.

Die griechische Literatur wird von Homer beherrscht – eine wenn auch zwiespältige, so doch entscheidende Figur bei der Übermittlung von Mythen. Er steht am Anfang der abendländischen Literaturgeschichte (abgesehen von den fragmentarischen Überlieferungen aus Mesopotamien und Ägypten), und wir wissen wenig über ihn als Person; allerdings wußten die Griechen des klassischen Zeitalters auch nicht viel mehr. Er lebte wahrscheinlich in der mittleren und späteren Hälfte des 8. Jahrhunderts v. Chr. auf der anderen Seite der Ägäis, irgendwo in Ionien in einer der griechischen Kolonien, die an der Westküste der heutigen Türkei liegen. Er ist in erster Linie der Mann, der für die *Ilias* verantwortlich ist, ein Epos, das in sechzehntausend Hexametern vom Zorn des Achilleus und den Kämpfen vor Troia im zehnten Jahr des trojanischen Krieges erzählt. Die *Odyssee*, das zweite große frühe

Epos, berichtet von den Abenteuern des Odysseus auf seiner Rückkehr aus eben diesem Krieg zu seiner Heimatinsel Ithaka und davon, wie er die Freier vernichtete, die seine Frau bedrängten und seinen Palast übernehmen wollten. Seit der Antike wird darüber debattiert, ob der Verfasser der *Ilias* auch für die *Odyssee* verantwortlich ist oder nicht, aber heute ist das vielleicht nicht mehr wichtig. Worauf es ankommt, ist, daß beide Gedichte trotz kleinerer Abweichungen sich nicht unterscheiden im Hinblick auf Hintergrund, Sprache und heroische Werte und daß sie beide vom traditionellen Erzählgut, wie es von den früheren Sängern bekannt ist, Gebrauch machen.

Homer steht fast am Ende einer langen mündlichen Überlieferung.[1] Aus der von seinen Vorgängern assimilierten Dichtung machte er etwas auffallend Neues, obwohl eine Menge seines Materials wie dessen mythischer Inhalt auf Zeiten vor dem 8. Jahrhundert v. Chr. zurückgreift, einiges davon auf die Zeit des trojanischen Krieges selbst und andere, nicht einzuordnende Details auf eine Zeit, die noch weiter zurücklag. Der Krieg scheint Mitte oder Ende des 13. Jahrhunderts stattgefunden zu haben und war einer der letzten großen Unternehmungen der Achaier, die in den Palästen und Festungen aus dem späten Bronzezeitalter in Mykene, Tiryns, Lakedaemon, Pylos, Korinth, Theben, Orchomenos, Athen, Kalydon, Iolkos lebten. Die *Ilias* und die *Odyssee* geben größtenteils eine poetische und phantasievolle Darstellung jener Zeiten. Es ist ungeheuer fragwürdig, ob Agamemnon und Menelaos, Achilleus, Diomedes und Odysseus, Paris, Andromache und Hektor auch tatsächlich Menschen waren. Im großen und ganzen scheint es, daß die politisch wichtigeren Personen – wenigstens Agamemnon von Mykene und Priamos von Troia – geschichtlich verbürgt sind und die weniger wichtigen nicht. Worauf es bei der Untersuchung der Mythen ankommt (und aus diesem Grund nannte ich Homer »zwiespältig«) ist, daß diese Figuren zwar historisierend, aber nicht tatsächlich geschichtlich sind: legendäre statt im weitesten Sinn verstandene mythische Personen.

Verweise Homers auf die Menschen und Ereignisse, die noch *vor* dem trojanischen Krieg liegen, sind eher flüchtig und andeutend. Die Expedition, die unter dem Namen »Sieben gegen Theben« bekannt ist (zugleich der Titel eines der noch erhaltenen Dramen Aischylos'), führte die Sänger der Überlieferung Homers in eine ganz und gar undurchsichtige Landschaft; das gleiche gilt für die Taten des Herakles und des Bellerophon. Andere Gestalten der vortrojanischen Ära, wie Perseus, Tantalos, Pelops, Daidalos, Athamos oder Iason, sind noch verschwommener. Die Erzählungen über sie waren mit Sicherheit allgemein bekannt, aber für die trojanische *Geste* hatten sie keine Bedeutung; dennoch waren sie durch eine gesonderte Überlieferung lange genug weitergereicht worden, um die Eigenschaften von Mythen zu erhalten.

Eine dritte Gruppe von Personen in den homerischen Dichtungen (abgesehen von den kurz erwähnten alten Heroen und den neueren legendärer Art) besteht aus den Göttern und Göttinnen. Hierin ist die epische Tradition ungemein reichhaltiger an mythischem Material. Die Gedichte befassen sich nicht so sehr mit den Geboten der Götter und dem Entstehen der Welt, statt dessen gibt es häufige Beschreibungen von Göttern und Göttinnen (besonders Zeus, Poseidon, Appollon, Athene und Hera), wie diese in Angelegenheiten der Sterblichen eingreifen; die Gedichte vermitteln uns viel über die Eigenschaften der olympischen Gottheiten. Homer war und ist, was dieses Thema betrifft, die bedeutendste literarische Quelle, und eines der großen Genres der Mythen wurde so in das, was die Griechen des klassischen Zeitalters als die alte und geheiligte Vergangenheit betrachteten, zurückverlegt. Natürlich irrten sie darin. Im 7. Jahrhundert v. Chr. waren die homerischen Dichtungen mehr oder weniger vollendet. Das mykenische Zeitalter, das den äußeren Rahmen bildete, hatte zu dieser Zeit seit fast 400 Jahren ihr Ende gefunden. Viele Götter und Göttinnen und ihre wesentlichen Erscheinungsformen sind noch früher gebildet worden. Für einen Griechen des 5. Jahrhunderts aber waren Homer und Mykene gleich weit entfernt. Herodot konnte dennoch schreiben, daß es Homer und nach ihm Hesiod waren, die den Griechen zu Geburt und Charakteristika ihrer Götter verhalfen.[2] Er hatte fast recht, was die Daten von Homer und Hesiod betrifft – »vierhundert Jahre vor mir«, schrieb er (das heißt ungefähr 830 v. Chr.) –, dafür irrte er in ihrer Urheberschaft. Homer ist, mit Ausnahme der in Linearschrift B vorhandenen Tafeln von Knossos und Pylos, unsere – und zugleich seine – früheste literarische Quelle. Wir aber wisen aus der Archäologie, der epischen Sprachweise und vergleichenden Studien, daß vieles vom Material Homers Überlieferung ist und aus Zeiten stammt, die erheblich früher liegen.

Herodot erhielt keine Hilfestellung durch eine andere seiner Lieblingstheorien: daß die meisten griechischen Götter aus Ägypten, einem Ort, der ihn zutiefst interessierte, entlehnt seien. Es war eine glänzende Erkenntnis, daß vieles von der Religion seines Landes aus dem Ausland stammte, aber wir werden in Kapitel 11 sehen, daß er sich in der Sphäre täuschte, aus der der Einfluß kam. Auf jeden Fall teilte kein Zeitgenosse Herodots seine fortschrittlichen theologischen Ansichten. Ihnen genügte die Erwähnung der meisten Göttermythen bei Homer als Beweis ihres einheimischen Ursprungs. Die *Ilias* und die *Odyssee* waren derart berühmt, daß sie zum Schatz des überlieferten Wissens und der Moral wurden. Erst ein kritischer Dichter wie Euripides oder – ein paar Generationen früher – der ionische Dichter und Weise Xenophanes vermochten es, die homerische Vorstellung von den Göttern zu unterlaufen – um mit Xenophanes zu klagen: »Alles haben Homer und Hesiod den Göttern angedichtet, was nur immer bei den Menschen Schimpf und Schande ist: Stehlen, Ehebrechen und sich gegenseitig betrügen!«[3] Diese Kritik, so einfach sie aussieht, war unter den gegebenen Umständen äußerst aufgeklärt und machte doch wenig Eindruck auf den Großteil der Menschen, die weiterhin ihre religiösen Pflichten erfüllten (und dabei auch Homer bewunderten), auch wenn sie nicht jedem Wort über die Götter in den Mythen Glauben schenkten.

Im 7. Jahrhundert v. Chr. schrieb Hesiod ein langes Gedicht, die *Theogonie* oder die *Genealogie der Götter,* das glücklicherweise noch heute erhalten ist. Verglichen mit Homer, ist es kein sehr gelungenes Gedicht, aber es besitzt einen gewissen derben Reiz und eine Unmenge an faszinierendem mythischem und theologischem Material, welches so angelegt ist, daß es eine Geschichte der Welt von ihren frühesten Anfängen bis zu der Zeit, in der Zeus sich als der oberste Gott durchsetzte, darstellt. Herodot hatte recht, wenn er Hesiod selbst für denjenigen hielt, der für die Anordnung des Materials verantwortlich war, aber es ist offensichtlich, daß seiner – wie Homers – Arbeit weitaus frühere Quellen zugrunde lagen. Der Mythos von Kronos, wie dieser seinen Vater, den Himmel, kastriert, ist entschieden älter als Hesiod (dessen Bericht hierüber in Kapitel 6 wiedergegeben werden soll), und dies trifft auch auf die Episode zu, in der Kronos von seinem Sohn Zeus bezwungen wird.

Hingegen kann die Auffassung des urzeitlichen Zustandes als »Chaos«, eine große tiefschwarze Kluft, wahrscheinlich des Dichters eigener Phantasie zugeschrieben werden.[4]

Die nächste Stufe der literarischen Mythenkodifizierung ist schwieriger nachzuvollziehen. Im 6. Jahrhundert v. Chr., ungefähr hundert Jahre nach Hesiod, entwickelten die kultivierten Stämme der Griechen eine Vorliebe für Gedichte, die entweder von einem Solisten oder einem Chor gesungen wurden und rhythmisch wie musikalisch eine größere Variationsbreite aufwiesen als die alten Epen. Von dem sizilianischen Poeten Stesichoros sind nur Fragmente erhalten, aber wir wissen, daß seine lange Chorlyrik (das Gedicht über *Geryon* hat bekanntlich ungefähr tausend Verse) Wiedergaben mythischer Themen waren: die Erzählung von Helena, von Europa, von Orestes, von Eriphyle, von der Jagd auf den kalydonischen Eber, von einigen Taten Herakles', vom Fall Troias. Seine Erzählungen handelten eher von Heroen, einschließlich legendären, als von Göttern, obwohl Menschen und Götter, wie bei Homer, an vielen entscheidenden Stellen zusammen beteiligt waren. Gelegentlich fügte Stesichoros ein neues Detail hinzu; zum Beispiel brachte er die bizarr moralische Ansicht hervor, daß nicht die wirkliche Helena mit Paris floh, sondern es ein Trugbild gewesen sei, das nach Troia fuhr. Wenn man will, ist das eine Entwicklung einer Erzählung als Erwiderung auf neue ethische Werte, aber offensichtlich eine literarische Erfindung und viel zu satirisch in seinen Implikationen (da es das Thema einer Palinodie – Lied des Widerrufs – ist, geschrieben, um der Gefahr von Auflehnung zu entgehen), um mit der Entwicklung von Mythen in einem illiteralen Kontext vertauscht zu werden. In jedem Fall waren die meisten seiner Versionen auf Unmittelbarkeit bedacht, ihre Ausschmückung eher literarisch und musikalisch als interpretativ oder philosophisch.

Das gleiche kann auch von Simonides und Bakchylides, Verfassern von monodischer Lyrik, behauptet werden, die an der Wende vom 6. zum 5. Jahrhundert v. Chr. lebten. Ein reizendes Gedicht von Simonides darüber, wie Danaë mit ihrem Säugling Perseus herumzieht, möchte den Mythos nicht umändern oder uminterpretieren; es greift lediglich eine der bekanntesten traditionellen Erzählungen wieder auf und gibt Teile davon in einer neuartigen poetischen Fassung mit einem bisher unbekannten Pathos wieder.[5] Sogar Sappho widmet eines ihrer Lieder, von dem ein paar Zeilen noch erhalten sind, einer mehr oder weniger offenen Evokation der Hochzeit zwischen Hektor und Andromache.[6] Homer hatte sich nicht direkt mit diesem Thema beschäftigt, da es zeitlich einige Jahre vor dem Geschehen der *Ilias* datiert; es könnte durchaus sein, daß Sappho hier in der überlieferten Mythenform eine Lücke schließen wollte. Kurz, mehr als zweihundert Jahre nach

Homer und trotz Archilochos, Sapphos und Alkaios neuer persönlicher Poesie präsentierte die vorherrschende poetische Strömung den bekannten Inhalt der überlieferten Mythen – sieht man von denen ab, die Homer in Beschlag genommen hatte – in neuem poetischem Gewand. Hierdurch erfahren wir wichtiges über die Dauer der alten Mythen, über ihren Stellenwert als großes nationales Kulturgebilde, wie über die Grenzen, die ihnen als Mittel zur Selbstdarstellung und Kommunikation gesetzt waren.

Die nächste große Quelle der griechischen Mythen finden wir im thebanischen Dichter Pindar, der, wie Stesichoros, Chorlyrik schrieb. Sein Leben umfaßt einen Großteil des 5. Jahrhunderts, und seine großen Oden, die für die Sigesfeiern bei den religiösen Spielen zu Olympia, Delphi, Nemea und Isthmos von Korinth bestellt waren, sind voller mythischer Anspielungen, gleichermaßen auf Heroen wie Götter. Wenigstens wird der nicht sehr phantasievolle Konservatismus in der Folge von Stesichoros aufgegeben, und Pindar erweist sich als heftiger Kritiker seiner Rivalen, Bakchylides und Simonides nicht ausgenommen, die er als »schnatternde Hühner« abtut. Das Geheimnis seiner Poesie, dessen er sich rühmt, liegt in seiner Beherrschung der knappen Andeutung, seiner Fähigkeit, sich auf der Suche nach einem mythischen Beispiel oder Ereignis der Vergangenheit und dann genausoschnell wieder dem Sieger, dessen Heimat, Vorfahren und dem Umfeld seines Triumphs zuzuwenden. Wenn Pindar mit seinen vielen Liederbögen prahlt, mit der Raschheit seiner Andeutungen, die »zu denjenigen sprechen, die sie verstehen«, mit dem Hinweis, unter vielen Sachen nur einige auszuarbeiten, dann begründet er dies mit der Kraft, mit der er die Mythen bearbeitet, um Gegenwart zu erhellen, ohne den Zwang, ein Geschehen in seiner Gänze wiedergeben zu müssen. Nicht, daß die mythische Welt eine Behelfskonstruktion und sekundär wäre: im Gegenteil, die »Erhabenheit« (er gebraucht das Wort *areta*), die er bei seinem Sieger feiert, beruht für ihn anscheinend auf der Verbindung von Heroischem und Göttlichem, auf ihrem Ursprung in einer leuchtenden mythischen Vergangenheit, die sich für ihn vornehmlich in den olympischen Spielen als seltenes Relikt erhalten hat.

Trotz des Reichtums seiner Dichtkunst war Pindar ein vergleichsweise einfacher Mensch. Neuere Versuche, den Schlüssel zu seinem Gebrauch der Metaphern und Mythen zu finden, sind kläglich gescheitert. Einen eindeutigen Zugang gibt es nicht; Pindar ist der unstete und begnadete Dichter, der zu sein er sich rühm-

DEUTSCHLAND

»Mythen sind...

...oft wahrhaftigere Ausdrucksformen des Wirklichen als wissenschaftliche Fassungen: so kann man sagen, daß Gott immer nur dort persönlich eingreift, wo Ihm nichts anderes übrig bleibt, weil niemand sonst die Verantwortung tragen mag, und daß er sich jetzt, wo die okzidentalische Welt gar so verantwortungsfreudig geworden ist, von den Geschäften ganz zurückgezogen hat. Jetzt handelt der Mensch als Gott mit den gleichen Hoheitsrechten, und die Wendung der Dinge beweist, daß diese Stellung keine angemaßte ist.«

Hermann von Keyserling,
»Reisetagebuch eines Philosophen: Indien«

So liegt es auch in der Verantwortung des einzelnen, wie er sein Geld anlegt – in Risikogeschäften, wo von Anfang an nur Beten hilft; oder in gewinnbringender Sicherheit, wo der Erfolg irdisch-verläßlich ist.

Pfandbrief und Kommunalobligation

Meistgekaufte deutsche Wertpapiere - hoher Zinsertrag - bei allen Banken und Sparkassen

Verbriefte Sicherheit

te. Natürlich steckt hinter seiner poetischen Verrücktheit eine bestimmte Methode. Ein mythischer Bezug beruht oft auf einem konkreten geschichtlichen Ereignis. Die dritte Pythische Ode, die sich an den mächtigen Herrscher Hieron von Syrakus richtet, handelt von den mythischen Heilkundigen Cheiron und Asklepios nur deshalb, weil Hieron selbst erkrankt war. Andere Oden, die sich an die sizilianischen Herrscher richten, beziehen ihre glänzende Wirkung nicht von herkömmlichen Mythen (mit Ausnahme des Herakles-Mythos), sondern von dem Ruhm und Reichtum des Siegers oder der olympischen Szenerie, die ihn mit der heroischen Vergangenheit Griechenlands wiedervereinigt. Nicht ganz so bedeutende Sieger, zumal solche, die aus kleineren Städten ohne sichtbaren mythischen Hintergrund kommen, werden flüchtiger behandelt. Selbst Konrinths Bezüge zur heroischen Vergangenheit werden lediglich aufgezählt.

Einige der vortrefflichsten Lieder Pindars waren für Athleten geschrieben, die man auf der eher unauffälligen Insel Aigina unweit Athens kaum vermutet hätte. Hier fühlte Pindar sich wohl. Er nahm die heroischen Nachfahren des mythischen Königs Aiakos zum Anlaß, subtile Andeutungen auf die frühere Auszeichnung seiner eigenen Stadt zu machen. Seine Reaktion auf einen Sieg der Aigineten ist keineswegs erstaunlich; ein Großteil der Ode wird sich mit den epischen Abschnitten der an Einfallsreichtum begrenzten Zahl der Mythen befassen, mit den Aiakiden, den Nachkommen des Aiakos. Wie kommt es, daß er, der den Wechsel liebt, ihn auch beherrscht, der es vorzieht, wie die Biene von einem Thema zum anderen zu fliegen (das Bild stammt von ihm), sich immer wieder den Taten des Telamon, Ajax, Peleus und Achilleus zuwendet? Die Antwort sagt nicht nur wichtiges über den Dichter, sondern auch darüber, wie die Mythen in der Literatur verwendet werden können. Es ist offensichtlich, daß er die berühmten Taten der Aiakiden nicht aus Einfallslosigkeit wiederholt. Im Gegenteil, die Aiginetischen Oden sind, abgesehen von den Mythen, die sie enthalten, außerordentlich brillant, dicht und voller Anspielungen. Die sich ständig wiederholenden mythischen Bezüge sind weder Ergebnis einer gleichbleibenden Zusammenstellung noch einer Unschlüssigkeit, sie resultieren aus der Bewunderung des Dichters für die Vergangenheit der Insel und seinem rücksichtsvollen Verständnis, daß ein Sieger aus einem Land, dessen Ruhm zunehmend verblaßt, sich nichts lieber wünscht, als daran erinnert zu werden, daß in seinen Adern das Blut von

Heroen pulsiert. »Deutlichstes Gebot ist es mir«, so Pindar, »wenn ich zu dieser Insel komme, sie zu besprengen mit Lobgesängen; mein Herz aber mag von Liedern nicht kosten/ Ohne die Aiakiden.«[7]

Zumindest für Pindar repräsentieren die Mythen eine Vergangenheit, die dem Goldenen Zeitalter näher, wichtiger und bedeutender war als die Gegenwart.

Obwohl er häufig auf die überlieferten Mythen zurückgriff, ging es ihm nicht so sehr darum, Ansprüche der Familie oder des Vaterlandes zu untermauern und dadurch die Mythen im Sinne Malinowskis als »Charter« zu gebrauchen. Eher wollte er diese konsolidieren und, wenn notwendig, die Nobilität und Vitalität der heroischen Vergangenheit neu beleben; das Zeitalter, da *areta* – die heroische Erhabenheit – ihre Blüte erreichte, als die großen Abenteuer noch überall auf der Welt anzutreffen, die Menschen die wirklichen Nachfahren der Götter waren, ihre Gebete himmlische Stimmen oder Theophanien bewirkten, als einem Vergehen noch großartige Vergeltung folgte. Einem aiginetischen Sieger zu sagen, er habe durch seine Taten auf der Rennbahn oder im Hippodrom die natürlichen Tugenden seiner großen Stammesahnen wieder aufleben lassen, ist das größte Kompliment, das ihm Pindar machen kann. Wenn er Mythen als aktive Kraft für die Erhaltung einer semi-göttlichen Vergangenheit verwendet, gibt Pindar ihnen nicht nur literarische Funktion, sondern reproduziert die evokative Funktion gewisser Mythen, wie sie auf Seite 61 ff. besprochen wurde. Diese funktionale Vitalität ist es, die seiner Dichtung eine Kraft verleiht, die Stesichoros, Simonides und Bakchylides fehlt.

Die beste literarische Verkörperung griechischer Mythen findet sich in den Tragödien, von denen nur eine kleine Auswahl erhalten ist. Hervorgegangen ist das tragische Schauspiel aus der Chorlyrik, aber der Dialog und die Darstellung einzelner Charaktere ermöglichen den Dramatikern, überlieferten Geschichten andere Schwerpunkte und neue Deutungen zu geben. Im Laufe der Zeit wurde die Variation um ihrer selbst willen akzeptiert, und in bestimmten Fällen – die Rache von Orestes und Elektra an ihrer Mutter Klytaimnestra des Mordes an Agamemnon wegen wurde von allen drei großen Dramatikern bearbeitet – gibt es eine bewußte Weiterführung von Aischylos zu Sophokles und Euripides. Besonders Euripides interpretierte Episoden aus den Mythen im Geiste eines neuen dramatischen Realismus und einer niederschmetternden Einsicht in die Bedeutung »heroischer« Situationen für den einzelnen. Die Prinzessin Elektra, die mit einem keuschen Bauern verheiratet wurde, wird zu einer herablassenden psychopathischen Xanthippe. Iason, der Held der großen Argonautenexpedition zur Eroberung des Goldenen Vlieses, wird gezeigt, wie er Medea wegen einer zuverlässigeren, jüngeren und nicht ganz so fremdländischen Braut verläßt und Medea daraufhin einer rasenden Eifersucht erliegt, die in der Ermordung ihrer eigenen Kinder gipfelt. Trotzdem wird sie mit dem Wagen ihres Großvaters Helios gerettet – eine zweideutige Auslegung einer Gottheit, die zum Beispiel in Euripides Darstellung von Apollon im *Ion* eine Parallele hat, wo der delphische Orakelgott bei recht menschlichen Irrtümern ertappt wird.

Damit hatten Aischylos und besonders Sophokles nichts im Sinn, aber vielleicht gibt es andere und subtilere Möglichkeiten, den Mythen neuartige Aspekte abzugewinnen. Seit der Zeit Hesiods, wahrscheinlich aber schon früher, gehörte Prometheus zu den bemerkenswertesten Figuren der Überlieferung. Bis dahin war es niemandem eingefallen, seine Erfolge als Frage nach der Verantwortung von Macht und kultureller Verpflichtung zu sehen. Das genau tut Aischylos in seinem *Prometheus Desmotes* und den anderen beiden (verlorengegangenen) Stücken derselben Trilogie. Sogar bei Hesiod ist Prometheus nicht nur eine Schelmenfigur gewesen; aber im hesiodischen Wettstreit zwischen dem Bemühen Zeus', die Welt in Ordnung zu bringen, und Prometheus' Eintreten für die Interessen der Menschen zeichnete sich noch nicht Aischylos' spezieller Konflikt zwischen bloßer Tyrannei und den noch ungeregelten Freiheiten der Zivilisation ab. Das ist ein teils theologisches, teils politisches Dilemma. Um die Mitte des 5. Jahrhunderts hatten sich sowohl in der Politik als auch in der Theologie gewaltige Umbrüche ereignet, und Aischylos bediente sich der überlieferten mythischen Situation als Folie für seine dramatisch gefaßten Überlegungen zu diesen neuen Problemen. Die Darstellung des Mythos – das Schauspiel selbst – war zwar noch immer wichtig, erhielt aber aufgrund der neuen Implikationen eine bis dahin unbekannte Tiefe. Das ist gewissermaßen eine Akzentverschiebung einer Erzählung, die – wie ich bereits erwähnt habe – häufig in illiteralen Gesellschaften anzutreffen ist. Dennoch gibt es einen bezeichnenden Unterschied. Für die dramatische Situation ist die Akzentsetzung des Aischylos, daß Zeus Prometheus dadurch bestraft, indem er ihn mit Ketten an einen Felsen fesselt und täglich einen Geier seine Leber verschlingen läßt, lediglich nebensächlich. In Hesiods Version des Streits mit Prometheus spielte die Gewalt des Zeus keine nennenswerte Rolle. Aischylos aber versteht Zeus' Bemühungen, eine Ordnung herzustellen, als einen Übergang von physischer Gewalt in eine Herrschaft, die auf allgemeiner Übereinstimmung beruht und in der Gewalt seiner zukünftigen Helferin *Dike* − Gerechtigkeit − liegt; eine ganz und gar nichtmythische Vorstellung.

Dieses Vorgehen, aktuelle Probleme abzustecken und sie mittels einer überlieferten mythischen Begebenheit zu durchleuchten, läßt sich noch deutlicher an Sophokles' *Antigone* ablesen. Sie wurde 441 v. Chr. verfaßt, zu einem Zeitpunkt, als das Wesen der Gesetze und der Konflikt zwischen dem Gewissen eines Mannes und den vom Staat ihm auferlegten Pflichten bei Politikern und Philosophen zur Diskussion standen. Antigone, Tochter von Oidipus und Schwester von Eteokles und Polyneikes, spielt in der mythischen Überlieferung nur eine untergeordnete Rolle. Als Polyneikes bei der Expedition der »Sieben gegen Theben« seinen Anteil des Throns zurückzuerobern versucht und dabei getötet wird, überläßt König Kreon seinen Körper den Hunden. Antigone gibt ihm ein rituelles Begräbnis und wird dafür zum Tode verurteilt. Das ist ein sekundärer Aspekt der überlieferten Geschichte und könnte sogar spät erst hinzugefügt worden sein. Weitere Einzelheiten in Verbindung mit dem Tod ihres Verlobten Haimon sind vermutlich sophokleischen Ursprungs. Bestimmt kann der Konflikt zwischen Gott und Caeser aus der ursprünglichen Erzählung herausgelesen werden, auch war er in der allgemeinen Situation der beiden Brüder, die sich gegenseitig um ihr Erbe bekämpfen, vage enthalten; aber die Verwendung des Mythos in dieser Absicht hat etwas von einer *tour de force,* und das Problem ist auch in diesem Falle in der überlieferten Erzählung angelegt. Hierin unterscheidet sich die literarische Behandlung der traditionellen Erzählung erheblich von der der mündlichen Überlieferung.

Es mag sein, daß eine bewußt von der Überlieferung abweichende Darstellung einer Begebenheit, wie bei Antigone, einem theoretischen Problem manchmal schärfere Konturen verleiht als eine direkte und diskursive Behandlung. In seiner *Nikomachischen Ethik* widmete Aristoteles dem Problem der freiwilligen und unfreiwilligen Handlung einige schwierige Kapitel, die psychologischen Verwicklungen aber treten viel deutlicher in den Fallstudien hervor, in Aischylos' *Agamemnon,* in dem Agamemnon an der offensichtlichen Notwendigkeit, seine Tochter Iphigenia opfern zu müssen, zugrunde geht, oder in Euripides' *Hippolytos*, in dem Phaidra gegen die Leidenschaft ihres Stiefsohns Hippolytos ankämpft. Umgekehrt verhelfen Tragödien manchmal in einer mythischen Begebenheit weniger deutlichen Gegensätzen zu ihrem Ausdruck. Sophokles' *Philoktetes* handelt von der Geschichte des Philoktetes, der, unterwegs nach Troia, auf der Insel Lemnos zurückgelassen wurde, nachdem der Schlangenbiß zu eitern anfing und er für seine Begleiter unerträglich wurde. Später enthüllte der Prophet Kalchas, daß Troia nur mit Hilfe von Herakles' Bogen eingenommen werden könnte. Der nun gehörte dem Philoktetes, der ihn von Herakles dafür, daß er dessen Begräbnisscheiterhaufen angezündet und ihn von seinen Qualen erlöst, erhalten hatte. Odysseus und Diomedes fuhren nach Lemnos, um Philoktetes und seinen Bogen in das Lager der Achaier zurückzuholen.

So der Mythos. Im Schauspiel von Sophokles bekommt diese einfache, fast der Volkserzählung entlehnte Situation eine gänzlich neue Dimension. Philoktetes wird trotz seines Leidens zum Beispiel selbstloser Großzügigkeit; Odysseus (der immer unpopulärer wurde, je mehr die literarischen Versionen ihn mit dem Attribut des Listigen versahen) wird als der gewandte und unehrliche Rethoriker aus der Stadt gezeigt. Das ist einerseits eine Entgegensetzung von angeborener Tugend – Pindars *areta* – und erlernter Geschicklichkeit des Pragmatismus und der Sophisterei. Andererseits wird es zu einer symbolischen Konfrontation zwischen der weihevollen Einsamkeit der Insel und den weltlichen Ambitionen der Achaier. Wir werden sehen (Seite 197 f.), daß eine ähnliche Gegenüberstellung von Natur und Kultur im Sinne Rousseaus auch bei den mündlich überlieferten Mythen zu finden ist. Ihr Vorhandensein in der Geschichte des Philoktetes geht ausschließlich auf Sophokles zurück und folgt aus einem anderen Umgang mit ihr, der viel bewußter und rationalistischer ist als der mythische. Es ist unbedingt notwendig zu unterscheiden zwischen dem instinktiven Gebrauch einer Erzählung, um eine Haltung damit auszudrücken oder zu kultivieren, und der bewußten Wahl einer bekannten fiktiven Sitation, um eine ausgearbeitete und persönliche Analyse zu liefern.

Während der literalen Ära wurden Mythen hauptsächlich in der Poesie, aber auch in der Prosa verbreitet. Die bemerkenswertesten Prosaisten in dieser Hinsicht sind Herodot und Platon. Zeitlich gesehen, waren sie nur ein paar Generationen auseinander, aber Herodot verhielt sich meist noch naiv gegenüber den Mythen, Platon dagegen fast übertrieben intellektuell. Herodot verwendete Themen der Volkserzählung, um seine Lücken in der Kenntnis der Geschichte zuzudecken – oder aber er akzeptierte bedenkenlos die Versionen der Volkserzählungen von historischen Ereignissen. Das erste Buch seiner *Historien* führt uns diese Tendenz deutlich vor Augen. Ernsthaft schildert er, wie dem Kroisos, König von Lydien, träumte, sein Sohn und Nachfolger Atys würde von einer eisernen Speerspitze getötet werden. Trotz größter Bedenken willigte er in den Wunsch des jungen Mannes ein, an einer Jagdexpedition, bei der ein riesiger Eber getötet werden sollte, teilnehmen zu dürfen; während der Jagd wurde Atys versehentlich vom Speer seines Mentors Adrastos getötet, den Kroisos selbst von einer früheren Blutschuld entsühnt hatte.[8] Das ist Mythos oder Volkserzählung, aber nicht Geschichte. Das gleiche gilt für den sagenhaften Bericht darüber, wie Kroisos selbst dem Tod auf dem Scheiterhaufen mit knapper Not entrinnt, was in Kapitel 7 beschrieben wird.

Diese Geschichte war auch vielen anderen außer Herodot bekannt, aber sein Bericht über Astyages, den König der Meder, zeigt seine Vorliebe für solche Dinge.[9] Astyages träumte, daß seine Tochter Mandane so viel Wasser ließ, daß ganz Asien überschwemmt wurde. Daraufhin gab er sie dem Perser Kambyses zur Frau, träumte aber dann, daß Wein aus ihrem Schoße wuchs und Asien umrankte. Der Traum wurde so gedeutet, daß ihr Sohn ihn entmachten würde, und er befahl seinem Wesir Harpagos, den Säugling zu töten. Harpagos gab den unangenehmen Befehl an einen Kuhhirten weiter, der Mandanes Sohn anstelle seines eigenen verstorbenen Kindes zu sich nahm. Er wuchs heran und wurde von Astyages erkannt, der daraufhin Harpagos bestrafte, indem er ihm dessen Sohn zum Nachtmahl vorsetzte.

Das ist ein ganzes Geflecht aus Motiven der Volkserzählung: ein Orakel oder ein Traum bestimmt das Enkelkind dazu, Nachfolger des Königs zu werden; dessen Versuch, es umzubringen; der Hirte, der das Kind rettet; das Auftischen des Kindes als Rache; das Entsetzen über den unfreiwilligen Kannibalismus; die unumstößliche Erfüllung des Traums oder des Orakels. Die Erzählungen von Oidipus, Atreus und Thyestes, Tantalos und Lykaon gehören unter vielen anderen zu den naheliegenden mythischen Parallelen, die einem hierzu einfallen. Wenn Herodot Mythen rationalisieren möchte, dann kann er es; hier tut er das Gegenteil und scheint sich mit der volkstümlichen Ausschmückung historischer Ereignise nebst überlieferten epischen Erzählmustern zufriedenzugeben. Er beschränkt sich nicht nur auf die Geschichte fremder Völker, in VI, 61-2 berichtet er, wie König Ariston von Sparta, kurz vor Herodots Zeit, sich auf legalem Weg der attraktiven Frau seines Freundes bemächtigt, indem er die in den Mythen äußerst beliebte Eidesituation herbeiführt, die mit Notwendigkeit fehlschlagen muß. Er überredete seinen Freund dazu, sich gegenseitig zu schwören, daß jeder dem anderen gibt, was er von ihm verlangt. Ariston war König und der Reichere von beiden; er war außerdem bereits verheiratet, weshalb der Freund sich sicher wähnte. Nicht nur Herodot gestaltet die Erzählung in Anlehnung an die Überlieferung; eine Bestätigung dafür, daß Mythen um die Mitte des 5. Jahrhunderts v. Chr. weiterhin für normale Menschen wie für Geschichtsschreiber ein dominierender Aspekt der Kultur waren.

Zur Zeit Platons und schon zu der seines Lehrers Sokrates, gegen Ende des 5. Jahrhunderts, war vieles anders. Bei den frühen Dialogen Platons ist es schwer zu entscheiden, welche Gedanken von Sokrates, welche von Platon sind, wahrscheinlich aber war es eine Angewohnheit des Sokrates, die Mythen zum Zwecke einer gefühlsmäßigen Überredung zu benutzen. In Platons *Phaidon* beispielsweise ist Sokrates dabei, eine recht dürftige Beweisführung der Unsterblichkeit der Seele mit einem lyrischen Mythos über die mit Juwelen besäten Landschaften des zukünftigen Lebens zu beschließen. Die Beweise sind zum Teil die Platons, aber der Mythos könnte von Sokrates stammen. Das hält Platon jedoch nicht davon ab, diese Tendenz in anderen eschatologischen Visionen, im *Gorgias, Phaidros* und im letzten Buch vom *Staat* weiterzuführen. Einige mögen (wie ich) der Ansicht sein, es wäre besser gewesen, hätte sich Platon, bevor er auf den überlieferten Kunstgriff des Überzeugungsmythos zurückgriff, mit den philosophischen Argumenten mehr Mühe gegeben; so aber erlag er einem kaum zu widerstehenden Faktum griechischer Kultur – der »Poetik« (den Mythos eingeschlossen), wie er selbst sie nannte, als dem natürlichen Feind der Philosophie.

In allen literarischen Quellen, der Dichtung wie der Prosa, werden Mythen häufig als etwas besonderes behandelt, als eine gewissermaßen in sich geschlossene Weisheit, die aus der Vergangenheit übernommen wurde. Natürlich hielten sie viele typische Beispiele bereit, mit deren Hilfe fast jede Situation der täglichen Erfahrung sich illustrieren oder verteidigen ließe. Sie konnten auch geändert oder angeglichen werden, um augenfällige Neuheiten oder sensationelle Wirkungen zu erzielen. Das unterscheidet sich kaum merkbar von der organischen Veränderung, die Mythen in einer Gesellschaft der mündlichen Überlieferung zumeist durchmachen. Sobald wir ihnen in der griechischen Literatur begegnen, sind sie zur Konvention herabgesunken. Homer gibt vortrojanische Mythen bewußt zur Unterhaltung oder schlicht in exemplarischer Absicht wieder; Hesiod vereinfacht und gestaltet die theogonischen Erzählungen neu, aber verfährt mit ihnen, als seien sie bereits heilige Literatur. Gemessen am Erzählstandard wirken sich größere derartige Eingriffe meist negativ aus. Auch ethnisch oder politisch bedingte Eingriffe sind zu erwarten; die Athener versuchten den Wortlaut der *Ilias* so zu manipulieren, daß ihre Ansprüche auf die Insel Salamis gerechtfertigt schienen;[10] die Dorer, die aus dem Nordwesten kamen und Ende des Bronzezeitalters den Peloponnes besetzten, machten Herakles zu einem Stammesheros; die Athener versuchten, Theseus zu einem nationalen Leitbild zu stilisieren, indem sie ihm Taten und Abenteuer nachsagten, die denen des Herakles stark nachgebildet waren. Für diese Zwecke eigneten sich nicht nur Heroen, sondern auch Götter vorzüglich. Apollon begann seine Karriere als ionischer Gott. Als das Orakel in Delphi panhellenischen Einfluß gewann, war es sein Aspekt als Orakelgott, der in Mythos und Kult hervorgehoben wurde, und als Delphi zur Zeit des Peloponnesischen Kriegs das dorische Sparta dem ionischen Athen vorzog, überarbeitete Euripides einige Apollon-Mythen, die daraufhin den Gott in einem äußerst ungünstigen Licht zeigten.

Derart drastische politische und religiöse Interpretationsverschiebungen setzten sowohl in Griechenland als auch anderswo gewöhnlich eine literale Kultur voraus. Der in Ägypten je nach Zeit und Ort unterschiedliche Status des Sonnengotts Re oder die erstaunliche Verbreitung des Kults und Mythos der Osiris wurden durch eine literale Priesterschaft ermöglicht; es ist kaum vorstellbar, daß die Veränderungen, die im 2. Jahrtausend v. Chr. in Mesopotamien stattfanden (wo die Vorherrschaft Babylons wahrscheinlich mit der Neugestaltung des weitverbreiteten Schöpfungsmythos zugunsten von Marduk, dem Stadtgott von Babylon, einherging), im Kontext einer mündlichen Überlieferung hätte geschehen können. Umgekehrt steht das, was wir in Australien vorfinden – wo im allgemeinen unscharf konturierte mythische Figuren, wie die »Zwei Männer« oder die »Djanggawul-Schwestern«, je nach Region unterschiedliche Funktionen erhielten –, sehr wahrscheinlich nicht in einem literalen Kontext. Literalität schließt derartige Unbeständigkeiten aus. Schriftliche Fixierung und übereinstimmender Wortlaut gehen Hand in Hand, und allmählich werden die verschiedenen Versionen vereinheitlicht. Trotz häufiger Bearbeitungen gibt es bei den griechischen Mythen noch immer regionale Unterschiede und Unvereinbarkeiten, sogar noch bei solch urzeitlichen Ereignissen wie der Sintflut oder der Schöpfung des ersten Menschen herrschten Verwirrung. Bei den Unvereinbarkeiten handelt es sich häufig um Themen, die nicht sehr stark in den Mythen verwurzelt sind oder aus dem Ausland entlehnt wurden (wie Kapitel 11 zeigen wird), wie zum Beispiel die Vorstellung von der Sintflut. Andere Varianten, besonders solche, in denen auf Einzelheiten wie Namen von bedeutenden Personen und Orten Bezug genommen wird, sind ein Ergebnis später und quasi-wissenschaftlicher »Verbesserungen« oder plumper Versuche in der Manier eines Gelehrten, eine mythische Erzählung für die eigene Stadt zu beanspruchen.

Zusammen mit der außerordentlichen literarischen Qualität der klassischen Werke ist es die Dichte und Vielschichtigkeit, nicht die Tiefe der griechischen Mythen, die sie im Vergleich zu anderen überlegen scheinen lassen. Doch diese fruchtbare Komplexität wiesen sie schon vor dem Klassischen Zeitalter auf, obgleich sie sich durch die gelehrten und enzyklopädischen Eingriffe, die bereits 600 v. Chr. in Mode kamen, zweifelsohne verstärkte. Tatsächlich ist sie schon in der *Ilias* und der *Odyssee* vorhanden und kann von daher kein ausschließlich literarisches Phänomen sein. Ich beziehe mich nicht nur auf Homers Gestaltung der vergleichsweise neuen Heroen, die an den Schlachten um Troia beteiligt sind, obwohl allein schon die Anzahl der Beteiligten und ihre individuelle Beschreibung beachtlich sind. Auch die Hintergründe früherer heroischer Ereignisse werden als bekannt vorausgesetzt, und die kurzen Andeutungen zeigen, daß sowohl der Dichter als auch sein Publikum erstaunlich viele Episoden und Namen kennen.

Als sich im sechsten Buch der *Ilias* der Achaier Diomedes und der Lykier Glaukos begegnen, erkennt Diomedes seinen Gegner nicht wieder und überlegt, ob er ein verkleideter Gott sein könnte. Er erinnert sich in andeutenden Details an das Schicksal Lykurgos', der Dionysos angegriffen hatte – der Abschnitt ist auf Seite 123 zitiert. Glaukos klärt daraufhin Diomedes über seine Identität auf, mit Worten, die nicht minder detailliert und indirekt sind:

Es liegt eine Stadt, Ephyre, in einem Winkel des rossenährenden Argos; dort lebte Sisyphos, der schlaueste unter den Männern, Sisyphos, des Aiolos Sohn; er zeugte Glaukos als seinen Sohn, Glaukos hinwieder zeugte den untadeligen Bellerophon, welchem die Götter Schönheit und liebliche Mannhaftigkeit schenkten. Proitos aber ersann ihm Böses im Herzen (*Ilias* VI, 152—157).

Es folgt die Geschichte von Proitos' Frau, die dem jungen Heros gegenüber Zuneigung empfand und, da er ihre Gefühle nicht erwiderte, ihn fälschlicherweise bei ihrem Gatten denunzierte. Das leitet die darauffolgende Geschichte Bellerophons ein, die erkenntlich macht, daß er der Großvater desjenigen Glaukos war, der die Geschichte erzählt. Das ist eine durchaus typische Abschweifung, und Homer faßt zweifelsohne ein bereits vorhandenen Gedicht über Bellerophon und seine Familie zusammen. Aber was für eine Einsicht in den heroischen Hintergrund setzt diese anspruchsvolle Verkürzung seitens seiner Zuhörerschaft voraus!

Die wahrscheinlich beste Art, sich von der imponierenden Vielschichtigkeit der griechischen Mythen in ihrer literalen Phase ein Bild zu machen, ist, die Oden von Pindar zu lesen, wo in rascher Abfolge eine Andeutung der anderen folgt; der Eindruck, den sie hinterlassen, ist der einer überwältigenden und an Gestalten ungemein reichen Vergangenheit, die die Gegenwart noch immer überschattet. Die Heroen des 5. Jahrhunderts, für die Pindar schreibt, reinkarnieren gewissermaßen die mythischen Heroen der Vergangenheit. Die Götter und Göttinnen gehören zu denen, die noch immer in frischer Erinnerung sind; da sie bis zum Niedergang der griechischen Zivilisation Gegenstand sorgsam ausgeführter Riten waren, indem sie die Schicksale der Heroen steuerten und sich ihnen ständig leibhaftig zeigten – oder mit ihnen das Bett teilten –, schienen sie eine Realität aus der noch lebendigen religiösen Tradition, in der an ihre Präsenz noch geglaubt wurde, in diese Welt zu prolongieren. Es gab im 5. Jahrhundert – der Zeit Pindars, der Tragiker, Perikles' und Sokrates' – viele Angriffe auf die Götter. Nicht einmal Euripides konnte sich – wie wir sahen – einer zweideutigen Darstellung ihrer Handlungen enthalten. Die meisten aber setzten ihre privaten Anbetungen fort und nahmen auch weiterhin an den großen öffentlichen Spielen teil. Der Glaube an die Götter war noch lange nicht gestorben, wenn auch gewisse berüchtigte Mythen jetzt als schriftliche Berichte ihrer Taten und

Eigenschaften zurückgewiesen wurden. Nicht alle, nicht einmal die meisten Erzählungen über sie waren unmoralisch oder mußten von den ethisch Aufgeklärten in Zweifel gezogen werden, und das Weiterbestehen der Olympischen Religion verlieh zweifelsohne der Welt der Mythen – einer Welt, die mit Hilfe der Literatur erhalten und zugleich neu geschaffen wurde – einen Schimmer der Aktualität. Immerhin waren die überlieferten Mythen dominierend im kulturellen Leben der Griechen. Die Themen der Literatur (zumindest der Dichtung) sind hauptsächlich ihnen entlehnt, sie waren die Stütze der Bildung, Politiker jeder Schattierung beriefen sich ständig auf sie, in allem, was mit Religion und mit Riten zu tun hatte, waren sie gegenwärtig; auf ihre Art waren die Griechen ein religiöses Volk.

Für Mythen im allgemeinen sind die griechischen Mythen in der literarischen Form, in der wir sie kennen, nicht ganz typisch. Wollte man sie daran messen, ließen sie sich kritisieren. Nichtsdestoweniger sind sie großartig, und wenn sie auch – wie wir feststellen werden – die Phantasie der anderen Mythen nicht haben, ihr Umfang, ihre Reichhaltigkeit und ihre Verknüpfung mit einer attraktiven Religion und einer bemerkenswerten Literatur machen das wieder gut. Eine angemessene Würdigung würde den Rahmen dieses Buches sprengen. In der nun folgenden Berücksichtigung einzelner Beispiele lohnt es, im Auge zu behalten, daß griechische Mythen bis ins hohe Klassische Zeitalter noch in den ausgestalteten, manchmal artifiziellen Formen bemerkenswerte Eigenschaften besitzen.[11]

Kapitel 6

Mythen von den Göttern und der frühen Menschheitsgeschichte

Mein Vorhaben, griechische Mythen im einzelnen zu berücksichtigen, stellt nicht den Versuch dar, einen umfassenden Überblick zu geben; vielmehr werde ich sie in sechs Kategorien aufteilen, um die jeweils prägnanten Beispiele zu betrachten. Die ersten drei sind in diesem Kapitel enthalten, die letzten in Kapitel 7, Herakles und die Entwicklung der Heldenmythen werden in Kapitel 8 und 9 gesondert behandelt.

Ich unterscheide folgende Kategorien: erstens die kosmogonischen Mythen, zweitens diejenigen, die die Entwicklung der Olympischen Gottheiten beschreiben. Das sind die Göttermythen insgesamt. Drittens Mythen über die frühe Menschheitsgeschichte, die Stellung der Menschen in der Welt, besonders im Verhältnis zu den Göttern. Die vierte Kategorie umfaßt Erzählungen über die älteren Heroen – die eigentlichen Heroenmythen; die fünfte Erzählungen über die jüngeren, eher nachahmenden Heroen, einschließlich der Legenden und großen panhellenischen Sagen. Das sind die Heroenmythen insgesamt. Endlich die sechste Kategorie, die aus späten Neugestaltungen der geschichtlichen Periode besteht.

Zunächst zu den *kosmogonischen* Mythen von der Entstehung der Welt; sie handeln von der ursprünglichen Trennung des Himmels und der Erde und der Ablösung der älteren Naturgötter durch Zeus und seine Zeitgenossen. Wir erinnern uns, daß sich Uranos erst dann von der Erde – Gaia – trennt, als der junge Kronos ihn kastriert. Kronos wird König, verschlingt aber so lange seine mit seiner Schwester Rhea gezeugten Kinder, bis es durch eine List gelingt, den Säugling Zeus zu retten, der nun wiederum dessen Platz einnimmt. Hesiod, der zugleich unsere älteste Quelle ist, da Homer diese Erzählungen nur zu äußerst knappen Andeutungen veranlassen, hat die Ereignisse einzigartig beschrieben. Hesiods Bericht in der *Theogonie* lautet wie folgt:

Die von Gaia und Uranos gezeugt wurden – höchst schreckliche Kinder – wurden von Anfang an von ihrem eigenen Erzeuger gehaßt. Er verbarg sie alle, sobald jeweils einer geboren wurde, an einem Platz im Innern der Gaia und ließ sie nicht zum Lichte gelangen; und Uranos freute sich über seine Untat. Die riesige Gaia stöhnte im Innern, denn sie war bedrängt, und sie ersann einen listigen und bösen Anschlag. Sogleich schuf sie grauen Stahl und stellte eine gewaltige Sichel her; dann sprach sie zu ihren lieben Kindern in ermutigendem Ton, obgleich betrübt in ihrem Herzen: »Meine Kinder und die eines ruchlosen Vaters, wenn ihr dem zustimmt, was ich sage, könnten wir die schändliche Mißhandlung durch euren Vater rächen; denn er ersann zuerst schmähliche Taten.« So sprach sie, aber die Kinder waren alle besessen von Furcht und keiner von ihnen sprach, bis der große verschlagene Kronos nach einer Weile seine erhabene Mutter so anredete: »Mutter, ich verspreche dir das und möchte das Werk vollenden, denn unser verrufener Vater kümmert mich nicht; denn er ersann zuerst schmähliche Taten.« So sprach er, und die gewaltige Gaia freute sich sehr in ihrem Herzen. Sie ließ ihn sich an einem verborgenen Platz in den Hinterhalt legen, gab ihm in die Hände die scharfzähnige Sichel und gab ihm Anleitung zu dem ganzen Anschlag. Der gewaltige Uranos kam und brachte die Nacht; nach Liebe verlangend, streckte er sich über Gaia hin und dehnte sich ganz über sie aus. Sein Sohn streckte aus seinem Hinterhalt die linke Hand aus, mit seiner rechten griff er die riesige Sichel, die lange und scharfzähnige, und mähte rasch die Geschlechtsteile seines teuren Vaters ab und warf sie im Fluge hinter sich. Sie entflogen nicht unnütz seiner Hand, denn alle die blutigen Tropfen, die ihnen entfielen, empfing Gaia, und im Laufe der kreisenden Jahre gebar sie die starken Erinyen und die gewaltigen Giganten, leuchtend in ihrer Bewaffnung und mit langen Lanzen in ihren Händen, und Nymphen, die Eschennymphen genannt werden auf der unendlichen Erde. Die Geschlechtsteile aber warf er, sobald er sie mit der stählernen Sichel abgeschnitten hatte, vom Lande hinab in das brandende Meer; sie trieben lange dahin durch die See, und weißer Schaum erhob sich aus dem unsterblichen Fleisch. In ihm wuchs ein Mädchen empor, das nahte zuerst dem heiligen Kythera, dann kam es zu dem meerumströmten Zypern (154 ff.).

Wir erfahren, daß dies Aphrodite war, und hierbei handelt es sich um ein typischen ätiologisches und etymologisches Detail, da ihr Name im Griechischen die »Schaumgeborene« bedeuten kann und beide, Kythera wie Zypern, von sich behaupteten, der Hauptsitz ihres Kults zu sein. In gleicher Weise, fährt Hesiod fort, habe Uranos seine Kinder deshalb »Titanen« genannt, weil sie sich streckten oder strebten (im Griechischen *titainein*), die Tat auszuführen.

Nachdem noch verschiedene andere Gestalten geboren sind, kehrt der Dichter zu dem mittlerweile erwachsenen Kronos zurück:

Rhea wurde von Kronos bezwungen und gebar ihm herrliche Kinder: Hestia, Demeter und die goldbeschuhte Hera, den starken Hades, der, mit unerbittlichem Herzen, in seinen unterirdischen Hallen der Erde wohnt, den lärmenden Erderschütterer [d. i. Poseidon] und den ratklugen Zeus, den Vater der Götter und Menschen, unter dessen Donner die breite Erde erzittert. Diese verschlang der gewaltige Kronos, sowie ein jedes von ihnen aus dem Leib der heiligen Mutter zu ihren Knien gelangte; seine Absicht war, keinen anderen der erhabenen Nachkommen des Uranos zur Königsehre unter den Unsterblichen gelangen zu lassen. Denn er hatte von Gaia und dem gestirnten Uranos erfahren, daß es ihm, trotz seiner Stärke, vom Schicksal bestimmt sei, von seinem eigenen Sohne gestürzt zu werden durch den Willen des Zeus. Deshalb hielt er nicht müßige Wache, sondern lag auf der Lauer und verschlang seine Kinder, und Rhea war von erträglichem Leid erfüllt. Als sie aber Zeus gebären sollte, den Vater der Götter und Menschen, flehte sie ihre eigenen teuren Eltern, Gaia und den gestirnten Uranos, an, einen Plan zu ersinnen, wie sie ihr Kind heimlich gebären und Vergeltung gewähren könnte den Erinyen ihres Vaters und der Kinder, die der gewaltige verschlagene Kronos verschlungen hatte. Sie hörten ihre liebe Tochter an und taten, was sie verlangte; sie taten ihr alles kund, was, vom Schicksal bestimmt, dem König Kronos und seinem starkmutigen Sohn geschehen mußte. Sie sandten sie nach Lyktos, in das reiche Gebiet von Kreta, als sie nahe daran war, ihr jüngstes Kind, den gewaltigen Zeus, zu gebären; und die riesige Gaia war einverstanden, ihn aufzuziehen und zu pflegen auf der geräumigen Kreta. Dann brachte ihn Rhea zuerst durch die schnelle schwarze Nacht nach Lyktos; sie nahm ihn in ihre Hände und verbarg ihn in einer riesigen Höhle in den Tiefen der heiligen Erde, im dichtbewaldeten Berg Aigaion. Kronos, dem großen Gebieter und Uranossohn, dem früheren König der Götter, bot sie einen riesigen Stein, den sie in Windeln eingewickelt hatte. Er packte ihn mit seinen Händen und schlang ihn in seinen Bauch, der Frevler, und bemerkte nicht, daß, für den Stein, sein Sohn noch lebte, unbesiegt und ohne Sorge — sein Sohn, der ihn bald durch die Stärke seiner Hände besiegen, ihn von seinem Ehrenplatz vertreiben und selbst unter den Unsterblichen herrschen sollte. Schnell wuchsen Kraft und glänzende Glieder dieses Herrschers, und mit dem Laufe der Jahre gab der verschlagene Kronos, getäuscht durch Gaias listige Einflüsterungen und besiegt durch die List und die Stärke seines Sohnes, seine Kinder wieder von sich. Zuerst spie er den Stein aus, den er zuletzt verschlungen hatte, und Zeus stellte ihn auf der weitstraßigen Erde auf, in der heiligen Gegend Pytho, unterhalb der Talschluchten des Parnassos, zu einem Zeichen für spätere Zeiten, ein Wunder für sterbliche Menschen. Er befreite auch die Brüder seines Vaters, die Kinder des Uranos, aus ihren verderblichen Fesseln, mit denen sie ihr Vater in seiner Verblendung gebunden hatte; sie waren ihm dankbar für seine Wohltat und schenkten ihm den Donner, den rauchgeschwärzten Blitzschlag und den Blitzstrahl — die gewaltige Gaia hatte sie zuvor verborgen gehalten; im Vertrauen auf diese herrscht er über Sterbliche und Unsterbliche (453 ff.).

In beiden Passagen gibt es ein paar Punkte, die einer Erklärung bedürfen. Wo genau befindet sich Kronos im ersten Teil des Mythos? Doch wohl im Schoße Gaias und nicht bloß eingezwängt zwischen Himmel und Erde. Dann läßt Uranos es schon vor seiner erzwungenen Trennung Nacht werden, ein Hinweis, daß die Trennung bereits erfolgt war. Schließlich geht nicht hervor, wie

Zeus Kronos dazu bringt, die Kinder wieder zu erbrechen. Einige dieser Unklarheiten bzw. Unstimmigkeiten resultieren aus dem Ineinandergreifen verschiedener Versionen, andere aus der wirklichkeitsfremden Phantasie, die beide Episoden kennzeichnet. Es gibt mehrere Motive aus den Volkserzählungen: der Sohn, der den Platz des Vaters einnehmen wird; der Versuch des Vaters, ihn zu töten; der Jüngste, der zugleich der tapferste ist (beides trifft auf Zeus zu, da er erst dann zum ältesten wird, wenn seine Brüder und Schwestern ein zweites Mal geboren werden); einen Stein zu verschlingen, bedeutet den Tod eines Monsters. Das Blut oder der Samen von Göttern sind, wenn sie zu Boden fallen, nahezu immer befruchtend; Aphrodites Namen und das schäumende Aussehen sowohl des Spermas wie der Gischt weisen auf sie als ein Ergebnis solcher Befruchtung, und ihre Abstammung von der mesopotamischen Inanna oder Ischtar, der Himmelskönigin, macht Uranos oder den Himmel zu ihrem Vater. Kreta liegt zwar verhältnismäßig weit weg, aber die Tatsache, daß man Zeus dorthin versetzt, ist im wesentlichen auf seine verhältnismäßig späte Identifizierung mit einem kretischen Gott des Todes und der Wiedergeburt und auf die Bedeutung des kretischen Höhlenkults zurückzuführen. Die Onkel zum Schluß sind die Kyklopen und die Giganten, hundertarmige Riesen, die deshalb erwähnt werden, weil Zeus sie in seinem entscheidenden Kampf gegen die Titanen als Verbündete brauchen wird.

Wichtiger ist, daß der gesamte Mythos eine auffallend ähnliche Parallele im Nahen Osten hat, die aus der Mitte des 2. Jahrtausends v. Chr. von einer hethitischen Version einer churritischen Erzählung bekannt ist – die Churriter, die kein indogermanisches Volk waren, breiteten sich zu dieser Zeit im Westen Asiens aus.[1] Kumarbi entthront den Himmelsgott Anu, indem er ihm seinen Phallus abbeißt; er schluckt ihn hinunter und geht schwanger mit dem allmächtigen Sturmgott, der dem Himmels- und Wettergott Zeus entspricht. Der Sturmgott wird auf unnatürliche Art geboren, danach zeugt Kumarbi das Ungeheuer Ullikummi – eine Entsprechung zu Typhoeus –, den er später besiegt. Sämtliche Einzelheiten sind sich derart ähnlich, daß die griechische und churritische Version verwandt sein müssen, wahrscheinlich stammen sie beide von einem bekannten westasiatischen Vorbild ab. Kumarbi beißt den Phallus von Anu ab, während Kronos den seines Vaters abschneidet; beide Male befruchten Blut und Samen die Erde und erzeugen kleinere Götter (Aphrodite bildet hier eine Ausnahme);

Kumarbi wie Kronos tragen letztendlich Götter in sich (der eine wird schwanger, der andere verschlingt etwas); die Götter werden auf merkwürdige Weise geboren (vielleicht durch den Phallus, durch Erbrechen); Kumarbi zeugt Ullikummi, indem er mit einem Stein kopuliert, hingegen wird Typhoeus von Gaia geboren – laut einer anderen Version beschmiert Kronos zwei Eier mit seinem Samen und legt sie dann in die Erde.

Eine strukturale Analyse, die eher gemeinsame Merkmale als oberflächliche Details hervorhebt, unterstreicht die Klarheit des gesamten Muster und die Ähnlichkeit der beiden Versionen. Kinder werden unnatürlicherweise innerhalb eines Elternteils zurückgehalten, in griechischen Quellen im Uterus der Mutter, in churritischen im Magen des Vaters; beide Male werden sie gewaltsam und unnatürlich befreit: entweder durch Kastration oder durch Pseudo-Abort. Im einen Fall führt sexuelle Ausschweifung zur Kastration, im anderen Kastration zu sexueller Ausschweifung (die männliche Mutter, die unnatürliche Geburt). Das Verschlingen spielt bei beiden Versionen eine wichtige Rolle, aber einmal ist es das fruchtbare Glied, ein andermal sind es lebendige Kinder und der sterile Stein, die geschluckt werden.

Offen bleibt, ob diese im wesentlichen gemeinsamen, sich gegenseitig aufwiegenden Merkmale eine Versöhnung der Widersprüche im Sinne von Lévi-Strauss bedeuten (beispielsweise zwischen sexueller Ausschweifung und sexuellem Mangel). Ganz sicher steckt dahinter ein gewisses Interesse an sexuellen Normen und Funktionen. Natürlich finden Freudianer die Kastration des Vaters bezeichnend – ist Kronos aber, der seine Kinder verschlingt, nicht eher ein Symbol des Uterus- statt des Penis-Neids? Wir müssen uns vor Augen halten, daß das durchgehend sexuelle Motiv entstanden ist aus der Analogie zwischen dem Regen, der die Erde befruchtet, und dem männlichen Elternteil, der das weibliche begattet. Sobald Uranos und Gaia so weit personifiziert sind, wird Kastration zu einem einleuchtenden Mittel der Usurpation. Nach wie vor aber erscheint Uranos' Weigerung, sich von Gaia zu trennen, als eine Besonderheit, die höchstens als Reminiszenz an andere und weniger psychologische Versionen gelten kann, in denen Himmel und Erde ursprünglich vereint waren. Unter allen Umständen ist das Ausmaß der Naturallegorie beschränkt und bezieht sich allein auf Himmel und Erde und die Anspielung auf Regen als Samen. Zeus ist zwar ein Wettergott, aber das läßt sich nicht ohne weiteres aus dem Ablauf des Mythos herleiten, da

Kronos, der sich nicht eindeutig in kosmologische Zusammenhänge stellen läßt, interessiert.

Kronos scheint (wie bereits erwähnt) agrarische Funktionen gehabt zu haben, und vielleicht gelang deshalb die Versöhnung zwischen Himmel/Erde und Zeus. Seine sonstige Rolle bleibt undurchsichtig und die seiner Brüder und Schwestern, der Titanen, ebenfalls. Zu den Titanen zählt Hesiod bloße Unwesen genauso wie Okeanos, den die kreisförmige Erde umgebenden Süßwasserfluß, und abstrakte Frauengestalten wie Themis – Sitte, Brauch – und Mnemosyne – Erinnerung. Diese frühen Götter können mit den asiatischen »älteren Göttern« in Verbindung gebracht werden, die sowohl hethitischen als auch akkadischen Ursprungs sind. Im babylonischen Schöpfungsmythos herrscht Krieg zwischen den älteren Göttern, angeführt von Apsu und Tiamat (die urzeitlichen Salz- und Süßwasser), und ihren Nachkommen, die sie belästigen, angeführt von Ea, dem höherstehenden Wassergott, und Enlil, »Herr der Lüfte«, der später durch den babylonischen Stadtgott Marduk ersetzt wurde.[2] Die jüngeren Götter erzürnten die älteren durch ihr rüpelhaftes Benehmen so sehr, daß Apsu, angefeuert von seinem Wesir Mammu, einen Angriff auf sie plante. Aber im Gegensatz zu den meisten griechischen Titanen, einschließlich Kronos, werden diese »älteren Götter« mit den Elementen in Verbindung gebracht. In der hesiodischen Version werden die Titanen vielleicht gerade deshalb so unvorteilhaft dargestellt, weil die asiatischen »älteren Götter« als Vorbild dienten. Und doch existiert eine starke Tradition, der sich auch Hesiod in seinem Mythos über die Fünf Geschlechter anschließt, wonach Kronos der Herrscher des Goldenen Zeitalters ist. In diesem Punkt herrscht zweifellos eine gewisse Verwirrung verschiedener mythischer *Schemata*. In der gegenwärtigen Epoche ist Zeus der König der Götter und hat den Menschen Gerechtigkeit und harte Arbeit aufgebürdet. Das Goldene Zeitalter muß demnach vor seiner Zeit, also unter der Regentschaft von Kronos gewesen sein, da die des Uranos noch vor der Zeit der Menschen und der Heroen lag. Kronos' Verbindung zu agrarischen Festen widerspricht dieser Vorstellung nicht, weil das ohne menschliche Arbeit wachsende Korn ins Bild des Goldenen Zeitalters gehörte. Anders betrachtet, mußte sich Zeus seine Macht erkämpfen, und infolgedessen wurde auch sein Vorgänger als Feind der Gerechtigkeit begriffen.

Die kosmogonischen Mythen, die ganz sicher sehr alte Themen umfassen, weisen unterschiedliche Details auf und bleiben im

Grunde geheimnisvoll. Im Gegensatz zu anderen griechischen Mythen haben sie offensichtlich dem langen Organisations- und Säuberungsprozeß widerstanden. *Die anderen Erzählungen von Göttern* − zugleich unsere zweite Kategorie − hatten dieses Glück nicht. Meistens streifen sie kurz die Geburt der höherstehenden Götter und Göttinnen sowie die Art, auf die sie ihre speziellen Funktionen und Vorrechte erhalten haben. Davon abgesehen, enthalten sie nur wenige besondere Episoden, es sei denn dort, wo Götter in die Unternehmungen der Menschen eingreifen, aber auch da bleiben sie eher am Rande. Die thematische Vielfalt der Heroenerzählungen ist ein besonderes Kennzeichen griechischer Mythen überhaupt, und es scheint einleuchtend, daß im Laufe ihrer Entwicklung viele Themen, die ursprünglich mit den Göttern verbunden waren (zum Beispiel die Gründung von Städten und Festen oder die Beseitigung von Ungeheuern) auf Heroen übertragen wurden. Im Vergleich dazu bleiben die Götter in majestätischer Inaktivität zurück; dennoch sind viele Erzählungen von der Geburt und Erschaffung der Götter so eindrucksvoll, daß sie fälschlicherweise den Eindruck nähren, es gebe viele verschiedene Göttermythen.

Zeus hat die Titanen besiegt und seine Herrschaft über die Götter errichtet. Nun läßt er sich auf eine Reihe von Hochzeiten ein, über die uns erneut Hesiod am deutlichsten Auskunft gibt:

Zeus, der König der Götter, nahm zu seiner ersten Frau Metis, die weiseste der Götter und der sterblichen Menschen. Als sie aber die eulenäugige Göttin Athene gebären sollte, täuschte er Metis mit einer List und mit schmeichelnden Worten und versenkte sie, indem er Gaias Rat und dem des gestirnten Uranos folgte, in seinen Bauch. Den Rat hatten ihm Gaia und Uranos gegeben, damit kein anderer als Zeus die Königswürde über die ewigen Götter erlange. Es sei bestimmt, sagten sie, daß Metis überaus kluge Kinder gebären sollte − zuerst die tritongeborene eulenäugige Mädchen [d. i. Athene], dem Vater gleich an Kraft und besonnenem Rat, dann aber ein Kind, das König der Götter und Menschen sein sollte. Zeus aber versenkte sie, bevor das geschehen konnte, in seinen Bauch ... (924) Aus seinem eigenen Haupt gebar er die eulenäugige Tritongeborene ... (*Theogonie*, 886 ff.)

»Metis« meint »Rat«, und dieser Teil des Mythos ist allegorisch und sehr wahrscheinlich nicht besonders alt: Zeus wird weise, indem er die Weisheit verschlingt. Das Motiv ist aber auch das von Kronos, der seine Kinder verschlingt. Auch Zeus ist bedroht durch das Problem eines mächtigen Sohnes, dazu bestimmt, ihn zu entthronen. In einer Wiederholung, die eher einfallslos als struktural bezeichnend ist, entledigt er sich des Problems, indem er die Mutter verschlingt und so die Geburt des Kindes verhindert. Inkonsequenterweise wird Athene, das andere Kind, von Zeus selbst geboren – nicht aus einem Phallus, wie der Churriter Kumarbi sehr wahrscheinlich den Sturmgott gebar, sondern anständig und allegorisch (da Athene ebenso wie Metis klug ist) aus seinem Kopf. Auf vielen Vasenmalereien wird der Handwerksgott Hephaistos gezeigt, wie er mit einem Beil den Schädel des Zeus spaltet, damit die voll bewaffnete Göttin herausspringen kann. Es war ein beliebtes Thema der Malerei. Dieser Abschnitt der Theogonie hat einen Beigeschmack von Intellektualismus und Gelehrsamkeit. In Wirklichkeit war Athene wahrscheinlich eine mykenische Haus- und Palastgöttin, noch früher eine ständige Bewohnerin ihrer Stadt Athen, die überhaupt nicht »geboren« worden war. Vielleicht lag hier der Grund, sie in Zeus' Kopf zu verpflanzen. Rein zufällig wurde ein anderer Gott auch von Zeus geboren: Dionysos – den er Semeles Uterus entriß, als er sie mit seinen Blitzen töten mußte. Er wurde in Zeus Schenkel eingenäht, bis die Zeit seiner Geburt gekommen war.

Nach Metis heiratete Zeus Themis, wieder die Personifikation einer Eigenschaft (»Sitte« oder »Gesetz«), die die Jahreszeiten und die Schicksalsgöttinnen gebiert; dann heiratet er Eurynome, eine der vielen Töchter des Okeanos, die die Grazien gebiert; danach, indem er auf die frühere und sinnlichere Erscheinung zurückkommt, legt er sich zu seiner Schwester Demeter, und sie bringt Persephone zur Welt. Mnemosyne, »Erinnerung«, gebiert ihm die Musen (eine klare Allegorie), Leto Apollon und Artemis, und zuletzt heiratet er Hera, die von nun an und wahrscheinlich bis in alle Ewigkeit seine oft betrogene Ehefrau bleibt. Das sind seine himmlischen Gefährtinnen; hinzu kommt noch eine ganze Reihe sterblicher Geliebten, angefangen bei Semele, der Mutter des Dionysos, und Alkmene, der Mutter des Herakles, bis zu Danaë, der Mutter des Perseus, und Europa, der Mutter des Königs Minos von Kreta und seines Bruders Rhadamanthys.

Zeus' Tochter Athene wurde, als Beschützerin des königlichen Hauses, mit den Geschicken der Stadt Athen insgesamt verbunden, von der sie entweder ihren Namen hatte oder der sie ihren Namen gab. Als Homer die verschiedenen Kontingente der Achaier im zweiten Gesang der *Ilias* aufzählte, wurden die Athener folgendermaßen beschrieben:

... die, die Athen bewohnten, die wohlgebaute Stadt, die Gemeinde des hochgesinnten Erechtheus, den einst Zeus' Tochter Athene aufzog und den die nahrungspendende Erde gebar; Athene behielt ihn in ihrem eigenen reichbegüterten Tempel in Athen; dort stimmen ihn junge edle Athener mit Opfern von Farren und Lämmern gnädig im kreisenden Laufe der Jahre (*Ilias*, 2, 546 ff.).

Erechtheus war einer der frühen legendären Könige Athens. Ihn »gebar die... Erde«, weil die Athener behaupteten, autochthon und keine Immigranten zu sein. Sein Palast und Athenes Tempel auf der Akropolis sind eigentlich identisch. Das erfahren wir aus einer Andeutung in der *Odyssee* (7, 80 f.), in der Athene die Insel Scheria verließ: »... und kam nach Marathon und in das Athen mit den breiten Straßen und barg sich in dem festen Haus des Erechtheus«; zugleich ist es das ihrige, weil der Schrein des Gottes oder der Göttin in einer mykenischen Stadt im Palast selbst aufgestellt wird. Daran zeigt sich, wie sich religiöser Realismus des späten Bronzezeitalters und Lokalpatriotismus der Athener vermengen. Die Erzählung von Athenes Wettstreit mit Poseidon, in der sie dadurch, daß sie der Stadt Olivenbäume anbietet, von ihr Besitz ergreift, ist eine Weiterführung dieses allgemeinen Themas. Als Polias und Poliouchos, »Besitzerin der Stadt«, ist sie Beschützerin der Krieger und Handwerker, besonders der Töpfer und der Schmiede der Stadt; daß sie andererseits auch für das Spinnen und Weben zuständig ist, läßt sich auf ihre Funktion als Schutzgöttin des *oikos,* des Hauses, zurückführen. Ihre beiden gegensätzlichen Seiten werden im *Hymnos auf Aphrodite* gezeigt, wo sie zu denen gehört, über die die Liebesgöttin nicht verfügt:

Denn die Werke der goldenen Aphrodite gefallen ihr nicht, dagegen gefallen ihr Krieg und die Werke des Ares... sie war es, die zuerst die irdischen Handwerker lehrte, Streitwagen und Gespannwagen, bedeckt mit Bronze, zu bauen, und sie war es auch, die die Jungfrauen mit zarter Haut herrliche Werke lehrte in ihren Sälen... (9 ff.)

Sie hat keinen Ehemann und ist an Liebe nicht interessiert, sie ist Parthenos, das Mädchen. Wie Hera wird sie durch das Urteil des Paris von Aphrodite besiegt, und in gewisser Weise ist sie die Antithese zu Aphrodite, wie Artemis in Euripides' *Hippolytos.* Darin liegt ein wohldurchdachter Symbolismus, denn Ehe (Hera) und die Aufrechterhaltung eines Hauses (Athene) sind unvereinbar mit Liebe als Genuß (Aphrodite) und mit ländlicher Beschäftigung wie Jagen (Artemis). Wichtig ist, daß, als eine solche Wertung aufkam, die Probleme der Fruchtbarkeit bereits denen einer fortgeschrittenen sozialen Organisationen untergeordnet waren.

Athene ist nicht nur eine unpersönliche Haus- und Stadtgöttin; spätestens seit Homer ist sie die Schutzgöttin einzelner Heroen und greift in viele ihrer Vorhaben ein. Sie hilft Perseus, die Gorgonen zu besiegen, und Odysseus ist in der *Odyssee* ganz offensichtlich ihr Schüzling. Verkleidet begegnet sie ihm, als dieser von den Phaiaken in Ithaka an Land gebracht wurde:

Die eulenäugige Athene lächelte bei seinen Worten und streichelte ihn mit der Hand; sie glich an Gestalt einer schönen und großen und in herrlichen Werken erfahrenen Frau, und sie sprach die geflügelten Worte und redete ihn an: »Der wäre wahrhaft verschlagen und ein Meister im Täuschen, der dich überbieten wollte in allen Arten von List, und käme da selbst ein Gott! Verwegener, Verschlagener, unersättlich nach Listen, nicht einmal in deinem eigenen Land wirst du ablassen von Betrügereien und täuschenden Worten, die dir von Herzensgrund aus lieb sind. Doch komm, laß uns darüber nicht länger reden! Wir vermögen beide, andere zu übervorteilen, da du bei weitem der beste Sterbliche bist an Rat und Worten, ich aber berühmt bin unter allen Göttern durch meine Klugheit und listigen Anschläge. Dennoch erkanntest du nicht Pallas Athene, die Tochter des Zeus, die dir immer in allen Drangsalen zur Seite stehe und dich beschütze und dich den Phaiaken lieb machte (13, 287 ff.).

Athene übertreibt in dieser intimen Szene ihren eigenen Ruf als die Listige (was sonst nicht zu ihren hervorstechenden Eigenschaften zählt), um sich mit Odysseus zu identifizieren, für den sie scheinbar mehr als nur Sympathie hegt. Odysseus hingegen zeigt höchstens gehässige Undankbarkeit:

Es ist schwer, Göttin, für einen Sterblichen, der dir begegnet, und wäre er noch so geübt, dich zu erkennen, denn du nimmst jede Gestalt an. Aber ich weiß wohl, daß du mir früher, solange wir Söhne der Achaier vor Troja kämpften, gewogen warst; aber nachdem wir die hochragende Stadt des Priamos zugrunde gerichtet hatten, nachdem wir die Schiffe bestiegen hatten und ein Gott die Achaier zerstreut hatte, da sah ich dich nicht mehr, Tochter des Zeus, noch nahm ich wahr, daß du mein Schiff betreten hättest, um Leiden von mir fernzuhalten (*Odyssee* 13, 312 ff.).

Nicht bloß wegen Athenes Rolle als persönliche Beschützerin von Heroen habe ich hieraus zitiert, sondern auch, um die außergewöhnliche Subtilität zu zeigen, mit der Homer eine mythische Szene vorführt. Es kann durchaus sein, daß Odysseus eine halblegendäre Figur ist und Athene nichts anderes tut, als ihn zu ermuntern, die Rolle einer Informantin spielt. Die Episode ist nicht sonderlich denkwürdig, aber die ruhige, detaillierte, nicht nur andeutende Art der Beschreibung, die für ein Großteil der späten Dichtung charakteristisch ist, vermittelt einen außerordentlichen Eindruck göttlicher Epiphanie und dem ambivalenten Verhältnis von Gott und Mensch. Die Einmaligkeit der Griechen bestand gerade in der literarischen Umsetzung mythischer Vorstellungen und nicht so sehr in der imaginativen Vielfalt epischer Themen an und für sich.

Andere aufschlußreiche mythische Beispiele von der Geburt und Funktion der Götter beziehen sich auf Apollon und Dionysos, die Nietzsche als Symbole zweier polar entgegengesetzer Aspekte des griechischen Geistes begriff – klassisch und romantisch, maßvoll und ekstatisch. Die Geburt des Apollon auf Delos ist ein beliebtes literarisches Sujet. Delos ist eine faszinierende, doch unfruchtbare Insel, und die Griechen waren ganz offensichtlich verwundert, warum in prähistorischer Zeit gerade dort ein so wichtiger Kult etabliert wurde. Der *Hymnos auf Apollon,* der aus zwei Teilen besteht, ist, wenn auch gekünstelt, ein relativ frühes Beispiel (7. Jahrhundert v. Chr.) des homerischen Stils. Der erste Teil berichtet, wie alle Länder, mit Ausnahme des primitiven Delos, sich weigerten, die Geburtsstätte des Gottes zu werden; der zweite beschreibt die Gründung seines zweiten großen Kultortes zu Pytho (Delphi). Die von Zeus geschwängerte Leto hat Delos erreicht:

Als Eileithyia, die Göttin der Geburtswehen, Delos betrat, da packten die Wehen Leto, und sie wollte gebären. Sie schlang ihre Arme um die Palme und stemmte die Knie in die weiche Wiese, und die Erde unten lächelte, und er sprang hervor in das Licht, und alle Göttinnen jubelten. Dann, erhabener Phoibos, wuschen dich Göttinnen heilig und rein mit herrlichem Wasser und wickelten dich in ein feines neugewobenes weißes Laken und legten ein goldenes Band um dich. Seine Mutter aber säugte den goldschwertführenden Apollon nicht, sondern Themis reichte ihm mit unsterblichen Händen eine erste Gabe von Nektar und lieblicher Ambrosia, und Leto freute sich, daß sie den starken Sohn, den Bogenträger, geboren hatte (115 ff.).

Nicht weniger wunderbar ist die Errichtung des Orakels zu Delphi, da Apollon in der Gestalt eines Delphins an Bord eines kretischen Schiffes springt und es zur Bucht von Krisa lenkt, wo er sich endlich zu erkennen gibt:

Fremdlinge, ihr wohntet früher rings um das baumreiche Knossos, doch jetzt werdet ihr nicht mehr zurückkehren zu der lieblichen Stadt, in eure prächtigen Häuser und zu euren geliebten Frauen, sondern ihr werdet hier meinen reichen Tempel besitzen, der von vielen Menschen verehrt wird. Ich verkünde euch, daß ich der Sohn des Zeus bin; ich bin Apollon. Ich führte euch ohne böses Vorhaben hierher über den großen Meeresschlund, vielmehr sollt ihr hier meinen reichen Tempel, hoch verehrt von vielen Menschen besitzen, und die Pläne der Unsterblichen werdet ihr kennen, auf deren Veranlassung ihr immerwährend alle die Tage geehrt werdet (475 ff.).

Die Kreter machen sich wegen ihres Lebensunterhalts auf diesem kahlen Hang Sorgen, aber der Gott versichert ihnen, daß sie von ihrem Anteil der geopferten Schafe werden leben können. Diese prosaische Einzelheit erinnert uns daran, daß es sich beim *Hymnos,* trotz seiner lyrischen Manier, um eine kultische Angelegenheit handelt, die hier mit einem etwas plumpen ätiologischen Unterton versehen ist. Apollon Delphinios besaß auf Kreta einen alten Kult – aus diesem Grund sind seine Priester zu Delphi kretischen Ursprungs und erscheint ihnen Apollon in der Gestalt eines Delphins. Solch mythisches Detail scheint nicht sehr alt zu sein und wurde wahrscheinlich in historischer oder nachmykenischer Zeit als Teil des bestehenden Apollon-Kults zu Delphi und Delos entwickelt.

Wenden wir uns weniger vom Kult gefärbten Merkmalen zu, dann können wir auf eine spätere Quelle, auf Pindar, zurückgreifen. Dieser besingt für seine königlichen Schutzherren in der reichen afrikanischen Kolonie Kyrene die Nymphe Kyrene, wie sie auf dem Berge Pelion von Apollon umworben wird. Der Gott beobachtet, wie sie mit einem Löwen kämpft, und fragt Cheiron, den Kentauren, in seiner unweit gelegenen Höhle, wer sie sei und ob er mit ihr schlafen solle. Cheiron antwortet mit passendem Humor und gebotener Vorsicht:

Deine zärtliche Gefühlswallung trieb dich (dem es nicht erlaubt ist, Lüge zu berühren), dies Wort nicht offen zu sagen. Du fragst, Herr, nach der Familie des Mädchens? Du, der du das letzte Ziel aller Dinge und alle Pfade kennst? Die Zahl der Blätter, die die Erde hervorbringt im Frühling, die der Sandkörner, die im Meer und in den Flüssen durch Wellen und Windstöße umhergewirbelt werden, und was kommen wird und woher – all das erkennst du klar! Aber wenn ich mich mit einem messen muß, der weise ist, so antworte ich. Du kamst in dieses Tal, um ihr Gatte zu sein, und du hast vor, sie übers Meer in Zeus' unvergleichlichen Garten zu bringen; dort wirst du sie zur Herrscherin über eine Stadt [nämlich Kyrene] machen und wirst ein Inselvolk um sie auf den Hügeln zwischen den Fluren versammeln (*Pythische Oden* 9, 42 ff.).

An anderer Stelle zählt Pindar die wichtigsten Funktionen des Gottes auf:

Er ist es, der Männern und Frauen Heilmittel zuteilt gegen schwere Krankheiten; er gibt ihnen die Leier und schenkt die Muse, wem er will, und senkt in die Seelen eine ausgeglichene Verfassung, die Krieg ausschließt, und er ist es, der die verborgene Orakelstätte betreut (*Pythische Oden* 5, 63 ff.).

Apollon ist der Gott der Prophetie und der Mantik, der unterschiedlichsten Eingebungen, der Poesie und der Musik; von seinem Orakel zu Delphi aus fördert er Kolonien wie Kyrene. Er ist nicht immer so unkriegerisch, wie Pindar glauben machen will. Die *Ilias* zeigt ihn als eilfertigen Verteidiger Troias. Seine Heilkünste beruhen vermutlich auf einer Identifizierung mit einem lokalen kretischen Gott namens Paian. In Epidauros gibt es einen Schrein des Apollon Paian und eine Erzählung, wonach Asklepios in Wirklichkeit sein Sohn ist. In Pindars Worten:

Sie (Koronis) stimmte, es verbergend vor ihrem Vater, einer anderen Heirat zu, als sie schon bei Phoibos mit dem ungeschorenen Haar gelegen hatte und den reinen Samen des Gottes trug..., denn sie schlief im Bett eines Fremdlings, der von Arkadien kam, und sie entging nicht der Wachsamkeit des Gottes..., und er wußte da, daß sie geschlafen hatte mit dem Fremdling, Ischys, dem Sohn des Eilatos, wußte von ihrem ruchlosen Betrug und schickte seine Schwester [Artemis], die mit unwiderstehlicher Gewalt daherstürmte, nach Lakereia... Und viele von Koronis' Nachbarn teilten ihr Schicksal und wurden mit ihr getötet..., aber als ihre Verwandten das Mädchen auf den Holzstoß des Scheiterhaufens gelegt hatten und des Hephaistos wilder Lichtstrahl [d. i. Feuer] sie umlief, da sprach Apollon: »Ich werde in meinem Herzen doch nicht ertragen, daß mein eigener Sproß zugleich mit dem Untergang seiner Mutter durch einen kläglichen Tod zugrunde geht.« So sprach er, und mit einem einzigen Schritt erreichte er das Kind und entriß es dem Leichnam, während der brennende Scheiterhaufen ihm einen Weg öffnete, und er brachte das Kind und gab es dem Magnesischen Kentauren [Cheiron], damit es gelehrt werde, wie man qualvolle Krankheiten der Menschen heilen kann (*Pythische Oden* 3, 12 ff.).

Normalerweise dulden die Götter nicht, daß ihr Samen im Leib einer Sterblichen zu einem späteren Zeitpunkt verfälscht wird; tun sie es doch, dann werden es Zwillinge, von denen der ältere Nachkomme der Halbgott (Herakles), der jüngere der Sterbliche ist. Apollon entreißt dem Körper der toten Mutter den Säugling, wie Zeus Dionysos der Semele entriß, und beide Male wird die Frau vom Gott persönlich getötet. Apollons Sohn Asklepios wurde ein großer Heilkünstler und als Gott und Heros zugleich verehrt. Aber er ging (wie seine Mutter) zu weit; er versuchte, einen Mann vom Tode zu erwecken – eine ruchlose Tat, die einen Donnerkeil Zeus' verdient.

Man kann nicht umhin, Pindars mythologische Kenntnisse und die Einsicht, die er von seinen Zuhörern erwartet, zu bewundern. Gelehrte Anspielungen sollten in der Dichtung des Alexandrinischen Zeitalters zu einer Manie werden; zum jetzigen Augenblick und dank Pindars echtem Gefühl für Religion bereichern sie die zentrale Aussagekraft seiner Dichtung. Wie dem auch sei, man hat nicht das Gefühl, daß die große thematische Struktur dieser Apollon-Mythen notwendigerweise sehr alt sein muß. Die Allwissenheit des Gottes, die Nymphe Kyrene, der arkadische Fremdling Ischys, sogar die Errettung des Asklepios vom Begräbnisscheiterhaufen könnten sehr wohl verhältnismäßig späte Hinzufügungen sein, die ein Stadium des konstanten mythischen Ausdehnungsprozesses anzeigen. Mit Sicherheit alt ist die Verbindung zur Heilkunst als Apollon Paian, ebenso die des delphischen Apollon mit dem Orakel; selbstverständlich auch seine Geburt auf Delos und seine Verwandtschaft mit Artemis. Es gibt noch andere Episoden, die ich bisher nicht erwähnt habe: er schoß das Riesengeschlecht der Aloaden nieder, die die Götter anzugreifen drohten, indem sie die Berge Ossa und Pelion aufeinandertürmen wollten; mit Artemis zusammen tötete er den Riesen Tityos, der versuchte, ihre Mutter Leto zu vergewaltigen; Niobe und ihre Kinder metzelte er aus törichter Prahlsucht nieder; ein Jahr lang diente er bei König Admetos, weil er die Kyklopen getötet hatte (das Motiv erinnert an Herakles, der den Tod seiner Kinder als Diener bei Königin Omphale sühnte). Immerzu verliebte er sich glücklos in sterbliche Frauen, in Kassandra, die Tochter des Priamos, und Marpessa, die Idas vorzog; in Amyklai, nahe Sparta, hatte er mit Hyakinthos mehr Erfolg, aber dieser Name läßt vermuten, daß der schöne Jüngling in Wirklichkeit ein vorhellenischer Gott gewesen ist, den Apollon lediglich seinem Kult einverleibte. Wenn H. J. Rose schreibt, daß Apollon eine »umfangreiche Mythologie« besitzt, dann ist eigentlich diese erzählerische Spannweite gemeint: alles in allem also nicht besonders umfangreich, und vieles davon auf die Bearbeitung andernorts geläufiger Themen zurückzuführen.

Schließlich Dionysos, der Gott, der im Grunde von Phrygien in Kleinasien über Thrakien nach Griechenland kam und zur zentralen Figur einer ekstatischen Religion wurde. Seine Mythen haben oft Eigensinnigkeit zum Thema. Die Thebaner weigerten sich, seinen Kult einzuführen, und wurden daraufhin zu Mord und Wahnsinn getrieben. Das gleiche geschah mit den Töchtern des Königs

Minyas von Orchomenos und mit König Proitos von Argos, vielleicht auch mit Orpheus selbst. Einige Interpreten waren geneigt, dies als Spiegelung real geschichtlichen Widerstands gegenüber seinem Kult (der Griechenland vergleichsweise spät, vielleicht nach 1000 v. Chr. erreichte) zu begreifen, was vielleicht nicht falsch ist. Immerhin zeigt der Mythos von Pentheus in Theben eine ganze Stadt, die mit ihm in Streit liegt. Es gibt aber auch eine individuelle, psychologische Bedeutungsebene. Dionysos verkörpert die irrationalen Züge des Menschen und sein Mythos den Konflikt zwischen Vernunft und gesellschaftlicher Konvention einerseits und Emotion andererseits. Das kommt in der Erzählung von Pentheus zum Ausdruck, die weiter unten beschrieben werden wird. Homer schenkt Dionysos – einem Gott, der nicht sehr heldenmütig ist – wenig Aufmerksamkeit, streift aber seine Geburt durch Semele und seine Vorkehrungen, Ariadne von Artemis auf Naxos töten zu lassen, weil er ihrer müde geworden ist. Sein umfangreicher Bericht bezieht sich auf eine weitere Verweigerung, eines von vielen mythischen Beispielen über die Unklugheit, sich einem Gott zu widersetzen:

Auch des Dryas Sohn, der starke Lykurgos, lebte nicht lange, weil er gegen die himmlischen Götter stritt. Er verscheuchte einst die Ammen des schwärmenden Dionysos über den heiligen Berg Nyse, und sie alle zusammen ließen ihre heiligen Stäbe unter den Ochsenstachelschlägen des männermordenden Lykurgos auf die Erde fallen, und Dionysos entfloh und tauchte in die Wellen des salzigen Meeres, und Thetis barg den Erschreckten in ihrem Schoß, denn ein starkes Zittern hatte ihn erfaßt, als der Mann ihn bedrohte. Dem Lykurgos zürnten darauf die sorgenlos lebenden Götter, und der Sohn des Kronos blendete ihn; er lebte nicht mehr lange, nachdem er zum Feind aller unsterblichen Götter geworden war (*Ilias* 6, 130 ff.).

Dieser Lykurgos ist Thrakier, und interessant ist, daß die Erzählungen vom Widerstand aus Thrakien, ganz im Nordosten Griechenlands, aus Theben und Orchomenos, im Zentrum, und aus Argos auf dem Peloponnes stammen. Hier wird Dionysos als kleines Kind dargestellt, obwohl seine »Ammen« zugleich seine weiblichen Anhängerinnen, die Mainaden, und die Stäbe, die sie auf den Boden werfen, die Thyrsoi, sind – efeuumrankte Fenchelstäbe, die typischen Gerätschaften des dionysischen Kults und der Ekstase.

Eine Reihe von Erzählungen schildert den Einfluß des Dionysos auf verschiedene griechische Städte. Die berühmteste ist die über König Pentheus von Theben und das Verhängnis, das ihm widerfuhr, als er sich dem Dionysoskult und dessen Anhängern entgegenstellte. Sie wird von Euripides in seinen *Bakchai* äußerst eindrucksvoll wiedergegeben. Zuerst versuchte Pentheus, den als schönen Fremdling verkleideten jungen Gott ins Gefängnis zu werfen. So berichtet Dionysos den Mainaden von dem Vorfall:

Dies war gerade die hohnvolle Schmach, die ich ihm auferlegte, daß er dachte, mich zu fesseln, aber er berührte mich nicht noch legte er Hand an mich, sondern nährte eine leere Hoffnung. Er fand einen Stier bei den Ställen, wo er mich hingebracht und eingesperrt hatte, und um dessen Knie und Hufe warf er seine Schlingen, keuchte seine Wut hinaus, Schweiß floß von seinem Körper, er biß die Zähne auf die Lippen. Nahebei saß ich ruhig und sah zu (*Bakchai*, 616 ff.).

Nicht weniger wirkungsvoll als die Wunder (der Palast des Pentheus wird kurz darauf von einem Erdbeben erschüttert) sind die vom Chor der Bacchanten gesungenen Lieder über den von ihnen verehrten Gott. Sie sehen sich, wie sie ihn von ihrer Heimat Kleinasien nach Griechenland bringen, und rufen sich seine wunderbare Geburt ins Gedächtnis:

Kommt, Bacchanten, kommt, Bacchanten,
die ihr den Dionysos herunterbringt,
den Bromios, Gott und Kind eines Gottes,
von den phrygischen Bergen
in Hellas' geräumige Straßen,
Bromios den Lärmenden!
Seine Mutter trug ihn in sich und stieß ihn,
als Zeus' Blitz flog,
in erzwungenen Wehenschmerzen
vor der Zeit aus dem Mutterleib
und ließ ihr Leben
im Blitzschlag.
Sogleich empfing ihn Zeus, Kronos' Sohn,
in der Geburtskammer,
versteckte ihn, verborgen vor Hera,
in seinem Schenkel und schloß ihn ein
mit goldenen Spangen.
Er gebar, als die Moiren
die Zeit vollendeten, einen stiergehörnten Gott
und bekränzte ihn mit Kränzen
von Schlangen; deshalb schlingen
die Mainaden sich die tiergenährte Beute
ins Haar (*Bakchai*, 83 ff.).

Dionysos wird »der Lärmende«, ein »stiergehörnter Gott« genannt, weil er sich oft als ein vor Potenz und Kraft strotzender Stier zeigt – aus diesem Grund fesselte der getäuschte Pentheus einen Stier in dem Glauben, es sei der Gott. Wir erinnern uns: Semele – die Mutter Dionysos' – wurde von Zeus geliebt und bat ihn, ihr in seiner wahren Gestalt zu erscheinen, was er auch tat, in der Gestalt eines Blitzes; als sie starb, entnahm er ihrem Uterus den Embryo. Die Entnahme endet mit einer kleinen Ätiologie des Kults.

Der Gott überredet Pentheus, sich als Mainade zu verkleiden und der Schar verzückter Frauen auf dem Berg Kithairon nachzuspionieren; sofort wird er erkannt und von seiner eigenen Mutter und seinen Tanten in Stücke gerissen. Der Chor frohlockt, andeutend wie immer:

Laßt uns dem bacchischen Gott tanzen,
laut ausrufen den Untergang
des drachenentsprossenen Pentheus,
der Frauenkleidung trug
und den Narthexstab, Hades' Unterpfand,
in Thyrsosform nahm
und einen Stier als Führer in den Untergang (*Bakchai*, 1153 ff.).

Pentheus ist »der dem Drachen Entsprossene«, weil er den »Gesäten Männern« entstammt, den bewaffneten Kriegern, die der Erde entsprungen sind, dort, wo Kadmos die Zähne des von ihm getöteten Drachens säte, der Theben bewacht hatte. Der Stier ist wieder Dionysos selbst. Das Ungeheuerliche, das Pentheus zu erleiden hatte, war, buchstäblich in Stücke gerissen zu werden, was die Mainaden mit jedem Tier taten, welches ihnen während ihrer wilden orgiastischen Tänze über die Berge in die Hände geriet.

Die Dionysos-Mythen sind Teil seines Kults, und ihre Wirkung beruht nicht minder auf der außergewöhnlichen und aufregenden Anbetungsform wie auf den epischen Themen selbst. So gesehen mögen sie ungewöhnlich sein – obwohl man sogar der Ansicht ist, daß auch die Apollon-Mythen, die anscheinend mehr mit der griechischen Kultur verwurzelt sind, viel von ihrer offensichtlichen Vielfalt den Ausschmückungen und dem rückblickenden Begeisterungsvermögen von Dichtern wie Pindar zu verdanken haben.

Obwohl sie an das Leben der Götter noch sehr stark anknüpft, hat die dritte Kategorie mit Göttern im eigentlichen Sinn nichts mehr zu tun. Sie umfaßt Erzählungen, die die *Entstehung der Menschen* beschreiben, die Schwierigkeiten, unter denen sie ihre Rolle und insbesondere ihre spezifischen Beziehungen zu den Göttern festlegen. Hierzu zählen im wesentlichen die Mythen über das Goldene Zeitalter, Prometheus und den Niedergang der Menschen. Wieder ist Hesiod die Hauptquelle und über längere Zeit unsere einzige, obwohl die von ihm festgehaltenen Einzelheiten (mit Ausnahme des Mythos von den Fünf Geschlechtern, der stellenweise eine Besonderheit Hesiods ist) wahrscheinlich vielen seiner Zeitgenossen bekannt waren.

Die griechische Vorstellung vom Goldenen Zeitalter ist ziemlich unscharf, da sie zwei getrennte Auffassungen einschließt, die allmählich miteinander verbunden und durch spätere Eschatologien aus Italien und Sizilien noch komplizierter wurden. Die beiden Auffassungen sind: erstens gab es eine Periode in der Vergangenheit, die häufig mit der Zeit verbunden wird, in der Kronos Herrscher der Götter war, in der der Tod als Schlaf dem mühelos-glücklichen Leben des »goldenen« Geschlechts ein Ende setzte. Zweitens gibt es ein fernes Land, Elysium oder die Insel der Seligen genannt, in dem die von den Göttern bevorzugten Menschen, statt zu sterben, weiterleben – allen voran die Söhne und Töchter eines himmlischen Erzeugers, wie Peleus, Kadmos, Menelaos und Helena. Dorthin kommen sie, statt in den Hades, und leben in ewiger Seligkeit, von den Mühen der Arbeit befreit.

Die erste Vorstellung verkörpert in Hesiods schematischem Bericht (kein eigentlicher Mythos, da es keine eindeutige Geschichte gibt) von den Fünf Geschlechtern der Menschheit das Goldene Geschlecht:

Zuerst schufen die Unsterblichen, die ihren Wohnsitz auf dem Olymp haben, ein goldenes Menschengeschlecht; es lebte zu der Zeit des Kronos, und er war König im Himmel. Diese Menschen lebten wie die Götter mit sorgenlosem Mut, fern von Mühen und Kummer; kein jammervolles Alter kam über sie, sondern mit unverwelklichen Gliedern erfreuten sie sich bei Festlichkeiten, von allem Schlimmen frei, und sie starben, als ob der Schlaf sie überwältigt hätte. Alle guten Dinge besaßen sie; die nahrungspendende Erde trug ihre Frucht von selbst und im Überfluß, und in Zufriedenheit und Frieden lebten sie von ihrem Land in Wohlstand. Als aber die Erde dieses Geschlecht bedeckte, wurde es nach dem Willen des gewaltigen Zeus zu guten Geistern auf der Erde, Hütern der sterblichen Menschen (*Werke und Tage*, 109 ff.).

Das gleiche Leben schreibt Pindar den Hyperboreern zu, einem Volk, dem besonders Apollon seine Gunst erweist; man glaubt, daß es, wie schon sein Name sagt, »hinter dem Nordwind« lebt:

Überall tanzen Mädchen, ist das Getön der Leiern und das schrille Wirbeln der Flöten; das Haar mit goldenem Lorbeer umwunden, schmausen sie heiteren Muts. Krankheiten und verderbliches Alter haben nicht teil an diesem heiligen Geschlecht, sondern es wohnt ohne Mühsal und Kämpfe, entronnen der unerbittlichen Nemesis (*Pythische Oden* 10, 38 ff.).

Das Elysium oder die Insel der Seligen – die zweite Vorstellung – wird von Hesiod genau beschrieben und gilt seinem vierten Geschlecht, dem der Heroen. Sie wurden bei den großen Expeditionen gegen Theben und Troia niedergemetzelt, und

da umhüllte einige von ihnen das Ende des Todes, den anderen aber gab Zeus, der Vater, der Sohn des Kronos, Leben und Wohnsitz und ließ sie wohnen an den Enden der Erde, und sie wohnen sorgenlosen Muts auf den Inseln der Seligen an dem tiefwirbelnden Okeanos – glückselige Heroen, für die die nahrungspendende Erde dreimal im Jahr ihre reiche honigsüße Frucht trägt (*Werke und Tage*, 166 ff.).

An dieser Stelle wurden in der Antike einige, wahrscheinlich nichthesiodische Verse angehängt; sie besagen, daß Kronos der König dieser seligen Heroen war, den Zeus zu diesem Zweck aus seinem Gefängnis im Tartaros geholt hatte. Ganz offensichtlich geht es darum, die zwei verschiedenen Vorstellungen miteinander zu verschmelzen. Pindar verbindet ebenfalls Kronos mit der Entstehung der Vorstellung einer Insel der Seligen, wenn er das überlieferte Bild vom seligen Leben aufnimmt, es noch mit »orphischen« und pythagoreischen Gedanken aus Italien oder Sizilien über die Wiedergeburt der Seele ausschmückt und es insgesamt als eine Belohnung jener darstellt, die auf Erden ein rechtschaffenes Leben geführt haben:

Doch alle, die es, während sie in jeder der beiden Welten weilten, vollbrachten, ihre Seele dreimal fern von Unrecht zu halten, gehen die Straße des Zeus zu der Burg des Kronos, wo kühler Windhauch vom Okeanos her die Inseln der Seligen umweht und goldene Blüten leuchten, die einen zu Land von herrlichen Bäumen, andere vom Wasser genährt, und sie flechten sich Halsketten davon und Kränze nach dem gerechten Urteilsspruch des Rhadamanthys, den der mächtige Vater [d. i. Kronos], der Gatte der Rhea, die den erhabensten Thron innehat, allzeit an seiner Seite sitzen läßt (*Olympische Oden* 2, 68 ff.).

An diesem Ort (sagt Pindar) halten sich Peleus, Kadmos und Achilleus auf – ein weiteres Detail, das zu der genau umrissenen Vorstellung von den Inseln als einer Art Walhalla für Heroen, die zugleich Halbgötter sind, gehört.

Wir können also nun *drei* unterschiedliche, dennoch verwandte Gedanken ausmachen, die alle darauf abzielen, eine ähnliche Sprache zu erzeugen (die Erde bringt ohne Mühsal ihre Früchte hervor usf.). Erstens gab es einen Zeitraum in der Vergangenheit, in dem alle Menschen wie im Goldenen Zeitalter lebten. Zweitens leben einige Auserwählte des Heroenzeitalters im Elysium oder auf der Insel der Seligen nach dem Tod weiter. Drittens ist ein Leben wie dieses auch noch für die Seelen der Gerechten möglich, als Belohnung nach dem Tod und nach dem Urteil des Hades. Bestimmt ist die dritte Auffassung eine spätere Bearbeitung der zweiten, während die zweite eventuell eine spätere Bearbeitung der ersten ist. Merkwürdigerweise wird Kronos mit allen in Verbindung gebracht, und es muß eine Zeit gegeben haben, in der griechische Mythen weitaus mehr über ihn zu berichten hatten, als sie es jetzt tun, oder zumindest mehr, als Hesiod preisgeben mag.

Gelegentlich ist in mythischen Andeutungen eine greifbarere Vorstellung vom Goldenen Zeitalter enthalten; zum Beispiel, wenn Menschen, regelmäßig oder zu besonderen Gelegenheiten, vor allem an Hochzeiten zwischen Sterblichen und Unsterblichen, mit den Göttern an einer Tafel speisen. Die Hochzeit des Peleus, Achilleus' Vater, mit der Seenymphe Thetis und die des Kadmos, des Gründers von Theben, mit Harmonia, der Tochter von Ares und Aphrodite, wurden zu bevorzugten Themen in Kunst und Literatur. Pindar benützt die beiden Heroen, um einen Moralismus zu illustrieren:

Weder Peleus, der Sohn des Aiakos, noch der göttergleiche Kadmos hatten ein Leben ohne Gefahren; dennoch sagt man, daß sie das höchste Glück der Sterblichen besessen hätten, denn sie hörten die Musen mit den goldenen Diademen auf dem Berg Pelion und in dem siebentorigen Theben singen, als der eine (Kadmos) sich mit der kuhäugigen Harmonia vermählte und der andere (Peleus) mit Thetis, der ruhmwürdigen Tochter des ratklugen Nereus (*Pythische Oden* 3, 86 ff.).

Auch Tantalos gehörte zu denen, die mit den Göttern verkehrten. Er war der Vater von Pelops, der später den König Oinomaos von Pisa besiegte, um die Hand seiner Tochter zu erhalten; auch gab er dem Peloponnes seinen Namen. Pindar weigert sich, dem üblichen Ablauf der Erzählung zu glauben, wonach Tantalos die Götter zum Essen einlud und ihnen seinen eigenen Sohn Pelos frisch gekocht vorsetzte, um zu sehen, ob sie es merken würden. Demeter, noch immer vor Kummer über Persephone völlig verwirrt, aß geistesabwesend eine Schulter, aber die übrigen Götter bemerkten sofort das Verbrechen. Poseidon erweckte Pelops zu neuem Leben, schenkte ihm eine wunderschöne Elfenbeinschulter und ließ sich später von seinen Reizen überwältigen. Jedoch Pindar entrüstet sich, daß »es mir unmöglich ist, einen der seligen Götter einen Vielfraß zu nennen; Ich nehme davon Abstand!« Er nennt für die Schandtat des Tantalos (die zur Folge hat, daß er in Ewigkeit durch Speise und Wasser, die außer seiner Reichweite sind, »tantalisiert« wird), andere Gründe. Im Moment ist es wichtig, daß Tantalos

die Götter einlud zum höchst gesetzlichen Festmahl in sein eigenes teures Sipylos, ihnen die Gastmähler zu erwidern, die sie ihm gegeben hatten (*Olympische Oden* 1, 37 ff.).

In einer Erzählung, die thematische Überschneidungen aufweist (siehe Seite 227 ff.), lädt König Lykaon von Arkadien Zeus zu einem Essen auf dem Berg Lykaion ein und bietet ihm Menschenfleisch an. Erneut ist es die Vorstellung vom gemeinsamen Mahl der Himmlischen und Irdischen – die Gerichte waren nicht immer so schaurig –, die uns interessiert. Denn sie verweist auf eine Ära, in der die Trennung zwischen beiden noch nicht so eindeutig, wie dies schon im fortgeschrittenen Heroenzeitalter der Fall war.

Dann ging dieses Zeitalter zu Ende. Aus den Mythen geht die genaue Ursache nicht eindeutig hervor. Es könnte das Verdrängen des Kronos durch Zeus oder das Vergehen des Tantalos und des Lykaon gewesen sein oder die zunehmende Gottlosigkeit und das Blutvergießen, das Empedokles und die Orphiker andeuten, doch davon später. Hinzu kommt noch die Geschichte von der Flut (s. Seite 249–252); Zeus ließ in der Absicht, die Menschheit zu strafen, eine Flut aufsteigen, der nur Deukalion und seine Frau Pyrrha entkamen. Das ist die geläufigste Version, obwohl andere meinen, daß König Ogygos der Verantwortliche war oder die Flut mit dem Menschenopfer des Lykaon oder dessen Söhne in Verbindung zu bringen sei. Daß die Menschheit von Deukalion und Pyrrha neu geschaffen wird, geschieht einzig und allein aus etymologischen Gründen; sie tun dies, indem sie Steine über die Schulter werfen, die zu Menschen werden – aus dem Grund, weil im Griechischen das Wort für Stein (*laas*) dem Wort für Menschen (*laos*) ähnelt. Aus solch trivialen Vorstellungen heraus entstehen manchmal Mythen, häufiger in Ägypten und Mesopotamien als in Griechenland (siehe Seite 56).

Dem Goldenen Zeitalter folgte eine nicht näher definierbare Epoche, in der die Menschen arm, schutzlos und schwach waren, und in der Person des Prometheus betrat ihr großer Beschützer die Bühne. Prometheus war ein niederer Gott, seine Eltern waren der Titan Iapetos und die Nymphe Klymene. Erneut ist Hesiod für alles, was mit ihm zu tun hat – und er ist für die gesamte dritte Mythengruppe von größter Bedeutung –, die Autorität, auf die wir uns berufen. Seine Geburt und letztendliche Rettung beschreib er wie folgt:

Iapetos führte das Mädchen Klymene mit den schönen Fesseln, die Tochter des Okeanos, heim und teilte das Lager mit ihr, und sie gebar ihm den harten Atlas, auch den bekannten Menoitios, den klugen, an Rat listigen Prometheus und den törichten Epimetheus, der von Anfang an ein Unheil war arbeitsamen Menschen; denn er war es, der zuerst die künstlich geschaffene Jungfrau des Zeus aufnahm. Der weit sehende Zeus schickte, indem er ihn mit dem rauchigen Blitz schlug, den übermütigen Menoitios hinab in den Erebos . . . Atlas hält, unter hartem Zwang, den breiten Himmel an den Enden der Erde . . . und Zeus band den an Rat listigen Prometheus mit harten Fesseln, aus denen es kein Entkommen gab, trieb diese mitten durch eine Säule und schickte ihm einen Adler mit langen Flügeln; der fraß ihm stets seine unsterbliche Leber, die, bis zu ihrer vollen Größe, nachwuchs während der Nacht, soviel der Vogel mit den langen Flügeln während des ganzen Tages gefressen hatte. Der starke Sohn der Alkmene mit den schönen Fesseln, Herakles, tötete den Adler und wehrte die schreckliche Qual von Iapetos' Sohn ab und erlöste ihn aus seinem Jammer, nicht ohne den Willen des olympischen Zeus, der in der Höhe herrscht . . . (*Theogonie*, 507 ff.).

Über Menoitios ist uns wenig bekannt; Atlas kennen wir gut, weil man in ihm jenen sah, der den Himmel trug (wahrscheinlich eine archaische Vorstellung, entsprechend der ägyptischen über einen von Säulen getragenen Himmel); Epimetheus (»nachbedacht«, erfunden, um Prometheus, das »vorbedacht« zu bedeuten scheint, zu entsprechen) ist bekannt wegen seiner vermutlich wollüstigen Dummheit, sich die erste Frau schenken zu lassen; Prometheus aber ist die Schlüsselfigur. Seine Fesselung durch Zeus im Kaukasos ist, wie wir aus anderen Quellen wissen, der Höhepunkt einer ganzen Serie von Zusammenstößen der beiden. Prometheus ist der Initiator des Streits, weil er, sobald die Zeit der gemeinsamen Mahlzeiten zu Ende ist, Zeus bei der Aufteilung des Opferfleisches zu betrügen sucht:

Denn als die Götter und sterblichen Menschen einen Vergleich abschlossen zu Mekone, da zerteilte Prometheus mit eifrigem Mut einen großen Stier, legte ihn vor sich und versuchte, Zeus' Sinn zu betrügen. Denn bei dem einen Anteil tat er das Fleisch und die fettreichen Eingeweide in die Rindshaut und bedeckte ihn mit dem Magen des Stieres; in den anderen Anteil tat er, mit sinnreicher List, die weißen Knochen des Stieres, ord-

nete sie schön an und versteckte sie unter schimmerndem Fett. Da sprach
der Vater der Götter und Menschen zu ihm: »Sohn des Iapetos, ruhm-
reichster aller Herrscher, wie ungerecht, lieber Freund, hast du die An-
teile bemessen!« So sprach Zeus, voll ewigen Rates, im Tadel, aber Prometheus, von krummen Gedanken, redete ihn an und antwortete, leise
lächelnd und nicht seiner Fertigkeit im Betrügen vergessend: »Ruhm-
vollster Zeus, größter der ewigen Götter, nimm, was immer hiervon dein
Herz und Gemüt begehren.« Er sagte dies mit Hinterlist, und Zeus, voll
ewigen Rates, erkannte die List und durchschaute sie wohl, und er sann
Böses, das sich erfüllen sollte, den sterblichen Menschen in seinem Herzen. Dann hob er mit beiden Händen das weiße Fett empor; er erzürnte
in seiner Seele, und Grimm ergriff sein Gemüt, als er die weißen Stier-
knochen sah, verborgen mit sinnreicher List. Deswegen verbrennen die
Stämme der Menschen auf Erden den Unsterblichen weiße Knochen auf
ihren Altären mit Wohlgeruch. Dann sprach der Wolkensammler Zeus in
großem Zorn zu ihm: »Sohn des Iapetos, listiger als alle anderen, so ver-
gaßest du, lieber Freund, noch nicht deine Kunst des Betrugs!« So sprach
Zeus, voll ewigen Rates, und seit dieser Zeit gewährte er, sich immer
der Hinterlist erinnernd, den Eschen nicht die Kraft des unermüdlichen
Feuers für die sterblichen Menschen, die auf der Erde wohnen. Aber der
wackere Sohn des Iapetos täuschte ihn und stahl den weithin sichtbaren
Glanz des unermüdlichen Feuers in einem hohlen Fenchelstengel, und er
kränkte den hochdonnernden Zeus in den Tiefen seiner Seele, und Zeus
ergrimmte in seinem Herzen, als er bei den Menschen den weithin sichtbaren Glanz des Feuers sah. Sogleich erschuf er den Menschen ein Unheil
zur Vergeltung für das Feuer; denn der ruhmreiche Hinkende [d. i. He-
phaistos] formte, nach dem Willen des Zeus, aus Erde das Abbild einer
züchtigen Jungfrau. Die eulenäugige Göttin Athene gürtete sie und
schmückte sie mit einem silberfarbenen Gewand, und mit ihren Händen
ließ sie von ihrem Haupte einen prächtigen Schleier fallen, ein Wunder
zu sehen ... (*Theogonie*, 535—75).

Zuerst zum Opferbetrug und zum Feuerdiebstahl, dann zur Schöpfung der Frau. Die Geschichte von der Aufteilung zu Mekone (angeblich in der Nähe des alten Sikyon, unweit von Korinth) ist
von fundamentaler Bedeutung, teils, weil sie von einer entscheidenden Frage in der Beziehung zwischen Menschen und Göttern
handelt, teils, weil sie deutlicher als jedes andere griechische Beispiel zeigt, daß ein Mythos darauf abzielt, ein wirkliches Problem
zu lösen. Daß die Geschichte, oberflächlich betrachtet, nur ätiologisch sei, geeignet, die Aufmerksamkeit der Menschen abzulenken
von der offensichtlichen Regelverletzung, den Göttern beim Opfern die schlechtesten Teile zukommen zu lassen, ist, so fürchte ich,
eine häufige, aber dennoch unangemessene Deutung. Zwar geht
es auch darum, schon Hesiod weist darauf hin, aber es steckt
noch mehr dahinter. Die trügerische Wahl, vor die ein Gott einen
Menschen stellt oder vice versa, ist ein häufig in den Volkserzäh-

lungen verwandtes Motiv, um die Tatsache des Todes zu begründen: der Mensch wurde, wie in der akkadischen Erzählung von Adapa, vor die Wahl gestellt zwischen Leben und Tod. Aufgrund einer List oder Fehlinformation entschied er sich für das Falsche. Die Erzählung von Prometheus ist vielschichtiger. Er ist der Irdische beziehungsweise der Fürsprecher der Irdischen, der den höchsten Gott vor die Wahl stellt, nicht umgekehrt. Unklar bleibt, ob sich der Gott des Betrugs voll und ganz bewußt ist; Hesiods Bericht ist diesbezüglich nicht schlüssig und deutet auf die Verschmelzung unterschiedlicher Versionen hin. Eine nicht uninteressante Implikation des Mythos ist, daß der Opferbrauch an sich ein Relikt aus dem Goldenen Zeitalter ist, in dem Götter und Sterbliche am selben Tisch aßen.

Opfer darzubringen, war im sozialen und religiösen Leben eine entscheidende Handlung, aber die Menschen mußten einfach das Fleisch und die tatsächlich eßbaren Teile zurückbehalten, weil Fleisch im Vergleich zum heutigen Griechenland noch seltener und teuer war. Opfer darzubringen, war in gewisser Weise eine Begleiterscheinung des Fleischerberufes. Für die Griechen war es unumgänglich, den Göttern wenigstens einen Teil ihres Fleisches zu opfern, ihnen zumindest ein Zeichen zu geben. Es ist nur logisch, dafür Fett und nicht Fleisch zu verwenden, da das einzige, was vom Opferfeuer zum Himmel gelangte, wo es die Götter empfangen konnten, Rauch und Wohlgeruch waren. Aus einem anderen, aber nicht weniger wichtigen Gesichtspunkt wurde das *ganze Tier* den Göttern symbolisch geopfert; das war am besten durch die Knochen zu bewerkstelligen, besonders, wenn, wie es Hesiod zu Beginn der eben zitierten Stelle formuliert, sie in »rechter Ordnung« waren – in der Absicht, das ganze Tier symbolisch zu rekonstruieren.

Demnach ist die mythische Rechtfertigung eines unverhüllten Widerspruchs (daß die Götter die schlechtesten und nicht die besten Stücke erhalten) ziemlich untauglich; dieser Brauch hätte tatsächlich besser mit Hilfe von rationalen und quasi-philosophischen Begriffen verteidigt werden können. Aber eine solche Verteidigung wäre vielleicht letzten Endes emotional nicht zufriedenstellend gewesen. Die Schuldgefühle der Menschen, die besten Stücke des Tieres für sich behalten zu haben, sind auf diese Weise nicht abzubauen. Schuld ist ein grundlegendes Gefühl, und normale Sterbliche verbringen viel Zeit damit, es auf die eine oder andere Art zu unterdrücken. Ein Gefühl wie dieses verlangte, daß die

Menschen für die kränkenden Handlungen büßen sollten, und das ist der Punkt, an dem der Mythos relevant wird. Erst nahm Zeus das Feuer weg, von dem man dachte, daß es in der Esche hauste: eine Anspielung auf Anzündholz aus bestimmten Holzarten. Das Zurückhalten des Feuers war ein geschickter Schachzug, der mit dem Opferbrauch in direkter Verbindung stand, als ob Zeus gesagt hätte: »Wenn wir Götter nicht den Teil des verbrannten Fleisches erhalten, der uns zusteht, dann wird es überhaupt kein Feuer mehr geben. *Uns* geht es dadurch nicht schlechter, aber *ihr* seid gezwungen, eure leckeren Fleisch- und Innereienportionen roh zu essen. Ihr werdet schon sehen!«

In den späteren Überlieferungen entwickelte sich Prometheus zum Stifter der Technologie überhaupt, einer, der den Menschen nicht nur die Kunst des Heilens, der Mathematik, der Medizin, der Navigation und der Weissagung, sondern auch die des Bergbaus und der Bearbeitung von Metall gebracht hat; dieser Aspekt wird im *Prometheus Vinctos* (436–506) des Aischylos besonders deutlich. Die Zurückeroberung des Feuers ist ohne Zweifel Teil derselben Vorstellung.·

Doch diese Erweiterung seiner Funktionen geht höchstens bis ins 6. Jahrhundert v. Chr. zurück, als das Interesse an der Entwicklung des Menschen aus einem rohen und wilden Stadium sich erstmals herauszubilden begann – eine Vorstellung, die zum mytischen Schema vom Niedergang seit dem Goldenen Zeitalter in direktem Widerspruch steht.

Der hesiodische Bericht fährt fort mit Zeus' zweitem Racheakt, der Schöpfung der ersten Frau durch verschiedene Götter und Göttinnen. Nebenbei bemerkt, scheinen die Griechen keinen allgemein anerkannten Mythos über die Schöpfung des *Mannes,* der ohne Zweifel der erste Mensch war, gekannt zu haben. In späteren Quellen wurde dies – erwartungsgemäß – Prometheus zugeschrieben, der zum Schutzherrn der Töpfer Athens und sicherlich auch anderswo wurde und den man sich nach einem geläufigen mesopotamischen Vorbild als denjenigen vorstellte, der Menschen aus Lehm schuf. In Panopeus, im Zentrum Griechenlands, wurden Besuchern Lehmklumpen gezeigt, die von dieser Arbeit übrig geblieben sein sollen.[3] Auf die Ursachen für diese mythische Lücke im Unterschied zu den ausführlichen Schöpfungsgeschichten des Nahen Ostens werde ich im Kapitel 11 eingehen. Sogar von der Schöpfung der Frau gibt es zwei Versionen, beide von Hesiod, die eine in der *Theogonie,* die andere in *Werke und Tage.* In der ersten vollendet Hephaistos seine Schöpfung und führt sie vor die Götter und die Menschen (Fortsetzung der bereits auf Seite 130 f. zitierten Textstelle):

von ihr stammen das verderbliche Geschlecht und die Stämme der Frauen, die als ein großes Unheil unter den sterblichen Männern wohnen, die rechten Gefährtinnen nicht der unerträglichen Armut, sondern die des Überflusses (*Theogonie*, 591—93).

Im folgenden wird das Thema von der Zügellosigkeit und der Bösartigkeit der Frau entwickelt. Es ist auf der ganzen Welt verbreitet, und die in ihr enthaltene Ungerechtigkeit zählt zu den weniger überzeugenden Beweisen für die Gedanken einer männlichen Verschwörung gegen die Frauen. Hesiod, kein Dummkopf, gelang es, diese Einseitigkeit in den Motiven der Volkserzählungen zu überwinden, indem er hinzufügte, daß Zeus eine üble Ergänzung in die Welt setzte: den unverheirateten Mann, trostlos im Alter, weil sich niemand um ihn kümmert und keine Familie vorhanden ist, die sein Erbe antreten wird; während der Mann, der durch Zufall an eine gute Ehefrau gerät (und schließlich wird dies als Möglichkeit eingeräumt) wenigstens eine Mischung aus Gut und Böse hat.

Die Version in *Werke und Tage* gibt eine andere und bekanntere Geschichte zum besten. Nach einem vergleichbaren Erschaffungsprozeß ließ Hermes die Frau voller Falschheit sein

und setzte ihr eine Stimme ein und nannte diese Frau Pandora (weil alle, die Paläste auf dem Olymp besitzen, sie beschenkten), ein Unheil für arbeitsame Menschen. Als er aber diesen mächtigen und unabwendbaren Trug zur Vollendung gebracht hatte, sandte der Vater den ruhmreichen Argostöter [d. i. Hermes], den schnellen Boten der Götter, zu Epimetheus, sie ihm als Geschenk zu bringen, und Epimetheus beherzigte nicht, was Prometheus ihm gesagt hatte: niemals ein Geschenk von dem olympischen Zeus anzunehmen, sondern es zurückzusenden, damit es nicht etwa zum Üblen ausschlagen könnte für die Sterblichen, sondern er nahm sie an und erkannte das Übel erst, als es sein eigenes war. Vordem hatten die Stämme der Menschen auf der Erde weit entfernt gelebt von Übeln und harter Mühsal und schlimmen Krankheiten, die den Menschen das Verderben bringen. Aber die Frau hob mit ihren Händen den großen Deckel von dem Gefäß und streute sie aus und erfand dem Menschengeschlecht verderbliche Leiden. Einzig Hoffnung blieb da in ihrer unzerbrechlichen Bleibe unter dem Deckel des Gefäßes und flog nicht heraus; bevor das geschehen konnte, legte sie den Deckel des Gefäßes wieder an nach dem Willen des aigistragenden Wolkensammlers Zeus. Doch zehntausend andere Verderben schweifen umher unter den Menschen; die

Erde ist voll von Übeln, voll ist das Meer, und Krankheiten nahen den Menschen bei Tage, andere von sich aus bei Nacht und bringen den sterblichen Schlimmes mit Schweigen, weil Zeus sie der Stimme beraubt hat (*Werke und Tage*, 80—104).

Die ätiologischen Einzelheiten (die Etymologie von Pandora, wortwörtlich »aller Geschenk« oder »aller Gabe«, und die schleichenden Krankheiten, die unbemerkt während der Nacht kommen) und die vergleichsweise selbstbewußte Allegorie der Hoffnung mögen verhältnismäßig späte Ausschmückungen sein; das Gefäß dagegen scheint mykenischen oder minoischen Ursprungs zu sein, die Erzählung als ganze ist alt. Auch sie beruht wahrscheinlich auf einem Motiv der Volkserzählung, das Hesiod unterschlagen hat, denn das, was Pandora vermutlich dazu brachte, den Deckel abzunehmen, war Neugierde gegenüber Dingen, die sie nichts angingen. An dieser Stelle wird der Dichter noch ungenauer und andeutender als sonst. Für das Gefäß gibt er keine Erklärung, sondern setzt einfach voraus, daß sein Publikum es kennt – eine Annahme, die seiner Verwandlung zu Pandoras *Büchse* in der Überlieferung der Renaissance Vorschub leistete.

Gleich im Anschluß an den Mythos und seine moralisierende Schlußfolgerung, daß »es demnach unmöglich sei, Zeus' Willen zu entfliehen«, kommt der halbmythische Bericht von den Fünf Geschlechtern, angefangen bei den Menschen des Goldenen Geschlechts (siehe Seite 126), denen alle von Pandora in die Welt gesetzten Krankheiten noch erspart blieben. In beiden Dichtungen gibt Hesiod demnach ein ineinander übergreifendes, komplexes und letzten Endes ziemlich subtiles Bild vom Niedergang der Menschheit, das vom Zustand göttlicher Privilegien, der Gemeinschaft mit den Göttern bis in die Gegenwart reicht, die von Elend, Krankheit, Alter und Familienzwist gekennzeichnet ist. Teile des Aufbaus und einige Details stammen wahrscheinlich von Hesiod oder aus seinen unmittelbaren Quellen, ein Großteil aber der mythischen Grundstruktur und ganz sicher die in ihr enthaltene Tendenz scheinen überliefert. Am Ende heißt es, daß die vermeidbaren Aspekte des menschlichen Lebens – nicht der Tod, weil er nicht zu vermeiden ist, aber die Krankheit, der schmerzliche Alterungsprozeß, die Armut und die Notwendigkeit unaufhörlicher Mühsal – das indirekte Ergebnis des Streits zwischen Zeus und Prometheus seien. Der Streit resultierte aus der Verteilung der Opfergaben, und man könnte sagen, daß das in gewisser Hinsicht die Schwierigkeiten im Verhältnis zwischen Menschen und Göttern symbolisiert. Das aber können Mythen nicht erklären: statt dessen vermitteln sie das Bild eines ursprünglichen Zustands, in dem alles in Ordnung war; die Menschen aber verlangten zuviel. Hätten sie oder Prometheus in ihrem Namen mehr Selbstbeherrschung gezeigt, der Streit mit den Göttern wäre nie begonnen worden, und Frauen hätten, in einer weniger überzogenen Form, akzeptiert werden können.

Doch diese Mythenauslegung geht zu weit. Frauen sind im Leben eine Tatsache, ohne sie gäbe es keine Menschen. Was uns hier entgegentritt, scheint ein Dilemma zu sein, das auf der Ebene von Volkserzählungen (der Bauer, der von der Prinzessin träumt und in Wirklichkeit seine Ehefrau brutal auf der Basis ihres ökonomischen Wertes taxiert) mit einem grundsätzlicheren Widerspruch im Leben der Menschen verbunden ist: die Sehnsucht des Menschen, unsterblich zu sein, und die bitteren Tatsachen menschlicher Existenz. Mit diesem Motiv des Streits über die Opfergaben scheint es sich ähnlich zu verhalten, da es einst auch unabhängig existiert haben muß. Seine Bedeutung für die Frage des Niedergangs war dennoch offensichtlich, und es wurde in einer Weise in das mythische Gewebe eingeflochten, die dem Ganzen eine tiefere und vielschichtigere Bedeutung verlieh. Tatsächlich könnte man den gesamten Mythensequenzen bei Hesiod – Prometheus, das Opfer, der Feuerraub, die Erschaffung der Frau, die Bestrafung Prometheus', die Fünf Geschlechter der Menschen – unterstellen, den Eindruck hervorrufen zu wollen, daß die Dinge nicht ganz so ungerecht sind wie früher, daß das Böse gleichmäßiger verteilt ist, als es den Anschein hat, daß wir Alter und Krankheit zum Teil selbst verschuldet haben, daß es besser um alles stände, wenn wir nur lernten, uns zu bescheiden. Prometheus als Figur bleibt im Dunkeln. Nirgends wird deutlich, warum er eigentlich für die Menschen eintritt; wahrscheinlich wurde ihm diese Rolle zuteil, weil er zugleich eine »Trickster«-Figur ist, dazu geeignet, sich auf den aussichtslosen, gleichwohl engagierten Wettkampf mit Zeus einzulassen, wer von den beiden der Klügere sei. Schließlich steht er mit Zeus auf gleicher Stufe – auch das zeigt uns, daß das Schicksal nicht unbedingt schonungslos ist, denn (wie wir von Aischylos erfahren) er weiß etwas, das Zeus nicht weiß: wer auch immer Thetis heiraten mag, wird einen Sohn haben, der größer als sein Vater ist. Zufällig machten ihr Zeus und Poseidon zu diesem Zeitpunkt beide den Hof, und Prometheus' Geheimnis mußte um den

Preis seiner Befreiung durch Herakles erkauft werden. Gelegentlich müssen sich auch die Götter vorsehen.

Zu guter Letzt war es Peleus, der die gefährliche Thetis zur Frau nahm. Sie versuchte zu entkommen, indem sie sich wie alle Meeresgottheiten verwandelte, aber er fing sie schließlich ein, und Achilleus, ihr Sohn, war zwar größer als sein Vater, aber keine Bedrohung für die Götter. Sogar diese Erzählung hat einen unterschwelligen Bezug zu denen Hesiods, weil Peleus alt wurde, während seine göttliche Frau ewig jung blieb. Endlich ging sie von ihm weg, und nach langem Leid kam er zu den Inseln der Seligen. Wie die *Hymne auf Aphrodite* (wahrscheinlich aus dem 6. Jahrhundert v. Chr.) berichtet, erging es Tithonos, einem anderen sterblichen Liebhaber, nicht so gut:

So raubte auch die goldenthronende Eos [d. i. die Morgenröte] den göttergleichen Tithonos aus dem trojanischen Geschlecht; und sie ging und erbat von dem dunkelumwölkten Sohn des Kronos, daß er unsterblich werde und alle die Tage lebe, und Zeus nickte zustimmend und erfüllte ihren Wunsch. Töricht war sie indessen, denn die erhabene Eos hatte in ihrem Herzen nicht bedacht, um Jugend zu bitten und Tilgung des verderblichen Alters. Solange ihn liebliche Jugend besaß, wohnte er an der Strömung des Okeanos an den Enden der Erde, erfreute sich mit der frühgeborenen goldenthronenden Eos; aber als die ersten grauen Haare von seinem schönen Haupt und dem edlen Kinn herabflossen, da mied die erhabene Eos sein Bett, pflegte ihn aber weiter in ihrem Palaste mit Speise und Ambrosia und gab ihm schöne Gewänder. Als aber schließlich das verhaßte Alter ihn überwältigte und er seine Glieder weder bewegen noch heben konnte, da erschien ihr im Herzen dies als der beste Plan: sie setzte ihn in eine Kammer und verschloß die glänzenden Türen hinter ihm. Seine Stimme tönt ununterbrochen, doch Kraft ist nicht mehr, wie sie es einstmals war, in seinen gekrümmten Gliedern (218—38).

Das Alter genauso wie das Wetteifern mit den Göttern oder der Versuch, unsterblich zu werden, waren bei den Griechen ein heikles Thema, womit sie sich leidenschaftlich beschäftigten, obwohl sie es haßten. Odysseus, der die Möglichkeit, mit den Nymphen Kirke und Kalypso zusammenzuleben, zurückwies, statt dessen darauf bestand, zu der zwar bewundernswerten, aber alternden Penelope zurückzukehren, war das Gegenbeispiel zu Tithonos. An den Mythen konnten nicht nur bestimmte Verhaltensweisen zum Problem des Alterns abgelesen werden, sie halfen sogar, es zu definieren – besonders diejenigen, die sich auf das Verhältnis zwischen Menschen und Göttern beziehen. Aus diesem Grund habe ich mich so lange bei ihnen aufgehalten, trotz des weitschweifigen und oft schwerfälligen Stils von Hesiod. Denn es gibt in dieser verhältnismäßig frühen, aber noch immer literarischen Form, in der sich die griechischen Mythen der zielgerichteten Funktionalität ihrer mündlichen Vorläufer annähern, eine Funktionalität, die zeitweilig auf die in den vorhergehenden Kapiteln besprochenen ätiologischen, strukturalen und psychologischen Interpretationen eingeht. Vielleicht noch wichtiger ist, daß wir uns hiernach ein Bild machen können, wie sehr die Mythen mit dem Leben verwoben sind.

Kapitel 7

Die Heroen

So beeindruckend auch einige Göttermythen sein mögen, so verkörpern doch die Heroenmythen die berühmteste und phantasie-
vollste Seite der traditionellen Erzählungen Griechenlands insgesamt. Viele, womöglich die meisten anderen ethnischen Sammlun-
gen erschöpfen sich praktisch in Göttererzählungen, wenige befassen sich mit Heroen. Das alte Mesopotamien und Ägypten
sind ein Beispiel hierfür. Natürlich sind die mesopotamischen Erzählungen über Gilgamesch einfallsreich und unter vielen Gesichtspunkten wichtig; hingegen sind die ägyptischen Heroen ihrer
Anzahl nach gering und, was ihre Wesensmerkmale betrifft, vorwiegend legendär und realistisch. In Griechenland aber sind sie
nicht mehr zu zählen und in einer Vielzahl von Handlungen miteinander verwickelt. Standardsituationen sind zwar häufig, aber
die epische Vielfalt insgesamt übertrifft bei weitem die der Göttermythen.

Je nachdem, ob ihre entscheidenden Unternehmungen in eine
zeitlose Vergangenheit, lange vor dem Trojanischen Krieg, fallen
oder mehr in seine Nähe verlegt werden, sind die Heroen einem
älteren oder jüngeren Typus zuzuordnen. Spätere Erdichtungen,
die eindeutig auf historischen Personen aufbauen, gehören in eine
andere, untergeordnete Gruppe (vergleiche hierzu die Mythenkate-
gorie vier bis sechs auf Seite 109). Die ersten beiden Heroentypen,
deren Charakter im Verlauf des Kapitels klarer werden wird, sind
in bestimmten Punkten schwer auseinanderzuhalten. Einige »ältere«
Heroen weisen bestimmte spätere Merkmale auf, da die Mythen
ständig Veränderungen erfuhren; umgekehrt besitzen einige von
den jüngeren, quasi-legendären Heroen bedeutend ältere Züge.
Theseus ist zwar in Taten verwickelt, die historisierend sind und
nicht ganz so weit zurückliegen, doch wäre es sonderbar, ihn gerade aufgrund der Erzählung vom Labyrinth nicht der ersten
Gruppe zuzurechnen. Auf der anderen Seite steht Agamemnon,
über Menelaos mit Helena verbunden, die von einer alten Baum-
göttin abzustammen scheint; die Geschichte vom Hause des Atreus
hingegen gehört zu einer historisierenden und jüngeren Gruppe.
Iason gibt ähnliche Schwierigkeiten auf, aber ich zähle ihn zunächst zur älteren Gruppe.

Philologen haben manchmal die Ansicht vertreten, daß allein schon der Name einen Hinweis auf das Alter der Heroen und ihrer Mythen geben könnte. Diejenigen, die mit -eus enden, besonders wenn ihr Stamm nichtgriechisch ist, werden für die frühesten gehalten. Das läßt sich noch mit weniger berühmten Heroen wie Tydeus, Neleus, Salmoneus und eventuell Orpheus machen. Demnach wären Theseus und Dineus mit ihrem griechischen Wortstamm sekundäre Bildungen, während Achilleus (im Lateinischen Achilles) zur älteren Gruppe zählen würde und nicht, wie sein mythischer Kontext nahelegt, zu der jüngeren, quasi-legendären. Sein Vater Peleus kann weder in die eine noch in die andere Gruppe eingeordnet werden, da sich sein Name vom Berg Pelion, ebenfalls wahrscheinlich vorgriechischen Ursprungs, herleitet. Es zeigt sich, daß viele Heroen, deren Namen auf -eus enden, Söhne mit ausgesprochen griechischer Namenszusammensetzung haben; so ist Agamemnon der Sohn von Atreus und Neo-ptolemos der des Achilleus. Mehrere von ihnen gehören zur Gruppe der jüngeren Heroen, während die, deren Namen weder griechisch sind noch auf -eus enden, wie Kadmos, Bellerophon(tes) oder Tantalos, bei den älteren angesiedelt sind. Im großen und ganzen aber ist dies ein spekulatives und inadäquates Kriterium, zumal einige Namen, wie Oidipus, Perseus, Kaineus, Iason, entweder griechischen oder ausländischen Ursprungs sein könnten. Das Problem wird komplizierter, wenn man einsieht, daß schon um 2100 v. Chr. auf der Halbinsel griechisch gesprochen wurde, daß die Mykener durch und durch Griechen waren und daß die in der Linearschrift B beschrifteten Tontafeln darauf hindeuten, daß alle diese verschiedenen Namen bereits gegen Ende des Bronzezeitalters gebräuchlich waren. Herakles schließlich ist ohne Zweifel einer der älteren Heroen. Dennoch ist sein Name der Form nach griechisch und bedeutet in etwa soviel wie die »Verherrlichung Heras«.

Im folgenden kann nur eine kleine Auswahl berücksichtigt werden. Aus der Gruppe der *älteren Heroen* habe ich *Perseus, Bellerophon, Theseus, Kadmos* und *Iason* in dieser Reihenfolge ausgewählt, nicht allein aus dem Grund, weil sie geläufige Namen sind (oder waren), sondern auch, weil sie mehrere unterschiedliche Tendenzen der Heroenmythen verdeutlichen. *Herakles* behalte ich mir für eine gesonderte Erörterung in Kapitel 8 vor.

Folgendermaßen beschreibt Apollodoros (der beste der überlieferten Mythographen, der bereits im 2. Jahrhundert v. Chr. sein Werk abfaßte) die Geburt und die Jugend von *Perseus*:

Als Akrisios das Orakel befragte, wie er männliche Kinder bekommen könnte, sagte der Gott, seine Tochter würde einen Sohn gebären, der ihn töten würde. Als Vorsichtsmaßnahme baute Akrisios eine eherne unterirdische Kammer und hielt darin Danaë unter Bewachung. Proitos aber verführte sie, wie einige sagen, und das sei die Ursache des Streites zwischen ihnen [das heißt zwischen Akrisios und Proitos] gewesen. Andere sagen, daß Zeus sich in Gold verwandelt habe, das sich durch das Dach in Danaës Schoß ergossen habe, und so habe Zeus ihr beigewohnt. Als Akrisios später hörte, daß sie das Kind Perseus geboren habe, glaubte er es nicht, daß Zeus ihr Verführer gewesen sei, und so legte er seine Tochter mit ihrem Kind in eine Kiste und schleuderte sie ins Meer. Die Kiste trieb nach Seriphos, und Diktys zog sie empor und zog den Knaben auf. Diktys' Bruder Polydektes, der König von Seriphos war, entbrannte in Liebe zu Danaë ... 2. 4, 1 ff.).

Akrisios, zugleich Bruder des Proitos, war König von Argos, wohin Danaos mit seinen Töchtern von Ägypten aus Zuflucht nahm, wie es Aischylos in den *Hiketiden* beschreibt. Hierin könnte sich die Erinnerung an einen Konflikt zwischen den Mykenern und Ägyptern spiegeln, und auch die gleichnamige Danaë (»Danaër« ist eine von Homers Bezeichnungen für die Griechen) ist wahrscheinlich eine Figur aus dem Bronzezeitalter. Das Orakel-Motiv muß jedoch später sein. Es ist häufig in den griechischen Mythen anzutreffen, aber alle Stiftungslegenden der großen Orakel (Delphi, Dodona, Didyma usw.) weisen auf das frühe Eisenzeitalter nach 1100 v. Chr. als Entstehungszeit. Es gab merkwürdigerweise eine Erzählung, erhalten allein in einer Fassung von Aelianus in der römischen Epoche, in der die Mutter des Sumerers Gilgamesch aus ähnlichen Gründen eingesperrt und der illegitime Säugling, aus ihrem hochgelegenen Gefängnis heruntergeworfen, von einem Adler aufgefangen und gerettet wird. Das legt nahe, in der Idee, die Jungfräulichkeit der eigenen Tochter dadurch zu bewahren, daß man sie einsperrt, ein altes Motiv zu sehen, von dem der Entthronung durch den Enkel ganz zu schweigen; äußerlich hat sie natürlich etwas von einer Volkserzählung. Ein Mann, der sich Einlaß verschaffte, war angeblich die Ursache für Gilgameschs Geburt; die griechische Version hat exotischere Züge und ist poetischer (in Pindars Worten, »Der Sohn der Danaë, der, wie wir sagen, von selbstströmendem Gold gezeugt wurde« – das Gold ist Zeus, obwohl spätere Rationalisten daraus eine Bestechung ihrer Gefängniswärter machten). Zwei weitere Merkwürdigkeiten sind das unterirdische, eherne Verließ und das Aussetzen im Meer in einer Kiste. Beide haben Parallelen in anderen griechischen Mythen. Das Verließ erinnert an den bronzenen Behälter, der für

Erystheus ein Zufluchtsort oder für Ares ein Gefängnis ist, während die Kiste ein schon beinahe traditioneller Weg ist, sich unerwünschter Verwandter oder Säuglinge zu entledigen (zum Beispiel Tenes und dessen Schwester Hemithea). Sich unterirdische Getreidespeicher oder riesige »Bienenstock«-Gräber als frühere Beispiele vorzustellen, die dem Einfall eines ehernen Verlieses Modell standen, ist verlockend, aber nicht sehr überzeugend. Doch die Kiste, die auf dem Wasser treibt, verweigert sich einer allzu schnellen Deutung. Die vage Parallele zu Moses scheint ein sehr verschwommener Einfall einer Volkserzählung (und beispielsweise nicht wie bei Freud eine Erinnerung an embryonale Zustände) zu sein.

König Polydektes (sein Name bedeutet »der, der viel erhält« und ähnelt dem des Hades, der unzählige Tote in sein Königreich erhält) sandte den mittlerweile erwachsenen Perseus nach dem Kopf der Gorgo aus, in der Hoffnung, ihn ein für allemal loszuwerden und also ohne weitere Einmischung Danaë verführen zu können. Aber mit Hilfe Athenes zwang der Heros die Graien, die alten grauhaarigen Frauen, indem er ihnen das einzige Auge und den einzigen Zahn, die sie miteinander teilten, wegnahm, ihm den Weg zu den Nymphen zu verraten. Diese gaben ihm geflügelte Sandalen, den Helm der Unsichtbarkeit und einen Sack, der eigens für den Kopf der Gorgo bestimmt war. Eigentlich gab es drei Gorgonen, allerdings war Medusa die Sterbliche. Die beiden Graien waren ihre Schwestern und Phorkys (ein Meeresgreis) und das weibliche Meeresungeheuer Keto ihre Eltern. Athene führte Perseus so, daß er das Spiegelbild der Medusa in seinem Schild sah und sie, ohne in einen Stein verwandelt zu werden, enthaupten konnte. Bei Pindar gibt es eine schöne Erzählung über Athene, wie sie die Schreie der Gorgonen imitiert, indem sie auf der Flöte die sogenannte »Vielköpfige Melodie« spielt:

... die Kunst, die einst Pallas Athene erfand, als sie das Totenklagelied der wilden Gorgonen zusammenflocht. Perseus hörte es, wie es, in bitterer Qual, aus den entsetzlichen Schlangenhäuptern der Jungfrauen floß, als er, Seriphos Verderben bringend und dessen Inselvolk, ein Ende machte mit einer der drei Schwestern. Fürwahr, er vernichtete den gewaltigen Sproß des Phorkos und gab eine bittere Beisteuer zu Polydektes' Gastmahl... (*Pythische Oden* 12, 6 ff.).

Auf dem Rückweg von den Gorgonen, die am Ende der Welt jenseits des Okeanos lebten, ging Perseus in Richtung Norden, um die Hyperboreer zu besuchen, und ebenso in so südliche Länder

wie Äthiopien oder Joppa. An einem dieser Orte fand das An-
dromeda-Abenteuer statt. Sie war die Tochter des Königs Kepheus
und seiner dummen Frau Kassiopeia – dumm, weil sie sich rühm-
te, schöner zu sein als die Nereiden. Die Folgen, diesmal eine Flut
und ein Meerungetüm zugleich, waren unausweichlich. Die Antwort eines Orakels besagte, daß das Monster nur besänftigt werden könnte, wenn ihm Andromeda zum Fraß vorgeworfen würde.
Perseus, auf das Versprechen hin, ihre Hand zu erhalten, rettete
sie gerade noch rechtzeitig. Kepheus' Bruder Phineus versuchte
mit dem Argument, Andromeda sei ihm versprochen worden, Un-
ruhe zu stiften, aber der Kopf der Gorgo besorgte bald den Rest.
Danach kehrte Perseus nach Seriphos zurück, verwandelte Polydektes und seine Anhänger in Steine, kam aufs Festland, tötete
versehentlich Akrisios mit einem Diskus und erfüllte so den ursprünglichen Orakelspruch. Endlich wurde er König von Tiryns
und mit Andromeda zusammen Begründer der Dynastie der Per-
siden.

Seit langem weiß man, daß der gesamte Perseus-Mythos erheblich auf Motiven, ähnlich denen der Volkserzählungen, beruht:
die Flucht des Säuglings, die Verteidigung der eigenen Mutter
gegen Verführer, die der Absicht nach tödliche Aufgabe, die er-
finderischen Einfälle (Zahn und Auge, magische Mittel, die das
Fliegen und Unsichtbarwerden ermöglichen, das Vermeiden des
tödlichen Blicks), das Retten der Prinzessin, das Töten eines Verwandten aus Versehen. Der Mythos verdeutlicht außerdem das
Interesse an exotischen Ländern (Äthiopien, die Hyperboreer), das
für Erzählungen, in denen eine Probe bestanden, eine Aufgabe
gelöst werden muß, typisch ist. Das soll jedoch nicht heißen, daß
der Mythos nicht alt sein kann. Er ist offensichtlich, wie jede andere traditionelle Erzählung, weiter bearbeitet worden – vielleicht
hinsichtlich des Orakels, einiger Details der Hilfe Athenes und
der magischen Geräte; möglicherweise hinsichtlich der gesamten
Andromeda-Episode (die jedoch einen gewissen eigenen Stellenwert gehabt haben muß) und einiger Geschehnisse nach der Rückkehr des Perseus nach Argos und Tiryns. Die Geburt Perseus'
durch Danaë, die Verbindung mit Seriphos und die Enthauptung
der Gorgo bilden einen wesentlichen Kern, der von Eingriffen
späteren Datums unberührt bleibt. Homer macht Andeutungen
auf die Liebe des Zeus zu Danaë, auf Perseus selbst, und Hesiod
fügt hinzu, daß Chrysaor und das Pferd Pegasos aus dem ent-
haupteten Rumpf der Medusa hervorspringen; auch daß Poseidon

mit Medusa geschlafen hatte. Daß es auf Seriphos, einer wirklich unwichtigen Insel spielt, ist zunächst sonderbar, läßt sich aber wohl ätiologisch einfach erklären. Seriphos ist wegen seiner Felsspitzen, die aus den Hügeln herausragen, bekannt; sie wurden mit den versteinerten Menschen identifiziert. Für eine tiefergehende Bedeutung gibt es wenig Anzeichen. Die Erzählung für sich ist beachtenswert, und die tödlich blickende Medusa, ganz zu schweigen vom fruchtbaren Goldschauer, ist eine beeindruckende Vorstellung. Es gibt jedoch eine entfernte Möglichkeit, daß sich hinter der primitiven Erzählung ein Angriff (von Perseus in der Bedeutung von »Zerstörer«?) auf den Tod selbst verbirgt; denn die Gorgonen sind die Schwestern der Graien, die das Alter repräsentieren und den Tod bringen. Ebenso sollte die Verbindung zwischen Polydektes und Hades nicht aus dem Blick geraten.

Bellerophon ist nicht bloß durch Pegasos, sondern auch durch Proitos, den Bruder von Akrisios, mit der vorherigen Erzählung verbunden und außerdem mit Tiryns, aber auch mit Ephyra, das wahrscheinlich für Korinth steht. Homers Bericht seiner Siege über die Chimaira, die Solymer und die Amazonen habe ich bereits erwähnt (siehe Seite 34). Zuerst befand er sich wegen einer seinerseits harmlosen Verbindung zur lüsternen Frau des Proitos in Lykien und erhielt nach erfolgreicher Erledigung seiner Aufgaben die Tochter des lykischen Königs (Iobates, nach einem verlorengegangenen Stück von Sophokles) und die Hälfte seines Königreichs. Dann aber entschließt er sich, Pegasos – der zuerst mit Hilfe eines magischen Zügels von Athene gezähmt wurde, ein Ereignis, das uns ihre Rolle bei der Beschaffung magischer Hilfsmittel für Perseus wachruft – für eine gottlose Tat einzuspannen, die Welt nicht länger von Bedrohungen zu befreien, sondern seinen Reiter bis zu den Hallen der Götter zu bringen:

Wenn einer seinen Blick auf weit Entferntes richtet, ist er zu kurz, den erzgepflasterten Wohnsitz der Götter zu erreichen. Der geflügelte Pegasos warf seinen Herrn, Bellerophontes, ab, als er zu den Wohnungen des Himmels zu gelangen strebte und zur Götterversammlung des Zeus; ein bitteres Ende wartet auf den Genuß, der außerhalb des Rechts liegt (*Isthmische Oden* 7, 43 ff.).

Bellerophon kam offensichtlich nicht zu Tode, da Homer berichtet:

als er zuletzt von allen Göttern gehaßt wurde, streifte er allein umher auf der Irrflur, sich in Kummer verzehrend, und mied die Pfade der Menschen (*Ilias* 6, 200 ff.).

Bellerophons Aufenthalt in Lykien scheint kein sehr frühes Detail zu sein. Für den homerischen Bericht ist es unerläßlich, aber es gibt Hinweise dafür, daß die Chimaira ihre Verwüstungen in der Gegend von Korinth selbst angerichtet haben könnte. Die Verwicklung mit Proitos' Frau muß nicht unbedingt zur ursprünglichen Erzählung gehören. Wie andere Teile des Bellerophon-Mythos auch (der magische Zügel, die kryptische Botschaft, die von ihrem Überbringer nicht verstanden werden konnte, die Aufgaben, die tödlich sein sollten, der Angriff aus dem Hinterhalt, die Hand der Prinzessin als Belohnung) ist das ein bekanntes Motiv der Volkserzählungen. In diesen und anderen Einzelheiten sind die Taten des Bellerophon mit denen seines Landsmannes Perseus vergleichbar. Sogar die Verbindung zu Korinth mag in erster Linie dazu gedient haben, ihn mit Sisyphos, als dessen Neffen er sich erwies, in Beziehung zu setzen; Sisyphos hatte versucht, die Götter zu überlisten, indem er zu sterben vermied, genau das, was Bellerophon auf seinem letzten Ritt auf Pegasos zu tun versuchte. Weder in diesem noch in dem Perseus-Mythos gibt es Anzeichen von einem »Charter«, von politischen oder historischen Untertönen. Andererseits könnten magisches Fliegen und übermenschliches Streben unterschwellig zusammenhängen, und das Schicksal des Heros, unklar, aber düster, verleiht dem Mythos in seiner hervorgebrachten Form einen deutlich moralischen Beigeschmack.

Im Vergleich dazu verdankt *Theseus* vieles seiner mythischen *persona* den Bestrebungen der Athener. Allen voran macht ihn der Tyrann Peisistratos im 6. Jahrhundert v. Chr. zu einem großen Nationalhelden. Die Athener verfuhren auf zweierlei Weise: sie setzten ihn so gut es ging zu Herakles – dem *beau idéal* – in bezug und schrieben ihm politische und soziale Aktivitäten zu, die man mit dem Anfang athenischer Demokratie gleichsetzte. Es steht außer Frage, daß die Theseus-Mythen verhältnismäßig spät, vor allem im 6. und 5. Jahrhundert v. Chr. weitgehend überarbeitet wurden. Nicht nur von Peisistratos und seinen Söhnen, sondern auch von den anonymen Verfassern vieler *Theseis* (oder subepischer Dichtungen über Theseus) und verschiedenen Verfassern der athenischen Lokalgeschichte im 5. Jahrhundert und später. Teile des Theseus-Zyklus sind dennoch eindeutig älteren Datums, und die Schwierigkeit einer heutigen Beurteilung besteht darin, einen Trennungsstrich mit der erforderlichen Sorgfalt zu ziehen.

Theseus wurde in Troizen geboren, einer Stadt, die an der Küste südlich von Athen liegt und deren alter Verbündeter sie war. Seine Mutter war Aithra und sein Vater ihr heimlicher Geliebter, der athenische König Aigeus, oder sogar Poseidon, dessen Schutzgott. Unter einem Felsen ließ Aigeus ein Schwert und Sandalen als ein Zeichen zurück, mit dem Auftrag, sie nach Athen zu bringen, wenn der Knabe groß genug sei, um den Felsen beseitezuschieben. Mit sechzehn Jahren tat er es; doch statt des sicheren Landwegs nahm er den Küstenweg, um von dort die gefährlichen Wegelagerer zu beseitigen – voll Freude darüber, so sagt man, daß Herakles gerade der Königin Omphale diente und infolgedessen diese Schurken ungeschoren gelassen hatte. Der Lyriker Bakchylides läßt Aigeus hiervon berichten:

Ein Herold war, nachdem er den weiten Weg vom Isthmos zurückgelegt hatte, gerade angekommen und berichtete von den unglaublichen Taten eines starken Mannes. Den gesetzlosen Sinis habe er getötet, den stärksten der Sterblichen, Sohn von Kronos' Sohn, dem Erderschüttrer [d. i. Poseidon]; er habe die menschenmordende Sau in den Waldtälern Kremmyons und auch den ruchlosen Skiron erschlagen; er habe den Ringplatz des Kerkyon in Besitz genommen, und Prokoptes habe, als er auf einen besseren Mann, als er einer sei, gestoßen sei, Polypemons mächtigen Hammer weggeworfen (18, 16 ff.).

Bakchylides mußte seine Zuhörer nicht darüber aufklären, daß Sinis seine Opfer an Fichten band, die bis zum Boden gebogen waren und die er dann hochschnellen ließ; daß die Kremmyonische Bache ihrer Wildheit wegen berühmt war; daß Skiron die Vorbeireisenden zwang, seine Füße zu waschen, um sie dann mit dem Fuß über die Klippen ins Meer zu stoßen, wo sie von einer Riesenschildkröte gefressen wurden; daß Kerkyon in der Nähe von Eleusis wohnte und die Reisenden nötigte, mit ihm zu ringen, bis er sie tötete, und daß Prokoptes, eher unter dem Namen Prokrustes – der Zwinger – bekannt, sie an der Grenze zu Athen abfing und sie durch Strecken oder Zurechtschneiden den Maßen seines tödlichen Bettes anpaßte.

Aigeus und seine Frau Medea, die er heiratete, nachdem sie Iason verstoßen hatte, waren dem Fremden gegenüber mißtrauisch. Sie versuchten ihn dadurch loszuwerden, daß sie ihn den Marathonischen Stier jagen ließen; vielleicht denselben, den Herakles in Kreta gefangen und auf das Festland mitgenommen hatte. Theseus kehrte erfolgreich nach Athen zurück, und diesmal vereitelte Aigeus Medeas Versuch, seinen Sohn zu vergiften, und schickte sie weg. Kurz darauf beseitigte Theseus die Söhne des Pallas, die ebensowenig wie Medea über einen neuen Thronfolger begeistert waren. Schon davor liegt vielleicht die berühmteste seiner Taten, das Töten des Minotauros, des »Stiers des Minos«.

König Minos von Kreta verlangte, als Sühne für den Tod seines Sohnes Androgeos in Attika, alle drei Jahre einen Tribut, bestehend aus sieben Knaben und sieben Mädchen aus Athen. Sie wurden dem Minotauros vorgeworfen, einem Wesen, halb Mensch, halb Stier, das Ergebnis von Pasiphaës Vereinigung mit dem kretischen Stier – einer Vereinigung, die durch eine von Daidalos' mechanischen Erfindungen ermöglicht worden war. Dieses schreckliche Ungetüm lebt in einem Labyrinth, einem Irrgarten, der gewöhnlich mit dem verwinkelten minoischen Palast zu Knossos gleichgesetzt wird. Theseus begibt sich in das Labyrinth und tötet seinen Bewohner. Ariadne, die Tochter des Minos, verhilft ihm entweder durch das berühmte Wollknäuel oder durch eine magische Lichtkrone, mit deren Hilfe er im Dunkeln sehen kann, zur Flucht. Die Tributleistungen sind jetzt beendet. Die Erzählung beginnt mit einem Wettkampf (ebenfalls von Bakchylides beschrieben), in dem Theseus in die Tiefe des Meeres taucht und die Göttin Amphitrite besucht, um zu beweisen, daß er ein Abkömmling Poseidons ist und dadurch mit Minos, der behauptet, ein Sohn Zeus' zu sein, auf einer Stufe steht. Auf dem Rückweg von Kreta bleibt seine Geliebte Ariadne, aus welchem Grund auch immer, auf Naxos zurück. Entweder verläßt er sie wegen eines anderen Mädchens, oder er muß sie auf Geheiß der Götter vergessen, oder der Gott Dionysos begehrt sie für sich und übernimmt sie, oder Artemis tötet sie dort auf sein Verlangen. Als nächstes stattet Theseus Delos einen Besuch ab, wo er und seine Begleiter einen speziellen »Kranich-Tanz« ausführen, der die Windungen des Labyrinths nachzeichnet. Als er sich schließlich Athen nähert, vergißt er, zum Zeichen seines Erfolgs das schwarze gegen das weiße Segel auszutauschen; daraufhin stürzt sich sein Vater Aigeus aus Verzweiflung von der Akropolis.

Jetzt ist Theseus König. Er gewinnt die Freundschaft des Peirithoos, des Königs der Lapiden, und hilft, die wollüstigen Kentauren bei der Hochzeit von Peirithoos zu besiegen. Peirithoos wiederum hilft ihm bei einer Expedition gegen die Amazonen – ein Motiv, das an Herakles erinnert. Ebenso hilft er ihm, ihren Angriff auf Athen abzuwehren, mit dem sie ihre Königin Antiope zurückzugewinnen versuchen – ein weiteres Opfer Theseus' männlicher

Verführungskünste. Denn der Heros zeigt sich auch unter einem anderen Aspekt, der vor allem in der merkwürdigen Erzählung von der Entführung der erst zwölfjährigen Helena aus Sparta durch ihn und Peirithoos zum Vorschein kommt. Sie sollte bis zu ihrer Hochzeit auf dem Land festgehalten werden, aber ihre Brüder, die Dioskuren, befreiten sie. Später mußte er Peirithoos dabei behilflich sein, *dessen* bevorzugtes Mädchen – keine geringere als Persephone selbst – aus der Unterwelt heraufzuholen. In einigen Versionen kommen sie nur bis zum Styx und werden in magischen Steinsesseln gefangen – obwohl später meist Theseus, nicht aber Peirithoos von Herakles gerettet wird. Er kehrt nach Athen zurück, vereint die ländlichen Gemeinden, führt weitere politisch bedeutsame Taten aus, wird dann von Menestheus abgelöst und sucht bei König Lykomedes von Skyros Zuflucht, der ihn hinterhältig über die Felsen hinunterstürzt, und das (diesmal ohne Zutun der Schildkröte) ist das Ende des Theseus.

Das Ganze ist eine sonderbare Mischung von Erhabenem und Mysteriösem (das Labyrinth und Ariadne, »Sehr Heilig«, die einst, wie auch Persephone, eine Vegetationsgöttin war) bis zu Trivialem und Nebensächlichem (Helena und besonders die Episode in der Unterwelt). Die politisch angehauchten Teile mit Theseus als großem Demokraten sind kaum mythisch, und die Beziehung zur Amazonenkönigin wie die Nebenerzählung von seiner zweiten Frau Phaidra und seinem Sohn Hippolytos scheinen eine romantische Ausführung zu sein. Die dem Herakles abgeschauten Erlebnisse, die Beseitigung der Räuber wie die Expedition gegen die Amazonen, scheinen vom literarischen und künstlerischen Material her im wesentlichen Schöpfungen aus dem 7. oder 6. Jahrhundert v. Chr. zu sein. Die Freundschaft mit den Lapithen ist wahrscheinlich auch nicht sehr viel älter und könnte die Schöpfung des Tyrannen Peisistratos sein, der thessalische Verbündete hatte. Verschiedene andere Einzelheiten sind Elemente aus Volkserzählungen, die jederzeit entstanden sein können, besonders die Erzählung von dem schwarzen und weißen Segel bei seiner Rückkehr von Kreta.

Die Erlebnisse auf Kreta selbst gehen indessen mindestens bis auf die Zeit von Homer und Hesiod zurück, wahrscheinlich aber sind sie älter. Das spätere Bronzezeitalter ist nicht nur in dem Palast-Labyrinth plausibel wiedergegeben (*labyrinthos,* ein vorhellenisches Wort, das offensichtlich auf der Bezeichnung für »Doppelaxt« beruht, ein Symbol, das auf verschiedenen noch vorhandenen Steinen des Palastes eingehauen ist), sondern auch im Stier selbst (da Stierkult und Stierkämpfe ein wesentlicher Teil minoischer Kultur waren) und in der Vorstellung, daß Athen Kreta Tribut leistete, wahrscheinlich zutreffend für das späte Bronzezeitalter, aber für keine darauffolgende Periode. Heute weiß man, daß die achaiischen Griechen Kreta um 1500 v. Chr. eroberten, und es ist möglich, daß der Mythos dies wiedergibt, obwohl er Athen zum Mittelpunkt hat. Auf jeden Fall war die Insel Keos vor der attischen Küste (zufällig die Heimat von Bakchylides) einst eine minoische Kolonie, und es ist denkbar, daß Teile Attikas sich zeitweilig unter minoischer Kontrolle befanden.

Die Vergewaltigung Helenas und der vereitelte Angriff auf Persephone sind erstaunlicherweise keine sehr späten Bestandteile, da sie auf Kunstwerken (dem Amyklaiischen Thron und der Kypseloslade zu Olympia), vom Reisenden Pausanias beschrieben, abgebildet sind und aus der Zeit des späten 7. oder 6. Jahrhunderts v. Chr. stammen.[1] Bereits zu jener Zeit müssen sie zur Überlieferung gehört haben. Gleichwohl bezweifle ich, daß sie bis zur mykenischen Ära zurückreichen, obgleich es verwunderlich ist, daß sie in der Entwicklungsgeschichte des Theseus zu einem hehren Staatsgründer nicht unterdrückt wurden, was auf eine geradezu unantastbare Überlieferung hindeutet. Auch Peirithoos zählt zu den ambivalenten Figuren. Er ist der Sohn des Ixion, eines berüchtigten Halunken, der versuchte, selbst Hera zu vergewaltigen, weswegen seine Absichten gegenüber Persephone als epische Verdopplung verstanden werden können. In der Überlieferung wird er in einen Zusammenhang mit den Kentauren gestellt, und wahrscheinlich ist dieser Teil seines Mythos ziemlich alt.

Fast scheinen die Theseus-Mythen zu vielschichtig für eine kurze Abhandlung, aber auch eine eingehende Untersuchung käme in einem Punkt zum selben Ergebnis: daß ein Großteil der Bearbeitungen während der literarischen Periode vorgenommen wurden. Einzig die Episode auf Kreta scheint unbestreitbar alt zu sein; zu Recht hält man sie gemeinhin für eines der eindrucksvollsten epischen Themen der griechischen Mythen. Interessanterweise scheint sie ein nur unscharf erinnertes historisches Ereignis zu reflektieren, gar zu legitimieren, wodurch sie für die politischen Ausschmückungen, denen andere Teile der Theseus-Geschichte ihre Existenz verdanken, zum Vorbild wurde.

Der vierte der älteren Heroen ist *Kadmos*, Beispiel einer mythischen Gründergestalt. Wie Pelops, der Begründer der Dynastie der Pelopiden zu Mykene, kam er aus dem Nahen Osten nach Griechenland – nicht wie jener aus Lydien, sondern aus Phoinizien, wo er einer der Söhne Agenors war. Der Vater hatte ihn und seine Brüder auf die Suche nach ihrer verschwundenen Schwester Europa geschickt. In Wirklichkeit war sie von Zeus, der sie verführen wollte, in der Gestalt eines Stieres nach Kreta verschleppt worden, und so kommt es, daß auch in diesem Mythos, wie in den Theseus- und Herakles-Mythen, indirekt ein kretischer Stier auftaucht. Nach seiner Ankunft in Griechenland erhielt Kadmos vom Delphischen Orakel die Antwort, so lange einer Kuh (!) zu folgen, bis diese sich hinlege, um dort die Stadt Theben zu gründen. Andeutend wie immer erzählt Euripides die Geschichte in einer Chorlyrik, seinem großen historischen Schauspiel der Geschichte Thebens, den *Phoinikerinnen*, entnommen:

Kadmos von Tyros kam in dieses Land, vor dem sich ein vierfüßiges Kalb von sich aus auf die Erde niederlegte und so den Orakelspruch erfüllte, der vollendet werden sollte, wo der göttliche Spruch bestimmte, Kadmos solle auf den weizentragenden Ebenen siedeln, die seine Wohnstatt sein sollten, wo auch die schöne Flut des Flusses die Felder der Dirke näßt ... Da war die mörderische Schlange des Ares, ein grausamer Wächter, und bewachte die wasserreichen Flüsse und fruchtbaren Ströme mit allzeit schweifenden Blicken. Als Kadmos kam, um geweihtes Wasser zu holen, erschlug er sie mit einem Felsstück, traf das mörderische Haupt des verderbenbringenden Ungeheuers mit dem starken Wurf seines Armes und warf nach den Ratschlägen der erhabenen mutterlosen Göttin [Athene] dessen Zähne auf den Erdboden, in die tiefen Furchen des Ackers; da sandte die Erde den Anblick gewappneter Männer empor, die sich emporreckten über den entferntesten Rand des Erdreiches. Mitleidloser Mord vereinigte sie wieder mit der Erde, die sie geboren hatte ... (638–673)

Dort, wo sich die Kuh niederließ, gab es eine Quelle, die von einem dem Ares geweihten Drachen bewacht wurde; Kadmos tötete ihn und säte seine Zähne aus, denen ein Haufen bewaffneter Krieger entsproß. Der Stein, den er zwischen sie warf, ließ sie aufeinander losgehen. Die fünf Überlebenden wurden die Stammväter der edelsten Geschlechter Thebens.

Nachdem er seine Tat gesühnt hatte, wurde ihm gestattet, Harmonia, die Tochter des Ares, zu heiraten. Zusammen hatten sie vier Töchter: Agaue, Autonoë, Ino und Semele. Wenigstens zu Lebzeiten war dies eine nicht sehr glückliche Sippschaft. Agaue riß ihren Sohn Pentheus in Stücke, und Autonoë, die ebenfalls dabei war, hatte einen Sohn, Aktaion, der bereits von seinen eigenen

Hunden verschlungen worden war. Weil Ino gegen ihre Stiefkinder intrigierte, wurde sie in den Wahnsinn getrieben und stürzte sich ins Meer, während Semele sich die guten Chancen als Geliebte des Zeus verdarb, indem sie seine wahre Gestalt zu sehen verlangte, und – zu Asche wurde. Später erlebten auch Harmonia und Kadmos sonderbare Dinge, die diesem von seinem Quasi-Enkel prophezeit worden waren:

Du wirst in einen Drachen verwandelt werden, und deine Frau wird die tierische Gestalt einer Schlange annehmen – Harmonia, Ares' Tochter, die du errangst, obgleich du ein Sterblicher warst. Mit deiner Frau wirst du, wie Zeus' Orakelspruch verkündet, einen Ochsenkarren fahren an der Spitze von Fremden. Viele Städte werden es sein, die du zerstören wirst mit deinem unermeßlichen Heer; wenn es das Orakel des Loxias [Apollon] plündern wird, wird es eine jammervolle Rückkehr nach Hause haben, aber Ares wird dich und Harmonia erretten und euer Leben umsiedeln ins Land der Seligen (Euripides, *Bakchai* 1330 ff.).

Euripides, der ein sehr stark ätiologisch ausgerichtetes Interesse hatte, scheint eine Reihe merkwürdiger Legenden zu kombinieren, wobei nur jene über den letzten Aufenthaltsort auf den Inseln der Seligen aus sehr früher Zeit zu stammen scheint: daß Kadmos und seine Frau zu Herrschern über ein Volk im Westen Griechenlands wurden, die *Encheleer* genannt, daß sie selbst zu Schlangen wurden, daß es Delphi vorherbestimmt war, von Fremden geplündert zu werden. Vielleicht gab Kadmos' Verwandlung in eine Schlange seine enge Verwurzelung mit dem Boden Thebens wieder (eher noch als seine Verbindung zur Unterwelt – ein anderer Zusammenhang, der auch möglich ist), da die »Haus-Schlange« ein Symbol der Stabilität und des Besitzes war; auch die den Drachenzähnen entsprossenen »Gesäten Männer«, die zu den Stammesvätern der Thebaner werden, unterstreichen deren autochthone Natur. Trifft dies zu, ist es ein gutes Beispiel für einen »Charter«-Mythos, der bemüht ist, eine politisch erwünschte, aber geschichtlich anfechtbare Auffassung zu verfestigen. Denn wenn wir etwas über die Thebaner wissen, dann dies, daß sie von früh auf Verdrängungen und Wanderungen zu erdulden hatten. Die Gründung selbst ist in ihrer Verbindung mit dem Orakel und unter Verwendung des üblichen Motivs, dort eine Stadt zu gründen, wo sich ein Tier in bestimmter Weise verhält, vermutlich nicht vor dem 9. oder 10. Jahrhundert anzusiedeln; und der Kampf mit dem bewachenden Ungeheuer, der in vielem dem Kampf Apollons mit der Python-Schlange zu Delphi gleicht, muß nicht älter sein. Das Säen der Zähne wiederholt sich in der Geschichte von Iason, wie dieser das Monstrum, das das Goldene Vlies hütet, erledigt, doch scheint die thebanische Erzählung die frühere von beiden zu sein.

Was also bestätigt weiterhin die Vermutung, daß die Geschichte von Kadmos sogar bis in das späte Bronzezeitalter zurückgeht? Teils, daß Theben tatsächlich eine bedeutende mykenische Stadt war, deren Einwohner bei Homer als »Kadmeer« bekannt waren; teils die Verbindung zur Erzählung von Europa und Zeus, die mit dem Kreta des Bronzezeitalters in Beziehung gebracht wird; teils die mythischen Beziehungen seiner Töchter, hauptsächlich Semele und Ino. (Der Mythos von Ino und Athamas ist besonders gut etabliert und seinerseits mit dem von Phrixos und dem Vlies verbunden.) Kadmos' Abtrennung von der späteren Geschichte Thebens (von Labdakos über Laios bis zu Oidipus und seinen Söhnen) weist auf ein archaisches Element hin, welches nicht gänzlich integriert werden konnte; und schließlich seine phoinikische Abstammung. Letztere ist angezweifelt worden. Zwar wird ihm die Einführung der »phoinikischen Schreibweise« ins Griechische zugeschrieben, fest steht aber nicht, ob damit eine der Linearschrift B ähnliche Schreibweise oder das Alphabet – eine mit Sicherheit phoinikische Erfindung – gemeint ist. Einige Wissenschaftler waren der Ansicht, der Ausdruck »Phoinix« weise in diesem Kontext eher auf die kretische als auf die phoinikische Sprache hin. Das scheint jedoch zweifelhaft. Enge kulturelle Kontakte zwischen dem Griechenland des späten Bronzezeitalters und dem östlichen Mittelmeerraum sind uns bekannt: Ugarit (heute Ras Schamra) an der syrischen Küste zum Beispiel besaß im 14. Jahrhundert v. Chr. ein mykenisches Handelsviertel.

Unklug wäre es, diese Mutmaßungen zu weit zu treiben. Die Geschichte von Kadmos ist ein außerordentlich gutes Beispiel eines komplexen griechischen Mythos, der Einzelheiten vieler Quellen und verschiedener Zeiten in sich aufgesogen hat: Motive aus den Volkserzählungen, historische Details unterschiedlichster Art, »charter«-ähnliche Bearbeitungen usf. Die moderne Wissenschaft ist dem Problem mit allen ihr zur Verfügung stehenden Mitteln nachgegangen, aber Verwirrung und Ratlosigkeit, bereits ein Kennzeichen der antiken Quellen, waren das Ergebnis. Eine Schwierigkeit liegt darin, daß sich unser Beweismaterial, was den frühen Teil des thebanischen Zyklus betrifft, einzig und allein auf Euripides stützt. Zwar existieren verstreute frühere Belege sowie aus dem 6. Jahrhundert Darstellungen beliebter Details, etwa die Hochzeit von Kadmos und Harmonia. Darüber hinaus gibt es fast nichts, was uns als Anhaltspunkt dienen kann bei den Varianten, die wie Pilze aus der Erde schossen, als Hellanikos und Pherekydes ihre kühne, aber noch unausgereifte Gelehrsamkeit in das klassische Zeitalter einbrachten.

Der letzte in der Reihe der älteren Heroen ist zweifelsohne *Iason*. Auch sein Mythos erhielt viele Ausschmückungen, doch ist auch er mit Sicherheit bis ins Bronzezeitalter zurückzuverfolgen. Viele Einzelheiten der Reise der Argo nach Kolchis im östlichen Teil des Schwarzen Meeres (Euxeinos, das »gastfreundliche« Meer, von den Griechen so genannt, um etwaige Gefahren zu verschleiern oder zu besänftigen) gehören der Kolonisierung an, die um 1000 v. Chr. begann; die Reise selbst ist jedoch älter. Die thessalische Küstenstadt Iolkos, Ausgangspunkt der Reise, war in mykenischer Zeit bedeutend, danach (wenigstens bis zum 3. Jahrhundert v. Chr.) nicht mehr. In seiner einzigen kurzen, offensichtlich zur Überlieferung gehörenden Anspielung auf die Argo nennt sie Homer die »allen bekannte«. Hesiod andererseits faßt die Verbindung zwischen Iason und Medea in einer Aufzählung von Mischehen zusammen, die der *Theogonie* beigefügt ist:

Aisons Sohn [Iason] führte die Tochter des zeusgenährten Königs Aiëtes nach dem Willen der ewigen Götter hinweg, nachdem er die vielen leidvollen Arbeiten vollendet hatte, die ihm der anmaßende mächtige König, der übermütige Pelias, der gottlose und gewalttätige, aufgetragen hatte. Er vollendete diese Arbeiten und kam, nachdem er vieles gelitten hatte, nach Iolkos und brachte das glanzäugige Mädchen mit sich auf seinem schnellen Schiff ... (*Theogonie* 992 ff.).

Leider liefert der Dichter mehr Epitheta als handfeste Informationen. In einer ergiebigeren Quelle beschreibt Pindar in der vierten seiner *Pythischen Oden* brillant Teile der Reise der Argo, zu lang, um hier zitiert zu werden, während Apollonios Rhodios, der im 3. Jahrhundert v. Chr. hierüber ein episches Gedicht schrieb, zu weitschweifig und zu durchsetzt von Alexandrinismen, um unseren Zwecken dienlich zu sein. Apollodoros lehnt sich sehr an Apollonios an und ist noch prosaischer als sonst. Sogar Pindar gibt nach der ersten Hälfte der Erzählung auf und meint, »die Zeit drängt mich, und ich weiß einen kürzeren Weg« (*Pythische Oden* 4, 247 ff.), womit eine schnelle Zusammenfassung gemeint ist, der ich mich hier anschließe.

Aison wird von Pelias um den iolkischen Thron betrogen, der

nun seinerseits vom Delphischen Orakel die Warnung erhält, er werde von einem Mann mit nur einer Sandale entthront werden. Dieser erweist sich als Aisons Sohn Iason, der, vom Kentauren Cheiron erzogen, mit nur einer Sandale in der Stadt eintrifft. Alsbald wird er überredet, aufzubrechen und das Goldene Vlies, das dem König Aiëtes von Kolchis gehört, zurückzubringen – desselben Widders, der Phrixos und Helle vor dem Zorn ihrer Stiefmutter Ino gerettet hatte. Der Auftrag sollte natürlich tödlich verlaufen. Iason versammelt alle jungen Edelmänner aus der Region, und Phrixos' Sohn Argos wird damit beauftragt, ein Schiff zu bauen. Mit wachsender Popularität wurde aus der Expedition eine panhellenische Angelegenheit; jeder, der Rang und Namen hatte, nahm daran teil, einschließlich Orpheus und Herakles. Die erlesene Besatzung der Argo segelt durch die Dardanellen in Richtung Nord-Ost und wird unterwegs in verschiedene Abenteuer verstrickt, u. a. in eine Liebelei mit den Frauen auf Lemnos, wovon in Kapitel 10 die Rede sein wird. Während einer nächtlichen Landung in der Propontis töten sie versehentlich König Kyzikos und lassen Herakles, nach seinem geliebten Hylas suchend, zurück. Als Gegenleistung dafür, daß sie die gierigen geflügelten weiblichen Kreaturen, Harpyien genannt, vertrieben haben, erzählt ihnen der blinde Phineus, wie sie unversehrt an den Symplegaden vorbeikommen. Jetzt scheinen die Argonauten auf dem Schwarzen Meer zu sein, wahrscheinlich aber sind diese Klippen durch die Erinnerung eines Navigators an die gefährliche Passage durch den Bosporos, vielleicht sogar durch die Dardanellen entstanden.

Endlich erreichen sie den Fluß Phasis und das Land des Aiëtes, dessen Vater Helios und dessen Tochter die zauberkundige Medea ist. Auf Athenes Betreiben hin verliebt sie sich in Iason und überreicht ihm eine Salbe, die ihn gegen Feuer oder Metall schützt. So ist er imstande, die feuerschnaubenden, bronzehufigen Stiere ins Joch zu spannen, was ihm Aiëtes als erstes auftrug. Dann tötet er den Drachen, der das Vlies bewacht, sät dessen Zähne und beseitigt die aus dem Boden sprießenden bewaffneten Männer wie Kadmos, indem er einen Stein zwischen sie wirft. Mit dem Vlies, Medea und ihrem jüngeren Bruder Apsyrtos zusammen stürmt er zurück zur Argo; Aiëtes verfolgt sie und bleibt erst zurück, als Medea den guten Einfall hat, Apsyrtos zu zerstückeln und die Teile über Bord zu werfen, damit sein Vater sie aufsammle. Iason wird vom Verbrechen reingewaschen, und auf Umwegen, über die die Überlieferung unterschiedlich berichtet, kehren sie nach Iolkos zurück: meistens rund um den Okeanos oder den Danubios hinauf, in die Nordsee und dann durch Libyen. Zurück in Iolkos, wird Pelias beseitigt, als Medea ihn dazu überredet, sich »verjüngen« zu lassen, indem er in einem Kessel gekocht wird, ein Verfahren, das sie soeben erfolgreich an einem alten Schaf erprobt hat. Wegen dieses Mordes werden sie und Iason verbannt. In Korinth angelangt, schafft sich Iason schließlich eine ordentliche griechische Frau an. Medea, die wenigstens laut Euripides' *Medea* ihre Kinder aus Rache tötet, findet eine Zeitlang bei Theseus in Athen Zuflucht; Iason stirbt, als ein Teil der mittlerweile verrottenden Argo ihm auf den Kopf fällt.

Die ganze Erzählung ist eindeutig eine Mischung aus verschiedenen Bestandteilen. Dabei herrschen Motive aus den Volkserzählungen vor: das Erkennen anhand eines Zeichens (die Sandale), die Beseitigung eines Feindes, indem ihm eine gefährliche Aufgabe gestellt wird (dies versuchen sowohl Pelias als auch Aiëtes), die versehentliche Tötung eines Freundes (Kyzikos), die grausame Zauberin, Liebeszauber und magische Gegenstände, Tricks, damit sich die Feinde untereinander bekämpfen, das Verzögern der Verfolgung dadurch, daß zuvor verstreute Gegenstände aufgehoben werden mussen (Atalanta hatte dies bereits auf humanere Art mit goldenen Äpfeln getan), das Töten unter dem Vorwand, jemandem einen Dienst zu erweisen. Zudem zeigt sich hier ein großes geographisches Interesse, das sicher durch die Erforschung des Schwarzen Meeres und des Danubios wie die damit verbundenen Gerüchte bedingt ist. Man hat die Ansicht geäußert, daß Milet an der Küste Kleinasiens an der Gestaltung dieses Mythos beteiligt war; nach 1100 v. Chr. wurde Milet von Griechen, einschließlich der »Minyer« aus Orchomenos in der Nähe von Iolkos, besiedelt und beteiligte sich stark an der Erkundung des Euxeinos. Wieviel Mühe man sich gegeben hat, den Mythos mit möglichst vielen anderen zu verbinden, das zeigt sich nicht nur in der heterogenen Besatzung (die Dioskuren und die Söhne des Nordwindes Boreas sowie Peleus, Orpheus und Herakles), sondern auch in der Beziehung des Pelias zu Iolkos, der des Iason zu Cheiron, der Verbindung des Vlieses mit Phrixos und damit mit dem Ino-Athamas-Mythos, in Iasons Verknüpfung mit Korinth und der Medeas mit Athen.

Die meisten Details seiner Abenteuer weisen Iason nicht eindeutig als einen »älteren Heros« aus, obschon er dieser Gruppe zugeordnet werden muß. Sein Name Iason – »Heiler« – deutet auf eine ursprünglich andere Funktion. Auch steht er mit jüngeren legendären Heroen wie Agamemnon oder Achilleus nicht auf einer Stufe. Seine Verschiedenheit zu benennen, ist gewissermaßen typisch für die Schwierigkeiten, die bei der Unterscheidung zwischen älteren und jüngeren Charakterzügen von Personen in stark überarbeiteten Mythenkomplexen auftreten. Letzten Endes müssen wir die Erzählung von den Argonauten so akzeptieren, wie wir sie in unseren Quellen vorfinden: in den Einzelheiten vielschichtig, als Erzählung aber einfach, ja beinahe gewöhnlich. Sie enthält nur wenige bedeutsame Zwischentöne (jene ausgenommen, die von speziell literarischen Quellen, wie Apollonios, hinzugefügt wurden, beispielsweise, daß Iason im Vergleich zu Herakles unentschlossen und kaum heroisch ist), und der Mythos insgesamt ist bestimmten Interpretationen nur schwer zugänglich: keine Hinweise auf einen »Charter«, keine Ätiologie, außer unbedeutenden Namenserklärungen von Orten in der Propontis und dem Schwarzen Meer, keine schöpferische Evokation und eine in hohem Maß zurückgenommene Einbildungskraft. Er ist zwar fesselnd, aber bieder, sogar oberflächlich, und darin mag mehr oder weniger die Schwäche der meisten Heroen-Mythen bestehen, so wie sie in den literarischen Quellen erhalten sind.

Nicht weniger selektiv müssen *die »jüngeren« Heroen* besprochen werden. Dazu gehören *Oidipus, Agamemnon, Orestes, Odysseus* und *Orpheus;* sie genügen, um gewisse zusätzliche Unterscheidungen deutlich zu machen sowie um den Unterschied zwischen historisierenden und nichthistorisierenden Mythen hervorzuheben.

Oidipus gehört zu jenen Figuren in den griechischen Mythen, die großen Eindruck erwecken und zu erheblicher Berühmtheit gelangt sind, und es mag Erstaunen hervorrufen, wenn er dem Typus des »jüngeren Heros« zugeordnet wird. Damit will ich keineswegs leugnen, daß seine Ursprünge bis ins Bronzezeitalter zurückreichen mögen. Sein »wahrer« mythischer Kern läßt sich in den Stücken des Sophokles finden: sein Mord und seine Hochzeit, die Enthüllung seiner Person, seine Qual und Blendung, seine wundersame Rettung im Hain zu Kolonos in der Nähe von Athen. Wahrscheinlich ist das meiste hiervon der Form nach verhältnismäßig jung. Homer sind der Mord an dem Vater und die Hochzeit mit der Mutter (obwohl er sie Epikaste und nicht Iokaste nennt) bekannt, doch führen sie bei ihm zu anderen Konsequenzen. Er beschreibt seine Begegnung mit den Figuren in der Unterwelt wie folgt:

Und ich sah Ödipus' Mutter, die schöne Epikaste, die, ohne es zu wissen, ihren eigenen Sohn heiratete und damit eine entsetzliche Tat beging; er heiratete sie, nachdem er seinen eigenen Vater erschlagen hatte — Taten, welche die Götter sogleich ruchbar machten unter den Menschen. Er aber herrschte in Leid über die Kadmeer im lieblichen Theben wegen der verderblichen Ratschlüsse der Götter, indes sie zu dem engtorigen festen Haus des Hades ging, indem sie, beherrscht von ihrem eigenen Schmerz, einen hoch hängenden Strick an das ragende Dachgebälk knüpfte (*Odyssee* 11, 271 ff.).

Hier ist von keiner Selbstblendung, auch von keiner sofortigen und selbstauferlegten Verbannung aus Theben die Rede. In der *Ilias* (23, 679 f.) bestätigt ein Abschnitt, daß Oidipus nicht im Exil zu Kolonos, sondern in Theben selbst starb und daß ihm, als noch herrschendem Monarchen zu Ehren Begräbnisspiele abgehalten wurden. Tatsächlich wurden in der Zeit von Homer bis zum 5. Jahrhundert an der thebanischen Saga (wie man sie zu Recht nennen mag, da sie offensichtlich eine legendäre und quasi-historische Grundlage besitzt) erhebliche Überarbeitungen vorgenommen.

Nur schwer läßt sich Oidipus mit der frühen Geschichte Thebens oder den Nachfahren des Kadmos und der Gesäten Männer in eine Reihe bringen. Sein Großvater, der eine neue Dynastie begründet hatte, wird Labdakos genannt, ein merkwürdiger Name, der, sollte er tatsächlich mit dem phoinikischen Buchstaben *labda* (griechisch *lamda*) verwandt sein, nicht sehr alt ist, da das phoinikische Alphabet etwa um 900 v. Chr. Griechenland erreichte und erst drei Jahrhunderte davor in Phoinizien entstanden war. Oidipus' Vater Laios lädt durch die Entführung des bildschönen Jünglings Chrysippos einen Fluch auf die gesamte Familie — der Fluch galt auch für den Stamm des Atreus und war ein wirkungsvoller Kunstgriff, um Erzählungen über verschiedene Generationen miteinander in Beziehung zu setzen. Oidipus selbst besitzt einen bizarren Namen, der, sofern er wirklich »geschwollener Fuß« bedeutet, an die Volkserzählung erinnert; die Tatsache, daß ihn seine Eltern aussetzen, daß ihn ein Hirte rettet und daß er, indem er das Rätsel der Sphinx löst, zum König von Theben wird, sind ebenfalls Bestandteile aus den Volkserzählungen. Noch eher als in der dramatischen und evokativen Erzählung des Sophokles (dem es darum geht zu zeigen, wie schonungslos, ja um den Preis der Selbstvernichtung ein Mann nach seiner wahren Identität sucht) sind hierin überlieferte Elemente in der Figur des Oidipus zu sehen. So ist er eine zusammengesetzte Figur, die jedoch im Gegensatz zu Perseus, Herakles und den anderen erst nach Ende des

Bronzezeitalters zu einem bedeutenden Heros der Mythen geworden ist.

Auch in Mykene gibt es ähnliche Unterschiede zwischen den Dynastien. Atreus ist der Begründer der Atriden-Dynastie und *Agamemnon* sein berühmter Sohn. Über Atreus, aber in einem sichtlich anderen Zusammenhang, steht Pelops, der von seinem Vater Tantalos, selbst eine düstere, der Götterwelt nahestehende Figur, aus Kleinasien nach Griechenland gebracht wurde; nach Tantalos, der einer der ersten Könige von Mykene und Tiryns, einer unweit entfernten Nachbarstadt, war, folgt Perseus. Atreus liegt mit seinem Bruder Thyestes im Streit; das Thema der streitenden Brüder ist der Volkserzählung entnommen, wird aber bei Proitos und Akrisios wie bei Eteokles und Polyneikes gleichermaßen für quasi-historische Herrschaftsprobleme gebraucht. Thyestes verführt Atreus' Frau Aërope und erringt die Königswürde durch eine List. Atreus erlangt sie wieder, nachdem er Thyestes dessen eigene Kinder zu essen gibt. Das sind die höchst vermittelten Folgen eines Fluchs, der einst über Pelops von Oinomaos' Wagenlenker Myrtilos verhängt wurde. Agamemnon erbt diesen Fluch und muß deswegen auf dem Weg nach Troia seine Tochter Iphigenia opfern, wird im Laufe seiner triumphalen Rückkehr von seiner Frau Klytaimnestra ermordet, und sein Sohn Orestes bringt darauf die eigene Mutter und ihren Liebhaber Aigisthos um. Alle diese Ereignisse bilden den Stoff zu Aischylos' großer Trilogie, der *Orestie.* Schließlich endet der Fluch, nachdem Orestes, der inzwischen in den Wahnsinn getrieben und so für den Muttermord bestraft wurde, auf dem Areopagos (dem Berg des Ares in Athen) von den Erinyen freigegeben wird. Das ist ein ätiologischer und bekräftigender Mythos über die Einrichtung des Höchsten Gerichts zu Athen in historischer Zeit. Offensichtlich hat sich Athen einen Mythos der Argiver angeeignet und ihn zugunsten des eigenen Ruhms interpretiert, wie dies schon mit Sophokles' Oidipus auf Kolonos oder weniger erfolgreich mit Medea geschehen war.

Hier handelt es sich um Entwicklungen des Mythos im 5. Jahrhundert, die zwar beeindruckend, aber zweifelsohne nicht sehr alt sind. Agamemnon selbst hingegen ist als Truppenanführer der Achaier in Homers *Ilias* und als einer der Schlüsselfiguren des Trojanischen Kriegs eine erheblich ältere Figur. Warum also zählt er zu den »jüngeren« Heroen? Die Antwort lautet, daß der Agamemnon der *Ilias* als überwiegend realistischer Charakter vorgeführt wird, als historisches Gemälde eines Mannes. Seine Taten sind legendär und nicht im eigentlichen Sinne des Wortes mythisch. Seine unmittelbare Verbindung zur Ära der älteren Heroen stellt sich hauptsächlich über seinen Bruder Menelaos her, der Helena zur Frau nahm, und oberflächlich über das von Homer hervorgehobene politische Erbe:

Der mächtige Agamemnon erhob sich, stand da und hielt das Zepter, das Hephaistos verfertigt hatte. Hephaistos hatte es dem Herrscher Zeus, dem Sohn des Kronos, gegeben, Zeus gab es dann dem Boten [Hermes] ... und Hermes, der Fürst, gab es Pelops, dem Rossetummler, Pelops wiederum gab es Atreus, dem Hirten der Völker. Als Atreus starb, hinterließ er es dem schafereichen Thyestes, Thyestes wieder hinterließ es, damit es Agamemnon trage und über das ganze Argos und viele Inseln herrsche (*Ilias* 2, 100 ff.).

Indem er Agamemnons Amtsvorgänger bis zu Zeus zurückverfolgt, versucht Homer, dessen Stellung als »Zeusgeborener« zu untermauern. Schon die Tatsache, daß Perseus nicht erwähnt und der Streit zwischen Thyestes und Atreus nicht beachtet wird, deutet auf die unorthodoxe Handhabe dieser Überlieferung hin.

Bei *Orestes* ist die Lage vor allem deshalb eindeutiger, weil er ausdrücklich der Zeit nach dem Trojanischen Krieg angehört. Ihm werden keine Verbindungen zum fernen Pelops nachgesagt; er ist eine ganz und gar realistische Person, dessen einziges phantastisches Erlebnis – von den Erinyen wegen des Muttermordes in den Wahnsinn getrieben worden zu sein – nur ein pathologisches Zwischenspiel ist. Der Mord an Aigisthos und Klytaimnestra wird bei Homer zu einer präzisen und pseudorealistischen Chronologie:

Sieben Jahre lang herrschte Aigisthos, nachdem er den Sohn des Atreus ermordet hatte, über das goldreiche Mykene, und das Volk mußte ihm gehorsam sein. Aber im achten Jahre kam zu seinem Verderben der edle Orestes zurück aus Athen und erschlug den Mörder seines Vaters ... Nachdem er ihn erschlagen hatte, gab er den Argivern ein Leichenmahl für die verhaßte Klytaimnestra und den feigen Aigisthos, und am selben Tage kam Menelaos ... (*Odyssee* 3, 304 ff.).

Orestes zieht Agamemnon gleichsam mit sich aus der Vergangenheit des Bronzezeitalters, weg von Pelops und Helena und den Dioskuren in die geschichtliche Periode hinein, die mit dem Trojanischen Krieg beginnt und mit dem Aufkommen von Athen im Laufe des 11., 10. und 9. Jahrhunderts sich weiterentwickelt. Um 700 bereits weiß Homer, daß Orestes *aus Athen* kommt, um sich an Aigisthos zu rächen; könnte diese Einzelheit schon seit langem zur Überlieferung gehört haben?

Eine Schwierigkeit, zwischen »älteren« und »jüngeren« Heroen zu unterscheiden, besteht darin, daß sogar diejenigen, die über ihre geschichtlichen Verknüpfungen zur letztgenannten Kategorie zählen dürften, ab und zu in Handlungen verstrickt sind, die den Charakter von Volkserzählungen tragen. Martin Nilsson war dies ein Beleg für ihr Alter. Ich für meinen Teil bezweifle es. Die Verwendung von Standardmotiven, darunter einige, die wir mit Volkserzählungen verbinden, war von der ersten uns bekannten Phase bis zur letzten derart tief mit der mythischen Überlieferung der Griechen verwurzelt, daß ich im Zweifel bin, ob wir das als sicheres Zeichen von Alter betrachten können. Zwar dürfen wir, wenn sich ein Mythos wie der des Perseus fast gänzlich aus Motiven der Volkserzählung zusammensetzt, dahinter eine äußerst festgefügte Überlieferung vermuten; aber Atreus wird zwangsläufig nicht dadurch zu einer alten Gestalt, daß er seinen Neffen kocht, genausowenig wie Oidipus, der aus Versehen seinen Vater tötet. Umgekehrt läßt auch keine mit einem Orakel verknüpfte Einzelheit den Mythos insgesamt zu einem erst jüngst entstandenen Werk werden.

Bei *Odysseus* werden wir vor eine andere, sehr besondere Situation gestellt. Er läßt sich mindestens bis zu den ersten Versionen der *Odyssee* zurückverfolgen – was in Anbetracht der langen und kumulativen mündlichen epischen Überlieferung heißt, bis kurz vor den Trojanischen Krieg. Dennoch ist er im Vergleich zu Perseus und anderen ein »jüngerer« Heros, da nichts von dem, was ihm zugeschrieben wird, mehr als eine Generation vor dieser Zeit liegt. Er hat ganz einfach mit keinem der weitverzweigten mythischen Ereignisse außerhalb Troias zu tun. Sein Vater Laërtes steht sonst in keiner Verbindung mit Mythen, und für seine Mutter Antikleia gilt in jeder Hinsicht das gleiche. Sein Großvater mütterlicherseits, Autolykos, ist eine Schelmenfigur, der in der Nähe des Berges Parnassos lebt, aber auch er ist nicht in die generelle Reihe der Heroen integriert. Odysseus ist voll und ganz an den Geschehnissen zu Troia und an den nachfolgenden Ereignissen beteiligt; sein Sohn Telemachos wird der späteren literarischen Überlieferung einverleibt und in einer traurigen Version sogar mit Kirke verheiratet. Aber wir können Odysseus Großtaten zu Troia nicht in gleicher Weise wie die des Kadmos zu Theben als »mythisch« bezeichnen. Er wird zwar als jemand dargestellt, der unter dem besonderen Schutz von Athene steht (siehe Seite 118), und das Eingreifen der Götter verleiht der gesamten trojanischen *Geste* einen leicht mythischen Schimmer. Aber mit Ausnahme jener Teile des Epos, in denen die Götter in Erscheinung treten, bleibt es allerhöchstens dabei, und die meisten Unternehmungen des Odysseus und seiner Mitstreiter sind eine Mischung aus Tatsachen und gewöhnlicher nichtmythischer Fiktion, zweifelsohne mit einem Schuß faktisch-historischer Erinnerung.

Was Odysseus zu einem Sonderfall macht, ist, daß er in berühmte Abenteuer der Volkserzählung, die er im neunten bis zwölften Gesang der *Odyssee* den Phaiaken schildert, verstrickt ist. Die Lotophagen, der Kyklop Polyphemos, Aiolos, der König der Winde, Skylla und Charybdis, die Rinder des Sonnengotts, die Insel Kalypsos, die Phaiaken selbst – es wäre ein Vergnügen, diese Erzählungen noch einmal wiedergeben zu dürfen, aber für unsere Zwecke nähme das zuviel Zeit in Anspruch; außerdem sind sie hinlänglich bekannt; die Version Homers ist in jedem Falle die beste. Hier haben wir es in der Tat mit einem wirklich mythischen Stoff zu tun. Er umfaßt viele Motive der Volkserzählungen, wie Verkleidung, Erfindungsgabe und vieles mehr, die jedoch zu homogenen Schilderungen, phantastisch und außerweltlich zugleich, gestaltet worden sind. Verglichen mit den gleichförmigen und ziemlich abgegriffenen mythischen Zusammenstellungen, in denen Aufgaben mit geradezu der gleichen Leichtigkeit ausgeführt wie aufgetragen, Erbinnen gleich in Massen angeboten werden und die Luft nur so surrt von schweifenden Diskussen, um höchst voraussagbare Orakelsprüche zu bewahrheiten, sehen diese doch ganz anders aus. Trotz allem glaube ich, daß die meisten Kritiker mit mir darin einer Meinung sind, daß die Meeresabenteuer des Odysseus (die mit dem Sturm kurz nach Verlassen von Troia beginnen und mit seiner Landsetzung in Ithaka durch die Halbgötter, die Phaiaken, enden) nicht nur großenteils davon unabhängig, sondern auch älter als Odysseus selbst oder das mythische Troia oder Ithaka sind.

Diese Abenteuer spielen sich selbstverständlich auf verschiedenen Ebenen ab. Forscher haben zum Beispiel nachgewiesen, daß nordöstliche Details, die von der Erforschung des Euxeinos stammen, zu Geschehnissen hinzugefügt wurden, als gehörten sie zu den Meeren im Westen. Die homerischen Dichter haben natürlich hier und da gewisse Überarbeitungen vorgenommen, und wäre dem nicht so, hätten wir es nicht mit mündlicher Überlieferung zu tun. Diese Ergänzungen indes wurden einem wesentlichen Kern hinzugefügt, der von sich behaupten kann, bei weitem älter zu sein als der Krieg zu Troia. Die Erzählung von Odysseus' Rückkehr zu Penelope und nach Ithaka enthält auch Elemente der Volkserzählung: das Thema der treuen Ehefrau oder das ständige Rätseln der Freier oder den verkleideten Ehemann. In seinen eher wirklichkeitsbezogenen Unternehmungen, die im großen und ganzen überwiegen, liegt der Odysseusfigur die Vorstellung eines realen, wenn auch provinziellen Häuptlings aus dem Nordwesten Griechenlands zugrunde. Die Verbindung zu den Abenteuern der Volkserzählung und ein überwältigender Vergeltungsplan ließen ihn zu einer eigenständigen mythischen Gestalt werden – Gegenstand eines sporadischen Kults oder, wie in Sophokles' *Philoktetes* und der klassischen Überlieferung, dauerhaftes Symbol der Verschlagenheit; besonders alt aber ist diese Gestalt an sich nicht.

Orpheus gehört zu den bekanntesten Gestalten der griechischen Mythen, auch wenn ihn Homer oder Hesiod nicht einmal erwähnen. Der erste erhaltene Hinweis findet sich bei dem Lyriker Ibykos aus dem 6. Jahrhundert v. Chr. in einem Fragment, das aus zwei Worten besteht: »berühmter Orpheus«. Daß er in keiner Dichtung aus dem späten 8. und 7. Jahrhundert erwähnt wird, ist vielleicht Zufall oder darauf zurückzuführen, daß er ein halber Barbar, ein Thrakier von jenseits der nördlichen Grenze Griechenlands ist. Seinen Eingang in die Literatur verdankt er hauptsächlich seiner wunderbaren Anziehungskraft, die er durch Singen und Leierspiel auf Vögel, Ungeheuer, Fische und sogar Steine ausübt. Um 500 v. Chr., in der zweiten erhaltenen literarischen Erwähnung, schreibt Simonides:

Über seinem Haupt fliegen unzählige Vögel, und die Fische springen empor aus dem dunklen Wasser bei seinem schönen Gesang (Fragm. 62, in der Ed. O. Werner, München o. J., S. 36, Nr. 31).

Ähnlich drückten sich Aischylos und auch Euripides aus. In seinem verlorengegangenen Stück *Die Bassariden* gibt Aischylos dem ganzen eine völlig andere Betonung: Orpheus weigerte sich, sich dem Dionysoskult anzuschließen, und wurde von den Mainaden, den weiblichen Anhängerinnen des Gottes, in Stücke gerissen. Zumindest, daß er von Frauenhand starb, ist ein geläufiger Teil seiner Legende. Vor allem in der römischen Dichtung wurde immer wieder davon erzählt, wie seine zerfetzten Glieder ins Meer geworfen wurden, wie sein Kopf zur Insel Lesbos getragen, an Land genommen und begraben wurde und fürderhin orakelhafte Antworten gab. Eine sonderbare Verbindung zwischen dem sanften Sänger und dem Opfer menschlicher Vorurteile und Wildheit – eine, die nur denjenigen nicht so fremd erscheint, die die Erzählung von Jesus Christus kennen.

Am bekanntesten ist, abgesehen von der Macht, die Orpheus' Musik ausübt, seine Liebe zu Eurydike. Dennoch wird Eurydike in der gesamten erhaltenen griechischen Literatur kaum erwähnt, ihre ganze Geschichte wird einzig und allein von Vergil, einem römischen Dichter, im vierten Buch seiner *Georgica* wiedergegeben. Obwohl Euripides in *Alkestis*, 438 v. Chr. entstanden, indirekt darauf eingeht, wenn der abscheuliche Admetos dort seiner statt seiner sterbenden Frau sagt:

Wenn ich Orpheus' Zunge und Lied besäße, so daß ich dich aus dem Hades zurückholen könnte, indem ich Demeters Tochter [d. i. Persephone] oder deren Gemahl mit Gesängen betörte, so stiege ich hinab, und weder Plutons Hund [d. i. Kerberos] noch Charon an seinem Ruder, der Fährmann der Seelen, könnten mich aufhalten, bevor ich dich lebend wieder ins Tageslicht gebracht hätte (*Alkestis* 357 ff.).

Die darauffolgenden Quellen erzählen, daß Orpheus' Frau, die Nymphe Eurydike, bald nach ihrer Hochzeit an den Folgen eines Schlangenbisses stirbt, weil, nach Vergil, Aristaios, der Sohn von Apollon und Kyrene und der Beschützer von Schafen und Bienen, sie zu vergewaltigen suchte. Orpheus ist untröstlich und begibt sich in die Unterwelt. Dort werden der König Hades und seine Gemahlin Persephone so bezaubert von seiner Musik, daß er Eurydikes' Freigabe erlangt, unter einer Bedingung: er soll vor ihr gehen, sie nicht ansprechen und sich so lange nicht umdrehen, bis sie die Welt der Lebenden erreichen. Schon wähnt er sich am Ziel, als er sich im letzten Moment, sei es aus Liebe, sei es aus Angst (weil er hinter sich keinen Schatten sieht) nach ihr umblickt. Sie entschwindet für immer; verzweifelt geht er seinem Schicksal, von den Frauen getötet zu werden, entgegen, die, so später aufkommende Versionen, ihm zürnen, entweder, weil er sich weigert, an den bacchantischen Orgien teilzunehmen, oder weil er ihre Liebe aus Trauer über Eurydike verschmäht oder weil er die Homosexualität einführt. Es lohnt nicht, sich weiterhin mit diesem weither geholten Spekulationen zu befassen, die bezeichnend sind für die mit Eifer betriebenen, aber unergiebigen Phantasien der hellenischen und römischen Mythographen. Wirklich von Belang ist, daß die gesamte Erzählung über Eurydike auf die Griechen des

Klassischen Zeitalters wenig Eindruck machte und daß Aristaios bis zu Vergils Zeiten in dieser paradoxen Rolle (da er gewöhnlich der sanfte und gutmütige Imker und Beschützer von Schafen ist) weder zu sehen noch zu hören ist. Wahrscheinlich geht dieser Bestandteil der Erzählung nicht hinter die Hellenische Epoche zurück.

In meiner Terminologie ist Orpheus also mit großer Sicherheit ein »jüngerer« Heros. Die Vorstellung eines Sängers, der Vögel und Tiere bezaubern konnte, mag ins mykenische Zeitalter zurückreichen; die Beteuerungen jener, die in der Darstellung auf einem Fresko aus Pylos, in der ein Vogel einem Mann mit einer Leier *davonfliegt,* den Prototypen des Orpheus sehen wollen, wecken Verwunderung.[2] Das Schweigen seitens Homers, Hesiods und der gesamten epischen Überlieferung ist jedoch befremdend. Andere Gesichtspunkte des Orpheus, die nicht sonderlich zu dieser friedfertigen Auffassung passen, könnten dionysisch sein – wobei Dionysos selbst erst verhältnismäßig spät hinzukam. Eurydike, die der romantischen Gedankenwelt zusagt, fand bei den Griechen des Klassischen Zeitalters nur beiläufiges Interesse. Von den »Orphikern«, einer mystischen Sekte, werden gänzlich andere Zeugnisse geliefert. Bereits im 6. Jahrhundert v. Chr. boten sie unter der Schirmherrschaft des herrlichen Sängers, der bereits mit Homer und Hesiod zusammen als der Urheber anonymer (und für gewöhnlich schlechter) epischer Verse galt, eine gewisse Form der Unsterblichkeit an.[3] Das versetzt uns wieder etwas zurück in der Zeit; wesentlich aber bleibt: der thrakische Orpheus wie sein Vater Oiagros, der einen barbarischen Namen trägt, hat mit dem regulären Rahmen der griechischen Mythen, seien es Heroen- oder Göttermythen, zumindest so lange nichts zu tun, bis er als Besazungsmitglied der Argo aufgenommen wird. Für uns wird er durch seine quasi magischen Kräfte, seine tiefe Zuneigung zu seiner Frau und sein erschütterndes Mißgeschick zu einer überzeugenden und evokativen Symbolfigur. Die Römer teilten diese Ansicht, die Griechen schienen weniger beeindruckt.

Die letzte Kategorie der Heroenmythen – *die späteren Neudichtungen* – ist zwar zweitrangig, verdeutlicht aber, wie eine mythenbildende Überlieferung in einer voll und ganz literalen Umgebung weiterbestehen kann. Herodot ist bereits im Kapitel 5 diesbezüglich zitiert worden, und im folgenden werde ich zwei weitere Beispiele dafür anführen, wie eine historische Persönlichkeit zu einem mythischen Heros werden kann. Als erstes der große

Kroisos von Lydien, dann der Boxer *Kleomedes* von der bedeutungslosen ägäischen Insel Astypalaia.

Kroisos war der letzte König des lydischen Imperiums, das 546 v. Chr. mit der Eroberung von Sardes durch Kyros von Persien unterging. Er machte einen gewaltigen Eindruck auf die Griechen, da er sich nach der Einnahme ihrer Städte an der ägäischen Küste äußerst großzügig verhalten und sogar dem Schrein des Apollon zu Delphi reiche Opfergaben dargebracht hatte. Pindar erwähnt seine »edle Vortrefflichkeit«, und die Geschichte seiner wunderbaren Errettung vor dem Tod war nicht nur Herodot und Ktesias, sondern auch dem Poeten Bakchylides bekannt:

Als Sardes von dem Heer der Perser erobert worden war, schützte Apollon mit dem goldenen Schwert den Kroisos, der einen Tag erlebte, den ihr niemals erwartet hätte. Er wollte die tränenreiche Knechtschaft nicht erwarten und ließ einen Scheiterhaufen aufschichten vor seinem erzummauerten Palast. Dann stieg er mit seiner sittsamen Gattin und seinen schöngelockten Töchtern, die jämmerlich weinten, hinauf; er erhob seine Hände zu dem hohen Himmel und rief: »Übergewaltiger Gott, wo ist die Gunst der Götter? Wo ist der Herrscher, der Sohn der Leto? Das Haus der Alyates ist dahin ... Der Paktolos mit seinen goldenen Wirbeln ist gerötet von Blut, die Frauen werden schändlich aus ihren wohlgebauten Gemächern fortgeschleppt. Was früher verhaßt war, ist jetzt erwünscht: das Süßeste ist zu sterben!« So sprach er und befahl einem leisegehenden Diener, den hölzernen Bau in Brand zu stecken. Die Mädchen schrien auf und schlangen ihre lieben Arme um ihre Mutter; denn der Tod, den man kommen sieht, ist für Sterbliche das Schlimmste; als aber die leuchtende Kraft des schrecklichen Feuers hindurchfuhr, zog Zeus eine schwarz verhüllende Wolke darüber und löschte die gelbrote Flamme. Nichts ist unglaublich, was der Entschluß der Götter schafft; denn hiernach trug der delosgeborene Apollon den Greis mit seinen schlankfüßigen Töchtern zu den Hyperboreern und gab ihnen dort, wegen Kroisos' Frömmigkeit, weil von allen Menschen er der heiligen Pytho die größten Spenden gesandt hatte, Wohnstatt (3, 25 ff.).

Bakchylides schrieb dies 468 v. Chr., nur zwei oder drei Generationen nach dem gefeierten Ereignis. Man könnte die Zuweisung eines mythischen Schicksals und die für die Volkserzählung bezeichnende Umkehrung als leichtfertige Lobpreisung verstehen, sie für eine reine poetische Übertreibung halten; doch auch Herodot gibt diese Erzählung wieder, die von vielen Griechen des Klassischen Zeitalter ernst genommen wurde (obwohl Kroisos tatsächlich von Kyros getötet worden sein könnte). Man war sich uneins, ob er freiwillig den Scheiterhaufen bestieg – wie Bakchylides versichert – oder von Kyros dazu gezwungen wurde. Herodot geht hier einen anderen Weg, wenn er meint, Kyros hätte sich entschlossen, ihn zu schonen, und Apollon habe erst dann eingegriffen, als jener den Scheiterhaufen nicht löschen konnte. Außerdem gab es auch noch Rationalisten wie Xenophon, der Kyros einfach im letzten Moment Kroisos begnadigen ließ ohne Einmischung einer Gottheit. Bemerkenswert ist vor allem die Vorstellung, nach der Kroisos sich ins Land der Hyperboreer (das, wie wir auf Seite 126 f. bereits sahen, mit den Inseln der Seligen vermischt wurde) begibt. Die Griechen ließen ihm keinen Kult zukommen – das ginge bei einem barbarischen Monarchen, auch wenn er noch so großzügig ist, entschieden zu weit –, schienen ihm aber auf andere Weise eine Stellung eingeräumt zu haben, die von der eines Theseus, Oidipus oder Menelaos nicht sehr entfernt war.

Von dem berühmten Monarchen aus der Ferne jetzt zu einer klarer umrissenen und einfacheren Gestalt. Die Boxwettkämpfe zu Olympia im Jahre 492 v. Chr. enden damit, daß *Kleomedes* seinen Gegner tötet und ihm daraufhin der Preis aberkannt wird. Die Fortsetzung der Geschichte durch Pausanias, unserer einzigen Quelle, lautet wie folgt:

... er wurde wahnsinnig vor Gram und kehrte nach Astypalaia zurück. Dort griff er eine Schule mit etwa sechzig Kindern an und stürzte die Säule um, die das Dach trug. Das Dach fiel auf die Kinder; er wurde von den Bürgern gesteinigt und flüchtete sich in das Heiligtum der Athene, stieg in eine Truhe und zog den Deckel zu. Die Astypalaier mühten sich in ihren Versuchen, die Truhe zu öffnen, vergeblich ab; schließlich brachen sie ihre Bretter auf, fanden aber weder einen lebendigen noch einen toten Kleomedes, und so sandten sie Männer nach Delphi, um zu fragen, was mit ihm geschehen sei. Dies, erzählt man, sei die orakelhafte Antwort der Pythischen Priesterin gewesen: »Kleomedes von Astypalaia ist der letzte der Heroen; ehrt ihn mit Opfern, da er nicht mehr sterblich ist.« So erwiesen ihm die Astypalaier seit damals Heroenehren (6. 9, 6 ff.).

Zwar schreibt Pausanias ungefähr sechshundert Jahre später, das aber bezeugt die Fortdauer des Mythos, wenn auch nicht seine unbedingte Richtigkeit. Leichtgläubige Dorfbewohner sind geneigt, fast alles für bare Münze zu nehmen, zumal dann, wenn es sich, wie bei seinem offensichtlich rätselhaften Verschwinden, um ein sonderbares Vorkommen handelt. Daß Kleomedes mit Herakles einige Charakterzüge gemeinsam hat, seine Raserei, seine brutale Stärke, sein Verschwinden im Laufe einer Situation mit für ihn tödlichem Ausgang, ist besonders interessant. Seltsam auch, daß ein anderer Boxer, der nur zwölf Jahre später Sieger in Olympia war, gleichfalls zum Heros erhoben wurde: Euthymos aus Lokri, einer griechischen Kolonie im Süden Italiens, der eine der Jungfrauen, die alljährlich einem widerwärtigen Geist, schlicht »der Heros«[4] genannt, geopfert wurde, rettete und zur Frau nahm. Euthymos entrann dem Tod, indem er »auf irgendeine andere Art« verschwand, und mit der Zeit sah man in ihm nicht mehr den Sohn eines Sterblichen, sondern verband seine Herkunft mit einem örtlichen Fluß. Er besaß keinen Kult, diese anderen, typisch heroischen Attribute aber unterstreichen seine Ähnlichkeit mit Perseus. Es hat ihn erwiesenermaßen tatsächlich gegeben, er war ein berühmter Athlet in Olympia und dort, wie Kleomedes, über die Entscheidung eines Schiedsrichters in eine Auseinandersetzung verwickelt.

Das wesentliche an diesen späten Dichtungen ist nicht so sehr, daß sie ein sehr phantasievolles Bild des Heros entwerfen, vielmehr, daß sie zeigen, wie Geschichte an jedem Punkt mythologisiert werden kann. Sie legen außerdem die Vermutung nahe, daß die Neigung der Griechen, bestimmte Menschen zu Halbgöttern zu erheben, geradezu zur Gewohnheit wurde, trotz der Hingabe, mit der sie Unterscheidung von Sterblichen und Unsterblichen pflegten. Dadurch erfahren wir auch ein wenig über die Entstehung der anderen Heroen. Zunächst aber erfordert Herakles, der Größte von allen, in dem nun folgenden Kapitel eine eingehendere Betrachtung.

Kapitel 8

Das mythische Leben des Herakles

Herakles überragt nicht nur alle anderen Heroen an Bedeutung, wer ihm nachforscht, stößt dabei auf die größten Hindernisse. Sogar den Griechen war er in gewisser Weise ein Rätsel, nicht zuletzt wegen seiner ambivalenten Stellung als Heros und Gott in einem: er allein stieg vom Heros zur Olympischen Gottheit auf. Daran lassen seine Mythen keine Zweifel. Trotz Heras beständigem Haß wurde er schließlich von seinem Begräbnisscheiterhaufen auf dem Berge Oita entfernt und unsterblich gemacht. Damit nicht genug, erhielt er auch noch Heras eigene Tochter Hebe (deren Name Jugend bedeutet) zur Frau. Auch wurde er in seinen beiden Eigenschaften besänftigt, da sich die Opfer an Götter und Heroen voneinander unterscheiden.

Bei einem Herosopfer wurde das Opfer – meist eine Ziege oder ein Schaf –, den Kopf nach unten gerichtet, über eine Grube gehalten und ihm die Kehle aufgeschlitzt. Danach wurden die in Fett gewickelten Oberschenkelknochen über einer niedrigen Feuerstelle verbrannt. Hingegen wurde bei einem Opfer für einen Gott der Kopf in Richtung Himmel hochgehalten und die Kehle so aufgeschlitzt, daß das Blut direkt auf den Altar floß – eine hohe tischähnliche Konstruktion, die sich erheblich von der Grube oder Feuerstelle eines Heros unterscheidet. Diese Unterscheidung wurde streng gehandhabt, sogar die Verben, die die jeweiligen Opferhandlungen umschrieben, waren verschieden. Offensichtlich glaubte man, daß sich die Heroen unter der Erde befanden, weshalb man ihre Opfer in diese Richtung hielt; hingegen dachte man, daß die Götter im Himmel oder auf dem Berg Olymp lebten, und ihre Altäre waren infolgedessen erhöht, was dem Rauch der Opfergaben eine günstige Ausgangsposition gab. Allein Herakles wurden beide Opfer- und Anbetungsformen zuteil – zwar nicht überall, aber in verschiedenen Teilen Griechenlands. Aus diesem Grund konnte ihn Pindar zutreffend *heros theos*, »Gottheros«, nennen.

Noch ein ungewöhnlicher Aspekt seines Heldendaseins bestand darin, daß er kein Grab besaß. Die meisten Helden hatten eher zu viele, da es für eine Stadt von großem Vorteil war, die Gebeine eines Schutzheros für sich beanspruchen zu können. In für Athen schwierigen Zeiten wurde Kimon ausgesandt, um von der Insel Skyros die Gebeine des Theseus zurückzuholen; es gelang ihm, wenigstens *einige* von den Gebeinen zurückzubringen, die allerdings waren sehr groß. Sicherlich gab es viele Orte in der griechischen Welt, die nur zu gerne Herakles' Grab bei sich gesehen hätten, genauso wie sie seine mythische Reiseroute mit Vorliebe durch ihr Territorium umleiteten. Letzteres war einfacher zu bewerkstelligen. Ein Grab hätte einen Skandal verursacht, da es ja gerade darum ging, daß sein Körper verbrannt und er im Himmel aufgenommen worden war; einzig der Scheiterhaufen blieb übrig. Nahezu alle anderen Helden (darunter viele, die ein gewaltsames Ende fanden, indem sie zum Beispiel in Stücke gerissen wurden) wurden begraben und nicht, wie Herakles, verbrannt. Ein oder zwei wurden von Zeus' Blitzen verzehrt; das geschah unter anderen Umständen, obwohl es bezeichnend ist, daß sich darunter Semele, deren Sohn der Gott Dionysos war, und Asklepios befanden, der als Heildämon einen schon fast ans Göttliche grenzenden Kult erhielt. Der Gedanke, Herakles zu einem Gott zu machen, scheint nicht sehr alt zu sein und geht allerhöchstens auf das 7. Jahrhundert zurück. Das kann mit einiger Sicherheit behauptet werden, da die Homerischen Dichtungen ausdrücklich an zwei Stellen erwähnen, daß er sterblich war. Nur einmal wird davon gesprochen, daß er auch ein Gott ist – in einer Passage, von der man mit guten Gründen annehmen darf, daß sie erst später hinzugefügt wurde. In der *Ilias* 18, 117–119, sagt Achilleus:

Nicht einmal der gewaltige Herakles, der ein Liebling war des Herrschers Zeus, des Sohns des Kronos, entging dem Tod, sondern das Schicksal und Heras heftiger Grimm brachten ihn zu Fall;

als aber Odysseus im elften Gesang der *Odyssee* in den Hades hinabsteigt, sieht er dort einige tote Heroen, unter ihnen auch Sisyphos:

Nach ihm sah ich den gewaltigen Herakles – sein Schattenbild; denn er selbst erfreut sich unter den unsterblichen Göttern bei festlichem Gelage und hat Hebe mit den schönen Fesseln zur Gattin, das Kind des mächtigen Zeus und der goldbeschuhten Hera. Um ihn herum war das Schwirren von Toten wie das von Vögeln, wenn sie erschreckt nach allen Richtungen fliehen; er glich der finsteren Nacht, hatte den hüllenlosen Bogen und einen Pfeil auf der Sehne und spähte schrecklich umher, als sei er allzeit bereit zu schießen (601–608).

Es sind die Worte von »sein Schattenbild« bis zur »goldbeschuhten Hera«, die damalige Kritiker für eine Einschiebung hielten, und sie muten in der Tat wie eine solche an. Ihr Zweck liegt offen zutage: zwei Auffassungen sollen miteinander versöhnt werden, die, daß Herakles wie jeder andere *starb* und in den Hades kam, mit der, die nirgendwo sonst in der *Ilias* oder *Odyssee* zu finden ist, daß er nämlich zum Olymp kam, Hebe heiratete und ewig weiterlebte.

In den *Ehoiai* oder *Frauenkatalogen*, einem nur in Fragmenten erhaltenen Epos des Hesiod, gibt es ein korrespondierendes Ereignis. Darin geht es um Herakles Frau, Deianeira, die,

nachdem sie in hohem Maße verblendet war in ihrem Herzen, entsetzliche Taten beging, als sie das Gift auf sein Hemd aufstrich und es dem Boten Lichas gab, damit er es ihm bringe; und der gab es dem Herrscher Herakles, dem Städtebezwinger, dem Sohn des Amphitryon; das Ende des Todes trat zu ihm, sowie er es annahm, und er starb und kam zu dem jammervollen Haus des Hades. Jetzt aber ist er ein Gott und allem Schlimmen entronnen und lebt, wo die anderen olympische Paläste besitzen, ist unsterblich und ewig jung und hat Hebe mit den schönen Fesseln zur Gattin ... (Fragm. 25, 20 ff.).

Dieser letzte Satz ist gleichfalls eine Verbesserung bzw. Berichtigung, und der Schreiber dieser drei Papyri, auf denen diese Passage erhalten ist, markiert die Verse mit Strichen an der Seite, um zu zeigen, daß einige sie für eine spätere Hinzufügung hielten.

Ihre erste geschlossene Form erhielt die *Odyssee* um 700 v. Chr. Kurz darauf aber scheinen Zusätze zum elften und vierundzwanzigsten Gesang gemacht worden zu sein. Durchaus möglich, daß auch die Hesiodischen Epen etwas später Hinzufügungen erdulden mußten. Daß das 7. Jahrhundert an der Entwicklung Herakles' zu einer Götterfigur maßgeblich beteiligt zu sein scheint, hat darin seinen Grund. Seit dem 6. Jahrhundert ist dieser Gedanke in Kunst und Literatur allgemein verbürgt. Somit ergibt sich die Frage, ob Herakles' Verbrennung auf dem Scheiterhaufen auf dem Berg Oita gleich alt ist. Wir haben soeben festgestellt, daß die Geschichte von Deianeira und dem vergifteten Hemd zeitlich mit Hesiods *Ehoiai* zusammenfällt, und der Kentaur Nessos, dessen Blut und Samen das Gewand tödlich machten (s. Seite 186), ist auf protoattischen Gefäßen aus der zweiten Hälfte des 7. Jahrhunderts dargestellt. Unwahrscheinlich, daß eine derart komplexe Erzählung wie diese einfach erfunden und weitergereicht wurde; zur Zeit der Erhebung des Herakles zu einem Gott gehörte sie wahrscheinlich bereits zur Überlieferung. Hinsichtlich des Scheiterhaufens kann es sich durchaus anders verhalten. Offensichtlich setzte die Gabe der Deianeira dem Leben des Herakles ein Ende, aber genausogut konnte er an den Folgen des zersetzenden Gifts gestorben sein, wie der läuternde Scheiterhaufen und die Aufnahme in den Himmel spätere Hinzufügungen sein können.

Das Problem der Vergöttlichung Herakles' wirft bis heute ungelöste Fragen auf, für deren Beantwortung schon der Historiker Herodot sich großer Mühen unterzog. Mißlicherweise ging er von der Vorstellung aus, eine der zwölf ägyptischen Gottheiten sei mit Herakles identisch, dessen Geschichte folglich noch Generationen vor dem Trojanischen Krieg begonnen haben müßte, eine Annahme, die der der griechischen Mythen entgegenläuft. Um der Sache weiter nachzugehen, fuhr Herodot sogar eigens nach Tyre in Phoinikien, wo sich ein berühmter Herakles-Tempel befinden sollte. Die Priester dort behaupteten, der Kult sei nicht weniger als 2300 Jahre alt. Ein weiterer Besuch auf der Insel Thasos in der nördlichen Ägäis deutete darauf hin, daß der phoinikische Herakles etwa fünf Generationen vor dem griechischen Herakles genau auf der Grenze zur griechischen Welt etabliert worden war. Herodot war erneut irregeleitet worden, diesmal durch die Identifizierung (die sich jedoch als haltlos erwies) mit dem phoinikischen Gott Melkarth. Die Bedeutung dieser Aufgabe aber und die einmalige Stellung des Herakles werden durch das entschiedene und energische Nachgehen jeder Spur seitens des Historikers bestätigt.[1]

Die Schwierigkeiten, die Ereignisse zu Herakles' mythischen *Lebzeiten* zu ordnen, sind nicht zu übersehen. Es gibt eine Menge an antikem Beweismaterial, das meiste davon aus dem 5. Jahrhundert und später. Schon die klassischen Dichter besaßen die unterschiedlichsten Berichte, auf die sie zurückgreifen konnten, und in weit größerem Maße als andere Heroen wurde Herakles' Leben freien Umarbeitungen und Berichtigungen unterworfen. Wir wissen, daß er Gegenstand subepischer Gedichte war, die nicht mehr erhalten sind. Eines, *Oichalias halosis* genannt, wurde manchmal (fälschlicherweise) Homer zugeschrieben; ein weiteres war eine *Herakleia* von einem Peisandros von Rhodos, der wahrscheinlich Anfang des 6. Jahrhunderts v. Chr. lebte, zusätzlich noch eine *Herakleia*, die im 5. Jahrhundert von Herodots Onkel Panyassis verfaßt wurde. Hinzu kommen noch die Altertumskenner und Lokalhistoriker des 5. Jahrhunderts, besonders Pherekydes von Athen, die zusammenfaßten, rationalisierten und synkretisierten; ihre Arbeiten sind nur noch fragmentarisch erhalten, aber

Apollodoros, Verfasser der *Bibliotheca* (der nützlichen Kompilation römischer Zeit), hielt sich offenbar eng an Pherekydes' Bericht über Herakles. Aus dem ganzen Beweismaterial geht hervor, daß die meisten Heroentaten, die ich gleich beschreiben werde, bereits zu Beginn des 6. Jahrhunderts v. Chr. mit dem Heros assoziiert wurden, darunter viele, die, wie wir Homer und Hesiod entnehmen können, auf Zeiten zurückgehen, die mindestens ein paar Generationen davor liegen.

So viel kann mangels anderer Beweise mit einiger Sicherheit behauptet werden. Wahrscheinlich aber ist der Herakles-Mythos in seiner ursprünglichen Form noch lange vor Homer und Hesiod entstanden – wenigstens in mykenischer Zeit, Teile davon noch früher. Eine wissenschaftliche Erforschung des klassischen Materials trägt leider zu keiner Klärung der vorhomerischen Zeit bei, für unsere Zwecke kann das Beweismaterial in äußerst einfacher Form dargelegt werden. Das gilt auch für die ikonographischen Beweise, das heißt, für Szenen aus Herakles' Leben, die seit Beginn des 6. Jahrhunderts unzählige Male auf Vasenmalereien und in geringerem Ausmaß auf anderen Kunstwerken, vornehmlich Tempelskulpturen, anzutreffen sind. Eine auf Vollständigkeit angelegte Untersuchung dieser Szenen, die noch immer auf sich warten läßt,[2] wird hier von großem Nutzen sein, da sie meist früher als jede erhaltene literarische Quelle von einem neuen Detail zeugen. Eine derartige Untersuchung wird jedoch wenig zur Klärung des vorhomerischen Herakles, dem unser vordringliches Interesse gilt, beitragen können. Darstellungen, die schon vor 700 v. Chr. entstanden sind, beziehe ich selbstverständlich nicht mit ein. Es ist unwahrscheinlich, daß identifizierbare mykenische Herakles-, oder auch andere Herosdarstellungen auftauchen werden. Selbst nachmykenische Versionen im »geometrischen« Stil kommen nur selten vor. Einige nicht zu bestimmende Kentauren aus dem 9. und 8. Jahrhundert v. Chr. und eine Darstellung des Herakles und der Stymphalischen Vögel aus der Zeit kurz vor 700 sind die bislang mageren Ergebnisse. Wie viel auch noch über Herakles im Unklaren bleiben mag, es ist doch viel, was wir von ihm wissen. Das darzulegen, bereitet einfach Schwierigkeiten aufgrund der Vorliebe der klassischen Dichter für Andeutungen und – bei Hesiod und der Tragödie – der Knappheit, der sich ständig wiederholenden Bezugnahme und der nüchternen, schemenhaften Beschreibungen von Göttern und Heroen. Eine faszinierende Biographie ist es dennoch.

Die antiken Mythographen teilten die Unternehmungen des

Heros in drei Kategorien auf: die zwölf Arbeiten, die »zufälligen Taten«, die im Kontext der zwölf Arbeiten ausgeführt wurden, und die »Expeditionen«, bei denen er einer Armee vorstand. Davon ausgehend, setzt man einfachheitshalber an der Geburt und seinem frühen Leben an und endet mit seinem Tod und seiner Transfiguration. Es gibt einiges in der Verwandschaftschronologie, das willkürlich ist und schon im 5. Jahrhundert umstritten war; zum Beispiel steht nicht fest, ob er seine Kinder mit Megara vor oder ob er sie, wie Euripides in seinem *Herakles* behauptet, kurz nach den Arbeiten tötete. Eigentlich ist es auch unwesentlich. Was wir in Herakles' Handlungen nicht finden werden, ist eine konsistente Entwicklung seiner Person oder moralischen Haltung. Er besteht aus einer Mischung paradoxer Eigenschaften, die der Grund für die zufällige Anordnung seiner Lebensgeschichte ist. Eins steht fest: die Arbeiten wurden immer als seine zentralen Verdienste betrachtet, auch wenn heute einige weniger bezeichnend scheinen als andere und geringere seiner Taten.

Herakles – das ist eine auf Menschen und nicht auf Götter bezogene Namensgebung. Er bedeutet soviel wie »Ruhm der Hera« und zeugt von einer ehrfurchtsvollen Dedikation an die Göttin seitens seiner sterblichen Eltern. Ironischerweise war Hera seine lebenslängliche Feindin, die ihn haßte, weil er einer der Bastarden ihres Ehemannes war. Denn Zeus begehrte Alkmene, die soeben Amphitryon, einen Prinzen von Tiryns, geehelicht hatte, der wegen eines nicht gerade unüblichen Vergehens (er hatte seinen Onkel versehentlich getötet) gezwungen war, in Theben Zuflucht zu suchen. Amphitryon hatte geschworen, zuerst die Teleboer im Westen Griechenlands zu besiegen, bevor er mit seiner Frau schlafen würde, und so nahm Zeus seinen Platz im Hochzeitslager vorweg. Noch am selben Abend kehrte Amphitryon im Triumph zurück, und Alkmene gebar, wie könnte es anders sein, Zwillinge: zuerst Herakles, den Sohn des göttlichen Vaters, dann Iphikles, den Sohn des sterblichen Amphitryons. In Hesiods *Ehoiai,* von dem ein Fragment mit dem ziemlich unbedeutenden pseudo-Hesiodischen Gedicht, dem *Schild des Herakles*, zusammengelegt worden ist, werden die Vorgänge beschrieben:

Die ganze Nacht lag Amphitryon bei seiner züchtigen Gattin und erfreute sich an den Gaben der goldenen Aphrodite. Alkmene, bezwungen von einem Gott und von dem edelsten der Männer, gebar Zwillingssöhne in dem siebentorigen Theben. Sie waren verschieden beschaffen im Gemüt, wiewohl sie Brüder waren: der eine war geringer, der andere um

vieles besser, der mächtige Herakles, schrecklich und stark und gewaltig.
Sie gebar ihn dem dunkelumwölkten Sohn des Kronos, und den anderen,
Iphikles, gebar sie dem Speerschwinger Amphitryon ... (*Ehoiai* fragm.
195, *Schild des Herakles* 46 f.).

Von Anfang an geriet Herakles durch die Umstände seiner Geburt
in Schwierigkeiten, die dazu führten, daß er in den Dienst des Königs Eurystheus von Mykene treten mußte, desselben Mannes, der
ihm die zwölf Arbeiten auferlegte. Vorschnell hatte sich Zeus ge-
brüstet:

Hört mich, all ihr Götter und Göttinnen, damit ich sagen kann, was mein
Herz in meiner Brust mir gebietet. Heute wird Eileithyia, die Göttin der
schmerzhaften Wehen, einen Mann ans Licht bringen, meinem Blut ent-
stammend, der herrschen wird über all seine Nachbarn (*Ilias* 19, 101 ff.).

Zeus wußte, daß Alkmene kurz vor der Geburt stand, und seine
Worte waren eigentlich auf ihren gemeinsamen Sohn Herakles bezogen; nachdem ihn aber Hera dazu gebracht hatte, seine Aussage
unter Eid zu beschwören, beschleunigte sie die Geburt des Eurystheus (der über Perseus ebenso ein Abkömmling des Zeus war)
und verzögerte bis zum darauffolgenden Tag die des Herakles.
Daraufhin erzählte sie Zeus von dem Geschehenen, der vor Wut so
außer sich geriet, daß er Ate, die Göttin der Geburt, aus dem
Olymp stieß und sie fürderhin zu einem Leben unter den Menschen zwang. Aber nichts ließ sich daran ändern, daß Herakles
Eurystheus' Sklave wurde. Das könnte die geschichtliche Erinnerung an das Verhältnis zwischen der Festungsstadt Tiryns, deren
König Herakles werden sollte, und der Hauptstadt Mykene spiegeln. Denn obwohl in Theben geboren, war Herakles kein Thebaner, sondern Argiver. Hinter diesem thebanischen Detail muß sich
ein Motiv verbergen, daß wir nicht verstehen; er wurde dort mit
einer Figur namens Alkaios, »der Starke«, verbunden, aber die
Thebaner machten keine besonderen Anstalten, ihn in ihre Lokal-
mythen einzubinden oder ihn mit den Nachkommen der Gesäten
Männer in Verbindung zu setzen. Zwar war seine Anbetung als
Heros und später als Gott dort fest verankert, aber um es in den
Worten von L. R. Fanell zu sagen: »Der Herakleskult der Thebaner, der in keiner Verbindung zur Siedlungsgeschichte des Stammes
stand, bezog sich offenbar einzig und allein auf die Person. Sie
scheinen ihn nicht als Stammesvater verehrt zu haben ...«[3]
  Gleich zu Beginn bewies Herakles die den Götterkindern eigene,
außergewöhnliche Frühreife, und Pindar gibt eine »alte Geschichte« wieder, in der

der Sohn des Zeus mit seinem Zwillingsbruder aus dem Mutterschoß den Wehenschmerzen in das herrliche Licht des Tages entfloh. Doch die goldenthronende Hera sah ihn, als er in Safranwindeln gewickelt wurde, und die Königin der Götter sandte, heftig erregt vor Zorn, sogleich Schlangen zu ihm. Da die Türen geöffnet waren, drangen sie in das geräumige Innere des Zimmers ein, begierig, ihre flinken Kiefer um die Kinder zu schlingen; Herakles aber reckte seinen Kopf empor und versuchte sich zum ersten Male im Kampf, indem er mit seinen zwei Händen, aus denen es kein Entrinnen gab, die zwei Schlangen am Hals packte; er würgte sie, und nach einiger Zeit hauchten sie das Leben aus ihren gräßlichen Gliedern (*Nemeische Oden* 1, 35 ff.).

Der Heros wächst schnell heran, und seine erste Großtat ist die, einen mächtigen Löwen zu töten, der auf dem Berg Kithairon umherstreift; zu Gast bei König Thespios, schläft er mit dessen fünfzig Töchtern in jeweils aufeinanderfolgenden Nächten, in einigen Versionen sogar in einundderselben Nacht. Als nächstes besiegt er König Erginos von Orchomenos und befreit Theben von dem Tribut. Das erinnert an Theseus, aber man erkennt bereits etwas von der Brutalität, die Herakles eigen ist, denn er schneidet den Herolden des Königs die Nasen und Ohren ab, bindet sie ihnen um ihren Hals und schickt sie so ihrem König zurück. Orchomenos und Theben lagen häufig im Streit, und die Erzählung enthält zweifelsohne eine, wenn auch nur oberflächliche, historische Anspielung. Zum Lohn erhält Herakles Megara, die Tochter des thebanischen Königs; sie gebiert ihm Kinder, die er plötzlich, in einem Anflug von Wahnsinn – durch Hera ausgelöst – tötet. Einigen Berichten zufolge war dies der Grund, weshalb sich der Heros zur Sühne in den Dienst des Eurystheus in Mykene begeben mußte.

Eurystheus erteilt ihm eine Reihe von Aufgaben, die Arbeiten, die sich über mehrere Jahre erstrecken. Die Mythographen des Klassischen Zeitalters geben ihre Anzahl und Aufteilung als gewissermaßen logisches System wieder. Zuerst die sechs Aufgaben auf dem Peloponnes, zumeist die Beseitigung oder das Einfangen bemerkenswerter Ungetüme. Die nächsten sechs finden außerhalb des Peloponnes statt und erstrecken sich über die gesamte damals bekannte Welt; die ersten drei führen ihn jeweils in den Süden, Norden und Osten, während er in den verbleibenden drei anderen Fällen, die sich ausführlich mit der Unterwelt beschäftigen, zweimal nach Westen geht.

Seine erste Aufgabe war, den Nemeischen Löwen zu töten, eine riesige Bestie, die in der Nähe von Mykene viel Schaden anrichtete. Da das Tier buchstäblich unverwundbar war, mußte Herakles es in seiner Höhle fangen und zu Tode ersticken. Mit Hilfe der Klauen des Löwen gelang es ihm, das Tier zu enthäuten (das den Volkserzählungen entlehnte Motiv der Erfindungsgabe, da er nur damit das Tier zertrennen konnte). Von da an trug er das Fell, den Rachen über sein Haupt gestülpt, anstelle eines Panzers. Bei dieser Gelegenheit schnitt und formte er auch die berühmte Keule, obwohl Keule und Fell erst um die Mitte des 6. Jahrhunderts v. Chr. zu seiner regulären Ausrüstung zu gehören scheinen. Aus den Vasenmalereien und aus einigen Stellen bei Hesiod und Homer (wie der auf S. 170 f. zitierten) geht hervor, daß er vorher, wenn überhaupt, einen gewöhnlichen Panzer trägt und einen Bogen schwingt.

Die nächste Arbeit besteht darin, die Hydra zu vernichten, eine vielköpfige Wasserschlange, die das Leben um Lerna herum – einer alten Siedlung an der Küste von Mykene – unsicher machte. In Hesiods *Theogonie* wird sie als Kind der ungeheuerlichen, schlangenähnlichen Eltern, Typhon und Echidne, (die noch zwei weitere Kontrahenten des Herakles hervorbrachten – Geryon und Kerberos), beschrieben:

Als dritten Sproß gebar Echidne die böse gestimmte Hydra von Lerna, die von der weißarmigen Hera in deren unersättlichen Grimm gegen den starken Herakles aufgezogen wurde; und er, Zeus' und Amphitryons Sohn, erschlug sie mit dem unerbittlichen Erz, zusammen mit Iolaos, dem von Ares geliebten, nach Athenes Ratschlüssen ... (313 ff.).

Eine Keule wird hier nicht verwandt; das »unerbittliche Erz« ist das Schwert, mit dem er dem Ungeheuer die Köpfe abschlug – da sie doppelt so schnell nachwuchsen, mußte er die Wunden schließlich mit brennenden Ästen versengen, die ihm sein Neffe und Helfer Iolaos aus dem Wald herbeischaffte. Das wird von Hesiod nicht näher ausgeführt; auch eine weitere Einzelheit nicht, die in die Überlieferung einfloß und bestimmt zu Hesiods Zeiten bekannt war, da sie auf einer gravierten Plattenfibel (einer Art dekorativer Sicherheitsnadel) aus dem frühen 7. Jahrhundert v. Chr. in der Form eines großen Krebses, der Herakles in den Fuß beißt, deutlich zu erkennen ist – eine interessante Verfeinerung, der Schildkröte Skirons nicht unähnlich, die über die gebräuchlichen Stereotypen hinausreicht und eine individuelle, ein wenig bizarre Neudichtung voraussetzt.[4] Vielleicht sollte der Krebs auf Lernas Lage im sumpfigen Land unweit vom Meer anspielen. Da sich auch unterirdische Quellen dort befinden, stünden wir vor einer dieser rationalistischen Erklärungen, die in der Antike geliefert wurden und die auch etwas für sich hat: die Köpfe der Hydra stehen stellvertretend für die überall auf der Ebene hervortretenden Quellen. Schwierig ist es jedoch, in ihnen eine besondere Bedrohung zu sehen.

Die nächste Aufgabe besteht im Fang eines riesigen Ebers auf dem Berg Erymanthos in Arkadien; die Aufgabe führt ihn weg aus der unmittelbaren Umgebung von Mykene. Herakles treibt das Tier in eine Schneewehe und kann es dadurch einfangen. Dann nimmt er es auf seinen Schultern mit, um es dem zu Tode erschrokkenen Eurystheus zu zeigen, der in einem zur Hälfte unter der Erde befindlichen großen Krug kauert – ein bevorzugtes Motiv der Vasenmaler und eventuell ein weiteres Beispiel für die Vorstellung von einem unterirdischen Raum. In der vierten Aufgabe geht es darum, die Keryneiische Hindin, ein wunderschönes Tier mit goldenen Hörnern, zu fangen (und nicht, wie Euripides meint, zu töten). En ganzes Jahr lang mußte Herakles sie verfolgen, laut Pindar mußte er sogar bis zu den Hyperboreern im mythischen Norden vordringen. In Arkadien zurück, hatte er das Tier schließlich so weit erschöpft, daß er es nach einigen Schwierigkeiten mit Artemis (der das Tier geweiht war) dem Eurystheus vorzeigen und zu seiner nächsten Aufgabe, der Vernichtung der Stymphalischen Vögel, übergehen konnte. Diese lebten in der Nähe des Flusses Stymphalos zwischen Arkadien und Mykene und waren entweder ihrer Anzahl oder ihrer furchtbaren metallischen Federn und Klauen wegen eine Plage. Die meisten Versionen berichten, wie er sie mit Hilfe einer Handklapper aus dem Wald vertreibt und erschießt (das heißt, auch hier ist er eher der Bogenschütze als der Keulenschwinger); aber auf einem – heute in Kopenhagen befindlichen – spätgeometrischen Krug – wahrscheinlich eine der ersten mythischen Darstellungen –, der kurz vor 700 v. Chr. fertiggestellt und bemalt wurde, wird ein Mann gezeigt, der einem der aufgereihten Vögel um den Hals faßt und ihn wahrscheinlich erwürgt.[5]

Die letzte der peloponnesischen Arbeiten bestand darin, daß der Heros die unzähligen Viehställe des Königs Augeias von Elis zu säubern hatte, die inzwischen vor Mist überquollen. Nachdem man ihm einige Tiere als Belohnung versprochen hatte, machte er sich daran, zwei nahegelegene Flüsse durch das Gebäude hindurchzuleiten – das Motiv der Erfindungsgabe aus den Volkserzählungen, zugleich eine realistische Anspielung auf den Bau von Entwässerungskanälen, was ihm aufgrund seiner außergewöhnlichen Kräfte in anderen Gegenden nachgesagt wurde. Augeias weigerte sich, die versprochene Belohnung auszuhändigen (genauso wie König Laomedon von Troia bei einer späteren Gelegenheit; es ist ein häufiges episches Motiv). Herakles kehrte später mit einer Armee zurück, um ihn deswegen zu töten. Diese Arbeit weist einige ungewöhnliche Merkmale auf, vornehmlich, daß sie Herakles gegen Bezahlung und nicht einfach auf Geheiß des Eurystheus ausführt. Apollodoros, in Anlehnung wahrscheinlich an Pherekydes aus dem 5. Jahrhundert, strich sie folglich aus dem Kanon.

Die nächsten drei Arbeiten führen ihn von Kreta über Thrakien bis zum Schwarzen Meer und sind oberflächlich betrachtet nicht sehr alt. Herakles wurde ausgesandt, den Kretischen Stier zu fangen; dies tat er auch und brachte ihn zu Eurystheus. Während des Bronzezeitalters waren Stiere auf Kreta wichtige Tiere, hier jedoch ist seine Erscheinung eine zu deutliche Herleitung, um glaubhaft minoisch zu sein. Die griechischen Dichter, selbst Euripides, nahmen keine Notiz von ihm (obwohl sein Zeitgenosse, der Prosaist Akusilaos, ihn offensichtlich erwähnt), hingegen datieren ihn viele Vasenmalereien ins 6. Jahrhundert zurück. Es ist anzunehmen, daß jemand wie Peisandros von Rhodos diese Aufgabe in einem epischen Gedicht beschrieben hatte. Später dachte man, der Stier sei eben jener, der von Pasiphaë geliebt wurde, oder der, der Europa nach Kreta brachte – in einer Version allerdings, in der nicht Zeus der Stier war. Die nächsten Gegner des Heros, die Rosse des thrakischen Königs Diomedes (nicht des Homerischen Diomedes), waren eher furchteinjagend, da sie sich von Menschenfleisch ernährten. Euripides, der diese Episode ordnungsgemäß erwähnt, fügt allerdings nicht das malerische Detail hinzu, das eine späte Erfindung sein mag, daß nämlich Herakles den Pferden ihre eigenen Herren vorwarf (laut Pindar war es ein Stallknecht), worauf sie viel zahmer wurden und sich nach Mykene treiben ließen.[6] Diese Erzählung wurde reichlich ausgeschmückt; nach einer anderen Version wurde Herakles von einer kleinen Heerschar begleitet und Abderos, sein Günstling, in einer Schlacht mit den Thrakiern getötet. So sei die Stadt Abdera, später die Geburtsstadt des Atomisten Demokrit, zu ihrem Namen gekommen.[7] Hierüber sind uns nur wenige bildliche Darstellungen erhalten, aber auch sie datieren das Ereignis in seiner ursprünglichen Form ins 6. Jahrhundert zurück.

Die letzte Aufgabe, die dieser Gruppe angehört, ist in der Literatur unter dem Namen »der Gürtel der Hippolyte«, der Amazonenkönigin, bekannt. Eurystheus' Tochter hatte den Wunsch geäußert, ihn zu besitzen. Unklar ist, ob es sich dabei um ein Kleidungsstück oder um einen Panzerteil (das heißt, einen bronzenen Gürtel) handelt. Euripides erwähnt, er sei »aufbewahrt in Mykene«, und in dem unweit gelegenen, berühmten Heratempel (dem argivischen Heraion) wurde scheinbar ein altes bronzenes Panzerteil als dieser »Gürtel« gezeigt. In jedem Falle erringt Herakles diesen Gürtel. Die literarischen Berichte sind sich uneins, ob er die Königin dabei tötet oder nicht. Aber die verhältnismäßig zahlreichen archaischen Vasenmalereien, die die Episode mindestens bis an das Ende des 7. Jahrhunderts zurückverlegen, zeigen keinerlei Gürtel und stellen einen rasenden Kampf zwischen Kriegern und Kriegerinnen dar. Häufig ist auf ihnen Andromeda oder Andromache und nicht Hippolyte die Königin. Bereits um 700 v. Chr. wurde auf einem irdenen Votivschild aus Tiryns ein Krieger, der gegen eine Amazone kämpft, dargestellt. Ob es sich dabei aber um Herakles und seine Amazonenkönigin handelt oder um Achilleus und Penthesileia, die uns aus einer anderen Episode der Homerischen Überlieferung bekannt sind, ist nicht festzustellen.[8] Durchaus möglich, daß derartige Begegnungen viel früher nicht denkbar waren; die Vorstellung von den Amazonen – einem barbarischen Kriegerinnengeschlecht – faszinierte die Griechen und könnte unabhängig davon, ob sie auf der Beobachtung matriarchalisch verfaßter Gesellschaften jenseits des Meeres beruhte oder nicht, älter sein.

In diesem Zusammenhang erhalten die bildlichen Darstellungen eine außerordentliche Bedeutung als Beweismaterial, da sie diese drei Arbeiten nicht nur vor die Klassische Periode datieren, sondern auch noch darauf verweisen, daß die Aufgaben einfach und ohne Ausschmückungen waren: kein Gürtel, kein Diomedes, der seinen Pferden zum Fraß vorgeworfen wird. Das erinnert erneut an das hohe Ausmaß mythischer Bearbeitungen, die im Laufe des Klassischen Zeitalters vorgenommen wurden; ein Umstand, der besonders diese Arbeiten als Belege dafür, daß Herakles ein älterer Heros sei, relativ uninteressant werden läßt – sie vielleicht, wie manche sagen würden, schon anundfürsich uninteressant macht.

Die letzten drei Arbeiten sind gänzlich anders, da sie Herakles in den äußersten Westen der Erde, sogar in die Unterwelt führen. Als erstes sollte er das Vieh des dreileibigen Riesen Geryon, auch Geryones und Geryoneus genannt, zurückholen. Geryon lebte auf der Insel Erytheia, »Rot«, jenseits des Okeanosstromes; bereits im 6. Jahrhundert v. Chr. dachte man, sie läge unweit der Atlantikküste in der Nähe von Cadiz. Knapp gibt Hesiod die Erzählung wieder:

Chrysaor erzeugte, als er sich mit Kallirhoe, der Tochter des Okeanos, vermischte, den dreiköpfigen Geryoneus. Den erschlug der starke Herakles in der Nähe der schleppfüßigen Rinder im meerumflossenen Erytheia an dem Tage, da er die breitgestirnten Rinder zu dem heiligen Tiryns trieb, nachdem er den Strom des Okeanos überquert und Orthos und den Hirten Eurytion bei den neblig-windumwehten Ställen jenseits des ruhmvollen Okeanos getötet hatte (*Theogonie*, 287 ff.).

Keine große Poesie; Hesiod erzählt einfach, in groben Zügen, ohne zu erwähnen, daß Orthos der Hund des Eurytion ist. Da seine Zuhörer das offensichtlich bereits wußten, ist anzunehmen, daß die Erzählung mit Beginn des 7. Jahrhunderts zur Überlieferung gehörte. In dessen zweiter Hälfte taucht es in der Kunst auf und wurde in den beiden darauffolgenden Jahrhunderten unzählige Male gebraucht; in der Literatur des 5. Jahrunderts finden sich viele Verweise auf Geryon, und schon gegen Ende des 7. Jahrhunderts hatte Stesichoros dieser Episode ein langes Gedicht gewidmet. Diese Arbeit ist die meist belegte von allen.

Geryons Vater war jener Riese Chrysaor, der mit Pegasos zusammen dem Rumpf der Gorgo Medusa entsprungen war. Man sollte vermuten, der Sohn sei unüberwindbar, aber Herakles tötet ihn und obendrein seine Helfer, den Hund und den Viehhirten, ohne größere Schwierigkeiten (entweder mit Pfeil und Bogen oder mit einer Keule.) Spätarchaische und klassische Versionen befassen sich ausführlicher mit der Schwierigkeit, den Okeanosstrom zu überqueren, insbesondere damit, wie das Vieh zurückzubringen sei, und mit den Reisen in den äußersten Westen und die Art der Rückkehr (Hesiods Vermutung, er sei an ein-und-demselben Tag hin- und zurückgereist, ist vielleicht als Ausrutscher seiner schemenhaften Sprache zu sehen). Stesichoros berichtet, wie Herakles den schwebenden Becher, in dem Helios jeden Abend aus dem Osten in den Westen um den Strom des Okeanos herum zurückkehrt, als Fährschiff benützt; Helios hatte versprochen, ihm diesen zu leihen, als ihn Herakles, auf dem Weg durch die ausgedörrte afrikanische Wüste, mit seinen Pfeilen bedroht hatte. Unterwegs tötete er eine ganze Reihe libyscher Ungeheuer und errichtete seine Säulen in Gibraltar und Ceuta. Auf seinem Rückweg durch Ligurien (Südfrankreich) beseitigte er Straßenräuber und besiegte die Eingeborenen, nachdem er von Zeus einen Steinregen erbeten hatte, da ihm seine Wurfgeschosse ausgegangen waren – eine scheinbar ätiologische Erzählung in Verbindung mit der von Steinen übersäten *Plaine de la Crau*. Von dort aus zog er weiter durch Italien und Sizilien, wo er den König Eryx tötete, hinüber nach Griechenland, nach Thrakien hinauf und über Kleinasien zurück, bis er seine inzwischen reduzierte Viehherde dem Eurytheus in Mykene vorführte. Diese Abenteuer vor allem ermöglichte es den Siedlern im Westen, Herakles auf ihre weiten Landstriche zu beziehen und aus seinen ursprünglich auf dem Peloponnes ausgeführten Heroentaten, der Vernichtung von Ungeheuern, ihre eigenen lokalen Versionen zu machen.

Signifikanter noch ist die Wahrscheinlichkeit, daß Geryon tatsächlich ein »Hüter der Toten« war. In den antiken Quellen ist dafür ein deutlicher Hinweis enthalten – Apollodoros (der sich in der Wiedergabe dieser Arbeit besonders eng an Pherekydes aus dem 5. Jahrhundert zu halten scheint) beschreibt die Ankunft des Herakles wie folgt:

Er erreicht Erytheia und schlägt sein Lager auf auf dem Berg Abas; der Hund sieht ihn und stürzt sich auf ihn, aber er erschlägt ihn mit der Keule und tötet auch den Hirten Eurytion, als der seinem Hund zu Hilfe kommt. Menoites, der Hades' Rinder dort weidete, berichtete Geryones, was geschehen war; Geryones erreichte Herakles, wie er eben die Rinder den Fluß Anthemus entlang trieb, ließ sich mit ihm in einen Kampf ein und wurde durch Pfeile getötet. Herakles schaffte die Rinder in den Becher, schiffte hinüber nach Tartessos und stellte Helios den Becher wieder zu (2. 5, 10).

Ein wichtiges Detail ist, daß *Hades'* Herde nicht weit davon gehalten wird. Menoites scheint Geryons Ebenbild zu sein oder umgekehrt und drängt den Vergleich zwischen dem Hund Orthos (oder Orthros, wie er sich manchmal schreibt) und Kerberos, dem vielköpfigen Hund des Hades, den Herakles in seiner nächsten Arbeit aus der Unterwelt heraufbringt, geradezu auf. Hesiod macht aus Orthos und Kerberos gar Brüder, mit der Lernaiischen Hydra zusammen sind sie Kinder des schrecklichen und schlangenähnlichen Paares Echidne und Typhon.[9] Wenn dem so ist, dann gehört Geryon gewissermaßen zur Unterwelt, und mit dem Kerberos-Abenteuer zusammen bedeutet das soviel wie das Eindringen in die Totenwelt und ihre Eroberung. Der holländische Wissenschaftler J. H. Croon hat nachgewiesen, daß Herakles besonders mit heißen Quellen in Verbindung gebracht wird, die verschiedentlich im Mittelmeerraum anzutreffen sind und aufgrund ihrer Schwefeldämpfe nicht nur mit der Heilkunst, sondern auch mit der Unterwelt verknüpft wurden: sie waren Eingänge in das Reich der Toten. Geryon scheint ursprünglich auch zum griechischen Festland gehört zu haben – wahrscheinlich zu der von Heißwasserquellen umgebenen Region von Thermopyle – und erst mit der Kolonialisierung des Westens nach und nach dorthin verlegt worden zu sein.[10]

In diesem Kontext ist eine andere Tat des Herakles von Bedeutung, da Homer in einer Aufzählung seiner Freveltaten gegen die Götter erwähnt, daß

auch der gewaltige Hades einen schnellen Pfeil ertragen mußte, als derselbe Mann, der Sohn des aigistragenden Zeus, ihn in Pylos, zwischen den Toten, verwundete und ihm große Qualen bereitete (*Ilias* 5, 395 ff.).

»Pylos«, wörtlich »Pforte«, muß sich auf einen der Eingänge zur Unterwelt beziehen und nicht auf Nestors mykenische Stadt gleichen Namens. Die Episode bestätigt ein weiteres Mal eine alte Überlieferung, wonach eine der wichtigsten Funktionen Herakles' darin bestand, mit dem Tod zu kämpfen; das gleiche gilt für jene Zufallstat, in der er in die Unterwelt hinabsteigt, um Alkestis zu retten (Thema der gleichnamigen Tragödie von Euripides), die sich nur ungern bereiterklärt hatte, anstelle ihres Gatten Admetos zu sterben – einem Thessalischen König, dessen Name, »Unbezwungen«, auf Hades selbst bezogen wurde, was jedoch ziemlich unwahrscheinlich ist.

In der elften Arbeit hat Herakles Kerberos, ein Hund-Ungeheuer, aus der Unterwelt zu holen, die dieser bewacht, um unbefugt Eindringenden wie möglichen Flüchtenden den Zu- bzw. Ausgang zu versperren. Mit Sicherheit ist diese Erzählung alt. Sie ist auf unzähligen Vasenmalereien dargestellt, und in etlichen Tragödien wird auf sie verwiesen, wie auch Hesiod (wie wir sahen) und die *Ilias* sie andeuten, als sich Athene beschwert, daß Zeus

... sich nicht daran erinnert, daß ich oftmals seinen Sohn rettete, wenn er von Eurystheus' Aufgaben erschöpft war. Er klagte immer zum Himmel, und Zeus sandte mich eilends hinab, ihm zu helfen. Hätte ich, was ich jetzt weiß, gewußt in meinem scharfen Geiste, dann wäre Herakles nicht den jähen Strömen des stygischen Wassers entronnen, als Eurystheus ihn zum Hause des Torhüters Hades sandte, damit er aus dem Erebos den Hund des verhaßten Hades emporbringe (8, 362 ff.).

Dank der Hilfe von Athene und Hermes, dem Gott, dessen Aufgabe es war, die toten Seelen in die Unterwelt zu geleiten, konnte Herakles seine Aufgabe erfolgreich abschließen; er entwendete die gefährliche Bestie und zeigte sie Eurystheus, der in seinem bronzenen Behälter kauerte und den Helden anflehte, den Hund seinem

Besitzer zurückzugeben. Während sich Herakles im Tartaros befand, befreite er nebenbei noch Theseus, der dort zusammen mit Peirithoos nach ihrem unüberlegten Überfall auf Persephone gefangengehalten wurde; er begegnete auch dem Schatten des Meleagros und versprach, dessen Schwester Deianeira zu heiraten, über die sein Weg, ohne daß sie es wollte, in seinen Tod und zu seiner Apotheose führen sollte.

Endlich die Reise zum Garten der Hesperiden, den Nymphen, deren Name »westlich« (oder »vom Abendstern«) bedeutet und die die Aufgabe hatten, den Garten der Götter zu betreuen und die Goldenen Äpfel zu behüten, die Gaia Zeus und Hera als Hochzeitsgeschenk gegeben hatte. Zu dieser Arbeit existieren keine Hinweise in der Literatur aus dem vorklassischen Zeitalter, und in der Vasenmalerei taucht sie frühestens mit dem späten 6. Jahrhundert v. Chr. auf. Laut Angaben des Reisenden Pausanias war sie auf zwei ein wenig jüngeren Arbeiten peloponnesischer Kunst zu sehen, auf dem Amyklaiischen Thron und der Kypseloslade (siehe Seite 149). Außerdem ist in den Versionen aus dem 5. Jahrhundert auch noch das Detail enthalten, daß Herakles sich mit der Bitte um Hilfe an Atlas wandte, der das Himmelsgewölbe auf seinen Schultern zu tragen hatte, und diese Atlaskonzeption geht mindestens auf Hesiods *Theogonie* zurück. Ein Urteil darüber, ob die Äpfel der Hesperiden ein alter Bestandteil der mythischen Geschichte des Herakles seien oder nicht, müssen wir uns noch vorbehalten. Die klassischen Versionen gaben diesbezüglich verschiedene Auffassungen wieder (entweder pflückte er die Äpfel selbst, nachdem er den dazugehörigen Drachen, der sie bewachte, getötet hatte, oder er überredete Atlas, das zu tun, während er selbst den Himmel trug), und beide dienen der jeweiligen Ansicht als Beweis. Läßt man die Datierung außer Acht, so gibt es deutliche Anzeichen dafür, daß auch dieses Abenteuer sich im äußersten Westen abspielt (eine der Hesperiden wird Erytheia genannt, namensgleich mit der Insel Geryons und wahrscheinlich auf die Farbe der untergehenden Sonne bezogen) und mit der Vorstellung von einem Leben nach dem Tod verbunden wird. Die Goldenen Äpfel könnten an die goldenen Blüten erinnern, die laut Pindar auf der Insel der Seligen (s. Seite 126) wuchsen. Außerdem gab es, so das Fragment eines Geryon-Liedes von Stesichoros, eine Insel im Atlantik (deshalb auch nahe Erytheia), die die Insel des Sarpedon genannt wurde; aus der *Ilias* wissen wir, daß Sarpedon ein Sohn des Zeus war und nach seinem Tod nach Lykien gebracht und dort einbalsamiert wurde. Daß er in einigen Versionen auf der Insel der Seligen landete, ist eine durchaus plausible Mutmaßung.

Einst müssen die goldenen Äpfel eine pointiertere Bedeutung besessen haben als in diesem ein wenig verkümmerten Mythos, in dem Eurystheus nichts mit ihnen anzufangen weiß und sie einfach dem Herakles wiedergibt, der sie daraufhin der Athene opfert. Möglich, daß man sie für eine »Lebensspeise« oder für ein Symbol der Unsterblichkeit oder der Verjüngung hielt (ein Grund, warum sie die Götter derart bewachten); magische Äpfel dieser Art sind uns aus der Folklore anderer Völker bekannt. Daß er ihrer habhaft wird, wie seine Verbindung zu Atlas, könnte andererseits eine verhältnismäßig späte Entwicklung sein, wobei wir diese Erzählung einfach nur als Hervorhebung seiner antiken Rolle als Höllenbezwinger betrachten sollten.

Endlich waren Herakles' Arbeiten und seine Dienstzeit bei Eurystheus vorbei. Aus der mythischen Überlieferung geht keineswegs eindeutig hervor, was er danach tat, da die »zufälligen« Taten und auch einige der Expeditionen – wie die gegen Augeias von Elis wegen dessen Weigerung, den Lohn für die Säuberung seiner Viehställe zu zahlen – mit den Arbeiten selbst verquickt waren. Laut Apollodoros gab der Heros nun seinem Neffen Iolaos Megara (die Frau, deren Kinder er in einem Anflug von Wahnsinn ermordet hatte) zur Frau, während er selbst eine neue Frau – Iole, die Tochter des Königs Eurytos von Oichalia – zu gewinnen suchte. Zur Wahl eines Bräutigams arrangierte Eurytos mit Vorliebe Wettkämpfe im Bogenschießen, die er auch immer selbst gewann – wie es schon Oinomaos vor ihm getan hatte, um seine Tochter Hippodameia zu behalten. Aber gleich Pelops besiegte Herakles den Vater, der sich dennoch weigerte, ihm seine Tochter zu geben. Ihr Bruder Iphitos hatte einigen Berichten zufolge zu Herakles gehalten, aber als er ihn in Tiryns besuchte, brachte ihn Herakles heimtückisch um, indem er ihn von den Stadtmauern hinunterstieß. Apollodoros meinte, er hätte es in einem erneuten Anflug von Wahnsinn getan, aber Homer hatte in der *Odyssee* erst gar nicht versucht, ihn zu entschuldigen, sondern freiheraus behauptet:

Herakles ermordete ihn, als Iphitos Gast in seinem Hause war – die Tat eines Frevlers, der keine Scheu hatte vor dem Mißfallen der Götter noch vor dem Tisch der Gastfreundschaft, den er ihm bot; sondern er erschlug ihn und behielt die starkhufigen Rosse [die Iphitos hatte zurückholen wollen] in seinem eigenen Hause (21, 27 ff.).

Einer von mehreren Hinweisen, daß sich Homer auf Quellen stützte, die dem Helden durch und durch feindlich gesinnt waren oder seine destruktiven und antisozialen Züge wenigstens nicht zu verschleiern suchten. Die Ermordung des Iphitos hatte für Herakles jedenfalls die Folge, rituell entweiht und physisch krank zu werden. Er wandte sich an das Delphische Orakel um Rat, den es ihm aber verweigerte. Daraufhin ergriff er den Orakel-Dreifuß und geriet sogar mit dem Gott Apollon in ein Handgemenge. Zeus mußte die beiden trennen, da beide seine Söhne waren, und das Orakel willigte ein, ihm zu verkünden, daß er sich, um sich zu reinigen, für ein ganzes Jahr, eventuell sogar für drei Jahre als Sklave verkaufen müsse. Gekauft wurde er von der Königin Omphale, auf die wir noch zu sprechen kommen. Er kehrte nach Oichalia zurück, eroberte die Stadt samt der Prinzessin Iole und befand sich gerade mit ihr auf dem Rückweg nach Trachis (wo er jetzt mit seiner zwischendurch erworbenen zweiten Frau Deianeira lebte), als ihn Deianeiras tödliches Geschenk, das vergiftete Hemd, erreichte. Die Reihenfolge und die Frauen sind ein wenig durcheinandergeraten, aber die Nachricht, Herakles habe eine neue Frau, veranlaßt Deianeira, ihm das Hemd zu schicken, so seiner irdischen Laufbahn ein Ende setzend.

Das ist in Kürze Herakles' Leben nach den Arbeiten, aber bevor die Probleme, die sich durch seinen Tod ergeben, erörtert werden, zunächst zurück zu einigen der faszinierenden zufälligen Taten. Über die zuvor erwähnten hinaus, hat Herakles es mit einer ganzen Ansammlung von Ungeheuern und Missetätern zu tun: mit Kyknos beispielsweise, dem Sohn des Ares und Bruder eines anderen Opfers, des Königs Diomedes von Thrakien; mit Busiris, einem böswilligen ägyptischen König, der Fremde opferte (sein Name ist historisierend und verweist auf den Gott Osiris, obwohl Menschenopfer laut Herodot bei den Ägyptern nicht Brauch waren); mit Antaios, einem Riesen, der in Libyen zu Hause und ein Sohn der Mutter Erde war, den Herakles nur töten konnte, indem er ihn, wie schon mit dem Nemeischen Löwen geschehen, hoch in der Luft, getrennt von seiner Mutter, hielt und ihn zu Tode quetschte; und mit Alkyoneus, noch einem Riesen, der in der Nähe des Isthmos von Korinth lebte. In einigen Berichten half er den Göttern in der sogenannten Gigantomachie, sich des ganzen Riesengeschlechts zu entledigen, während der Klassischen Periode ein beliebtes Thema der monumentalen Skulptur. Die Erzählung war sicherlich schon zu Hesiods Zeiten bekannt, wie auch die Ausmalung der Prometheus-Geschichte, in der ihn Herakles vom Kaukasischen Felsen befreit (s. Seite 120).

Obgleich diese Begegnungen interessant sind, so beinhalten sie doch eigentlich nichts neues. Ganz anders die Kontakte zwischen Herakles und den Kentauren, die die ältesten, originellsten und wichtigsten Teile des gesamten epischen Komplexes bilden. Zu Zeiten Homers und Hesiods, unseren frühesten literarischen Quellen, sind die Kentauren schon fest in der mythischen Überlieferung verankert, und seit 900 v. Chr. sind sie in der Geometrischen Kunst anzutreffen. Homer bezieht sich wiederholt auf den klugen Kentauren Cheiron (s. Seite 199), beschreibt aber die Kentauren als ein Volk von »bergdurchschweifenden Unholden«.[11] Es zeigt sich, daß der Gegensatz zwischen »guten« und »bösen«, wilden und zivilisierten Kentauren gerade in ihren Verbindungen zu Herakles sehr stark betont wird.

Zuerst traf er den Kentauren Pholos, dessen Name sich vom Berg Pholoe an der westlichen Grenze Arkadiens ableitet. Unterwegs, den Erymanthischen Eber zu fangen, kehrte Herakles bei ihm ein. Pholos, liebenswürdig und gastfreundlich, kochte ihm ein Mahl (obwohl, Apollodoros geht eigens darauf ein, es zu seiner Gewohnheit gehörte, sonst nur Rohes zu sich zu nehmen) und ließ sich dazu verleiten, einen besonderen Krug Wein zu öffnen. Dieser Krug war wohl das gemeinsame Eigentum aller auf dem Berg lebenden Kentauren. Jedenfalls rochen sie den Wein sofort und kamen wütend den Berg hinaufgestürmt. In dem Kampf, der nun folgte, vertrieb sie Herakles mit glühenden Kohlen und tötete einige von ihnen mit Pfeilen; der Rest floh bis Kap Malea im äußersten Süden des Peloponnes. Dort lebte jetzt Cheiron, der nach dem schändlichen Zwischenfall auf der Hochzeit des Peirithoos (s. Seite 147) vom Berg Pelion vertrieben worden war. Daß die »guten« Kentauren unter der Lust und Gier der übrigen zu leiden hatten, scheint die Regel gewesen zu sein. Herakles verfolgte sie bis nach Malea, wo er Cheiron aus Versehen tötete. Noch auf dem Berg Pholoe erlag auch Pholos unbeabsichtigt einem der (vergifteten?) Pfeile des Helden. Wiederum zerstreuten sich die anderen, einige wurden auf mysteriöse Weise unter einem Stein zu Eleusis versteckt. Es gibt dort zwar eine Akropolis, die heute allerdings fast nicht mehr zu erkennen ist, aber kaum einen Berg.

Es gelang dem Eurytion, einem Kentauren, der sich schon bei der lapithischen Hochzeit abscheulich benommen hatte, sich die Gefühle einer Tochter des Königs Dexamenos (der »Empfänger« oder der »Gastfreundliche«) in Arkadien zu erschleichen. Herakles besiegte ihn, und in einigen Versionen war das Mädchen mit Deianeira selbst identisch. Sie ist es auch, die ohne ihr Zutun zum Anlaß für die nächste Episode wird, da sich der Kentaure Nessos erboten hatte, sie über den Fluß zu setzen und auf dem Wasser versucht hatte, sie zu vergewaltigen; Herakles erschoß ihn, und der sterbende Nessos gab dem Mädchen den trügerischen Rat, sein Blut und seinen Samen in einer Phiole zu sammeln und, wenn nötig, als Liebestrank zu verwenden. Daraus wurde das Gift, mit dem sie später das tödliche Hemd beschmierte.

Das sind, zusammen mit dem Eklat auf der lapithischen Hochzeit und der Auffassung des Cheiron als eines alles in allem weisen und freundlichen Heilkundigen und Heroenerziehers in seiner Höhle auf dem Berg Pelion, in kurzen Worten die Kentauren-Mythen. Ins Auge fällt, wie sehr sie in dem, was sie tun, mit Herakles verbunden sind. Viele seiner Unternehmungen stehen mit anderen mythischen Schauplätzen, Handlungen oder Personen in Zusammenhang, doch sind die Verbindungslinien meistens oberflächlich und können auf die fortlaufende Organisierung dieser Überlieferung zurückgeführt werden. Davon sind die Kentauren, auf die ich später noch zurückkommen werde, ausgenommen. Es scheint, als ob es eine frühe und integrale Verbindung gab, auf die sogar Dichter des Klassischen Zeitalters eingingen, so daß es für Euripides ganz natürlich schien, in *Herakles* zum Beispiel, den Chor bei der Aufzählung der Großtaten des Heros ausführlich auf die Kentauren Bezug nehmen zu lassen:

Zuerst befreite er Zeus' Hain von dem Löwen, zog ihm das Fell ab und bedeckte sein blondes Haupt mit dem schrecklichen feuerfarbenen Rachen des Untiers. Ein anderes Mal streckte er das bergedurchschweifende Volk der wilden Kentauren hin mit seinem todbringenden Bogen und tötete sie mit gefiederten Pfeilen. Der schönfließende Peneios ist sein Zeuge ... und auch die Siedlungen des Pelion ... (*Herakles*, 359 ff.).

Nach weiteren Ausführungen der Jagd auf die Kentauren kehrt der Chor zur Beschreibung der eigentlichen Arbeiten zurück.

Besonders bemerkenswert sind noch zwei andere Taten des Herakles. Die erste davon ist seine Stiftung der Olympischen Spiele aus Mitteln der Beute, die er bei König Augeias erhielt, von Pindar wie folgt beschrieben:

In Pisa versammelte der starke Sohn des Zeus sein ganzes Heer und die ganze Kriegsbeute und maß einen heiligen Hain ab für seinen allmächtigen Vater; er umzäunte die Altis [d. i. der heilige Bezirk von Olympia] ... und nachdem er aus den Früchten des Sieges, dem Geschenk des Krieges, ausgewählt hatte, opferte er und setzte das Fest, das alle vier Jahre gefeiert werden sollte, mit der ersten Olympiade und den Kämpfen um den Siegespreis ein (*Olympische Oden* 10, 43–46 und 55–59).

An anderer Stelle erzählt der Dichter, wie Herakles entdeckte, daß es dem Ort an Schatten fehlte und er von den Hyperboreern Bäume mitbrachte, um sie dort zu pflanzen. Dabei wird er in seiner üblichen, wenn auch ein wenig paradoxen Rolle als Kulturheros gesehen, als Begründer von Riten und Städten und Errichter von warmen Quellen und Heilschreinen.

Seine Dienste bei Omphale, die zweite beachtenswerte Episode, sind auf seine schlechten Charakterzüge und auf seinen arglistigen Mord an Iphitos zurückzuführen. Anfänglich ging man davon aus, Omphale sei eine Königin von Epeiros an der Grenze im Nordwesten Griechenlands, wo es eine Stadt mit einem ähnlichen Namen gab. Später war man der Ansicht, sie sei aus dem weiter östlich gelegenen Thessalien und noch später, aber schon zu Sophokles' Zeit, sie käme aus Lydien in Kleinasien. Vielleicht wurde sie nach Ende des Bronzezeitalters von den griechischen Siedlern auf die andere Seite der Ägäis mitgenommen; sie bleibt eine ziemlich mysteriöse Gestalt, die in keinem erhaltenen Kunstwerk oder in der Literatur aus der Zeit vor dem 5. Jahrhundert v. Chr. auftaucht. Die hellenische Überlieferung, einschließlich der des Apollonios Rhodios in seiner *Argonautika*, ließ sie sich in ihren schneidigen Diener verlieben (obwohl uns Pindar vollkommen überraschend verrät, daß Herakles ein ziemlich kleiner Mann gewesen sei).[12] Mit Sicherheit ist das eine späte Ausschmückung; eine andere, uns nur aus hellenischen und römischen Quellen bekannte Einzelheit, daß er und die Königin Rollen vertauschten, indem er ihre Kleider trug und sie sich das Löwenfell überwarf und seine Keule schwang, könnte sehr wohl früheren Datums sein. Möglicherweise handelt es sich hier um eine gelehrte Herleitung matriarchalischer und deshalb in gewisser Weise männischer Bräuche, die man eher den Lykiern als den Lydiern zuschrieb, ebensogut aber könnte es eine Weiterführung der gesamten Dienstthematik, eine intendierte und fest etablierte Umkehrung seiner ursprünglichen Rolle sein. Dem ganzen Entwurf der Arbeiten wie seiner Knechtschaft bei Eurystheus liegt in etwa das gleiche Motiv zugrunde, und es scheint ein Kennzeichen dieses Mannes zu sein, manchmal als Unterlegener oder Schwacher gezeigt zu werden, während dann wiederum seine Kräfte mit ihm durchgehen und er Amok läuft. Transvestismus ist andererseits ein bekannter Zug der »rites des passage«, in denen der Übergang von einer sozialen Stellung zu einer anderen – vom Mädchen zur Frau zum Beispiel – durch gewollte Unterbrechungen des Alltäglichen hervorgehoben wird. Zu bestimmten religiösen Anlässen trugen die Priester des Herakles auf der Insel Kos (mit der der Heros schon seit Homer verbunden wurde) weibliche Kleidung; keineswegs erstaunlich wäre es, wenn der Transvestismus in Verbindung mit Omphale ebenfalls einen rituellen Bezug gehabt hätte und nicht bloß eine gelehrte Hinzufügung gewesen wäre. Achilleus' Verkleidung als Mädchen und der Umstand, daß Pentheus sich wie eine Mainade kleidet, um dem weibischen Dionysos nachzuspionieren, können ähnliche Implikationen haben.

Während er noch bei Omphale war, bekam Herakles es mit zwei arroganten Gestalten namens Syleus und Lityerses zu tun, der eine gewissermaßen die Variante des anderen, Syleus, der thrakischen Ursprungs zu sein scheint, besitzt einen berühmten Weingarten; er hält Passanten an, zwingt sie, dort zu arbeiten, tötet sie schließlich oder läßt sie wieder laufen. Herakles wird aufgefordert, mit der Arbeit zu beginnen und reißt daraufhin die Weinstöcke aus und richtet allerlei Schaden an. Lityerses ist ein berühmter Schnitter, der gleichfalls Fremde in seine Dienste zwingt, ihnen schließlich die Köpfe abschneidet und ihn in die Garben bindet. Herakles aber dreht den Spieß auf eine Art um, die uns an Theseus und *seine* Straßenräuber und Rohlinge denken läßt. Im Unterschied dazu aber scheint Lityerses ursprünglich kein Mensch, sondern ein Lied gewesen zu sein: genauer ein Erntelied, wie es in Phrygien geläufig war.

Später traf Herakles auf zwei ihrer Abkunft nach thessalische Brüder, die Kerkopen genannt, deren Namen soviel wie die »Geschwänzten« bedeutet und der Ansicht Vorschub leistete, sie wären in Affen verwandelt. Ihre Angewohnheit war es, Reisende zu überfallen, ihre Kleider zu stehlen und sie dann zu töten. Sie stürzten sich auf den gerade schlafenden Herakles, doch besiegte er sie und trug sie, festgebunden an einem über seine Schultern geworfenen Tragebalken, mit dem Gesicht nach unten davon. So konnten sie mühelos seinen behaarten Hintern betrachten und sich an die Prophezeiung ihrer Mutter erinnern, daß sie, wenn sie Melampygos, »Schwarzarsch«, begegneten, unglücklich werden würden. Sie rissen aber darüber so viele unflätige Witze, daß Herakles zu lachen anfing und sie laufen ließ. Man darf nicht vergessen, daß Obszönität zur üblichen rituellen Praxis gehörte, nützlich, um die bösen Geister zu vertreiben oder um die Fruchtbarkeit zu fördern. Wir erinnern uns, daß Iambe Demeter zum Lachen brachte, als diese wegen ihrer Tochter Persephone trauerte, indem sie ihr Witze erzählte; das war Teil der Eleusinischen Mysterien, und hinter Iambe steckt wahrscheinlich Baubo, die sich entblößte (s. Seite 254). So mögen die Kerkopen nicht durchweg Spaßvögel oder Herakles' haariges Hinterteil ein unbedeutendes Detail gewesen sein, auch wenn Herakles im Klassischen Zeitalter, vielleicht noch früher, manchmal als burleske Figur dargestellt wurde – wie in *Alkestis* von Euripides, wo er sich sternhagelvoll laufen ließ, wie in dem, vom selben Dichter, verlorengegangenen Satyrspiel *Syleus*, das auf der soeben wiedergegebenen Erzählung beruht.

In die Knechtschaft von Omphale geriet er durch seinen niederträchtigen Mord an Iphitos, der mit seiner Liebe zu Iole zu tun hatte, die ihrerseits zu seinem Tod führte. Hierüber würden wir gerne mehr wissen. Sophokles' *Trachinierinnen* geben die vorhergehenden Ereignisse gänzlich wieder (auch Bakchylides faßt sie zusammen), das Stück schließt aber damit, wie Herakles noch lebendig zu seinem Begräbnisscheiterhaufen getragen wird. Es existiert keine ausführliche Beschreibung seiner Aufnahme in den Himmel, nicht einmal eine, wie sie abschließend in Sophokles' *Oidipus auf Kolonos* von dem wundersamen Verschwinden und der angenommenen Transfiguration des Oidipus (nicht jedoch in einen Gott, sondern in einen Dämon) gegeben wird. So faßt Apollodoros sein Schicksal zusammen:

Er kam zu dem Gebirge Oita, das in Trachinien liegt, schichtete dort einen Scheiterhaufen auf, bestieg ihn und gebot ihnen, ihn anzuzünden. Niemand war bereit, das zu tun, bis Poias, der auf der Suche nach seinen Herden vorbeikam, ihn in Brand setzte; Herakles schenkte ihm seinen Bogen. Als der Scheiterhaufen brannte, habe – so erzählt man – eine Wolke Herakles umfaßt und ihn unter Donner in den Himmel emporgetragen. Dort erlangte er Unsterblichkeit, söhnte sich mit Hera aus und vermählte sich mit ihrer Tochter Hebe ... (2. 7, 7).

Poias war der Vater des Philoktetes, des achaiischen Prinzen, der auf dem Weg nach Troia eines eiternden Schlangenbisses wegen auf Lemnos zurückgelassen wird; nach anderen Versionen war Philoktetes derjenige, der den Scheiterhaufen anzündete und dafür mit dem berühmten Bogen des Herakles belohnt wurde, der zu Paris' Tod und Troias Fall führen sollte.

Daß der Scheiterhaufen angezündet wurde, von wem auch immer, ist ein allgemein akzeptierter Teil der Überlieferung. Möglicherweise wollte man dadurch lediglich die Geschehnisse dramatisieren – man denke nur an das Drama des Kroisos auf seinem Begräbnisscheiterhaufen (s. Seite 165). Indes ist Herakles' unerträgliches Leiden ein wichtiger Teil einer noch früheren Überlieferung, denn sein Fleisch wurde von der ätzenden Mischung des Kentauren Nessos zerfressen, und dieses Detail geht mindestens bis ins 7. Jahrhundert zurück, wahrcheinlich sogar noch weiter. Die Verbrennung ist ein traditionelles Mittel der Reinigung, mit der die Griechen schon seit langem vertraut waren, und die häufige und in der Tat auch verständliche Schlußfolgerung ist, daß die sterblichen Teile des Herakles vom Feuer verzehrt wurden, um dadurch dem unsterblichen Teil den Aufstieg in den Himmel zu ermöglichen.

Es wäre ein leichtes, eine verwickelte und dem ersten Anschein nach einleuchtende Theorie über Herakles' Tod aufzustellen, indem auf die eventuell vorhandene Bedeutung vom Blut und vom Samen des Kentauren verwiesen und der Läuterung durch Feuer die frühere Beziehung des Heros zu Wasser (Hydra, warme Quellen, Nessos und der Fluß) gegenübergestellt wird. In vielem entspricht das den heutigen Vorgehensweisen. Auch ist es nicht besonders schwierig, aus dem mannigfaltigen Material und den vielfältigen Varianten, die uns die klassischen griechischen Mythen zur Verfügung stellen, einleuchtende Systeme zu konstruieren; gerade Herakles eignet sich mehr als irgend eine andere mythische Gestalt vorzüglich zu solchen Zwecken. Man muß aber derartigen Versuchungen widerstehen und zugleich solche Bedeutungsstränge gebührend würdigen, die tatsächlich durch seine gesamte mythische Biographie, bis zu seinem Tod und über ihn hinaus, zu verlaufen scheinen. Der erste Eindruck ist in jedem Falle der von Inkohärenz. Im großen und ganzen bilden die Arbeiten eine homogene Gruppe (obwohl auch sie, wie wir sahen, die unterschiedlichsten Handlungen umfassen); wie aber sind sie mit den Expeditionen gegen Pylos oder Sparta, der Stiftung von Spielen und Kulten und dem Entstehen von Heilquellen in Einklang zu bringen? Und warum sollte Herakles derart unvorhersehbar seine Kinder oder, in einem Anflug von unkontrollierbarer Wut, seinen Musiklehrer Linos umbringen? Wie ist der duldsame Diener des Eurystheus mit dem ungeduldigen Verschlinger ganzer Ochsen in Einklang zu bringen, oder der Prometheus-ähnliche Wohltäter der Menschheit mit dem lüsternen und hinterhältigen Feind des Eurytos von Oichalia?

Die Antwort auf diese Fragen liegt zum Teil sicherlich in der kumulativen Art, in der der Herakleszyklus und griechische Mythen im allgemeinen gesammelt wurden, und in dem gelehrten und literarischen Organisationsprozeß, dem sie nach und nach unterworfen waren. Dennoch scheinen einige widersprüchliche Merkmale bereits von Anfang an in der Überlieferung angelegt zu sein, auch wenn andere auf das ständige Hinzukommen lokaler Versionen und die zentripetale Anziehungskraft des größten aller Heroen – Anlaß genug, ihm sonst unübliche Beweggründe und Handlungen zuzuschreiben – zurückzuführen sind. Der italienische Wissenschaftler Angelo Brelich hat betont, daß vergleichbare widersprüchliche Eigenschaften bei den meisten griechischen Heroen zu finden sind, die sich ihrer Natur gemäß gefährlich nahe an der Grenze zwischen Mensch und Gott aufhalten.[13] Selbst der König Aiakos von Aigina, ein Musterbeispiel an Weisheit und Gerechtigkeit, wird bei ungehörigen Übergriffen auf Frauen ertappt, in seinem Falle auf die Seenymphe Psamathe. Brelich vertritt zudem die Ansicht, daß alle großen Heroen ein breites Handlungsspektrum aufweisen, das vom Schlachten und Erlegen von Ungeheuern über die Stiftung von Orakeln, Städten, Spielen und Heilschreinen bis zu Initiationsriten und dem Organisieren des Lebens in Stadt und Staat reicht.

Charakteristisch sind Verbindungen zu Mysterienkulten, zum Tod und der Besänftigung der Toten. Zweifelhaft ist jedoch, ob all diese Merkmale jedem einzelnen dieser Heroen zusteht. Die Heroen wurden natürlich mit den Stammeseinrichtungen und dem im Ritus verankerten Leben der Menschen in Verbindung gebracht. Immerhin waren sie Überbleibsel einer leuchtenden Vergangenheit, besaßen feste regionale Bezüge und örtlich begrenzte Kulte. Auf die Mysterien und den Tod bezogen heißt es, daß Herakles in die Kleineren Eleusinischen Mysterien eingeführt wurde, bevor er in den Hades hinabstieg, um Kerberos zu holen. Wahrscheinlich ist das aber eine nicht sehr weit zurückreichende Behauptung der Eleusiner. Die meisten Heroen erleiden einen nicht unerwarteten, außerordentlichen, meist gewaltsamen Tod und wirken noch von der Unterwelt aus als beschützende Geister oder Dämonen weiter. Daher rührt ein besonderer Bezug zum Tod und zum Grab, es bedeutet jedoch nicht, daß sich viele außer Herakles mit dem Tod als solchem beschäftigten oder mit dem Versuch, ihn zu überwinden. Was die Stiftung von Städten und Spielen betrifft, waren die Griechen überzeugt, jede Einrichtung müsse einen Urheber haben – eine zutiefst mythische Haltung. Und für die allgemeineren Einrichtungen, zumindest für die, denen die Götter keine Beachtung schenkten, waren erneut die Heroen zuständig. Aus diesem Grund gab es eine Tendenz, Heilkulte mit Heroen zu verbinden, auch, weil die Heroen zu chthonischen Mächten wurden, die über Leben und Tod verfügten.

Doch wird hier noch mehr über den widersprüchlichen Charakter der Heroen sichtbar; möglicherweise bezieht sich ihre Dualität auf die der Erde, von der alles Leben aus- und in die es zurückgeht, wie auf den natürlichen Drang der Menschen, sich der Mächtigen als Gründer und Stifter zu vergewissern. Denn der Kult nach ihrem Tod ist mit der Erde verbunden. Das vor Augen, können wir zu Herakles im besonderen zurückkehren. Seltsamerweise wird sein schillerndes Leben nicht in vielen Tragödien (im Unterschied zu Satyrspielen) thematisiert. Erhalten sind *Die Trachinierinnen* von Sophokles und der *Herakles* von Euripides, die sich bezeichnenderweise mit seinem bevorstehenden Tod wie auch mit seinem Wahnsinn beschäftigen. Vielleicht mangelte es den Arbeiten an wirklich ernsthaftem Stoff, um dramatisch zu sein. Stattdessen erlangte Herakles im Theater größeren Ruhm als burleske Figur, Wüstling, Trunkenbold und pikaresker Ausführer großer Kraftakte und nicht als erhabener Charakter, der die Göttlichkeit verdient. Zum Teil ist das ein Problem der religiösen Einstellungen des 5. Jahrhunderts. In den großen Städten würden ihn sicherlich wenig Menschen mit Apollon oder Dionysos vergleichen wollen. Menschen zu Göttern zu machen, war eine durchaus schwierige Angelegenheit. Das erfuhren die Römer, als sie ihre Imperatoren zu Göttern machen wollten. Die Herakles zugrundeliegende Harmonie zu entdecken, gelang den Alten nicht, interessierte sie vielleicht auch nicht; im Grunde beruhten seine Kulte auf besonderen lokalen Aspekten und Funktionen, die vieles mit denen der römisch-katholischen Heiligen gemeinsam haben. Von unserer heutigen Position ausgehend, die trotz mancher Nachteile doch eine gewisse Objektivität gewährt, lohnt es vielleicht, nach einer solchen Harmonie Ausschau zu halten.

Die einprägsamen Gesichtspunkte seiner mythischen Handlungen sind: Töten und Einfangen von Ungeheuern und Missetätern;

weitläufige Reisen; zeitweiliger Wahnsinn und Sklavendienste; eine bestialische Seite einerseits und eine zivilisierte andererseits; Begegnungen mit dem Tod und der Unterwelt. Die Beseitigung von Ungeheuern und so weiter zählt zu den typisch heroischen Aktivitäten, die ebenso in der Volkserzählung wie in der verwischten Erinnerung an legendäre Könige und Krieger ihren Ursprung haben. Es hat den Anschein, als müßte jeder Heros, dem eine wirklich bemerkenswerte Heroentat nachgesagt wird, wie Theseus' Beseitigung des Minotauros oder Bellerophons gottlosem Ritt auf Pegasos, noch eine Anzahl – mindestens drei – fürchterlicher und antisozialer Kreaturen vernichten. Herakles zeichnete sich dadurch aus, daß er ungewöhnlich viele tötete, die meisten davon in Zusammenhang mit seinen Arbeiten. Daß einige wahrscheinlich Erinnerungen an politische Zustände auf dem Peloponnes enthalten, haben wir bereits gesehen, andere erklären sich teilweise aus seiner Verbindung zum Tod. Ob Proben und Aufgaben an sich Wesentliches von Herakles preisgeben, scheint jedoch zweifelhaft. Für gewöhnlich hält man ihn für einen Kulturheros, der die Erde den Menschen bewohnbar macht, vom Typus her jemand, der uns aus afrikanischen und indianischen Mythen bekannt ist. Aber hierfür gibt es keine spezifischen Beweise mehr, und die Arbeiten leisten dieser Deutung eigentlich keinen Vorschub. Einige der peloponnesischen Ungeheuer (der Löwe, die Hydra und die Vögel) betrachtet man in ihrer unmittelbaren Umgebung als die Urheber von Zerstörung, eine für solche Kreaturen typische Funktion; der Kalydonische Eber, der von Meleagros in Aitolien zur Strecke gebracht wurde, und die Chimaira, die Bellerophons monströses Opfer war, hatten dieselben lokalen und antisozialen Eigenschaften. Indessen sind Arbeiten wie die Säuberung der Ställe, die Eroberung des Gürtels der Amazone und die drei Abenteuer, die im Westen spielen, anderer Art. In ihnen geht es nicht darum, die Erde von ihren ursprünglichen Gefahren zu befreien und sie dadurch bewohnbar zu machen. Das Klassische Zeitalter sah in Herakles den Riesentöter *par excellence*, und er war auch tatsächlich derjenige, der in der Gigantomachie den Göttern dabei half, das gesamte Riesengeschlecht zu beseitigen; aber diese Vorstellung von ihm als Bollwerk gegen die Barbarei scheint nicht sehr alt zu sein. Für diese Fragen geben uns andere Aspekte der Arbeiten und der zufälligen Taten genausowenig Auskunft. Ihre räumliche Ausdehnung weist eher auf zwei außerordentlich praktische Betätigungen hin – auf die mit der exotischen Geographie um ihrer selbst willen und auf die Notwendigkeit, zwischen den abgelegenen Kolonien und dem Mutterland kulturelle und rituelle Verbindungen zu schaffen –, als daß sie uns etwas Einmaliges über den Heros vermitteln. Wir müssen uns schon anderen Eigenarten zuwenden, um auf den Kern seines Wesens zu stoßen.

Das Motiv der Sklaverei ist bereits erörtert worden. Es kommt nur selten in den Heroenmythen vor, obwohl selbst Apollon einmal ein Jahr lang im Dienst des Admetos stand. Es betont die paradoxe Seite des Herakles und ist nicht als ein bloßes Detail zu betrachten, da es dem Grundmuster der Arbeiten zugrundeliegt. Meiner Ansicht nach hat es mit seinen Wahnsinnsanfällen zu tun. Auch dieses Motiv ist nicht einmalig (Athamas zum Beispiel tötete eines seiner Kinder in einem ebenso vom Himmel verfügten Anflug von Wahnsinn, und auch bei Atreus und anderen kehrt das Motiv der Kindstötung wieder), aber die Wiederholung (er tötet sowohl Linos als auch seine mit Megara gezeugten Kinder) läßt gerade in Herakles' Fall den Schluß zu, daß es ein wesentlicher Teil seines Charakters ist. Ich gehe nach wie vor davon aus, daß die Form seines Wahnsinns eine Steigerung bloßer Wut und roher Gewalt ist; bei dem Angriff auf Linos handelt es sich mit Sicherheit darum, und nicht um pure Geisteskrankheit. Eine andere Möglichkeit ist, daß sein Wahnsinn nicht aus seiner Person heraus zu verstehen, sondern etwas ihm Äußerliches ist. Der Überfall auf seine Kinder ist ihm immerhin von seiner Feindin Hera auferlegt worden und könnte einfach als eine drastische Form der Verblendung gesehen werden, die, folgt man der *Ilias*, die Götter den Menschen häufig auferlegen. Aber die Grenze zwischen kriegerischer Eingebung, die die Griechen *menos* (in der herkömmlichen Übersetzung »Macht«) nannten, und berserkerhaftem Wüten bleibt unscharf, und Herakles' Verrücktheit könnte das gelegentliche und außerordentliche Ergebnis einer übernatürlichen Kraft und Vitalität sein, die immer potentiell gefährlich waren. Ajax und Achilleus sind Beispiele hierfür. Wenn dem so ist – und ich persönlich halte es für eine durchaus wahrscheinliche Erklärung –, wird damit ein weiterer Bezug zur bestialischen Seite des Herakles hergestellt, in der rohe Kraft eine nicht zu übersehende Rolle spielt. Natürlich sollten wir uns davor in acht nehmen, ihn als reale Person zu behandeln, in der psychologisch miteinander zu vereinbarende Züge verschmelzen. Er ist selbstverständlich größtenteils eine fiktive Schöpfung, und bestimmte Seiten an ihm, wie der Hang, Kulte und Spiele zu stiften, spiegeln gewiß eher die Bedürfnisse weit auseinanderliegender Gemeinschaften, sich zu institutionalisieren, als einleuchtende Abstufungen in der Psyche eines einzelnen. Dennoch kann die Launenhaftigkeit nicht zum absoluten Maßstab werden, es muß einen besonderen und ihm eigenen Mittelpunkt geben, um den sich die Zufallseigenschaften scharen können.

Der Kern seines Wesens besteht möglicherweise in einer generellen Polarität von Natur und Kultur. Die zivilisierten Taten des Heros, die ich von nun an unter dem Begriff »Kultur« zusammenfasse, sind bereits dargelegt worden und schließen die Stiftung der Olympischen Spiele und die Leitung von Initiationsritualen ein. Seine bestialischen und barbarischen Taten werden unter dem Begriff »Natur« zusammengefaßt, womit die freie Bearbeitung der »natürlichen Welt«, im Gegensatz zu Gesetz und Konvention der Menschen gemeint ist. Tiere leben in Übereinstimmung mit der Natur, und es ist erstaunlich zu beobachten, wie viele tierische Seiten Herakles hat: seine Behaarung, die den Kerkopen Anlaß zu großer Erheiterung war, seine Kleidung, bestehend aus dem Fell eines Löwen, dessen Kopf seinen eigenen bedeckt und ihm das Aussehen eines sprungbereiten Löwen verlieh und, statt eines künstlich gefertigten Speers oder Pfeils, seine aus einem Baumstamm gehauene Keule. Zwar werden Keule und Fell auf den frühesten Darstellungen nicht gezeigt, aber das ist wohl eher eine Frage künstlerischer Konvention als ein Zeichen später Erfindung. Eine mögliche Parallele liegt uns im akkadischen Gilgamesch-Epos vor. Hier scheint Gilgamesch die Kultur, sein Freund Enkidu (der nicht nur bei den Tieren großgeworden, sonder auch von Haaren bedeckt ist, bis er durch den Überfluß und die Dekadenz des Stadtlebens verweichlicht wird) die Natur zu repräsentieren. Enkidu, der sich jedoch bald auf die Seite der Kultur stellt, erleidet dafür einen langsamen Tod. Aus Not und Verzweiflung geht Gilgamesch in die Wüste und tauscht seine Kleider gegen Felle ein; er scheint dem Tod entrinnen zu wollen, indem er die Kultur zurückweist und zur Natur zurückkehrt, eine natürlich vergebliche Hoffnung.

Zu Herakles' »natürlichem« Verhalten gehört des weiteren die Freizügigkeit im Umgang mit der Liebe, dem Essen und dem Wein: gängige gesellschaftliche Einschränkungen sind seine Sache nicht. Sein Unmaß an Kraft macht ihn übermenschlich, einem Löwen gleich, und seine Wutausbrüche und Wahnsinnsanfälle sind nicht menschlich, sondern bestialisch. Sie erinnern übrigens an

Kleomedes von Astypalaia, den »letzten der Heroen« (s. Seite 166), der vor Frustration verrückt wurde und wie Samson ein ganzes Gebäude demolierte – nur kam dabei eine Gruppe von Kindern um. Gelegentlich gibt es auch Anzeichen dafür, daß Herakles einst Eigenarten besessen haben könnte, die denen eines »Tricksters« ähneln; mittels einer List bringt er zum Beispiel Atlas dazu, die Last des Himmels wieder auf seine Schultern zu nehmen. In vielen seiner Heroentaten, die mit den Volkserzählungen eine Menge gemeinsam haben, beweist er einige Erfindungsgabe, die Frage aber ist, ob er darüber hinausgeht und so in die Nähe des listigen Odysseus rückt; denn auch Odysseus hat etwas von Herakles' Widersprüchlichkeit und bekommt, wie er, zufällig mit den Kyklopen zu tun, auch das Kreaturen, die sich zwischen Natur und Kultur bewegen. Es ist vielleicht schwer, den pikaresken Helden, den gutherzigen, aber ziemlich gewalttätigen Einfaltspinsel, der des Bauern Sinn für schlichten Erfolg und Humor genüge tut, zu trennen von der heikleren Figur, die bei der Beschäftigung mit den Widersprüchen zwischen Natur und Kultur in Erscheinung tritt. Herakles hat wahrscheinlich etwas von beiden. Der wirkliche Grund dafür, daß sein Charakter nicht als ein Produkt des Zufalls oder der Naivität zu betrachten ist, liegt in seiner erstaunlichen Affinität zu den Kentauren, denen er Freund und Feind zugleich ist in den Mythen, die sie so oft zusammenführen.

Die Entgegensetzung von Natur und Kultur, wie sie von den griechischen Sophisten unter den Begriffen *physis* und *nomos*, Natur und Gesetz oder Brauch, formuliert und von Rousseau und erst kürzlich von Lévi-Strauss aktualisiert wurde, verkörperten in konkreter Gestalt die Kentauren. Ihr menschlicher Torso und das Pferdehinterteil weisen auf einen möglichen Zusammenhang von Intellekt und Mensch, Tier und Sexualität. Die meisten Kentauren gehören der tierischen Seite an, und der mythischen Einbildungskraft lag es offensichtlich näher, ihrer Zwiespältigkeit dadurch Ausdruck zu verleihen, daß sie Cheiron und auch Pholos den anderen als besonders human gegenüberstellten, statt das Spannungsfeld im einzelnen zu erforschen. Der Gegensatz zwischen dem zurückhaltenden und zivilisierten Cheiron und dem ungehobelten Benehmen der übrigen Kentauren ist schon vielen Mythenforschern aufgefallen, und verschiedene einfallsreiche, nicht sehr überzeugende Erklärungsversuche wurden unternommen. Dahinter steckt eine uns allen gemeinsame Wahrnehmung der Natur: sie kann entweder bedrohlich und abstoßend sein oder wohlwollend,

zugänglich und anziehend. Um diese Wahrnehmung auszudrük-
ken, ist die Verbindung von Mann und Pferd nicht minder verständlich. Das Pferd, verhältnismäßig spät, ca. 1700 v. Chr., von
Kleinasien nach Griechenland eingeführt, um Wagen zu ziehen,
wurde noch im 7. Jahrhundert, als ein thebanischer Vasenmaler
die Gorgo Medusa mit einem Pferdekörper darstellte, als fremd
und monströs angesehen. Pferde konnten zugleich klug, zahm und
freundlich erscheinen. Das reicht aber nicht aus, um die Rolle zu
erklären, die Cheiron als der größte Erzieher seiner Zeit ein-
nahm, dem Lehrer in sämtlichen humanistischen wie militärischen
Fächern, zu dem Heroen wie Iason, Asklepios, Aristaios, Achilleus und einigen Quellen zufolge sogar Herakles gesandt wurden.

Es gab eine Geschichte darüber, wie Cheiron den Mord an
Achilleus' Vater Peleus durch die anderen Kentauren verhindert
hatte, als dieser infolge eines tödlichen Anschlags des Königs Akastos auf den Berg Pelion kam. Sie versinnbildlicht die Spannung
zwischen Cheiron und den anderen Kentauren; trotz allem, die
Überlebenden vom Berg Pholoe flohen zu ihm, der inzwischen
selbst Flüchtling in Malea war. Pholoe war Schauplatz einer weiteren paradigmatischen Konfrontation von Natur und Kultur,
mit Pholos, der die Gastfreundschaft und Kultur repräsentiert
(obwohl Apollodoros, wie wir sahen, ausdrücklich darauf hinweist, daß er sein Fleisch roh ißt, übrigens etwas, was Pferde als
besonders anwidernd empfänden), und den Kentauren als oberflächlich zivilisierten Weintrinkern, die vom Weingeruch und dem
Gedanken allein, ihr Alkohol würde ohne ihre Zustimmung an
einen Fremden vergeudet, in Raserei fielen. Dadurch waren die
Gesetze der Gastfreundschaft, derer sich die zivilisierten Griechen
rühmten, verletzt worden, und die Raserei ähnelte in vielem dem,
was nach zu viel Champagnergenuß auf der lapithischen Hochzeit
geschah. Dort war es Theseus, eine in mehr als nur einer Hinsicht
blasse Imitation des Herakles, der sie züchtigte. Zum Glück gab
es auf dem Berg Pholoe keine Frauen, aber auch hier wurden die
Kentauren von einem Heros niedergemetzelt, diesmal von Herakles. Wie wir sahen, besitzt er eine ganze Reihe ihrer Merkmale,
wie Wollust, Behaartheit und eine Vorliebe fürs Trinken – sogar
die Keule, da große Baumäste die traditionelle Waffe der Kentauren waren. Mit ihr hatten sie den lapithischen Heros Kaineus in
den Boden geschlagen, den Poseidon unverwundbar gemacht hatte
und der deshalb auf diese ungewöhnliche Weise aus dem Weg ge-

räumt werden mußte. Nebenbei bemerkt war er eine vielschichtige Gestalt mit eventuell phallischen Konnotationen – als Gegenstand der Anbetung stieß er einen Speer in den Boden –, und eine Geschlechtsumwandlung läßt einen Bezug zu Herakles' Rolle als Transvestit vermuten.

Demnach können die Kentauren den Eindruck untermauern, daß Herakles' offensichtlich widersprüchliches Verhalten gegenüber Natur und Kultur kein bloßer Zufall sei, sondern eher eine Auseinandersetzung derjenigen spiegele, die die Mythen zuerst bildeten. Lévi-Strauss' Untersuchungen der Indianermythen von Paraguay und Brasilien haben erwiesen (darüber besteht meiner Ansicht nach kein Zweifel), daß die offen zutagetretenden Widersprüche zwischen den Gesetzen des Djungels und denen der Gemeinschaft, zwischen den komplexen Regelungen der natürlichen Welt und den vom Menschen künstlich geschaffenen Regeln, zwischen der Freiheit der Tiere und den Beschränkungen der Gesellschaft ein wesentliches Anliegen mythenbildender Gesellschaften in ihrer präliteralen Phase sind. In unseren »Alltags«-Mythen lebt die Beschäftigung damit weiter und hat niemals wirklich aufgehört. Daher ist es keine sonderlich absurde Vorstellung, daß dies auch ein Anliegen ist, das gewissen griechischen Mythen zugrundeliegt.

Man würde vielleicht den Bogen der polaren Analyse überspannen, sähe man in Herakles' besonderen Beziehungen zum Tod die Antithese zu seiner außerordentlichen Vitalität, seiner zeitweise in den Wahnsinn überschäumenden Kraft. Der Todesaspekt ist der letzte der besonderen Merkmale, in dem wir hofften, den Schlüssel zu seiner offenkundigen mythischen Kraft zu finden. In diesem Punkt aber sollten wir uns vor voreiligen Schlüssen hüten. Wie sind im Grunde die Abenteuer im Westen zu verstehen? Weisen sie ihn unbedingt als einen Feind des Todes aus? Und wenn ja, kämpft er zugunsten der Menschheit dagegen an? Die Antwort auf die letzten beiden Fragen lautet wahrscheinlich nein. Zwar tötet er Geryon, der ein Diener des Hades zu sein scheint, Kerberos aber wurde in Mykene einfach nur vorgezeigt, danach der Unterwelt wieder zurückgegeben, und in keiner der Versionen dieser Arbeit gibt es Anzeichen dafür, daß König Hades davon besonders betroffen worden sei. Tatsächlich hatte Herakles eine Art von Abkommen mit Hades geschlossen, was er schon einmal mit ihm und Persephone über die Freilassung von Theseus getan hatte. Ferner beinhaltet seine Suche nach den Äpfeln, auch wenn sie streng genommen die Speise der Unsterblichkeit waren und der mesopotamischen Lebensspeise entsprachen, nicht unbedingt den Sieg über den Tod zugunsten der Menschen. Bestenfalls mag es das Relikt einer Erzählung von einer Halbgottfigur sein, die, wie Gilgamesch, danach strebte, unsterblich zu werden, dann davon Abstand nahm, um, als zweitbeste Möglichkeit, nach einem Verjüngungselixier zu suchen. Immerhin wurde Hebe, deren Name »Jugend« bedeutet, Herakles' Frau. Nichts weist darauf hin, daß er, wie Prometheus, zugunsten der Menschheit handelte, noch ergibt sich dies aus seiner Rettung der Alkestis, die sich erst gar nicht in die Unterwelt hätte begeben dürfen. Man muß sich die Möglichkeit vor Augen halten, daß die Abenteuer in oder in der Nähe der Unterwelt zum Teil deswegen so sehr ausgearbeitet wurden, weil das die fürchterlichsten Proben waren, derer sich ein Heros zu unterziehen hatte. Trotzdem werden die meisten anderen nicht vor diese Aufgabe gestellt, nicht einmal die großen Heroen. Es muß etwas besonderes auf sich haben mit Herakles, weshalb gerade ihm eine solche Erfahrung zusteht.

Immerhin ist er jemand, der anderen in vielfacher Form den Tod bringt. Darin ist er keineswegs einzigartig, aber die Ermordung seiner Kinder aus unerfindlichem Wahnsinn zeigt, daß die ihm eigene Möglichkeit zur Ausschreitung sowohl in tödliche Formen als auch in Vitalität und Leben umschlägt. Er ist zwar übermenschlich, aber so lange es sich die Götter nicht anders überlegen, ist er nur allzu sterblich. Außerdem muß sich sein eigener Feuertod, gefolgt von Wiederauferstehung und Ruhm, in gewisser Weise auf die Situation auswirken. Sein Scheiterhafen wurde auf der Spitze des Bergs Oita errichtet, und es erregte verständlicherweise Aufsehen, als man vor fünfzig Jahren die Reste eines Aschenhaufens dort ausgrub, der kenntlich machte, daß kleine menschliche Figurinen schon seit dem 7. Jahrhundert v. Chr. in regelmäßigen Abständen dort in Freudenfeuer geworfen worden waren.[14] Es war naheliegend, das als eine Art Sonnenwend-Feuerritus zu erklären, ein verbreitetes europäisches Volksritual, daß darin besteht, an entscheidenden Zeitpunkten des Jahres Freudenfeuer anzuzünden, um den Kräften der Natur, insbesondere der Sonne, zu neuem Leben zu verhelfen. Ist dem so, dann könnte der Mythos von Herakles' Tod an diesem Ort eine ätiologische Erzählung sein, um den Brauch, kleine Figuren ins Feuer zu werfen, zu erklären. Martin Nilsson und andere akzeptieren diese Erklärung, die in der Tat für die Verknüpfung von Herakles mit dem Berg Oita von Bedeutung sein könnte; ich aber bezweifle, ob damit die gesamte Vorstellung seiner Selbstverbrennung erklärt werden kann.

Über die Aspekte der Läuterung und des Opfers hinaus gibt es noch viel, was seinen Tod als einen Höhepunkt der Kraft und der Gewalt markiert. Er geht direkt aus einem seiner vielen ehebrecherischen Abenteuer sowie der gewaltsamen Gefangennahme von Iole hervor; indirekt resultiert er aus seinem Konflikt mit den Kentauren (die ihm in vieler Hinsicht nahe stehen) und dem Versuch Nessos', Deianeira zu vergewaltigen. Klassische Quellen sahen einen Zusammenhang geradezu protochristlicher Art zwischen Herakles' mühevollem Leben und seiner späteren Vergöttlichung und am Ende von Sophokles' *Philoktetes* bezieht er sich selbst, mittlerweile als Gott, auf

mein eigenes Schicksal, all diese Mühsale, die ich litt und durchstand, bis ich Ruhm und Unsterblichkeit gewann, wie du sehen kannst (1418–1420).

Eine feinsinnige Abstufung; dennoch besteht eine indirekte Verbindung zwischen seinem beachtlichen, oftmals turbulenten Leben, seinem ungewöhnlichen und gewaltsamen Tod und seiner Erhebung in den Zustand göttlicher Glückseligkeit.

Gewiß hat Herakles vieles mit einem Helden der Volkserzählung gemein, auch vieles, das unerwartet und abgeleitet ist. Die zentrale Thematik seiner Widersprüchlichkeit – der Wahnsinn und die Sklaverei, Natur und Kultur und das Erproben der Grenze von Leben und Tod – weisen ihn trotzdem als eine im tieferen Sinn wahrhaft mythische Gestalt aus, als jemand, dessen Taten die Wendepunkte menschlicher Erfahrung nicht nur wiedergeben, sondern auch bestimmen. Das folgende kurze Kapitel verknüpft diese Schlußfolgerungen mit dem Problem der Heroenmythen im allgemeinen und mit den möglichen Bedingungen ihrer Entstehung im besonderen.

Kapitel 9

Die Entwicklung der Heroenmythen

Die Herakles-Mythen haben unserer Ansicht über die Heroenerzählungen umfassend dargelegt. Einige von ihnen sind natürlich
abgeleitet und erst relativ spät in den Zyklus integriert worden.
Andere kamen über weniger bedeutende Figuren zu Herakles hinzu. Die gesamte Sammlung schmilzt aber doch in ein Ganzes zusammen, in dem die Eigenarten des Heros, wenn auch manchmal
widersprüchlich, eine durchgehende Absicht zu reflektieren scheinen. Hierin ist er ein genaues Ebenbild des akkadischen Gilgamesch, da aus den ursprünglich unabhängigen Erzählungen des
Gilgamesch-Epos, von denen einige sumerischen Ursprungs sind,
ein im wesentlichen neuer Mythos entstand, in dem die Einschätzung von Leben und Tod sich über die Wechselwirkung zwischen
Enkidu und Gilgamesch als die vorherrschende Thematik erweist.[1]
   Diese Beispiele zeigen deutlicher noch als vorhin, daß Heroenmythen unter Verwendung unterschiedlichster Stoffe zu einer
strukturalen Einheit gelangen können. *Motive aus den Volkserzählungen* sind dabei immer wichtig, und einige der großen Hel-
dentaten – am auffälligsten die Proben und Aufgaben – enthalten
beträchtliche Züge der Volkserzählung. *Geschichte* bildet einen gesonderten Bestandteil, sogar in Mythen nicht historisierend genug,
um die spezielle Bezeichnung Legende zu verdienen. Geschichte
wird entweder in den indirekten Beziehungen sichtbar (von Mykene und Tiryns, Athen und Kreta, die südlichen und die nördlichen Achsen des mykenischen Griechenlands) oder in den offen-
kundigeren »Charter«-Funktionen, etwa wenn Theseus den Marathonischen Stier tötet und Attika vereint. Auch *Kulte und Riten*
spielen eine Rolle, sie werden im nächsten Kapitel in allgemeiner
Form berücksichtigt. Im Moment reicht es, im Auge zu behalten,
daß das Grab der Ariadne auf Naxos oder der angebliche Scheiterhaufen des Herakles auf dem Oita dazu beitrugen, ihre Mythen zu gestalten, wie der Wunsch, Heroenkulte vom Festland zu
reproduzieren, die Verbreitung heroischer Abenteuer zu den
Kolonien gewährleistete. Andere Komponenten sind ihrer Art
und Intention gemäß *spekulativ*: Verstöße gegen Himmel und
Hölle, Erforschung von Natur und Kultur, Aussöhnung ständig
wiederkehrender menschlicher Schwierigkeiten. Zu all dem, und

zu allgemein unter dem Begriff der Ätiologie gefaßt, kommen noch konkretere, manchmal trivialere Erklärungen von Ortsnamen und besonderen Bräuchen hinzu. *Willentliche Organisierung* spielt eine besondere Rolle, da sie in die Einführung von Nebenmotiven aus verschiedenen Mythen mündet, in die Straffung, zugleich Ausweitung persönlicher und regionaler Beziehungen und in die Unterdrückung nicht geläufiger, möglicherweise wichtiger Details. Solche Einwirkungen und Tendenzen sind im Laufe der literalen Ära besonders deutlich zu erkennen, aber ich bin ziemlich sicher, daß sie in geringerem Ausmaß lange vor der Ausbreitung des Alphabets in Griechenland vom 9. bis zum 7. Jahrhundert v. Chr. ihren Anfang genommen haben. Schließlich beeinflussen das Bedürfnis nach *Wunscherfüllung* und andere emotionale Faktoren die Zusammensetzung eines komplexen Mythos nicht nur durch die Aufbürdung einfacher Muster der Volkserzählung, sondern auch auf weniger unmittelbar einsichtige Weise.

Die Heroenmythen haben vielfältige Bestandteile und sind in ihrer Anzahl und Breite äußerst reichhaltig – mindestens auf einer Ebene. Ihre Bezüge zu unterschiedlichen Städten und Religionen der griechischen Welt, ihre vielschichtigen Charakterzeichnungen und die Sorgfalt, mit der sie sie entfalten, und das nur gelegentliche Erscheinen der Götter und Göttinnen sind differenziert und verschiedenartig. Beim näheren Hinsehen jedoch stellt man fest, daß die Auswahl an epischen Themen erstaunlich gering ist. Immer wieder werden ähnliche Ideen in Verbindung mit unterschiedlichen *personae* und in unterschiedlichen regionalen Zusammenhängen gebraucht. Der Gebrauch von Kniffen, um Schwierigkeiten zu überwinden; die Umwandlung der äußeren Erscheinung; die Ausführung einer Anforderung oder Aufgabe, oftmals unter Einbeziehung eines Riesen oder Ungeheuers; die versehentliche Tötung eines Freundes oder Verwandten; der Versuch, sich eines Feindes zu entledigen, indem ihm eine anscheinend unlösbare Aufgabe gestellt wird; den Sieg bei einem Wettkampf davonzutragen, um eine Braut zu erhalten; wegen Gottesbeleidigung auf verschieden dramatische Weise bestraft zu werden; aus unterschiedlichen Gründen das eigene Kind zu töten; die Entthronung eines Elternteils oder eines alten Königs; sich durch die Vergewaltigung einer Frau oder durch die Ermordung von Kindern zu rächen; die eigene Mutter vor dem Tyrannen zu verteidigen; die Ränke einer wollüstigen oder zielstrebigen Frau zu vereiteln; eine Stadt oder eine Institution zu gründen; der Gebrauch besonderer Waffen, um denkbar schlechte Chancen doch noch ins Gegenteil zu wenden; sich in die Unterwelt zu begeben oder der Versuch, den Tod zu besiegen; sich in einen Gott oder eine Göttin zu verlieben – diese Themen und noch ein paar andere umfassen, zusammen mit den grundlegenden epischen Motiven der Prophezeiung und des Fluchs, die meisten Handlungen der bekanntesten Heroenmythen. Verschiedentlich zusammengesetzt ergeben diese Elemente Erzählungen, die sich vom Gefühl und der Wirkung her erheblich voneinander unterscheiden, auch können *alle* Arten von Erzählung auf eine im Verhältnis geringe Anzahl von Grundsituationen reduziert werden. Dennoch, griechische Heroenmythen, und in geringerem Ausmaß auch die Göttermythen, greifen häufig auf dieselbe Thematik zurück.

Andere, aus anderen Zeiten und Orten stammende Mythengruppen müssen der letztendliche Maßstab sein. Mesopotamische Mythen etwa drehen sich hauptsächlich um Götter, solch menschliche Themen wie die versehentliche Ermordung eines Verwandten kommen nicht vor; selbstverständlich besitzen auch sie ihre besonderen *Schemata*, ihre Wiederholungen. Angesichts der geringen Zahl, die noch erhalten ist, lassen sie aber eine verhältnismäßig größere Auswahl an Themen und Handlungen und ein breiteres Spektrum an Einbildungskraft und Vorstellungsvermögen erkennen. Es kann nicht oft genug wiederholt werden: die Phantasie in den griechischen Mythen ist begrenzt (abgesehen von wenigen auffallenden Ausnahmen, wie die Erzählung vom Labyrinth) und wahrscheinlich das Ergebnis einer sowohl während als auch vor der literalen Ära progressiven Organisierung und Rationalisierung. Aus unmittelbar einsichtigen Gründen sind Heroenmythen weniger phantastisch als Göttermythen, mit (auch in diesem Fall) wenigen auffallenden Ausnahmen. Griechenland ist geradezu einmalig im Erzeugen von Heroenmythen im Unterschied zu Göttermythen oder solchen, die extrem übernatürlich sind. Keine andere Kultur besitzt Vergleichbares. Dem entspricht noch am ehesten die Heldenwelt der nordischen Mythen und Sagas.

Die naheliegendste Erklärung, die eine unmittelbare Parallele zur Wikingerzeit ergibt, ist die, daß Griechenland während der Mykenischen Periode ein »Heroisches Zeitalter« durchlief – ein Zeitalter, in dem die Werte des Militärs und des Adels, die Ehre in ihrer äußerlichsten Form zum Männlichkeitsideal werden sollte. Aber es gäbe auch noch andere Gründe. So ist es möglich, daß gewisse »Charter«-ähnliche Unternehmungen allmählich von hohen

Gottheiten abgezweigt und Dämonen und Heroen zugeordnet wurden; auch, daß Taten wie die der Volkserzählung eher zu den beiden letzteren zu passen schienen. Jedenfalls waren die Ergebnisse kaum einer freien Entfaltung der Imagination dienlich.

Damit ist die Frage noch immer nicht geklärt, wie es dazu kam, daß Heroen überhaupt entstanden sind. Bestimmt schlossen sich einige Erzählungen historischer Personen an, entweder großen Königen oder Feldherren oder Männern, die in ungewöhnliche Abenteuer verstrickt werden. Die ägyptischen Erzählungen von Sinuhe oder Wenamun, auch einige der sumerischen Kurzgeschichten über Gilgamesch machen dies deutlich. Es ist jedoch schwierig, einen bestimmten griechischen Heros gleicher Art zu finden – sieht man einmal ab von »jüngeren« Heroen legendärer Mythen, wie Agamemnon von Mykene. Selbst Theseus kann trotz seiner gelegentlich historisierenden Taten eine Fiktion sein; sein Name bedeutet etwa »Begründer« und paßt von der Funktion her zu gut, um wahr zu sein. Trotzdem wird davon ausgegangen, daß viele griechische Heroen einst lebende Männer waren oder sich wenigstens aus der Erinnerung an existente Personen zusammensetzten. Andererseits war man früher der Meinung, sie seien »verblaßte Götter« und stünden deshalb den Olympiern so nahe, sind sie doch in den uns erhaltenen Mythen oftmals ihre Blutsverwandten. Einige wenige Heroen, auch weibliche (wie Helena und Semele) könnten vielleicht dazugehören, aber Einzelkenntnisse über individuelle Heroenkulte lassen keine allgemeine Regel zu. Was diese Kulte – die Anbetung und Opferbehandlungen, die bis ins Klassische Zeitalter an ihren angeblichen Gräbern stattfanden – hervorheben, ist, daß die Heroen unter der Erde weiterexistieren, nicht wie gewöhnliche Sterbliche im Hades, sondern genau unterhalb der lebensspendenden Erde. Sind sie demzufolge so etwas wie »chthonische« Dämonen oder kleinere Götter im Gegensatz zu den Olympischen Gottheiten, die sich im Himmel befinden? Einige mögen es sein, wie Trophonios, der nach seinem Tod einem Herosorakel in Boiotien vorstand, die meisten aber, wie Perseus, Pelops, Iason, Oidipus oder Herakles selbst, sind es mit Sicherheit nicht, erst recht nicht abstrakte Figuren von Vorfahren wie Aiolos und Danaos. Es ist nicht auszuschließen, daß sie, wie Hesiod es in einigen Fällen andeutet, chthonische Mächte geworden sind, dann jedoch eher infolge der Kulte an den Gräbern als ihrer ursprünglichen Natur nach.

Martin Nilsson war geneigt zu glauben, daß die Gräberkulte das Entscheidende und insbesondere die mykenischen Gräber wichtig waren.[2] Die Griechen des späten Bronzezeitalters bauten oft auffallende Behältnisse für ihre toten Könige und Adligen. Das große Kuppelgrab zu Mykene, bekannt als das »Schatzhaus des Atreus«, sticht unter allen besonders hervor, aber über diese gewaltigen *tholos*-Gräber hinaus gibt es eine Menge sorgfältig errichteter Kammergräber, die über die gesamte mykenische Welt, besonders auf dem Peloponnes verteilt sind.[3] Die Eigenart ihrer Bauweise liegt darin, daß sie großenteils, aber nicht gänzlich unter der Erde angelegt sind. Man erkannte sie meist an einem Erdhügel, der das Dach bedeckte, und ein Durchgang, der nach jedem Begräbnis wieder zugeschüttet wurde, verlief bis zur Tür der Kammer. Daher waren sie bemerkenswerte Altertümer, wie wir wissen, die Gräber großer Männer und ihrer Nachfahren. Ihnen brachte man während des Bronzezeitalters Opfer dar, und die Keramik, die im und um den Durchgang herum ausgegraben wurde, zeigt, daß sich dieser Brauch gelegentlich bis ins frühe Eisenzeitalter fortsetzte. Nur kann der Kult dann, zumindest in den meisten Fällen, nicht mehr als eine Familienangelegenheit betrachtet werden. Die Toten wurden nun wahrscheinlich nicht nur als Vorfahren angesehen. Sie waren Heroen geworden, mächtige Geister, derer man in Erinnerung an das glorreiche Zeitalter, das in den Umwälzungen von 1200 bis 1000 v. Chr. unterging, gedachte. Jenes Zeitalter hatte die Kriege gegen Theben und Troia und die ersten größeren Erforschungen des Schwarzen Meeres gesehen. Einige seiner Großtaten mußten noch immer über informelles Geschichtenerzählen bekannt gewesen sein – vielleicht sogar über Gedichte, die die Vorläufer der *Ilias* und der *Odyssee* waren. Die Protagonisten solcher Erzählungen mußten fast zwangsläufig mit diesen verehrten, im großen und ganzen aber unbekannten Grabbewohnern zusammengebracht worden sein – mehr noch: man sprach ihnen übernatürliche Kräfte zu, und manchmal wurden sie sogar mit den Olympischen Göttern in Beziehung gesetzt. Und doch sind sie gestorben und also gewissermaßen auch noch Menschen. Sie waren Heroen; sie besaßen menschliche und göttliche Züge zugleich.

Vieles spricht für eine Nilssonsche Vorgehensweise. Zudem vermute ich, daß sich viele Mythenthemen, wenn auch nicht der exakte göttliche oder menschliche Rang ihrer Beteiligten, erheblich früher als zu Beginn des Eisenzeitalters oder sogar des mykenischen Zeitalters gebildet hatten. Erweist sich diese Vermutung als haltbar, wird sie eine entscheidende Voraussetzung zum Verständnis eines uns bislang gänzlich verschlossenen Zeitraums, in dem Mythen, gemessen an ihrer späteren Form, etwas vollkommen anderes waren, in dem ihre sozialen und spekulativen Funktionen weitaus deutlicher zutage traten, als es jetzt der Fall ist. Das hätte den Vorteil, griechische Mythen – oder wenigstens ihre Prototypen – mit den Mythen der meisten anderen Gesellschaften, die keine sehr lange Periode der Literalität durchgemacht haben, mehr in Einklang zu bringen. Noch gibt es nichts und kann auch nichts geben, was diese Überlegung untermauert. Doch auch der gegenteilige Beweis steht noch aus.

Allgemein wird angenommen, daß Nilsson in seinem *The Mycenaean Origin of Greek Mythology* aus dem Jahre 1932 eben diese Tatsache eines »mykenischen Ursprungs« darlegte. Das stimmt, aber nicht ganz. Was er durch eine jener einfachen Beobachtungen, so naheliegend und in der Forschung selten zu finden, dennoch bewies, ist, daß die meisten griechischen Mythen *mindestens* bis zum mykenischen Zeitalter zurückgehen, da sie hauptsächlich mit Städten und Machtkonstellationen in Beziehung gebracht werden, die zwar im späten Bronzezeitalter, danach aber nicht mehr einflußreich waren. Angenommen, einige Mythen sind tatsächlich *vor*mykenisch: sie wären mit Sicherheit auch dann noch an den sozialen und politischen Verhältnissen der in hohem Maße organisierten Mykenischen Epoche ausgerichtet. Nilsson war sich über die Motive aus den Volkserzählungen sehr wohl im klaren, die überall verstreut in den Heroenmythen zu finden sind: daß sie vormykenisch sind, leuchtet ein; der entscheidende Punkt aber ist der, daß der Vorgang, sie mit anderen Elementen zu verbinden, wodurch sie zu den Mythen wurden, die wir heute kennen, wahrscheinlich lange vor dem Höhepunkt der achaiischen Zivilisation im 14. und 13. Jahrhundert v. Chr., ja noch bevor Mykene im 16. Jarhundert zur Großmacht wurde, begonnen und in gewisser Hinsicht bereits ein Stück Entwicklung hinter sich gebracht hatte. Sie enthielten natürlich auch eigens mykenische Elemente: das Labyriththema, obschon es in Wirklichkeit eine Erinnerung an die Abhängigkeit Athens von Knossos war; die Einigung Attikas durch Theseus; die Erzählung von der Verfolgung der Danaiden durch ihre ägyptischen Vettern oder die von Io und Belos, sofern diese Erzählung (wie es den Anschein hat) Kontakte zwischen Griechenland und Ägypten gegen Ende des Bronzezeitalters wiedergeben. Die historisierenden Bestandteile können nur schemenhaft ausgemacht werden; andere, wie spekulative oder kultische Elemente, meist nicht. Gleichwohl, die Wahrscheinlichkeit eines *vor*mykenischen Ursprungs vieler griechischer Mythen ist, so wenigstens sehe ich es, ziemlich groß.

Einige allgemeine Schlußfolgerungen, die sich klar ergeben, werden noch zusätzlich durch die Heroenmythen unterstützt: Mythen sind äußerst vielschichtige Erscheinungen; sie entstammen nicht notwendigerweise einer spezifischen Epoche allein; ihre Entwicklung ist eine graduelle und größtenteils nicht vorhersehbar, und ihre zentralen Gestalten setzen sich aus mehreren verschiedenen Komponenten, darunter epischen, historischen, sozialen und religiösen, zusammen. Der religiöse Aspekt der Mythen bringt uns zurück zum Verhältnis von Mythen und Riten.

Teil 3

Einflüsse und Wandlungen

Kapitel 10

Mythen und Riten

Ein wichtiger Bestandteil in der Entwicklung der Vorstellung von Heroen war das Weiterbestehen der Totenkulte an den ursprünglich aus dem Bronzezeitalter stammenden Gräbern; so viel wurde im letzten Kapitel gefolgert. Inwiefern bedeutet das eine Bestätigung derer, die erklären, es liege immer eine enge Verbindung zwischen Mythen und Riten vor? Da wir von den verschiedenen Arten griechischer Mythen nun einen Überblick gegeben haben, ist es an der Zeit, diese Thematik wieder aufzugreifen. Die Antwort darauf kann nur lauten, daß einfache Bestattungsriten zwar *Heroen*, aber deswegen noch keine Heroen- (oder irgendwelche anderen) *Mythen* hervorbringen – es sei denn, indirekter und unbedeutender Art. Eine eingehende Betrachtung der Mythen hat erwiesen, daß sie aus mannigfaltigen Interessen und Situationen heraus entstehen, Religion und Ritus eingeschlossen; sie aber zur ersten oder einzigen Quelle zu machen, dafür spricht jetzt genausowenig wie früher. Hat sich erst einmal die Ansicht durchgesetzt, daß viele der Heroenerzählungen wirkliche Mythen sind, die nicht als »Saga« oder »mündliche Literatur« beseite geschoben werden können, dann wird es einsichtiger denn je, daß die universelle Mythos-und-Ritus-Theorie falsch ist.

Gerade die Heroenmythen bieten mehrere Beispiele, für die es kein bekanntes oder einleuchtendes rituelles Ereignis gibt, auf dem sie beruhen könnten. Man erlaube mir zu behaupten, Heroenmythen seien in einem eingeschränkten Sinn des Wortes »heilig«, weil sie entweder in einer früheren Form Teil der feierlichen Struktur des gemeinschaftlichen Lebens waren oder weil sie sich indirekt auf göttliche Wesen beziehen. Und doch ist es nach wie vor schwierig, *Riten*, ob heilig oder nicht, auszumachen, sich sogar vorzustellen, aus denen Mythen,wie die über Kadmos und die Gesäten Männer, Oidipus und Iokaste, Bellerophon und Pegasos, Perseus und Andromeda, Herakles in unzähligen seiner Unternehmungen, oder die Lapithen und Kentauren, entstehen könnten. Bei der Reihung solcher Gegenbeispiele muß man zugegebenermaßen vorsichtig sein, da es bestimmte Heroenthemen gibt (Theseus im Labyrinth, Perseus und Medusa, Herakles' Ermordung seiner

Kinder, die durch Ino veranlaßte Verbrennung der Saatkörner), die durchaus denkbar rituellen Ursprungs gewesen sein könnten, wenn auch der Ritus selbst nicht mehr erhalten ist. Das Herausfinden aus dem Irrgarten *könnte* eine Probe in Verbindung mit der Initiation sein, das Bildnis eines häßlichen Untiers zu köpfen, *könnte* rituelle Magie sein, um den Winter zu beenden oder Pest und Krankheit zu vertreiben. Mythen, die vorwiegend den Charakter von Volkserzählungen tragen, habe ich ebenfalls ausgeklammert sowie »jüngere« Erzählungen und solche legendärer Art, die die tiefergehenden Eigenschaften vieler anerkannter Mythen nicht besitzen. Dennoch bleibt das Endergebnis das gleiche: mehrere griechische Heroenmythen besitzen rituelle Bezüge, noch viel mehr besitzen gar keine. Aus dem Grund ist die Universaltheorie falsch.

An diesem Fazit ändern im Gegensatz zu den Heroen- auch die Göttermythen nichts, auch wenn es sich herausstellen würde, daß sie auf Riten basieren – was faktisch natürlich nicht stimmt. Gemessen an der verhältnismäßig geringen Auswahl an epischen, den Göttern zugeordneten Handlungen, sind nur wenige glaubhaft rituellen Ursprungs oder ritueller Färbung. Weder sind die Mittel, derer sich Zeus bedient, um an die Macht zu kommen, noch die Transformationen, durch die er hofft, sterbliche Geliebte zu gewinnen, noch seine anderen Rache- oder Herrschaftsakte mit Riten wirklicher oder potentieller Art verwoben. Bei Apollons Geburt auf Delos verhält es sich anders. Wahrscheinlich steht sie dort mit einer frühen Kultform in Verbindung, aber es läßt sich schwer entscheiden, was zuerst da war, der Kult oder die Annahme der Geburt Apollons. Sein Sieg über den Drachen Python zu Delphi könnte die Einführung einer neuen Anbetungsform wiedergeben, die auf einen urtümlicheren Kult zurückgeht; das aber ist eher ein historischer und kein ritueller Vorgang, und auch so scheinen den Einzelheiten jener Begegnung keine rituellen Züge anzuhaften. Seine und Artemis' Rache an Niobe (die sich brüstete, sie hätte mehr Kinder als Leto) oder an Tityos (der Leto zu vergewaltigen versuchte) sind ohne jegliche rituelle Bezüge; das gleiche gilt für seine Beziehungen zu Kyrene und Koronis oder seine Bestrafung der Kyklopen als Hersteller jenes Blitzes, mit dem sein mit der Koronis gezeugter Sohn Asklepios vernichtet wurde. Poseidons Anteil an dem Bau der Stadtmauern von Troia wie sein Ausschicken eines Seeungeheuers, um Laomedon zu strafen, gehen nicht auf einen Ritus zurück und werden auch nicht in einem solchen gefeiert; auch nicht seine Hochzeit mit Amphitrite oder sein Wettkampf mit Athene um die Herrschaft von Athen. Poseidon ist aber auch Vater des Arion, des wunderbaren Pferdes, welches König Adrastos nach dem Angriff der Sieben gegen Theben rettete; es erinnert an seine frühere Verbindung zu Pferden, vielleicht sogar an die Ähnlichkeit seiner eigenen Gestalt mit einem Pferd. Diese Vorstellung ist im Kult erhalten, da Arion aus der Beziehung zwischen Poseidon und Demeter stammt, die in Thelepusa in Arkadien als Hippios und Hippia (»zum Pferde gehörig«) verehrt wurden und Pferdeköpfe besaßen.[1] Aus dieser Gegend stammt auch die Erzählung von Demeter, sie habe sich, um der Aufmerksamkeit Poseidons zu entgehen, in eine Stute und Poseidon habe sich, um eben diese zu fördern, in einen Hengst verwandelt: ein geläufiges Motiv, bekannt von den Liebesverkleidungen Zeus', das durch die lokalen Kulte und die alte Religion eine eigene Färbung erhält.

Einige Göttermythen sind demnach im Kult und Ritus verankert, viele andere aber sind es nicht. Natürlich könnte man die Behauptung aufstellen, daß allen derartigen Mythen ja gerade Vorstellungen von Göttern zugrunde liegen, die von Anfang an mit Anbetungsformen wahrscheinlich ritueller Art zusammengebracht wurden. Aber darauf wollen die Vertreter der Mythos-und-Ritus-Theorie nicht hinaus. Sie meinen, die einzelnen Bestandteile mythischer Göttererzählungen seien in erster Linie als Erklärungen für obskure rituelle Handlungen entwickelt worden, wenigstens seien Mythen und Riten gleichzeitige Erscheinungen, Produkte derselben psychischen Kräfte und immer gegenseitig aufeinander bezogen.

Wahr daran ist, daß religiöse Handlungen und Überzeugungen und die traditionellen Erzählungen, die wir Mythen nennen, tatsächlich oftmals miteinander in Beziehung stehen und sich bis zu einem gewissen Grad überschneiden. Häufig ist jedoch das Gegenteil der Fall. Deswegen müssen wir nicht Theorien wie die des Ethnologen Clyde Kluckhohn akzeptieren, der davon ausgeht, Mythen und Riten seien »symbolische Abläufe, um mit vergleichbaren Situationen in ähnlich emotionaler Weise umzugehen«, wobei jene ein »Gefüge aus Wortsymbolen«, diese »ein Gefüge aus Objekt- und Handlungssymbolen« seien; obwohl dies eine gemäßigte Auffassung ist, vergleicht man dazu die funktionalistischen Behauptungen eines E. R. Leach: »Mythen beinhalten Riten, Riten beinhalten Mythen, sie sind ein und dasselbe.«[2] Wir müssen uns nicht einmal Joseph Fontenrose anschließen (der schon vieles unternommen hat, um der extremen Position von Frazer und seinen Anhängern, die diese von Robertson Smith übernommen haben, entgegenzuwirken), wenn er davon spricht, daß der Name »Mythos« einzig und allein den »traditionellen Erzählungen über die Taten der Daimones«[3] zusteht. Traditionelle Erzählungen, ja; aber *Daimones?* Zwar behauptet Hesiod in seinem Mythos von den Fünf Geschlechtern (s. Seiten 125, 261), die Goldenen und Silbernen Geschlechter wären nach ihrem Tod zu Dämonen geworden und der Kult an den Heroengräbern behandele sie oft als solche – also als Geister, die den Lebenden helfen oder Schaden zufügen konnten. Aber in den Mythen sehen wir, daß Heroen, manchmal sogar Götter, sehr oft wie gewöhnliche Lebewesen dargestellt werden. Nicht so sehr die Tatsache, daß sie dämonisch oder übernatürlich genannt werden können, ist es, die ihren Taten eine mysteriöse Kraft und Bedeutung verleiht, sondern die Situation, in der sie sich befinden.

Halten wir also fest: Götter- wie Heroenmythen haften stellenweise übernatürliche Eigenschaften an, doch sind viele ihrer Einzelheiten und Funktionen davon nicht betroffen. Beides zu sehen ist wichtig. Denn neben einem Strang religiöser Vorstellungskraft verläuft der des erzählerischen Erdichtens, nicht selten als Volkserzählung verstanden, das letztlich aber weiter reicht. Ich erinnere an die Ausführungen über »traditionelle Erzählungen« im ersten Kapitel dieses Buches, in dem gezeigt wurde, daß sie oftmals unabhängig von Polytheismus und der Ausübung von Religion die Interessen und Gedanken der Menschen wiedergeben.

Aber damit ist die Angelegenheit noch nicht geklärt. Um sich davon zu überzeugen, daß aus vielen der Riten keine – mindestens keine sehr frühen oder bedeutenden – Mythen entstanden, muß man sich auch einen Überblick verschaffen. Da die griechischen Riten sehr umfangreich sind, kann hier nur eine äußerst selektive und knappe Behandlung versucht werden; dennoch, es lohnt die Mühe, schon deswegen, weil es tatsächlich ein Gebiet gibt, auf dem sich Mythen und Riten überschneiden, und weil Riten, genauso wie Mythen, ein wesentlicher und aufschlußreicher Teil griechischen Lebens waren.

Vor kurzem erst hat Walter Burkert, Professor für Griechisch in Zürich, ein faszinierendes Buch mit dem Titel *Homo Necans* (der »schlachtende Mensch« als Entgegensetzung zum *Homo sapiens,* dem »denkenden Menschen«) veröffentlicht. Darin setzt er die griechische Besessenheit vom Tieropfer – einem Ritus *dieser* Art – in Beziehung mit der intraspezifischen Aggression im biologischen Bereich (analog zu Konrad Lorenz' Untersuchungen bei Tieren) und mit dem schonungslosen, aber manchmal geradezu apologetischen Verhalten von primitiven Jägern gegenüber ihrer Beute.[4] Es ist zweifelsohne richtig, daß ein Verständnis der Kultur und der Literatur des antiken Griechenlands nicht möglich ist, wenn die überall vorhandenen Altäre mit dem Dampf frischen Blutes übersehen werden, das ständige Kehledurchschneiden von Stieren, Kühen, Schafen, Ziegen, Schweinen und gelegentlich auch Hunden. Griechische Städte besaßen keine Schlachthäuser, geschlachtet wurde hauptsächlich vor den Tempeln. Die Priester waren Schlächter, zerlegten Tierleiber, zerrten aus ihnen die Oberschenkelknochen, wickelten sie als Opfergaben für die Götter in Fett, zerteilten, besudelt von den Eingeweiden, den Rest des Kadavers, verkauften Teile davon und behielten die besseren Stücke für sich zurück. Der Platz in Olympia, an dem Zeus die höchsten Ehren zuteil wurden, war nichts als ein Haufen Asche verbrannter Opfergaben, und als konkrete Ehrbezeugung türmten sich im Bereich des Apollon zu Delphi und Delos Stapel aus Geweihen. Im Jahre 335 v. Chr. wurden bei den *Panathenaia* zu Athen etwa fünfzig Tiere im Wert von nicht weniger als 41 Minen auf dem großen Altar der Athene auf der Akropolis geschlachtet. Nachdem die Priester und andere Amtspersonen wie gewöhnlich Stücke für sich aussortiert hatten, wurde das, was an eßbarem Fleisch übriggeblieben war, in vermutlich dampfenden Karren über den Marktplatz zum Kerameikos befördert, um dort unter das Volk verteilt zu werden.[5] Das alles gehörte zu den öffentlichen Opferhandlungen. Im privaten Bereich waren kleinere, ähnliche Riten *de rigueur* in vielem sicherlich dem vergleichbar, was eine Bauersfrau tut, wenn sie in den Hof geht, einem Huhn den Hals umdreht, um es dann zuzubereiten – vielleicht wäre koscheres Schlachten nach der althergebrachten Überzeugung vom korrekten Aderlaß eine sprechendere Parallele.

Das ist nur eine Form des Ritus, obgleich eine besonders augenfällige. Seltsamerweise wird das nur selten in den Mythen thematisiert, wenige beschäftigen sich wirklich ernsthaft mit der Art der Opfer usw. Die einzige Ausnahme, sieht man einmal von den Menschenopfern ab, bildet Prometheus' Betrug an Zeus zu Mekone (s. Seite 130 f.). Andere Riten (oder vielmehr andere Teile komplexer Sequenzen ritueller Handlungen, in denen die Opferung den Höhepunkt darstellt) standen oft in Verbindung zur Fruchtbarkeit. Dabei muß wiederum zwischen den kunstvollen Festen in den Städten, allen voran Athen, und den kleinen ländlichen Kulten und Riten unterschieden werden, die besonders in den abgelegenen Landschaften, etwa Arkadien im Zentrum des Peloponnes, oft alte und merkwürdige Züge tragen. Zunächst schlage ich vor, einige der großen Athenischen Feste vorzustellen, um zu sehen, inwiefern sie in den Mythen vorkommen, um dann eine Auswahl der lokalen Riten zu geben, die Pausanias (eine reichhaltige Quelle, die uns diesbezüglich zur Verfügung steht) auf seinen Reisen durch Griechenland im 2. Jahrhundert n. Chr. aufgefallen sind. Alle Riten, die einen wichtigen Mythos hervorgebracht haben, werden berücksichtigt.

Das wichtigste Fest der Stadtgöttin Athene waren die *Panathenaia*. Man hielt zunächst Erichthonios, einen mythischen König, später Theseus für den Stifter. Pandrosos, einer Tochter des Königs Kekrops (ein anderer früher König), wurde ein Schaf geschlachtet, das alles läuft jedoch über mythische Verknüpfung. Pandrosos und ihre beiden Schwestern werden mit einem vielversprechenderen Ritus verknüpft, *Arrephoria* genannt, die den Panathenaia zeitlich vorausgingen. Zwei (oder vier) kleine Mädchen verbrachten mehrere Monate pro Jahr im Haus der Priesterin auf der Akropolis und halfen beim Weben für das neue Kleid der Göttin. In einer festgesetzten Nacht trugen sie Bündel mit unbekanntem Inhalt auf ihren Köpfen zu einem Heiligtum der Aphrodite unterhalb der Akropolis. Dort überreichten sie sie der Priesterin, die ihnen dafür andere gab, die sie wieder zur Priesterin der Athene hinauftrugen. Danach wurden sie durch andere Mädchen ersetzt.

Das ist der Vorgang des Ritus, und es gibt einen Mythos, der damit in wichtiger Hinsicht übereinstimmt. König Kekrops hatte drei Töchter, darunter Pandrosos; sie erhielten von der Göttin Athene eine Lade, die sie hüten, in die sie aber nicht hineinschauen sollten. Die Neugier packte zwei von ihnen, nicht aber Pandrosos; in der Lade entdeckten sie eine Schlange (die später Erichthonios werden sollte), die Frucht des von Hephaistos verschütteten Samens, als dieser versuchte, Athene zu vergewaltigen. Beim Anblick der Schlange wurden sie verrückt und stürzten sich von der Akropolis in den Tod. Hier steht aber nichts von Bündeln, die den Berg herunter-, und anderen, die wieder hinaufgetragen werden, und es sind drei und nicht zwei oder vier Mädchen. Dafür gibt es einen geheimen Gegenstand in einer Lade (nicht in einem Bündel), und dieser Gegenstand hat etwas mit Athene und weniger direkt mit Aphrodite zu tun. Es ist anzunehmen, daß der Ritus mit der Fruchtbarkeit verknüpft wurde, und auch der Mythos weist darauf hin, denn die Töchter des Kekrops (auch als die Kekropiden bekannt) trugen Namen, die »gänzlich von Tau benetzt« (Pandrosos), »Tau« und »strahlend« bedeuten und auf die lebenspendende Feuchtigkeit zu verweisen scheinen. Doch mehrere Einzelheiten des Mythos – Hephaistos' Überfall auf Athene, Erichthonios als Schlange, König Kekrops – existieren losgelöst davon, genauso wie das Motiv von Gegenständen in einer Lade. Jedoch hängen Mythos und Ritus eindeutig zusammen. Wasser auf die Mühlen derer, die davon überzeugt sind, Riten würden immer Mythen entstehen lassen, leider aber erweist sich das Beispiel der Kekropiden – wie sich herausstellen wird – fast als das einzige.

Athene war auch noch in ein ziemlich mysteriöses Fest, *Skiras* genannt, verwickelt, das ursprünglich mit Demeter verbunden war. Von der Akropolis aus ging eine Prozession zu einem Ort namens Skiron an der alten Grenze zu Eleusis; ein eleusinischer Priester ging unter einem Baldachin, und heilige Pflügungen wurden vorgenommen. Ein Fruchtbarkeitsritus also, aber wahrscheinlich auch eine symbolische Vereinigung mit der Stadt Eleusis. Mit Ausnahme des flüchtigen Bezugs zu König Erechtheus von Athen gab es fast keine mythischen Anknüpfungen. Die *Thesmophoria* waren eine berühmte Feier zu Ehren von Demeter und Kore; wieder ein Fruchtbarkeitsritus, da beide Fruchtbarkeitsgöttinnen waren. Am zweiten Tag dieser Feier brachten ausgewählte ältere Frauen Schweine in unterirdische Kammern und ließen sie dort, bis sie verwesten, um sich mit der Zeit mit Saatkörnern zu vermischen. Am letzten Tag erfolgte die Reinigung vor dem Gebären. Sie war verbunden mit ritueller Obszönität und dem Hantieren mit modellierten weiblichen Geschlechtsorganen, beides wahrscheinlich auch zu den Eleusinischen Mysterien gehörend. Eigentlich aber ist kein richtiger Verweis auf Kores Verschwinden und die Suche Demeters nach ihr darin enthalten, nur ein unbedeutendes *aition* für den Schweineritus: die Schweine des Hirten Eubuleus (d. i. Hades) verschwanden zugleich mit Persephone in der Kluft, durch die sie in die Unterwelt kam. Ein weiteres Fest der Demeter, voller sexueller Anspielungen, waren die *Haloa* (ein Wort, das zugleich »fruchtbares Land« bedeutet), bei denen Prostituierte, aber auch andere Frauen zugegen waren. Tönerne Phalli wurden in den Boden gesteckt und wie Pflanzen gegossen, auch die üblichen obszönen Witze gerissen und modellierte weibliche Cunni zur Schau gestellt. Kein besonderer Mythos wird als *aition* genannt, die augenfällige Verwechslung eines viel späteren Scholiasten ausgenommen.[7] Die größte Feier zu Ehren von Demeter und Persephone war selbstverständlich die geheime zu Eleusis; darüber später mehr. Zu beachten ist: obwohl ein ganz offensichtlicher Zusammenhang zwischen Mythos und Ritus besteht, scheint der Mythos zuerst entstanden oder wenigstens eine davon unabhängige Erscheinung zu sein. Er ist nicht aus dem Ritus »entstanden«.

Als nächster Dionysos: seine Riten sind fast genauso vielfältig und ungewöhnlich wie die Demeters, da auch er die Fruchtbarkeit (obwohl eher die des Efeus, des Weins und der Bäume als die der Saat) repräsentiert, was durch allerhand dramatisierte Geschehnisse unterstützt wird, die von der vermeintlich vergleichbaren menschlichen Reproduktion freizügig Gebrauch machen. Die größten Dionysosfeiern waren die *Anthesteria,* die in den Monat Anthesterion bzw. den Januar/Februar fielen; sie vereinten Dionysos mit den Toten und unterstrichen die Doppelfunktion der Erde. Zugleich wurde die Öffnung des heurigen Weins gefeiert, da am ersten Tag riesige Fässer angebrochen wurden und man sich am zweiten Tag versammelte, jeder mit seiner eigenen Kanne (weswegen der Tag *Choës,* »Kanne«, genannt wurde), um ihn zu probieren. Am dritten Tag wurde ein *panspermia,* eine Mischung aus Körnern und Erdfrüchten, in Töpfen zubereitet, die dem Tag seinen speziellen Namen, *Chytroi,* verliehen. Am Tag der *Choen* gab es sowohl ein Wetttrinken als auch eine rituelle Hochzeit zwischen dem Gott und seiner Priesterin (ihr Mann spielte vielleicht die Rolle des Gottes), während die alten Frauen ihre eigenen geheimen Riten abhielten. An diesem Tag stiegen auch die Seelen der Toten herauf und wurden am *Chytroi* wieder hinunter befördert.

Gewiß befinden sich darunter rituelle Handlungen, die auffallend und schillernd genug waren, um so originale wie originelle Erzählungen hervorzurufen – vorausgesetzt, daß so Mythen entstehen. Es wurden in der Tat gewisse mythische Erklärungen daran angeknüpft, besonders überzeugend aber wirken sie nicht. Warum trank an den *Choen* jeder aus seiner eigenen Kanne? Weil Orestes, als er von seinem Muttermord geläutert werden wollte, an diesem Tag des Jahres nach Athen kam und die Athener ihm, umsichtig, ein eigenes Trinkgefäß gaben, da er unrein war. Aus Höflichkeit benützte jeder ein eigenes, so entstand der Brauch. Vom Essen der *panspermia* am darauffolgenden Tag behauptet der hellenische Dichter Theopomp (der selbst wahrscheinlich durch frühere Zeugnisse auf diesen Gedanken kam), es sei das Andenken an das erste gekochte Mahl der Überlebenden der Deukalionischen Flut. Bereits vorhandene Mythen oder nur zweifelhafte Details, die ihnen entnommen wurden, werden, anders gesagt, als *aitia* hinzugezogen, ein von wirklich mythischer Schöpfung erheblich abweichender Prozeß.

Aufschlußreicher ist ein weiteres Dionysosfest, *Aiora* (»Schaukelnd«) genannt. Mädchen schaukelten auf von Bäumen herabhängenden Schaukeln, was angeblich an den Selbstmord der Erigone erinnern sollte, einem attischen Mädchen, das sich an einem Baum erhängte, weil der Vater von den eigenen Dorfbewohnern, nachdem er sie mit dem Wein bekanntgemacht hatte (und sie überzeugt davon waren, er hätte sie vergiftet!), umgebracht wurde. Aus nicht sicher bekannten Gründen ist das Schaukeln ein Fruchtbarkeitszauber, der auch anderswo anzutreffen ist. Das bedurfte offenbar einer Erklärung, und die Erigone-Geschichte ergibt wenigstens eine Verbindung zu Dionysos, der ihrem Vater den Wein gegeben haben muß. Aber auch diese Geschichte scheint unabhängig vom Ritus existiert zu haben, der sich nur zum Teil auf sie applizieren läßt. Noch ein ländliches Fest waren die *Lenaia,* so genannt nach den ekstatischen weiblichen Anhängerinnen, die vor einem Idol des Gottes, in der Form einer drapierten, von einer Maske gekrönten Säule, Weinopfer darbrachten. Die Maske geht wahrscheinlich dem Theater und seinen Masken voraus, dessen Schutzgott Dionysos war. Merkwürdigerweise brachte es kein mythisches *aition* hervor. Endlich die *Oschophoria,* das »Zweigetragen«: von einem der Heiligtümer des Dionysos in Athen verlief eine Prozession zu einem Schrein der Athene am Meer; angeführt wurde sie von zwei nach Frauenart gekleideten Jünglingen, die Weinzweige und Weintrauben trugen; man veranstaltete ein Wettrennen zwischen verschiedenen Gruppen, die die zehn athenischen Stämme darstellten, und der Sieger trank aus einem speziellen Fünftrankbecher. Wer waren diese Knaben und warum trugen sie Frauenkleider? Es ließe sich vermuten, uns würde ein Mythos darüber Auskunft geben – entstünden so Mythen. Wie immer aber gibt es nur eine unzutreffende und periphere Verbindung zu einem bereits vorhandenen Mythos: die Prozession war angeblich eine Erinnerung an die, die zu Theseus' Empfang stattfand, als dieser mit den befreiten Gefangenen zurückkehrte, nachdem er den Minotauros getötet hatte.

Apollon besaß zwei besonders wichtige Feste: die *Thargelia* Ende April und die *Pyanopsia* Ende September. Bei den *Thargelia* wurden am ersten Tag zwei »Sündenböcke« (das griechische Wort lautet *pharmakoi*, »Heilmittel«) aus der Stadt getrieben. Der eine trug ein Halsband mit dunklen, der andere eins mit hellen Feigen, die die beiden Geschlechter darstellten. In den nicht-attischen Versionen dieses Festes wurde ihnen siebenmal mit Feigenzweigen und Squille auf den Penis geschlagen. Obgleich faszinierend, ist es ein gängiger Fruchtbarkeitsritus, der offensichtlich zu einer ganzen Reihe von mythischen »Erklärungen« führte: entweder hatte ein Pharmakos von Apollon einige Becher gestohlen und wurde daraufhin von Anhängern des Achilleus zu Tode gesteinigt (um Himmels willen!), oder der Tod von Minos' Sohn Androgeos in Attika führte zu einer Pest, die durch das Vertreiben von Sündenböcken gesühnt wurde. Auch die zentralen Handlungen der *Pyanopsia* standen mit Fruchtbarkeit in Verbindung und schlossen unter anderem die Zubereitung einer Art von *panspermia*-Suppe und eine Prozession mit Getreidegirlanden ein; ihre Verbindungen zur Theseus-Legende und zum Theseus-Mythos waren genausowenig überzeugend.

Apollons Schwester Artemis hatte ihre eigenen Feste, deren bekannteste die *Brauronia* und die *Tauropolia* waren. Bei den *Brauronia* spielen ihre »Bärinnen« eine wichtige Rolle, kleine Mädchen in safrangelben Kleidern, die ein Jahr in ihrem Tempel zu Brauron verbrachten. Darin liegt ein Verweis auf den Mythos von Artemis und Kallisto, einer Nymphe, die von Zeus geliebt und deshalb von der eifersüchtigen Hera in eine Bärin verwandelt wurde – nur insofern aber, als sowohl der Mythos wie der Ritus unabhängig voneinander die Verbindung der Göttin mit Bären zum Ausdruck bringen. Bei den *Tauropolia* wurden nächtliche Feiern veranstaltet, und ein Mann wurde mit einem Schwert am Halse geritzt. Euripides machte daraus eine Reminiszenz an die Erzählung von Orestes, der gerade noch dem Tod entrinnt, den ihm die barbarischen Taurier, die ihn der Artemis opfern wollten, zugedacht hatten; aber auch dieser Ritus, wenn er überhaupt alt war, beabsichtigte wahrscheinlich etwas anderes, obwohl der Mythos in diesem Fall als *aition* brauchbarer schien als sonst.

Die *Kronia*, ein Erntefest zu Ehren von Kronos, wurde von

Herren und Sklaven gemeinsam auf dem Feld gefeiert: etwas, das sich unabhängig davon, ob es als ein *rite de passage* mit vertauschten Rollen gedacht war, einmal im Jahr wie von selbst ergab. Genauso selbstverständlich hielt man es für eine Reminiszenz an das »Zeitalter des Kronos« bzw. das Goldene Zeitalter, doch auch das überzeugt nicht. Kronos' Sohn Zeus besaß eine eindrucksvollere Zahl an Festen. Das größte waren die *Diasia;* der erste Tag, an dem Opfertiere ganz verbrannt und andere Opfer ins Feuer geworfen wurden, war grausam. Erleichterung und ein Festmahl folgten, kein Mythos. Vielleicht waren die Vorgänge zu unbestimmt, ganz anders als bei den *Dipolieia,* den Feiern des Zeus als Schutzgott der Stadt, die auch die Scharade, als *Buphonia* oder »Ochsenschlacht« bekannt, mit einschließt. Man legte Korn oder Gerste auf denn Altar des Gottes, und ein Ochse wurde hinausgeführt, damit er das »Sakrileg«, davon zu essen, begehen konnte; daraufhin wurde er von einem Priester getötet, dieser ergriff die Flucht, hinterließ aber seine Axt. Man prüfte die Axt, die für schuldig befunden wurde, und der Priester durfte wieder zurückkehren. Inzwischen wurde der Ochse ausgestopft und, vor einen Pflug gespannt, zur Schau gestellt. Aristophanes, der Komödienschreiber aus dem 5. Jahrhundert, fand diese Vorgänge sehr altmodisch.[8] Die ursprüngliche Bedeutung ist bis heute noch nicht gänzlich geklärt, obwohl des öfteren die Vermutung laut wurde, der Ritus stehe für die Schuldgefühle der Menschen, zahme Tiere, zugleich ihre Freunde und Helfer, zu schlachten, und diene dazu, sie zu besänftigen. Pausanias berichtete, der Ochse habe in der Zeit von König Erechtheus die Körner aus Versehen gefressen, und erklärt, der Ritus sei »zur Erinnerung« an diese Ereignisse entstanden; der betreffende Priester sei ein gewisser Thaulon, dessen Nachkommen noch immer als Priester dienten.[9] Andere Verfasser gaben unterschiedliche Erklärungen, aber auch hier ist der Einfluß des Mythos minimal und das Entstehen wirklicher Erzählung außerordentlich gering.

Schließlich zu einigen Riten, in denen es um weniger düstere Gestalten geht. Die *Prometheia* bestanden unter anderem in einem Fackellauf. Wichtig daran war, daß die Fackel des Gewinners nicht erlöschen durfte. Daraus kann geschlossen werden, daß es sich ursprünglich um einen Freudenfeuer-Ritus handelte, wobei die brennende Flamme vom Altar des Gottes, direkt und ohne sie auszuwechseln, in die Stadt zu bringen war. Es ging darum, die volle Kraft des Feuers für rituelle und technologische Zwecke zu erhalten, so wie es jährlich im Ritus auf der Insel Lemnos (siehe Seite 233) vollzogen wurde. Der gegenwärtige Gebrauch könnte sich auf die Erzählung von Prometheus' Feuerraub beziehen, aber die Einzelheiten des Rennens weisen nicht darauf hin. Wieder scheinen Mythos und Ritus sich unabhängig voneinander aus der Natur des Gottes heraus gebildet zu haben. Die nächsten Feiern, *Adonia* genannt, waren ein Fest, das aus Syrien nach Griechenland kam und in Richtung Osten weist: Frauen trauern vor den Bildern eines toten Mannes und tragen Scherben mit schnell treibenden Körnern auf ihre Dächer. Eigentlich ein Fruchtbarkeitskult, der aber mit dem mesopotamischen Mythos vom Gott, der verschwindet, verknüpft ist – ein Gott, der den Sumerern als Dumuzi und den Akkadern und Babyloniern als Tamuz bekannt ist. Die griechische Version des Mythos handelt von der Liebe der Aphrodite zu Adonis (dem syrischen *adon*, »Herr«, entlehnt); er war ein assyrischer und zyprischer Prinz, und von dort aus scheint der Ritus nach Griechenland gekommen zu sein. Er wurde von einem eifersüchtigen Gott umgebracht und die eine Hälfte des Jahres in die Unterwelt geschickt, um Persephone zu trösten. Die generelle Thematik ähnelt der Erzählung von Persephone, doch der Ritus mit seinen »Adonisgärten«, die genauso schnell blühen, wie sie verblühen, verweist auf Besonderes und wird im Mythos nur flüchtig behandelt.

Endlich die *Apatouria,* dreitägige Feiern, die von allen ionischen Städten einschließlich Athens zelebriert wurden; sie beschäftigten sich speziell mit der Initiation. Der erste Tag war ein Fest, am zweiten wurden feierlich Tierkehlen durchschnitten, am dritten wurde den jungen Männern, die ins Erwachsenenalter kamen, rituell das Haar geschnitten. Das ist nicht sehr viel, um daraus einen Mythos machen zu können; es wurde verschiedenen Göttern geopfert, allen voran Zeus und Athene; kurz vor der eigentlichen Haarschur tranken die jungen Männer auf Herakles, das ist aber das einzige, was diesen Heros – der in einem anderen Zusammenhang (s. Seite 227) den *Epheben,* den jungen Kriegern, als Talisman diente – mit dem Ritus oder mit dem Initiationsvorgang verbindet.

Es gab auch noch andere Feste in Athen, aber die wichtigsten und bemerkenswertesten habe ich angeführt. Auch von diesem Gesichtspunkt aus kommen wir zum Ergebnis, daß Riten, außer in seltenen und ungewöhnlichen Fällen, Mythen nicht entstehen zu lassen scheinen. Häufiger noch ermuntern sie zu fragwürdigen *aitia* in der Art von lose dazugehörigen oder schlecht gewählten Einzelheiten, die anderen, davon offensichtlich unabhängigen Erzählungen entnommen sind. Das gleiche findet man auch außerhalb Athens. Zufällig wissen wir eine ganze Menge über die Feiern zu Delphi, in erster Linie vom Essayisten Plutarch, und sie bestätigen diese Schlußfolgerungen. Beim *Stepterion,* einer Feier, die alle acht Jahre stattfand, wurde eine Strohhütte verbrannt, und eine Gruppe von Knaben floh nach Tempe, läuterte sich selbst und kehrte im Triumph wieder. Es handelte sich wohl um einen Fruchtbarkeits- und Sündenbockritus, und alles, was die Einwohner Delphis dazu zu sagen wußten, war, daß er Apollons Sieg über die Schlange Python darstelle, den ursprünglichen Inhaber des Heiligtums. Die Handlung im Mythos hat nichts mit der des Ritus gemein: ein Extremfall, der aber nicht gänzlich untypisch ist. Bei dem *Charila* genannten Fest wurde Gerste rituell unter die Menschen verteilt, aber einer Puppe namens Charila schmählich verweigert, die weggeschleppt und mit einem Strick um den Hals begraben wurde. Ganz in der Nähe befand sich das Grab eines Mädchens mit demselben Namen, und der Mythos berichtet, daß sie ein Waisenkind war, der man einst während einer Hungersnot die Nahrung verweigerte und die sich aus Trauer darüber erhängt hatte. Das veranschaulicht eine andere ätiologische Vorgehensweise, durch die eine gewissermaßen sinnlose und unwahrscheinliche Erzählung so zurechtgelegt wird, daß sie mit augenfälligen Details eines Ritus übereinzustimmen vermag. Die Puppe hatte wahrscheinlich die Funktion eines Sündenbocks; Riten, in denen Puppen oder ungewöhnliche Handlungen vorkamen, eigneten sich besonders dazu, epische *aitia* zu erzeugen. Bekanntestes Beispiel war, wie wir sahen, Herakles' Verbrennung auf dem Berg Oita, wo es tatsächlich eine Art Freudenfeuerritus gab, in dessen Verlauf Figurinen in einen flammenden Scheiterhaufen geworfen wurden. Das ist eines der seltenen Beispiele für ein wichtiges mythisches Detail (im Gegensatz zu einem ganzen Mythos), das offensichtlich von einem Ritus geformt wurde.

Die großen, organisierten Festspiele, insbesondere die aus Athen, die am bekanntesten sind, weisen nachdrücklich darauf hin, daß Riten so etwas wie einen wichtigen Mythos nur äußerst selten hervorbringen. Verhält es sich bei kleinen ländlichen Riten und Kulten anders? Daß an ihnen im Laufe der Jahrhunderte etwas hinzugefügt oder umgeändert wurde, ist noch unwahrscheinlicher: verdeutlichen sie also die angebliche Universalregel der ungewöhnlichen rituellen Vorgänge, die zu Mythen werden, und ist das die Entwicklung von Mythen?

Pausanias begann den Bericht seiner Reise durch Griechenland in Athen. Dort galt eine eher beiläufige Beobachtung einem fast meterbreiten Spalt im Boden des antiken Heiligtums der Erde unfern dem späteren Tempel des Olympischen Zeus:

Und man erzählt, daß nach der Flut, die zu Lebzeiten des Deukalion stattfand, das Wasser auf diesem Weg abgeflossen sei; und jedes Jahr wirft man in diesen Spalt mit Honig vermischtes Weizenmehl (1. 18, 7).

Hierbei handelt es sich wirklich um ein Beispiel für eine einfache Verbindung ritueller Umstände mit allgemein bekannten Mythen. In Megara sah Pausanias unter anderem einen Felsen in der Nähe des Rathauses:

Sie nennen ihn *Anaklethris* (»Zurückruf«), weil Demeter (wenn man dem Glauben schenken darf) ihre Tochter auch an diesem Ort zurückrief, als sie auf der Suche nach ihr umherirrte. Die Frauen von Megara führen bis heute Spiele auf, in denen sie die Erzählung darstellen (1. 43, 2).

Eine triviale ätiologische Erklärung für einen ungewöhnlichen Ortsnamen, die auf ein offenkundiges mythisches Beispiel zurückgreift. Besonderes Interesse verdient Pausanias' Bemerkung, dies sei einer der Fälle, wo ein Ritus, das Schauspiel der Matronen Megaras, von einem Mythos erzeugt wurde – die genaue Umkehrung der Mythos-und-Ritus-Theorie. Einige Zeit später besuchte er das Heiligtum der Athene zu Titane, unweit Korinths. Darin befand sich eine vom Blitz versengte Statue der Göttin, und unterhalb, am Fuße des Berges, entdeckte er

einen Altar der Winde, auf dem der Priester in einer Nacht im Jahr den Winden opfert. Er führt, in vier Gruben, noch andere, geheimzuhaltende Handlungen aus, um die Heftigkeit der Winde zu bändigen; und man erzählt außerdem, daß er Zaubersprüche singe, die von Medea herstammten (2. 12, 1).

Diese Handlungen sind derart ungewöhnlich, daß man erwarten könnte, sie hätten ein mythisches *aition* hervorgebracht, aber sie taten es nicht, vielleicht deshalb, weil die Riten in diesem Falle gewissermaßen geheim waren. Aber auch so fiel es schwer, die Priester nicht mit Medea in Verbindung zu bringen, dem mythischen Archetypus einer Zauberin, die ganz in der Nähe von Korinth gelebt hatte.

In Sparta beschrieb unser Reisender einen bemerkenswerten Ritus, offenbar Teil des ausführlichen Trainings und der Initiation junger spartanischer Krieger, der an einem Ort namens Platanistas vollzogen wurde. Dort gab es eine Art Insel, die von Platanen und einem Graben umgeben war; betreten konnte man sie über zwei Brücken. Zwei Gruppen von Jugendlichen begaben sich jeweils getrennt über eine Brücke auf die Insel. Zuvor hatten sie Welpen geopfert und einen Kampf zwischen Ebern organisiert, jetzt fochten sie miteinander, ohne daß irgendwelche Griffe verboten waren, und stießen ihre Gegner ins Wasser. Der einzige Mythos, der auch nur schwach daran erinnert, ist eine Erzählung, die von Pherekydes von Syros im 6. Jarhundert v. Chr. wiedergegeben wird. In ihr geht es um einen Kampf zwischen Kronos und seinen Anhängern auf der einen und Ophion (eine schlangenförmige, typhonähnliche Gestalt) und seiner Schar auf der anderen Seite; die Sieger, die über den Himmel verfügen würden, mußten die anderen in den Strom des Okeanos stoßen.[10] Ich bezweifle, ob der spartanische Ritus (wie behauptet wird) diesen Mythos entstehen ließ, der außer bei Pherekydes nirgendwo zu finden ist. Außer dem Kampf zwischen den beiden Gruppen, die versuchen, sich gegenseitig ins Wasser zu stoßen, gibt es keine großen Ähnlichkeiten. Auf den ersten Blick handelt es sich um eine ungewöhnliche Vorstellung, es sei denn, der Kampf findet aus anderen Gründen in der Nähe des Wassers statt. Vielleicht ist das wirklich Erstaunliche daran, daß ein solch eindeutiger Wettkampfritus nicht mit einem bekannteren Mythos in Beziehung gesetzt wurde. Herakles war als Heros, der mit der Initiation junger Krieger in Verbindung steht, an den Geschehnissen beteiligt (seine Statue stand an einer der Brücken); doch keiner seiner zahlreichen Wettkämpfe wurde zu einem mythischen Präzedenzfall, und keiner wurde, unserer Ansicht nach, in Anlehnung an einen Ritus geschaffen.

Auf seiner Durchreise durch Achaia im Norden des Peloponnes wurde Pausanias Zeuge einer Artemisfeier, *Laphria* genannt, bei der die Teilnehmer schonungslos Vögel und Tiere wie auch Früchte in einen brennenden Scheiterhaufen warfen. Hierfür wird keine mythische Erklärung gegeben. Danach begibt er sich südwärts nach Arkadien, eine rückständige und felsige Landschaft, die die wunderlichsten Riten aufweist. Besonders merkwürdig waren vielleicht die Opferungen zu Ehren des Zeus, die alljährlich in seinem Heiligtum auf dem Gipfel des Berges Lykaion stattfanden. Der heilige Bezirk schloß übrigens einen Bereich ein, der den Menschen verboten war; wer ihn dennoch betrat, verlor seinen Schatten, und im Laufe des Jahres starb er. Außerdem

sagen sie, daß sich seit Lykaons [ein früher König; dazu im folgenden] Zeiten immer ein Mensch bei dem Opfer für den Zeus Lykaios in einen Wolf verwandelt habe — nicht für sein ganzes Leben, denn wenn er, während er ein Wolf sei, sich Menschenfleisches enthalte, dann werde er, sagt man, im zehnten Jahr danach wieder in einen Menschen verwandelt. Wenn er es aber gekostet habe, bleibe er ein wildes Tier für immer (8. 2, 6).

Pausanias erzählte man sogar von einem arkadischen Boxer, Damarchos genannt, der um 400 v. Chr., nachdem er zum Wolf und neun Jahre später wieder zum Menschen geworden war, zu Olympia einen Sieg errungen hatte (6. 8, 2). Er weigerte sich, dieses zu glauben, akzeptierte aber merkwürdigerweise die Geschichte, die, wie er meint, den Ritus entstehen ließ: Lykaon, der Sohn des Pelasgos und der zweite König von Arkadien, hatte dem Zeus einen Säugling geopfert und wurde dafür auf der Stelle in einen Wolf verwandelt (8. 2, 3). Apollodoros gibt uns eine etwas abweichende Version: Lykaons fünfzig Söhne waren die Schuldigen, und Zeus ging verkleidet zu ihnen, um herauszufinden, ob sie tatsächlich so bösartig waren, wie er es vernommen hatte. Sie töteten einen Knaben und mischten dessen Innereien mit dem Opferfleisch, das sie dem Fremden anboten; Zeus aber stieß voller Abscheu den Tisch um (an jener Stelle, die unter dem Namen *Trapezos* bekannt ist, »Tisch«) und machte Lykaon und seine gottlosen Söhne mit einem seiner Blitze zu Asche — natürlich mit einer Ausnahme, das uns aus der Volkserzählung bekannte Motiv, und gleich danach folgte die große Flut (3. 8, 1). Noch eine andere Version hat Plinius aufgezeichnet, sich auf Varro stützend, der sich seinerseits auf einen hellenischen Autor namens Euanthes berief. Darin wird das Werwolfthema auf eine bestimmte Familie begrenzt; sie geleitete regelmäßig einen ihrer jungen Männer ans Wasser, der dort seine Kleider auszog, sie an eine Eiche hing, fortschwamm und verschwand; er wurde zum Wolf und verwandelte sich acht Jahre später wieder zurück in einen Menschen, vorausgesetzt, er hatte während dieser Zeit kein Menschenfleisch zu sich genommen.

Ist dies ein wesentlicher Mythos, geschaffen, um einen Ritus zu erklären? Diese Frage kann ich nur mit einigen Vorbehalten beantworten, da der Ritus, unabhängig davon, was für ein Ritus es war, offenbar alt war, und einiges Unbehagen bei allem, was mit Menschenfleisch zu tun hat, scheint sich bis in Pausanias' Zeiten erhalten zu haben. Der danach entstandene Mythos ist nicht so wichtig, wie es zuerst den Anschein hatte, vielmehr bestehen Zweifel an seiner Vorrangstellung in Arkadien. Es gab auch noch eine ähnliche Geschichte von Tantalos und Pelops (s. Seite 128 f.). Wie Lykaon lebte Tantalos in jenem Zeitalter (der Herrschaft des Kronos, dem Goldenen Zeitalter), in dem die Menschen mit den Göttern tafelten; auch er bot den Göttern Kindesfleisch an (seinen eigenen Sohn Pelops). Alsbald erkannten sie, was ihnen vorgesetzt wurde (mit Ausnahme der trauernden Demeter, die geistesabwesend ein Stück davon aß); drastisch wurde Tantalos hierfür bestraft: vermutlich ging im Anschluß hieran das Goldene Zeitalter zu Ende, und kurze Zeit darauf folgte die Flut. Diese Erzählung enthält einige zusätzliche Details, aber welche der beiden, die von Tantalos oder die von Lykaon, kam zuerst? Eine schwierige Frage; ich neige persönlich dazu, die Tantalosgeschichte, deren Bekanntheitsgrad größer und deren Züge sich reibungsloser in das Muster der Heroenmythen einfügen lassen, für die frühere zu halten. Dann wurde sie zum mythischen Präzedenzfall für die Opferpraktiken am Berg Lykaion, wobei die Namen verändert und das Kindesfleischopfer den Göttern vom namengebenden König Lykaon selbst oder seinen Söhnen dargebracht wurde.

Ein besonderes Element des arkadischen Mythos und Ritus ist im Tantalos- und Pelops-Mythos nicht anzutreffen und kann folglich auch nicht daher kommen: die Vorstellung von der Verwandlung in einen Wolf. Das ist eine durchaus angemessene Strafe für den Verzehr von Menschenfleisch; das tun Wölfe immer, und deshalb benimmt sich ein Mensch, der Menschenfleisch ißt, wie ein Wolf, und poetisch und mythisch ist es nur folgerichtig, daß er dann auch in einen Wolf verwandelt wird. So einfach aber ist die Sache nicht: wie konnte sich dieses kannibalische Verhalten festsetzen und wie steht es mit der Version des Euanthes, in der die Verwandlung in einen Wolf nicht (so scheint es) auf dem Opfer beruht? Ferner können die Namen vom Berg Lykaion und dem König Lykaon mit dem Wort für »Wolf«, *lykos,* zusammengebracht werden (was die Griechen sicherlich taten). Dabei könnte es sich auch noch, wie Walter Burkert meint, um ein Initiationsverfahren handeln, wobei sich junge Männer eine Zeitlang einem »Rudel Wölfe«, die in der Wildnis hausten, anschlossen, so wie es junge Spartaner an einem Punkt ihrer langen militärischen Ausbildung zu tun pflegten.[11] Das bleibt eine Mutmaßung, jedenfalls aber scheint der *Mythos* von Lykaon und seinen Söhnen viel dem von Tantalos und Pelops zu verdanken, und das bedeutet, daß der Ritus nur gewisse Details beigesteuert hat. Ein wirklich interessanter Fall also, in dem es so aussieht, als ob ein Ritus zu einem Mythos beigetragen hat; aber es ist kein bedeutender Mythos oder vielmehr, er wurde es erst, nachdem er Themen nicht von diesem Ritus, sondern von einem anderen Mythos übernommen hatte.

Nicht weit von Megalopolis in Arkadien entfernt gab es einen Schrein der Erinyen und ganz in der Nähe einen Grabhügel, auf dem ein steinerner Finger stand; nach Pausanias (8. 34, 2) kursierte die Erzählung im Volk, Orestes habe sich hier den Finger abgebissen, nachdem ihn die Erinyen des Muttermordes wegen in den Wahnsinn getrieben hatten. Derart oberflächliche Ätiologie entstand ständig; die Frage ist, ob etwas Analoges dazu von Anfang an Mythen erzeugen konnte. Die Bewohner von Phenos, ebenfalls in Arkadien, hatten einen Hang zu mythischen Musterfällen, dennoch schufen sie keinen Mythos, um einen wirklich bemerkenswerten Ritus zu erklären, der dort in der Nähe des Heiligtums der Demeter stattfand:

Neben dem Heiligtum der Eleusinischen Demeter steht das sogenannte Petroma [»Felsplatz«], zwei große aneinandergefügte Steine. Wenn sie jedes zweite Jahr feiern, was sie das Größere Ritual nennen, öffnen sie diese Steine; sie entnehmen ihnen Schriften, die sich auf das Ritual beziehen, lesen sie so, daß die Eingeweihten es hören und legen sie noch in derselben Nacht wieder zurück. Ich weiß, daß die meisten Einwohner von Pheneos in den ernstesten Dingen bei dem Petroma schwören. Ferner ist da ein runder Aufsatz auf dem Petroma, der eine Maske der Demeter Kidaria enthält; der Priester trägt diese Maske bei dem Größeren Ritual und schlägt aus irgendeinem Grund mit Ruten die Unterirdischen (8, 15, 2–3).

Zugegebenermaßen handelt es sich in diesem Fall, da es Eingeweihte gibt, um einen geheimen Ritus. Er scheint einen lokalen Bezug zu den eleusinischen Mysterien zu haben; Pausanias konnte viel über den Vorgang erfahren, und es ist erstaunlich, daß nichts davon mit einem speziellen Mythos in Beziehung gebracht wurde. Immerhin standen die Eleusinischen Riten in einem eindeutigen Zusammenhang mit dem Mythos von Demeter und Kore.

Mein letztes Beispiel, das ich dem Pausanias entnehme, kommt von der arkadischen Stadt Tegea und behandelt das Fest des Apollon als Schutzgott der Wege und der Straßen: »Sie führen

Handlungen aus zu Ehren des Skephros, und die Priesterin der Artemis verfolgt jemanden so, wie Artemis Leimon verfolgte« (8. 53, 3). Diese rituelle Handlung, die sich eher wie eine Sündenbockzeremonie ausnimmt, muß lange mit einer Erzählung von zwei frühen Königen oder Prinzen von Tegea, den Brüdern Skephros und Leimon, verbunden worden sein. Ihr Vater, Tegeates, war der Gründer der Stadt und Lykaons Sohn (der, wie es scheint, nicht vom Blitz getötet oder in einen Wolf verwandelt wurde). Apollon und Artemis reisten durch das Land, um die aufzuspüren und zu bestrafen, die sich geweigert hatten, ihrer Mutter Leto auf der Suche nach einem Platz, an dem sie gebären konnte, zu helfen. Skephros nahm den Gott beiseite, um mit ihm allein zu sprechen; Leimon argwöhnte, Skephros würde ihn verklagen, worauf er ihn tötete, um sogleich von Artemis getötet zu werden. Ein weiteres Beispiel für einen einfachen Ritus, der nur äußerlich mit einem bekannten Mythos (dem von Apollon, Artemis und Leto) verknüpft wird. Nur wird lokale Vorgeschichte hier zum zusätzlichen Bestandteil, da der von der Priesterin verfolgte Mann einer der ersten Könige oder Prinzen wird, an den man sich erinnert, weil er mit seinem Bruder stritt. Das Ergebnis ist ein »neuer«, in seiner Art außergewöhnlich schwacher Mythos, eine Mischung aus Antiquiertheit, Ätiologie und »Charter« in ihrer schwächsten Form.

Wie die großen städtischen Feiern sprechen auch die ländlichen Riten gegen die Theorie, Mythen seien unterschiedslos auf der Basis von existierenden Riten entstanden. Es gibt einige mit Mythen assoziierte Riten, auf die das nicht zutrifft. Die feuerlosen Opfer und die rituellen Flüche zu Lindos, die zu trivialen ätiologischen Erfindungen animieren, wurden bereits kurz beschrieben. Bei Tenes, dem mythischen Gründer von Tenedos und Troia, verhält es sich ähnlich, denn in der Nähe seines Grabes durften weder Achilleus erwähnt werden noch ein Flötenspieler sich aufhalten. Ferner gibt es die Erzählung von Euripides darüber, wie Medea ihre Kinder tötete und im Heiligtum der Hera Akraia, auf der anderen Seite des Wassers von Korinth, begrub. Dem Ritus zufolge hatten sieben Knaben und sieben Mädchen ein Jahr lang dort zu bleiben, an dessen Ende eine schwarze Ziege geopfert wurde; eher könnte es ein alter Initiationsritus gewesen sein, der die Vorstellung von Medea, die ihre Kinder tötet, entstehen läßt, als ein Sühneritus, der nach dem Mord stattfand. Eine Entscheidung fällt hier schwer; unschwer ist es hingegen bei zwei anderen außerordentlich wichtigen Fällen, den Hyperboreern und den lemnischen Frauen, die eine nähere Betrachtung verdienen. Sich im unklaren darüber, was es mit den Hyperboreern auf sich hat (s. auch Seite 125 f.), gibt uns Herodot dennoch folgenden interessanten Bericht:

Es sind die Delier, die bei weitem das meiste über sie erzählen können. Sie berichten, daß geweihte Gegenstände, in Weizenstroh gehüllt, von den Hyperboreern zu den Skythen gebracht würden; von den Skythen würden sie in Empfang genommen und weiter von den Völkern je an deren Nachbarvölker weitergegeben, bis sie an der Adria ihre westliche Grenze erreichen. Von da würden sie nach Süden weitergeschickt, und die Bewohner von Dodona seien die ersten Griechen, die sie empfingen; von ihnen kämen sie herunter zum Malischen Meerbusen und würden übergesetzt nach Euboia, von wo aus sie von Stadt zu Stadt gesandt würden, bis sie nach Karystos kämen. Die Insel Andros lasse man dann aus, denn die Karystier brächten sie nach Tenos und die Tenier sie nach Delos. So kämen, sagen sie, die geweihten Gegenstände nach Delos; das erste Mal aber hätten die Hyperboreer zwei Mädchen gesandt — ihre Namen waren, nach Angabe der Delier, Hyperoche und Laodike. Um ihrer Sicherheit willen hätten die Hyperboreer fünf ihrer Mitbürger als Begleitung mitgeschickt, das seien die, die jetzt »Perpherees« genannt würden und große Ehren auf Delos genössen. Da aber die Gesandten nicht nach Hause zurückgekehrt seien, seien die Hyperboreer bei der Aussicht, immer ihre Abgesandten zu verlieren, unwillig gewesen, hätten die in Weizenstroh gehüllten geweihten Gegenstände bis zu ihren Grenzen gebracht und hätten ihre Nachbarn gebeten, sie zu dem nächsten Volk weiterzuleiten (4. 33, 1–4).

Herodot fährt mit der Behauptung fort, thrakische Frauen würden ebenso ihre der Artemis geweihten Opfergaben in Stroh verpacken, und die zwei hyperboreeischen Mädchen seien in dem der Artemis geweihten Bezirk auf Delos begraben worden. Mädchen, die vor ihrer Hochzeit standen, wie auch Kinder legten Haarlocken auf ihr Grab. Es gab auch noch ein früheres hyperboreeisches Mädchenpaar, auf die der geheimnisvolle Olen von Lykien eine Hymne schrieb. Auch Pausanias bezieht sich kurz auf den Abschnitt mit den in Stroh gehüllten Opfergaben, läßt aber die Reiseroute weiter östlich verlaufen und in Athen enden; die Opfergaben beschreibt er bezeichnenderweise als »Erstlingsopfer« (1. 31, 2).

Tatsächlich scheint die Situation die gewesen zu sein: erstens, die geheimen, in Stroh verpackten Opfergaben, die vermutlich zur Fruchtbarkeit Bezüge hatten, erreichten alljährlich Delos über den Norden Griechenlands, über Euboia und Tenos (letztere eine Insel, genau nördlich von Delos); später, in historischer Zeit, gelang es Athen, sich in die Route miteinzubeziehen. Zweitens gab es ein antikes Grab zweier Mädchen, die mit den geweihten Gegenständen und mit den nördlichen Landschaften, aus denen sie kamen, assoziiert wurden. Die Haaropfer am Grab, das zweite Mädchenpaar und die Hymne des Olen scheinen sich später daraus entwickelt zu haben. Die Reise, die die Opfergaben zurücklegen, war äußerst ungewöhnlich und höchst dramatisch. Sie verlangte geradezu nach einer einleuchtenden mythischen Erklärung, aber sie erhielt nur eine langweilige rationalistische Erzählung darüber, wie zwei hyperboreeische Mädchen und ihre Begleitung aus irgendeinem Grund auf Delos blieben, so daß sich die Hyperboreer eine Art Posteinrichtung einfallen lassen mußten. Von wem gingen die Opfergaben ursprünglich aus, die tatsächlich jedes Jahr ankamen? Das ist bis heute ein Rätsel – wahrscheinlich von einem Priester des Apollon oder der Artemis. Entsprechend der Ausweitung der griechischen Kontakte könnte der Ursprungsort immer entfernter angesiedelt worden sein, bis er das mythische Volk »jenseits des Nordwindes« erreichte. Andere faszinierende Möglichkeiten, wie die, daß Strecken der »Bernsteinstraße« aus Nordeuropa nach Griechenland verlegt werden, haben keine Auswirkungen auf die Implikationen der Darstellung insgesamt, daß es nämlich einem bemerkenswerten und überaus bekannten Ritus nicht gelungen ist, einen annehmbaren und wesentlichen Mythos zu erzeugen.

Der zweite wichtige Ritus wurde jährlich auf der Insel Lemnos in der nordöstlichen Ägäis vollzogen und läßt unterschiedliche Schlußfolgerungen zu. Von Philostratos, einem Mitglied einer lemnischen Familie, die sich im 2. und 3. Jahrhundert n. Chr. literarisch betätigte, wissen wir, daß jedes Jahr sämtliche Feuer auf der Insel für neun Tage erloschen, in deren Verlauf man chthonische Gottheiten anrief. Mit einem Schiff wurde das neue Feuer aus Delos gebracht, und bis die neun Tage zu Ende waren, währenddessen das Kochen und Handwerke wie Töpfern und Schmiedearbeiten ruhten, mußte das Schiff vor der Küste vor Anker liegen. Danach fing das Leben von neuem an, die Kraft des Feuers (und vielleicht die der Fruchtbarkeit) war erneuert worden. Ausdrücklich verbindet Philostratos den Ritus mit einem von lemnischen Frauen begangenen Vergehen. Aphrodite hatte sie zur Strafe für irgendeine Gottlosigkeit und eine Vernachlässigung ihr gegenüber mit einem schlechten Geruch behaftet. Ihre Männer, die sie daraufhin unausstehlich fanden, holten sich thrakische Sklavinnen in ihre Betten; die Frauen rächten sich, indem sie ihre Männer umbrachten (mit einer Ausnahme – wie kann es anders sein –, die der Volkserzählung, da Hypsipyle ihren Vater, König Thaos, verschonte). Danach lebten sie ohne Männer, was, als die Argonauten sie auf ihrem Weg von und nach Kolchis besuchten, zu ausgelassenen Liebesfeiern Anlaß bot.

Erzählt wird diese Geschichte unter anderem von Apollonios Rhodios in seiner *Argonautika,* für unsere Zwecke ist von einem weitaus unbekannteren Autor eine bezeichnendere Information erhalten. Nach einem antiken Kommentator der Apolloniospassage war es, laut eines gewissen Myrsilos von Lesbos, Medea und nicht Aphrodite, die den Frauen den Gestank gab, die sich bis heute an einem Tag im Jahr mittels eines Geruchs ihre Männer vom Leibe halten.[12] Daß es sich dabei um Medea handeln soll, ist nur eine gelehrte Variante; aber die rituelle sexuelle Enthaltsamkeit mit Hilfe eines künstlich aufgetragenen Geruchs ist äußerst kennzeichnend. Genau das gleiche ereignete sich bei den athenischen Festen Thesmophoria und Skira: die Frauen kauten Knoblauch, um dadurch eine vorübergehende Keuschheit zu erlangen. Der Zweck dieses Verfahrens bestand mit Sicherheit darin, die sympathetische Kraft menschlicher Fruchtbarkeit nach einer Zeit der Enthaltsamkeit zu erhöhen, wie auch die Kraft des neuen Feuers nach neuntägiger Abwesenheit um so größer wurde. Also können sowohl Feuer- wie Geruchsrituale unabhängig vom Mythos als typische Fruchtbarkeitshandlungen erklärt werden. Dennoch, von unseren zwar späten Quellen wird der Mythos ausdrücklich mit den Riten in Verbindung gebracht, und es sieht sehr danach aus, als wäre er zum Zwecke, sie zu begründen, entwickelt worden. Vieles wurde von Georges Dumézil im Jahre 1924 kritisch durchleuchtet; 1970 machte Walter Burkert die feinsinnige Beobachtung, daß die Struktur von Mythos und Ritus auffallend ähnlich sei: nach einer Zeit der Unfruchtbarkeit erwachten in beiden Fällen mit der Ankunft eines Schiffes erneut Leben und Kraft. Zufall? Vielleicht, aber die generelle Ähnlichkeit von Mythos und Ritus kann nicht verleugnet werden, so wenig wie das in diesem Falle wahrscheinlich hohe Alter des Ritus. Ebenso ließen sich das Feuer und der Geruch mit einer Art von Sumpfgas verbinden, wofür die Insel berühmt war, und Philoktetes' Zurückbleiben auf dieser Insel mit seinen stinkenden Wunden (s. Seite 191) könnte damit zusammenhängen. Davon einmal abgesehen, besteht hier die Möglichkeit, daß ein Ritus einen erklärenden Mythos hervorrief.

Zudem ist der Mythos von den lemnischen Frauen ein wesentlicher Mythos. Zwar schließt er Motive aus den Volkserzählungen mit ein, so den einzig Überlebenden, aber welcher Mythos tut das nicht? Im großen und ganzen ist es ein neuartiger, interessanter und schöpferischer Mythos, keine Ausmalung (wie es die Erzählung von Lykaon zu sein schien) eines älteren und angrenzenden Mythos. Das macht ihn in der Reihe griechischer Heroenmythen zum einzigen Fall – in der Erzählung von den Kekropiden (siehe Seite 218 f.) hat er einen schwachen Verbündeten –, an dem sich die Mythos-und-Ritus-Theorie bestätigt. Vielmehr – nur *mit Einschränkungen* bestätigt, da, wie wir wissen, behauptet wird, alle Mythen würden auf Riten beruhen, während wir herausgefunden haben, daß dies nur für ein oder zwei wesentliche griechische Mythen zutrifft. Gleichwohl hat dieses Ergebnis etwas Tröstliches, auch für die, die die monolithische Theorie nicht vertreten können. Sehr befremdend wäre es, gäbe es nicht einen eindeutigen und zugleich wichtigen Fall, bei dem eine ätiologische Deutung von Riten, so deutlich in der Zeit der Literatur und der Gelehrsamkeit vorgeführt, nicht mit Erfolg schon früher vorgenommen worden wäre. Mythen, das haben wir nun zur Genüge gezeigt, besitzen eine vielfältige Erscheinungsform mit sehr unterschiedlichen Ursachen und Entwicklungssträngen. Wenn Riten tatsächlich ein so vordringlicher Aspekt griechischen Sozialverhaltens waren, wäre es merkwürdig, würde ihre unausweichliche Überschneidung mit dem Mythos nicht gelegentlich diese Form annehmen. Wichtig ist es, zwischen verschiedenen Stufen der Interaktion zu unterscheiden; im Auge zu behalten, daß es sich, wenn Achilleus' Sohn Neoptolemos bei einer Rauferei mit einem Opfermesser zu Delphi getötet wird, dabei um einen wenig bedeutsamen Einfall handelt, der auf den rituellen Gebrauch von Messern dort zurückgeht, und nicht um ein bedeutendes Beispiel schöpferischer Wechselwirkung zweier Formen kulturellen Ausdrucks.

Die Mythos-und-Ritus-Theorie war eigens mit Rücksicht auf die Mythen in Westasien und die biblischen Länder entwickelt worden, obgleich sie sich auch auf klassische Beispiele stützte, die Frazer, Cornford und andere erbrachten. Es ist durchaus richtig, daß religiöse Riten eine viel größere Rolle im gemeinschaftlichen Leben in Mesopotamien spielten als im antiken Griechenland. Und dennoch haben fast alle uns bekannten sumerischen und akkadischen Mythen keinen Bezug zu Riten. Sie enthalten keinerlei Verweise auf rituelle Handlungen, wenn, dann nur flüchtige oder unwichtige, und die Ereignisse, die sie beschreiben, sehen nicht danach aus, als ob sie sich je auf solche Riten, die es dort gibt, bezögen oder durch sie bestimmt wären. Zum Beispiel das Gilgamesch-Epos: in diesem faszinierenden Produkt mythischer Schöpfungskraft gibt es fast gar nichts, was sich auch nur im geringsten auf Riten bezöge, seien es bekannte oder denkbare. Beim sogenannten Schöpfungsepos verhält es sich anders, aber das ist ein kosmogonischer Text, der als ein »Charter« an die Titel und Vorrechte des Marduks, des großen Stadtgottes von Babylon, angepaßt wurde; kein Wunder also, daß es bei den vielen verschiedenen Handlungen, die in das Neujahrsfest fielen, rezitiert wurde![13] Noch ein weiteres unter vielen Beispielen lohnt, hier zitiert zu werden, weit entfernt von Mesopotamien und der antiken Welt. Weiter oben habe ich bereits die Mythen der Tsimshian-Indianer an der Nordwestküste des Pazifiks behandelt, die von Franz Boas genau untersucht worden sind (s. Seite 29 f.). Auch ihre Riten sind von großem Interesse. In ihrem Zentrum stand der Potlatsch, jener außergewöhnliche Brauch, bei dem benachbarte Häuptlinge miteinander im Kaputtmachen von wertvollen Gegenständen (meistens Decken und Kupferstücken) wetteiferten, um dadurch ihr »Gesicht« zu wahren und ihre Überlegenheit unter Beweis zu stellen.[14] Erwiese sich die Mythos-und-Ritus-Theorie tatsächlich als richtig, wäre zu erwarten, daß die Mythen der Tsimshian voller Potlatschsituationen seien. In Wirklichkeit gibt es in ihnen – worüber der Leser keineswegs erstaunt sein wird – so gut wie keinen Potlatsch. Man könnte noch viele Beispiele aus Stammesgesellschaften anführen, doch hoffe ich, mein Anliegen hinlänglich verdeutlicht zu haben.

Abgesehen davon, daß unsere Untersuchung griechischer Mythen und Riten die Universaltheorie in ihrem Ansatz entkräftet, unterstreicht sie die Notwendigkeit, sorgsam zwischen den verschiedenen Arten von Riten zu unterscheiden. Der Begriff selbst ist fast genauso irreführend wie »Mythos« oder »Mythologie«. Es gibt mehrere unterschiedliche »rituelle« Verhaltensweisen, und es ist nur ihr formaler Aspekt – da man ständig wiederkehrende Handlungen, die gesellschaftlich anerkannt waren, für wirksam hielt –, der allen gemeinsam ist. Die Motive, die dahinter liegen, unterscheiden sich genauso wie ihre Ursprünge und ihre vermuteten Wirkungen. Da dem so ist, spricht viel dafür, daß auch ihre

Bezüge zu Mythen unterschieden sind. Es gibt einen Bereich, in dem sich Mythen und Riten überschneiden, aber Umfang und Art dieser Interaktion werden, neben anderen Faktoren, von Besonderheiten des Ritus bestimmt.

Einmal gibt es den Unterschied zwischen zeremoniellem Verhalten und spezifischen Riten. Jenes hat, ob in privaten oder gemeinschaftlichen Relationen, seine eigenen Regeln und Intentionen; normalerweise erzeugt es keine neuen Erzählungen, obwohl es an »charter«-ähnliche mündliche Vorträge wie bei einem Stammestreffen (oder jährlichen Schulabschlußfeiern) erinnert. Auf der anderen Seite müssen strengere Riten in nichtkultische und kultische unterteilt werden. Die nichtkultischen umfassen solche, die die Fruchtbarkeit im weitesten Sinn fördern sollen, und solche, die mit dem sozialen oder biologischen Status verknüpft sind. Selbstverständlich gibt es auch hier Überschneidungen. Werden die nichtkultischen Riten aber eher mit Mythen verbunden, zum Teil weil es um sympathetische Magie geht und sie sich deshalb der Puppen und Sündenböcke bedienen, so sind die kultischen für gewöhnlich das, was man »rites des passages« nennt; das rituelle Verhalten, das von einer jungen Mutter, einem Initianden oder einem Sterbenden verlangt wird, läßt sich nicht so einfach in einer Erzählung einfangen, es sei denn durch ein einfaches »charter«-ähnliches Beispiel. Kultische Riten können unterteilt werden in rituelle Handlungen zu Ehren der Götter (indem man ihnen Speisen oder Geschenke opfert, ihre Tempel und Statuen säubert) und ritualisierten Nachvollzug ihrer Taten, verbunden mit der Bitte um Hilfe (mit anderen Worten Lieder und Gebete). Jene tendieren eindeutig nicht dazu, mit Mythen verkoppelt zu werden, während diese eher auf bereits existierende Mythen zurückgreifen als neue hervorrufen. In Zukunft täte die Forschung hier gut daran, diese Unterschiede und die aus ihnen folgenden mannigfaltigen Relationen zu Mythen zur Kenntnis zu nehmen und zu benennen, statt an grobmaschigen und unbrauchbaren Universaltheorien in einem fort weiterzubasteln.

Zum Abschluß dieses Kapitels kehre ich zu den erfreulicheren Gegebenheiten eines besonderen Mythos zurück, vielleicht des eindringlichsten aller griechischen Göttererzählungen – der Erzählung von Demeter und ihrer Tochter Kore (»das Mädchen«), auch als Persephone bekannt. Da ich die Geschichte bereits umrissen habe, kann sie nun in einen breiteren Kontext gestellt werden, da sie mit den berühmtesten griechischen Riten, mit all dem, worauf

Eingeweihte sich bei den Eleusinischen Mysterien nahe Athen einließen, eng verbunden ist. Die Einzelheiten sind nicht geklärt, eben weil sie geheim waren und es unter Androhung strenger Strafen verboten war, sie preiszugeben. Erst gegen Ende der Antike waren einige Kirchenväter, unbeeindruckt von den heidnischen Drohungen, im Namen Christi und zur Unterdrückung der Häresie bereit, alles auszuplaudern. Aber selbst Clemens von Alexandria und Hippolytos von Rom wußten nicht sehr viel. Sie gingen von Gerüchten aus und wählten selbstverständlich die besonders sensationellen und zweideutigen. Die Mysterien umfaßten »Dinge, die gesagt, die gezeigt und die ausgeführt« wurden. Die Eingeweihten gingen fraglos mit geweihten Gegenständen um, die sie einer Schachtel entnahmen, mit denen sie etwas uns Unbekanntes taten, die sie in einen Korb und wieder zurück in die Schachtel legten. Folgt man den christlichen Quellen, waren dies sexuelle Gegenstände, Nachbildungen männlicher und weiblicher Geschlechtsorgane. Das ist an sich nicht unwahrscheinlich, da es sich im Kern um einen Fruchtbarkeitsritus handelte; zu den weniger geheimen Handlungen zählte das Trinken eines Gebräus aus Gerstenmehl, Minze und Wasser. Mit der Zeit erhielten die Mysterien eine umfangreichere symbolische Bedeutung, wobei die Erneuerung des Samens zu einer Bitte um Erneuerung für die Eingeweihten selbst wurde – um ein Leben nach dem Tode. In einer noch früheren Form dienten die Eleusinischen Mysterien wahrscheinlich dazu, die Göttinnen zu überreden, ihre Kräfte der Fruchtbarkeit nicht der Erde vorzuenthalten. Die meisten rituellen Handlungen, die den Betenden abverlangt wurden, waren in der Fruchtbarkeitsmagie üblich. Das Essen oder Trinken von für die Erde repräsentativen Früchten findet im *panspermia*, der Apollonfeier der *Pyanopsia* (s. Seite 222), oder der *Anthesteria* des Dionysos (s. Seite 220) und der Umgang mit sexuellen Gegenständen in den anderen Demeterfeiern, *Thesmophoria und Haloa* (s. Seite 219 f.) seine Entsprechung. Die Witze, die Demeter im Mythos zum Lachen brachten, wurden wahrscheinlich in den geheimen Riten wiederholt und finden in den *Haloa* und anderswo ihr Gegenstück.

Soviel zum Ritus: im Mythos, der in der *Hymne an Demeter,* geschrieben wahrscheinlich im 7. Jahrhundert v. Chr., gänzlich wiedergegeben wird, ergreift Hades Persephone, die gerade Blumen pflückt, und entführt sie in sein Königreich, in die Unterwelt. Demeter gerät außer sich vor Trauer, sucht überall nach dem

Mädchen, weigert sich zu essen und meidet die anderen Götter; sie erfährt, daß Hades dafür verantwortlich ist und Zeus es billigt. Sie läßt sich in Eleusis nieder und »verbirgt« die Samen ein ganzes Jahr. Die Menschheit droht auszusterben; die Versuche Zeus' und der anderen Götter, sie zu überreden, schlagen fehl, und endlich besteht Zeus auf der Freilassung Persephones. Hades überredet sie vor ihrer Abreise noch, den Kern eines Granatapfels zu essen, und verpflichtet sie damit, ein Drittel des Jahres bei ihm zu verbringen. Demeter aber ist überglücklich über ihre Wiederkehr, gibt den Feldern ihre Fruchtbarkeit wieder, enthüllt Triptolemos, dem Prinzen von Eleusis, Feinheiten des Ackerbaus und kehrt dann wieder zum Olymp zurück.

Fast die ganze Hymne handelt vom Aufenthalt der Göttin und der Einführung ihres Kults in Eleusis. In dieser Hinsicht ist der Mythos ein lokaler »Charter«-Mythos. Zugleich verursacht ihr einjähriger Rückzug in ihren neuen Tempel auch eine weltweite Hungersnot, beide Aspekte werden im folgenden Abschnitt verdeutlicht:

Keleos rief sein großes Volk auf dem Marktplatz zusammen und befahl ihm, der schönhaarigen Demeter einen reichen Tempel zu bauen und einen Altar auf einem ragenden Hügel; sie gehorchten eiligst, hörten auf seine Worte und taten, wie er geboten hatte, und der Tempel wuchs nach der Verordnung der Göttin. Als sie ihn vollendet hatten und von der Qual ausruhten, ging ein jeder von ihnen nach Hause; und die blonde Demeter saß dort, weit entfernt von allen glückseligen Göttern und verging vor Sehnsucht nach ihrer tiefgegürteten Tochter. Es war das schrecklichste, das elendeste von allen Jahren, das sie über die nahrungspendende Erde brachte für die Menschen. Das Erdreich ließ keinen Samen aufgehen, weil die schönbekränzte Demeter ihn verbarg. Viele krumme Pflüge zogen die Ochsen umsonst über die Fluren, viel weiße Gerste fiel nutzlos in die Erde. Das ganze Geschlecht der sterblichen Menschen wäre durch gräßlichen Hunger ausgerottet worden, und die Besitzer der olympischen Paläste wären der ruhmvollen Ehre von Gaben und Opfern verlustig gegangen, hätte nicht Zeus es bemerkt und in seinem Herzen bedacht (296–313).

Das mit »Jahr« übersetzte Wort kann auch »Saison« heißen, aber auch so wird deutlich, daß Demeter eine seltene und das ganze Land überziehende Hungersnot herbeiführte, nicht bloß die winterliche Unfruchtbarkeit. Diese nämlich steht für Persephones immer wiederkehrenden Zwang, vier Monate des Jahres in der Unterwelt verbringen zu müssen. Demeter spricht zu ihr und sagt:

Hast du aber dort etwas gegessen, dann mußt du wieder hinab in die verborgenen Tiefen der Erde und dort wohnen für den dritten Teil des Jahres, und das Jahr für Jahr, und die anderen zwei Teile des Jahres wohnst du bei mir und den anderen Unsterblichen. Und immer wenn die Erde prangt in duftenden Frühlingsblumen aller Art, dann wirst du wieder auferstehen aus der nebligen Düsternis, ein großes Wunder für Götter und sterbliche Menschen (398–403).

Aber ist die Aussage des Mythos wirklich die, daß die zeitweilige Unfruchtbarkeit von einer größeren Hungersnot aus der Vergangenheit herrührt? Versucht er zu erklären, warum eine »tote« Periode für das Wachsen der Samen notwendig ist? Ich glaube es nicht; im Verhältnis der verschiedenen Teile der Erzählung zueinander scheint es einen größeren Zwiespalt zu geben. Einleuchtender wäre es, wenn der Mythos eine Version eines weit verbreiteten asiatischen Vorbildes enthielte. Das Thema der entschwundenen Fruchtbarkeitsgottheit gibt es in verschiedenen Ausformungen in Mythen aus dem Nahen Osten: der Besuch Inanna-Ischtars in der Unterwelt oder der Tod und die zeitweilige Wiederkehr von Dumuzi-Tammuz oder, der griechischen Version sehr nahekommend, der Wutanfall und das Verschwinden des churritischen Fruchtbarkeitsgottes Telepinu, den man mit der Zeit dazu bringt, zu den anderen Göttern zurückzukehren, wodurch die Hungersnot, die die Menschheit auszurotten droht, zu Ende geht. Dieser mythische Archetypus bezieht sich auf die Furcht vor einer totalen Hungersnot, auf die lange Zeit von ein bis sieben Jahren ohne Regen. In Teilen des westlichen Asiens war das eine ständige Bedrohung, aber auf Griechenland trifft das einfach nicht zu. Folglich ist etwas von der Zwiespältigkeit dieses Mythos auch in seiner griechischen Form anzutreffen. Womit wir es in diesem ausgestalteten Demeter-Mythos zu tun haben, das ist, so schlage ich vor, die Umwandlung eines mesopotamischen Hungersnot-Mythos zu einem kruden *aition* für saisonale Feldbestellung; außerdem wurde jene adaptierte Form einem besonderen Fruchtbarkeitskult hinzugefügt, der zu Eleusis wenigstens seit der mykenischen Periode bekannt war. Die Verschmelzung wird dann in frühen historischen Zeiten zur Grundlage eines größeren Initiationsritus, in dem das Sprießen des Korns Zeichen menschlicher Erneuerung wird.

Das Muster ist kompliziert. Die Ergebnisse der Umwandlung, wie sie sich aus dem griechischen Gebrauch mesopotamischer Themen ergeben, sollen im nächsten Kapitel näher untersucht werden. Jetzt beschäftigt uns vor allem das Verhältnis von Mythos und Ritus, das keine einfache Ursache-Wirkung-Angelegenheit ist – in jedweder Richtung. Teile des Ritus wurden sicherlich in historischer Zeit vom Mythos hervorgerufen; zum Beispiel sieht es so aus, als wäre Demeters Suche nach Kore von den Eingeweihten nachgeahmt worden. Wenigstens konnte Clemens von Alexandria schreiben: »Deo (d. i. Demeter) und Kore wurden Gestalten eines Dramas für Eingeweihte, und Eleusis feiert ihr Umherirren, den Raub und das Trauern mit Fackeln.«[15] Mehr noch, was dem engsten Kreis der Eingeweihten vom Hierophanten, dem »Enthüller geweihter Dinge«, offenbart wurde, das handelte zum Teil wahrscheinlich von der Wiedervereinigung von Mutter und Tochter und der darauffolgenden Wiederherstellung der Fruchtbarkeit. Andere rituelle Handlungen – den Trank trinken, obszöne Witze machen – waren wohl schon seit langem in den Fruchtbarkeitskult einbezogen und halfen, geringfügige Details des vorderasiatischen Mythos in seine neue, eleusinische Gestalt zu bringen; das Getränk nahm Demeter zu sich, um ihr Fasten in Eleusis zu beenden, und die Witze der Baubo oder Iambe (s. Seite 191) bestärkten sie darin.

Mythen wirken auf Riten, Riten wirken auf Mythen ein. Ursprünglich existierten sie vielleicht unabhängig voneinander: der prähistorische Fruchtbarkeitskult, noch bevor der mesopotamische Mythos auf ihn Einfluß nahm, der mesopotamische Mythos als ein selbstgewähltes Mittel, um periodische Dürren abzuwehren oder sie zu assimilieren. Das mögliche Beziehungsgeflecht der beiden sich überschneidenden Formen sozialen Verhaltens (das Erzählen von bezeichnenden Erzählungen, das Ausführen signifikanter Handlungen) hätte kaum besser als durch diese geheimnisvolle, vielfältige und in jeder Hinsicht heilsame Geschichte zwischen Demeter und ihrer verlorengegangenen Tochter Kore veranschaulicht werden können. Jedoch bleibt die Tatsache bestehen, daß *in Anbetracht des gesamten Beweismaterials die große Mehrheit der griechischen Mythen ohne besondere Rücksicht auf Riten entwickelt worden ist.*

Kapitel 11

Westasiatische Einflüsse auf griechische Mythen

Das ungewöhnliche Verschwinden einer Gottheit geht in Mesopotamien auf die in unberechenbaren Abständen ausbrechenden Dürrekatastrophen zurück, die in verhängnisvoller Weise die Region heimsuchten. Dies scheint dann zu Eleusis zum Mythos von jener Göttin geworden zu sein, die, für das Reifen der Früchte je nach Jahreszeit zuständig, sich in regelmäßigen Abständen den Menschen entzog. Demnach besitzen wir jetzt zwei Gottheiten statt einer. Steht Demeter strenggenommen für die die Trockenheit verursachenden Gottheiten Inanna oder Dumuzi oder Telepinu, ist Persephone dem asiatischen Adonis näher, dessen Geburt und Tod alljährlich gefeiert wurden und der schon eher die von der Saison abhängige Vegetation und Ernte repräsentiert. Und doch bilden der eleusinische Mythos und Ritus eine Mischung beider Vorstellungen, insbesondere der Entzug Demeters scheint zweifelsfrei in dem mesopotamischen Mythos seinen Ursprung zu haben. Mit der Zeit trägt sie im griechischen Kontext, so scheint es, die Züge einer trauernden Mutter, die die Götter für einen willkürlichen Gewaltakt verantwortlich macht. Die Hungersnot, die sich über die ganze Welt erstreckt, und das unerwartete Entsetzen und die Unterwerfung der Götter sind überraschend, keineswegs nur die Folge einer mythischen Unvereinbarkeit. In der Tat sind sie direkt von den mesopotamischen Archetypen hergeleitet. Für mesopotamische Verhältnisse aber sind gelegentlich auftretende Trockenheiten, Hungersnöte und zeitweilige Überschwemmungen nichts Außergewöhnliches, sondern ein typisches Motiv, gehören sie doch zur alltäglichen Erfahrung.

Aus diesen Beispielen ergeben sich zwei interessante Möglichkeiten: daß in den griechischen Mythen noch andere asiatische Themen dieser Art versteckt sind und daß, wenn dem so ist, ihr ursprünglicher Kontext sonderbare Auswirkungen auf das griechische Produkt hatte.

Zuerst noch ein warnendes Wort: häufig auftretende Motive griechischer Mythen in ihre nahöstlichen Ursprünge zurückzuverfolgen ist eine faszinierende, aber auch gefahrvolle Beschäftigung. Eine große Gefahr besteht in der unvermeidlich subjektiven Beurteilung des Ausmaßes einer spezifischen Ähnlichkeit, die nötig ist, will man ein Abhängigkeitsverhältnis zwischen den Mythen verschiedener Völker demonstrieren. Im 3. und 2. Jahrtausend v. Chr. (und das ist grob gesagt der Zeitabschnitt, der hier zur Debatte steht) waren der Nahe Osten und das westliche Asien ein Schmelztiegel von Bräuchen und Ideen, die von Mesopotamien ausgehend nach Ägypten gelangten, manchmal auch wieder zurückkamen, über Syrien und Kleinasien die Ägäis sowie über Zypern und Kreta das griechische Festland erreichten. Semitische und indo-iranische Stämme übernahmen wechselseitig voneinander Vorstellungen. Indo-europäisch sprechende Hethiter leiteten ihre Religion von den nicht-indo-europäischen Churritern ab, die semitischen Akkader von den nicht-semitischen Sumerern. Im 2. Jahrtausend unterhielten die ägäischen Völker in Kleinasien zu den Trojanern und Hethitern Beziehungen, zu Ägypten durch gelegentlichen Handel und durch Söldner, zu den Levantinern über Zypern sowie durch Handelsniederlassungen in Syrien und Palästina. Gewiß gingen von Mesopotamien wesentliche kulturelle Anstöße und Glaubensvorstellungen aus. Sogar Ägypten wurde davon betroffen, besonders im 3. Jahrtausend v. Chr., obwohl es sehr bald eine eigene Zivilisation entwickelte.

Dieser riesige kontinentale Kulturkreis dehnte sich weit in den östlichen Mittelmeerraum aus und wurde militärisch, kommerziell und politisch aufrechterhalten. Daß an verschiedenen Orten annähernd ähnliche oder sehr allgemeine Vorstellungen auftraten (wie die einer Muttergöttin, eines Sturmgottes oder die Modellierung der Menschheit aus Lehm), ist also nicht zwangsläufig Anzeichen eines direkten Einwirkens einer bestimmten Region auf eine andere, beispielsweise von Ägypten oder Mesopotamien auf Griechenland. Die Möglichkeit eines direkten Einwirkens ergibt sich ausschließlich dann, wenn ein komplexes und zugleich spezifisches Motiv an zwei verschiedenen Orten und sonst nirgendwo aufkommt, und selbst dann könnte all das, was dabei entsteht, von einem unbekannten Archetypus und nicht von einem unmittelbaren Wechselverhältnis herrühren. Daraus ergibt sich ein weiteres Problem: wie läßt sich das Ausmaß an Vielschichtigkeit bestimmen, um das Gesagte glaubhaft werden zu lassen. Von den Motiven der religiösen Themen, die uns aus Griechenland bekannt sind, erweisen sich nur die gewaltsame Ablösung der älteren Götter durch die jüngeren und vielleicht auch noch die darauffolgende Beseitigung eines letzten ungeheuerlichen Kontrahenten durch den

Sturmgott, bevor dieser seine Oberherrschaft etabliert, als vielschichtig und spezifisch genug, um zwischen den asiatischen und griechischen Mythenbildnern bezeichnende Überschneidungen zu belegen. Ursprünglich kommt diese geläufige Schilderung nicht aus Griechenland, da viele Details unübersehbar asiatisch sind. Da eine mit Gewalt vorgenommene Absetzung in dem churritisch-hethitischen Kumarbifragment besser herausgearbeitet ist als im babylonischen Schöpfungsepos, wo es im Sturz von Apsu durch Ea und von Tiamat durch Marduk in groben Zügen zu erkennen ist,[1] verweist dies deutlich auf eine Entlehnung aus einigen westasiatischen Quellen, etwa aus Kleinasien oder der Levante. Noch unklar ist der genaue Zeitpunkt einer solchen Entlehnung, doch kann es sich kaum um die Zeit Hesiods handeln, der in seiner *Theogonie* als erster die griechische Version dieses Themas festhält. Die mögliche Ausbreitung allgemeiner mythischer Anschauungen, wie die Lokalisierung der Unterwelt, obschon nicht nachweisbar, spricht, was speziell den Abschnitt des Kumarbi/Kronos-Themas angeht, für eine Datierung ins 2. Jahrtausend.

Bei den epischen Motiven in den Heroenmythen stehen wir vor denselben Schwierigkeiten. Es wird immer eine Frage bleiben (wenigstens so lange, bis sich neues Beweismaterial ergibt oder entziffert wird), ob die Homerische der mesopotamischen Gilgameschüberlieferung etwas zu verdanken hat, die schon im 2. Jahrtausend im westlichen Asien weit verbreitet und noch zur Zeit der Entstehung der *Ilias* und *Odyssee* in Assyrien niedergeschrieben wurde. Die Zuneigung Achilleus' für Patroklos ist nicht ganz mit der geistigen Freundschaft von Gilgamesch und Enkidu zu vergleichen, obgleich es Gemeinsamkeiten gibt. Wie Gilgamesch hat auch Achilleus eine Mutter, die zugleich Göttin ist, und in beiden Fällen wird der Sohn von der Göttin unterstützt, was in schweren Zeiten ja nicht verwunderlich ist. Was am meisten auffällt und zugleich zu Spekulationen über wirkliche Berührungspunkte ermutigt, ist das kurze Erscheinen des Freundes als Geist der Unterwelt und sein Bericht über den dortigen grausamen Stand der Dinge. Das läßt sich für Enkidu auf der zwölften Tafel des Gilgamesch-Epos wie für Patroklos im dreiundzwanzigsten Gesang der *Ilias* nachverfolgen. Andere Parallelen zu Gilgamesch finden wir bei Herakles im Tragen von Fellen, in den Kämpfen mit Riesen und Ungetümen, und bei Odysseus in seinen Reisen durch wundersame Länder. Letztlich könnten diese Übereinstimmungen Zufall oder Teil dessen sein, was sich über Jahrtausende als gängige Sprache der Motive der Volkserzählungen herausgebildet hatte und sich von Indien bis zum Mittelmeerraum erstreckte. Erklären ließe sich damit auch der Gebrauch eines großen Bogens, um Freier zu töten (der Grieche Odysseus und der Churriter Gurparanzah) oder jenes Bogens, den nur sein Besitzer zu spannen vermag (Odysseus und Hindu Rama). Solche Ansichten, für Volkserzählungen typisch, verbreiten sich vielleicht leichter infolge flüchtiger Kontakte als abstrakter Vorstellungen über die Entstehung der Welt und der Götter. Doch festzuhalten bleibt: besondere Einflüsse können nur anhand vielschichtiger und spezifischer Ähnlichkeiten nachgewiesen werden, und das trifft bislang nur auf das Thema der gewaltsamen Ablösung zu.

Jenseits der Frage ihrer Beweisbarkeit gehen die aufschlußreichsten Fälle nicht aus gelegentlichen epischen Übereinstimmungen hervor, die dadurch nicht glaubhafter werden, daß ein an sich schon zweifelhaftes Beispiel an ein anderes herangetragen wird, vielmehr aus weitgehenden Übereinstimmungen von Personen und Weltanschauungen. Mehrere Komponenten des mythischen Kosmos Griechenlands weisen auf Mesopotamien hin, eine oder zwei auf Ägypten. Zunächst zu den Göttern.[2] Einige bedeutende Mitglieder des griechischen Pantheons sind eindeutig nichtgriechischen Ursprungs. Wider Herodot, der meinte, alles Alte käme aus Ägypten, sind sie nicht ägyptischer, sondern westasiatischer Herkunft. Apollon kommt wahrscheinlich aus Kleinasien; sein Epitheton *Lykeios* verweist trotz eines eigentlich nicht hinzugehörigen »e« auf Lykien und nicht auf eine Verbindung zu Wölfen (s. Seite 62). In Kleinasien waren seine Kulte weitverbreitet, und sein offensichtlich nichtgriechischer Name findet in Apulunas, der Benennung einer hethitischen Gottheit, der ein ähnlicher Aufgabenbereich zukam, fast schon eine Analogie. Wenn seine Verbindung zu den Hyperboreern und der sonderbare rituelle Weg, den die Opfergaben nach Delos (s. Seite 232) zurücklegen, in Richtung Norden weisen, dann wohl eher auf das nordöstliche Kleinasien und den Kakasus als auf den Balkan. Auch Apollons Schwester Artemis ist tief in Kleinasien verwurzelt, zum einen als vielbrüstige Fruchtbarkeitsgöttin zu Ephesos, und zum anderen als »Mutter der Tiere«. Sie ist mit den kretischen Göttinnen Britomartis und Diktynna verwandt, was jedoch die Möglichkeit asiatischen Ursprungs nicht vermindert, zumal Leto ihre (und auch Apollons) Mutter ist, die auf glaubwürdige Weise mit »Lada« zusammengebracht wird, jener lykischen Göttin, deren Name mit dem lykischen Wort für Frau identisch ist – Lykien liegt im Südwesten Kleinasiens, der mutmaßlichen Heimat des Apollon Lykeios.

Eindeutiger noch verhält es sich bei Aphrodite. Sie ist die griechische Version der sumerischen Inanna, der akkadischen Ischtar, der kanaanitischen Anat, die »Himmelskönigin«, die Liebesgöttin; und ihr berühmter Kult zu Paphos auf Zypern, wo sie den griechischen Mythen nach geboren wurde, bildet die Zwischenstation auf ihrem Weg von Asien nach Griechenland. Hephaistos gehört zur Insel Lemnos in der Nähe Kleinasiens; er ist die lemnische Version eines asiatischen Handwerksgottes. Dionysos, verhältnismäßig spät aus dem Hochland von Lydien und Phrygien übernommen, erhält speziell griechische Formen, behält aber etwas von der Rolle eines Fruchtbarkeitsgefährten der asiatischen »Großen Mutter«, den Griechen als Kybele bekannt, die manchmal mit Rhea, der Frau des Kronos und Mutter des Zeus, verwechselt wurde. Demeters asiatischer Ursprung ist nicht eindeutig erwiesen. In Eleusis verhält sie sich wie eine asiatische Fruchtbarkeitsgöttin, die zeitweilig verschwindet, doch könnte sie auch etwas von einer einheimischen griechischen Vegetationsgöttin an sich haben. Hierzu zähle ich nicht den indo-iranischen Wetterund Himmelsgott, von dessen Einflüssen das westliche Asien nicht freigeblieben ist, der den Griechen aber von den ersten Griechischsprechenden als Zeus vorgestellt wurde; auch nicht Ares, der eine Art thrakischer Eindringling ist. Vom großen Olympischen Pantheon bleiben nur noch Hera, Athene, Hermes und Poseidon übrig, die alle vorwiegend lokalen Ursprungs sind. Vieles hiervon ist nach wie vor fragwürdig, und ich bin bereit, mich ausschließlich an die drei Fälle zu halten, bei denen wir über ein hohes Maß an Klarheit verfügen: Aphrodite, Apollon und Artemis. Ihr entscheidender Stellenwert innerhalb der griechischen Mythen und ihre zentrale Funktion für die griechische Religion kann nicht hoch genug eingeschätzt werden! Wenn sie – zumindest die beiden Göttinnen – relativ früh, ganz sicher vor dem mykenischen Zeitalter in der zweiten Hälfte des 2. Jahrtausends, aus Westasien kamen, ist es nicht gerechtfertigt, so zu tun, als ob nicht auch andere Mythenteile von Bedeutung dort ihren Anfang genommen haben könnten. Das wird tatsächlich zu einer Möglichkeit *a priori*.

Die frühe Göttergeschichte belegt zum Teil diese Möglichkeit, selbst wenn man vom Thema der gewaltsamen Ablösung absieht, das offenbar mesopotamischen Ursprungs ist und in Ägypten zufällig keine Entsprechung hat. Allein schon die Sukzession der Götter, ob durch Absetzung oder anderswie herbeigeführt, erhält in Mesopotamien, Ägypten und Griechenland eine ähnliche und weitgehend genaue Gestaltung. Allgemein geht man davon aus, daß die ersten Naturgötter, die wie Uranos und Anu (Himmel) oder Apsu-Tiamat und der ägyptische Nun (Wasser) die kosmische Aufteilung darstellen, Gottheiten weichen mußten, die zunehmend funktional und regional und zugleich überwiegend anthropomorph sind: wie Enki, ursprünglich Wassergott, der immer mehr zum Stadtgott von Eridu und der Verkörperung ingeniöser Weisheit wird, oder Atum von Karnak oder Hera und Athene, Schutzgöttinnen von Argos beziehungsweise Athen. Einige der vielen ägyptischen Theogonien ähneln mesopotamischen: aus Nun, dem Urozean, entstehen Schu und Tefnut, Luft und Feuchtigkeit, sie trennen Geb und Nut, Erde und Himmel voneinander, die gemeinsam die Fruchtbarkeitsgöttin Osiris hervorbringen.[3] Das Erzeugen verwandter aber gegensätzlicher Paare, die sich dann vereinigen, ist kennzeichnend sowohl für die frühen Stadien griechischer Theogonie, so Hesiod, als auch für die babylonische Sukzession, wie sie in den Anfangsversen des Schöpfungsepos beschrieben wird. Das beiden Gemeinsame besteht allerdings eher im Denkmuster als im einzelnen Motiv.

Wurde tatsächlich von Ägypten oder Mesopotamien auf Griechenland Einfluß genommen, dann eher von Mesopotamien aus, weil die griechische Anschauung sich immer stärker der weniger abstrakten, mesopotamischen Götterwelt annäherte. Zum Beispiel wird der Sonnengott Re im 2. Jahrtausend in Teilen Ägyptens zur obersten Gottheit, während der mesopotamische Schamasch eine eher begrenzte Figur ist, die viel mit dem griechischen Helios gemeinsam hat und wie er Überwacher der Eide ist. Die in der Gestalt einer Kuh auftretende ägyptische Muttergöttin Hathor oder Isis kann gelegentlich destruktiv sein; die mesopotamische Muttergöttin, als Ninchursag, Ninmah oder Mami bekannt, hat nichts Destruktives an sich, ist (ungewöhnlich) unscharf und eher der griechischen Demeter und Hera vergleichbar. Unter den Wassergottheiten ist Poseidon Enki/Ea näher als Nun, der keine sehr weit versprengte Nachkommenschaft hat.

Die Vorstellung einer Unterwelt, in der die Menschen nach dem Tod ein hartes Halbleben führen, ist in Mesopotamien und Griechenland geläufig. Auch die alten Ägypter glaubten zeitweise, die Toten würden in einer Unterwelt leben, aber ihre gesamte Eschatologie ist durchgehend optimistischer. Das mesopotamische »Haus des Staubes« oder »Land ohne Wiederkehr« kennt Übereinstimmungen wie auch gewisse Unterschiede zum griechischen Hades.[4] Bei beiden handelt es sich um das Gebiet eines Herrschers oder einer Herrscherin und um seine oder ihre zweite Hälfte: Hades mit Persephone in dem Königreich, dem er seinen Namen gab; Ereschkigal und ihr Gatte Nergal im »Haus des Staubes«. Bei beiden gibt es Totenrichter, und das Befinden der toten Seelen richtet sich jeweils nach ihrem Leben auf Erden, ihrer Bestattung und ihrem Verhalten nach dem Tod. Im Unterschied zur griechischen ist die mesopotamische Totenwelt mit Nebengöttern und Dämonen bevölkert, was aber mit der komplexeren Organisation des theokratischen Staates des damaligen Mesopotamiens übereinstimmt. Der Weg ins mesopotamische Totenreich führt durch sieben Tore und findet in Griechenland keine Entsprechung, während die Vorstellung eines Flusses, über den die Toten vom Höllenfährmann übergesetzt werden müssen, sowohl den Griechen als auch den Mesopotamiern bekannt ist. (Zugegebenermaßen findet sie sich, wenn auch nicht besonders deutlich, zu einem bestimmten Zeitpunkt auch in der ägyptischen Eschatologie wieder.) Beide werden von einem schreckeinflößenden Ungetüm bewacht: Kerberos mit seinen zwei oder drei Köpfen in der Auffassung der Griechen und der grausame Vogel Zû bei den Mesopotamiern. Doch weder die mesopotamische noch die griechische Unterwelt kennt so etwas wie den berühmten ägyptischen Drachen Apophis, der der Sonne auf ihren nächtlichen Wegen auflauert. Die vielleicht deutlichsten Unterschiede bestehen in der Anschauung, mesopotamische Tote seien wie Vögel mit Federn bedeckt, und ihre Mahlzeiten bestünden aus Lehm und Staub. Unbekannt bei den Griechen ist auch die Vorstellung von Gottheiten, die nur für eine kurze Zeit in die Unterwelt hinabsteigen, wie Inanna oder Enlil, um erst dann freigegeben zu werden, wenn ein Ersatz geschaffen wird. Besuche solcher Heroen wie Herakles, Theseus und Orpheus sind eigentlich nicht vergleichbar, andererseits war die Unsterblichkeit der griechischen Götter sehr viel emphatischer als die der Mesopotamier und ihre Verbindungen zum Totenreich infolgedessen diffuser.

Es bleibt noch die Möglichkeit, daß die mesopotamische und griechische Unterwelt voneinander unabhängige Vorstellungen sind und daß jene auf diese keinen Einfluß ausgeübt hat. Meiner Ansicht nach ist die Möglichkeit nicht groß, aber sie muß in Betracht gezogen werden. Wenden wir uns deshalb einem Thema zu, das jedem Griechen bekannt war und mit Gewißheit aus Mesopotamien stammt: das einer großen Flut in mythischer Vergangenheit, die die gesamte Menschheit vernichtete mit Ausnahme eines auserwählten Mannes, seiner Frau und Familie. In den *Ehoiai* des Hesiod war es Deukalion, ein Sohn des Prometheus. Nachdem das Wasser zurückgegangen war, schuf er zusammen mit seiner Frau Pyrrha ein neues Menschengeschlecht, indem sie in einem etymologischen Reproduktionsakt Steine über ihre Schultern warfen (s. Seite 129). Aber Deukalion war nicht der einzige, der mit der Flut zusammengebracht wurde; in einigen späteren Quellen wird die Flut eher mit Ogygos oder mit den Söhnen Lykaons in Verbindung gebracht (s. Seite 228). Ursache der Flut ist meistens die gleiche: Zeus sandte sie den Menschen als Strafe für Gottlosigkeit, Blutvergießen, Kannibalismus oder auch nur, weil sie Fleisch verzehrten. Hier geht einiges nicht auf, aber die wichtige Tatsache ist die Überschwemmung selbst, eine überwältigende Katastrophe, die praktisch die gesamte Menschheit ausrottete und sich über die gesamte Erdoberfläche erstreckte. Warum und wodurch kamen die Griechen auf eine solche Idee? Gewiß nicht, weil Überschwemmungen für sie eine Gefahr darstellten, da sie in ihrem bergigen Land mit den mäßigen Regenfällen und verhältnismäßig zahmen Strömen und Entwässerungsbetten diese weder erfahren noch besonders zu befürchten hatten. Es existieren einige Mythen über örtlich begrenzte Überschwemmungen im Peloponnes (zu Lerna oder auf der Ebene von Tegean oder im Gebiet des Königs Augeias von Elis), aber Herakles kam gut damit zurecht, und sie waren in jedem Falle eher eine landwirtschaftliche und ländliche Plage als eine existentielle Bedrohung der Menschheit insgesamt.

Sollten es die Griechen sein, die in erster Linie für die Erdichtung einer solchen Vorstellung ohne Einwirkung von außen verantwortlich waren, dann war es ein bemerkenswerter Imaginationsvorgang, der wenig mit praktischer Erfahrung oder einer bestimmten Furcht zu tun hatte. Nur zu gerne möchte man ihnen eine solche Großtat nachsagen, aber es wäre in Anbetracht anderer einschlägiger Tatsachen nicht zutreffend: es gab nämlich bereits im 3. Jahrtausend v. Chr. in Mesopotamien einen fest verankerten Mythos von einer großen Flut, die das gesamte Menschengeschlecht außer einem gottesfürchtigen Überlebenden samt Frau und Familie vernichtete, der sich von dort im Laufe der nächsten beiden Jahrtausende über ganz Westasien verbreitete. Weiterhin hatten die Mesopotamier im Gegensatz zu den Griechen (oder Hebräern) allen Grund, riesige Fluten zu fürchten und sie als entscheidendes Faktum von Leben und Tod anzusehen. In regelmäßigen Abständen überflutete der Fluß Euphrat, genährt von den Schneefällen in den Bergen im östlichen Anatolien, die Siedlungen entlang des Flusses, bis gegen Ende des 2. Jahrtausends v. Chr. ein ausgeklügeltes Be- und Entwässerungssystem fertiggestellt worden war. Ganze Städte und Dörfer konnten von den Fluten zerstört werden: dies ist eine geradezu zwingende Schlußfolgerung, die sich aus den Schlammablagerungen ergibt, welche die Siedlungsgeschichte in den geschichteten Erdhügeln, die die antiken Städte Ur, Kisch, Schuruppak und Uruk markieren, voneinander trennen – Uruk ist nebenbei die Stadt, in der Gilgamesch zu Beginn des 3. Jahrtausends König war. In Ur wurde in drei bis vier Meter Tiefe eine besonders dicke Schlammschicht gefunden, die auf ungefähr 3500 v. Chr. datiert wurde. Sie ließ Sir Leonard Woolley die Vermutung aussprechen, dies sei ein Relikt einer wirklich gewaltigen Flut, die gleiche, die auch den Mythos ins Leben rief. Geringere und doch verheerende Fluten, die zwar in großen Abständen, aber noch immer im Rahmen menschlicher Überlieferung auftraten, würden an sich schon ausreichen, um kenntlich zu machen, das Zerstörung durch Katastrophe ein für eifersüchtige oder verärgerte Götter geeignetes Mittel sein könnte, um die Menschheit zu strafen.[5]

Einige Einzelheiten des asiatischen Mythos fehlen in Griechenland. Deukalion wird von seinem Vater Prometheus, nicht vom König der Götter selbst aufgefordert, Schutzvorkehrungen zu treffen. Seine Weisheit wird nicht in gleicher Weise hervorgehoben wie die der im Sumerischen oder Akkadischen als Ziusudra, Utnapischtim oder Atrahasis – der »überaus Weise« – bekannten Gestalt. Das liebliche Motiv aus der Volkserzählung von der Freilassung der Vögel, um festzustellen, ob das Wasser zurückgegangen sei, welches in der Erzählung von Noah getreu wiederverwandt wurde, ist in den griechischen Versionen, sofern es jemals in ihnen vorkam, nicht mehr zu finden. Vorhanden sind die Flut selbst, der einzig Überlebende und die Arche, die auf der Spitze des Bergs Parnassos strandet. Der griechische Flut-Mythos ist mit Sicherheit auf die eine oder andere Art vom mesopotamischen übernommen worden. Da aber der mesopotamische Mythos überall in Westasien imitiert wurde, ist es uns nicht möglich zu entscheiden, ob die Griechen ihre Version direkt aus Mesopotamien erhalten haben. Das wäre in jedem Fall unwahrscheinlich. Sie haben sie vielleicht aus Kleinasien bekommen (obwohl es keine erhaltene churritische Version gibt), oder vielleicht aus Syrien oder Palästina. Das ist aber auch nicht das Wichtigste, da es eindeutig erwiesen ist, daß es sich hier um einen griechischen Mythos handelt, der sich eng an einen weitverbreiteten mesopotamischen anlehnt.

Hingegen können wir sicher sein, daß die Griechen das Thema von der Flut nicht von den Ägyptern haben, aus dem einfachen Grund, weil Überschwemmungen dort eine notwendige Erscheinung waren, von denen die Wirtschaft des ganzen Landes abhing. Besonders im Nildelta konnten sie manchmal zwar Schwierigkeiten, aber niemals eine nationale Katastrophe verursachen. In Ägypten existieren keine Anzeichen eines Mythos von einer großen Flut, und die gänzlich anderen Bedingungen des Nildeltas schließen sie praktisch aus. Es besteht ein Unterschied, ob ein Mythos in einem Land wie Griechenland akzeptiert wird, wo es praktisch keine größeren Überschwemmungen gibt, oder ob er sich einer zweiten Flußkultur aufdrängt, für die das Überfluten einen völlig entgegengesetzten und nützlichen Stellenwert hat.

Die Griechen waren sich über den genauen Zeitpunkt der Flut im unklaren. Manchmal scheint sie gegen Ende von Hesiods Bronzezeitalter angesiedelt zu werden, in der Zeit der schroffen und bösartigen Menschen; sie wird aber auch als Abschluß des Goldenen Zeitalters gesehen. Betrachten wir nun jene Vorstellung eines Goldenen Zeitalters, das anscheinend gleichfalls nicht griechischen Ursprungs ist. Im Unterschied zu den Themen von der Flut und der verschwundenen Fruchtbarkeitsgottheit kann sie nicht eindeutig in die mesopotamischen Verhältnisse eingebunden oder aus den griechischen herausgelöst werden. In Ägypten und Mesopotamien ist der Kontrast zwischen Wüste und bebautem Land zwar groß und könnte dazu beigetragen haben, die Auffassung eines idealen Oasenlebens der Menschen stärker zu betonen; doch ist es andererseits allgemein üblich, sich eine Zeit vorzustellen, in der Friede und Überfluß herrschen. Trotzdem gibt es Anzeichen dafür, daß diese Vorstellung aus einem fremden Land in die griechischen Mythen hineingetragen wurde. In Kapitel 6 wurde auf die Verbindungen hingewiesen zwischen der griechischen Vorstellung eines verflossenen Goldenen Zeitalters, das allen Menschen gemeinsam war, und der eines seeligen Lebens nach dem Tod, das nur auserwählten Seelen zugänglich ist. Letztere wird entweder mit dem Elysium verbunden, auch als die Elysischen Gefilde bekannt, oder mit den Inseln der Seeligen. Für einen ägyptischen Einfluß existieren nicht viele, dafür aber bezeichnende Beweise.

In der *Odyssee* erhält Menelaos folgende Auskunft von Proteus, dem Meeresgreis, über das Schicksal, das ihn erwartet:

Denn dir, von Zeus genährter Menelaos, ist nicht bestimmt, dem Todesschicksal im rossenährenden Argos zu begegnen, sondern die Unsterblichen werden dich in die Elysischen Gefilde und zu den Enden der Erde senden, wo der goldenhaarige Rhadamantys lebt und das Auskommen sehr leicht ist für Menschen. Da gibt es nie Schnee oder rauhen Sturm oder Regen, sondern Okeanos sendet allzeit Zephyrs hellstimmig blasende Winde, um den Menschen Kühle zu bringen. Der Grund ist, daß du Helena zur Frau hast und Schwiegersohn des Zeus bist (4, 561–569).

Hier tragen die Elysischen Gefilde Züge der paradiesischen Länder, die in den ägyptischen Sargtexten aus dem 2. Jahrtausend v. Chr. als »Opfergefilde« oder »Binsengefilde« bekannt sind, wo die seeligen Toten den Boden bebauen und phantastische Ernten erzielen. In den kurzen Andeutungen auf die Elysischen Gefilde durch Homer, Hesiod und Pindar werden solche Arbeiten nicht ausdrücklich ausgeschlossen, obwohl laut Pindars zweiter Olympischen Ode der Boden auf der Insel der Seeligen aus sich heraus und ohne vorherige Arbeit Ernten bringt, was auch für die Menschen des Goldenen Zeitalters in Hesiods Mythos von den Fünf Geschlechtern gilt (s. Seite 126). Auch mesopotamische Mythen beziehen sich auf ein Land, in dem Krankheit, Leid und Arbeit unbekannt sind. Dabei handelt es sich für gewöhnlich um das Land des Dilmun, wo die Götter während eines glücklichen Zeitalters noch vor Erschaffung der Menschen lebten.[6] Die wenigen mesopotamischen Hinweise auf ein privilegiertes Leben der Menschen lassen sich nur schwer in das mesopotamische Weltbild und die damit zusammenhängende Eschatologie integrieren. Es besteht auch eher die Möglichkeit einer Einwirkung von Ägypten nach Mesopotamien als umgekehrt.

Es finden sich noch weitere Beweise eines ägyptischen Einflusses auf die Aigaier. Daß Rhadamanthys in der eben aus der *Odyssee* zitierten Textstelle erwähnt wird, läßt uns an Kreta denken, wo Rhadamanthys einst Bruder von Minos und Sohn des Zeus und der Europa war. Manchmal werden Minos und Rhadamanthys als Totenrichter im Hades dargestellt, Rhadamanthys aber steht ausdrücklich mit dem Elysium und den Inseln der Seeligen in Verbindung. Während der minoischen Periode und insbesondere während des 2. Jahrtausends stand Kreta mit Ägypten in regem

Kontakt, was sich an kretischer wie ägyptischer Kunst deutlich ablesen läßt. Eins der berühmtesten und geheimnisvollsten Zeugnisse der mit dem Begräbnis verbundenen Anschauungen der Antike ist der Hagia-Triada-Sarkophag, der im reichen minoischen Palast zu Hagia Triada in der Nähe von Phaistos ausgegraben wurde und kurz nach Mitte des 2. Jahrtausends v. Chr. hergestellt und ausgemalt worden war.[7] An jeder Längsseite befinden sich Opferszenen. Es scheint sich um zwei getrennte Prozessionen zu handeln, die eine zu einem Schrein, der eine Doppelaxt und einen Baum enthält, die andere zu einem Schrein, an dem eine fast lebensgroße Statue eines Mannes auffällt, vermutlich des gleichen Mannes, dessen Überreste im Sarkophag enthalten sind. Drei Priester oder Anbeter tragen Opfer zum zweiten Schrein und dessen Statue; sie sind mit einer Art Rock aus Tierfellen bekleidet, der Anführer trägt ein Modellschiff, die beiden anderen tragen Tiere, die ebenfalls Modelle sein könnten. Entscheidend daran sind die Fellröcke und die Boote. Denn die Röcke sehen der üblichen rituellen Bekleidung der ägyptischen Priester sehr ähnlich, wie es auch den Grabmalereien zu entnehmen ist, und ägyptische Modellschiffe sind praktisch in jedem Museum der Welt vertreten. Lange Zeit mußte jedes angesehene ägyptische Grab ein Boot besitzen, um damit den Toten über die Gewässer der Unterwelt zum Ort der Seeligen überzusetzen.

Ägyptische Jenseitsvorstellungen können durchaus über Kreta nach Griechenland gekommen sein, obgleich sich daraus eine ganze Reihe neuer Probleme ergeben über den ideellen (im Unterschied zum materiellen) Austausch zwischen den Mykenern und Minoern im späten Bronzezeitalter. Die Aufassung von den Elysischen Gefilden mit ihren Verbindungen und Überlappungen zu den Inseln der Seeligen und dem Goldenen Zeitalter scheint in Anlehnung an die Ägypter entstanden zu sein. Es ist kaum denkbar, daß sie mesopotamisch ist, weil sie eine Wechselwirkung zwischen Menschen und Göttern voraussetzt (wie das berühmte gemeinsame Tafeln zu Zeiten des Tantalos und Pelops), die der allgemein vorherrschenden mesopotamischen Anschauung von den Menschen als Sklaven und Arbeiter der Götter vollkommen entgegensteht.

Außer auf der Ebene von Volkserzählungen gibt es nur noch wenig in den griechischen Mythen, was auf Ägypten hinweist. Das Motiv von Potiphars Weib, das in Griechenland sehr beliebt war, wird bereits im 13. Jahrhundert v. Chr. in der ägyptischen Erzählung von den Zwei Brüdern verwandt, die uns von einem

Papyrus bekannt ist. Sie ist jedoch zu verbreitet, um wirklich signifikant zu sein. Im Wettkampf zwischen Horus und Seth, der uns ungefähr aus derselben Zeit überliefert wird, obwohl er ursprünglich wahrscheinlich älter ist, gibt es eine auffallende Ähnlichkeit.[8] Weil Seth wahrscheinlich gewinnen wird, trauert der Gott Re, und nur die Göttin Hathor ist imstande, ihn von seiner Düsterkeit zu befreien, indem sie ihm ihre Geschlechtsteile zeigt und ihn dadurch zum Lachen bringt. In der *Hymne an Demeter* bringt Iambe die trauernde Demeter zum Lachen, indem sie ihr Witze erzählt (einst waren es bestimmt unanständige Witze, aber der Dichter hat die gesamte Episode bereinigt), und Clemens von Alexandria gibt uns eine andere Version, in der Baubo diejenige ist, die ebenfalls die Göttin aufheitert, indem sie ihre Röcke hebt und ihre Geschlechtsteile enthüllt.[9]

Schon allein die Tatsache, daß griechische Mythen von nahöstlichen Themen beeinflußt wurden, ist von außerordentlicher Bedeutung. Nicht nur deshalb, weil es einen kleinen Lichtschimmer auf die im Entstehen begriffene griechische Kultur und ihre Anschauungen wirft, sondern weil es auch die spezifisch hellenischen Beiträge auszumachen erleichtert, jene besonderen intellektuellen und schöpferischen Zutaten, die der griechischen Zivilisation im Vergleich zu denen im westlichen Asien und Ägypten zu einer völlig anderen Erscheinungsform verholfen haben. Freilich haben wir es hier mit Möglichkeiten zu tun, über die wir wenig aussagen können und die außerdem noch mit ethnischen und kulturellen Definitionsschwierigkeiten behaftet sind. Schon die Bezeichnung »griechisch« ist voller Zweideutigkeiten. Genauso wie »akkadisch« umschreibt »griechisch« eher die Sprache als die Menschen. Die griechischsprechenden Völker kamen kurz vor 2000 v. Chr. auf die griechische Halbinsel. Dort trafen sie aber auf eine einheimische Bevölkerung, die bereits kulturelle und vielleicht sprachliche Verbindungen zu Kleinasien hatte. Die Namen bekannter geographischer Besonderheiten wie der Berg *Olympos* oder das Meer *thalassa* oder Siedlungsplätze wie *Korinthos, Lindos* oder *Mykenai* (Mykene), Pflanzen wie *Kyparessos* (Zypresse) oder *Hyakinthos* (Hyazinthe) haben westasiatische Parallelen und sind weder ihrem Ursprung noch ihrer Art nach griechisch. Zusammen mit Mythen, Gottheiten, Kulten und Riten wurden sie von den griechischsprechenden Immigranten nach Griechenland gebracht. Schwieriger noch wird es durch die selbständige kretische Kultur im frühen Bronzezeitalter und ebenso durch die Griechischsprechenden selbst

– von woher kamen sie eigentlich? Dem *thalassa* nach zu urteilen, nicht aus der Nähe des Meeres, sonst hätten sie sich dafür kein Wort borgen müssen. Zum gegenwärtigen Zeitpunkt scheint es, als seien sie aus dem Nordosten Griechenlands, teils durch Kleinasien und über die Ägäis, teils durch das östliche Balkangebiet auf die Halbinsel gekommen. Sollte es so gewesen sein, könnten sie weitere westasiatische Vorstellungen, auch ältere indo-iranische, wie die vom Himmelsgott Zeus, mit sich gebracht haben.

Die westasiatischen Einflüsse können sich also unterschiedlich und zu verschiedenen Zeitpunkten bemerkbar gemacht haben: auf die ursprünglichen Bewohner Griechenlands vielleicht mit Beginn des Paläolithikums; auf Kreta sowohl vom südwestlichen Kleinasien als auch von Ägypten aus, das seinerseits von Mesopotamien beeinflußt wurde; über Kreta auf die mykenischen Städte Griechenlands, und auf die Griechischsprechenden, kurz bevor sie nach Griechenland kamen. Schließlich mußten kulturelle Kontakte im Laufe des 2. und frühen 1. Jahrtausends v. Chr. sporadisch fortgesetzt worden sein, die in der Übermittlung des Alphabets kulminierten. Diese Kontakte konzentrierten sich zweifelsohne auf Plätze, wie Troia, Milet, Rhodos und Zypern, und in Syrien auf Ugarit und Posedeion. Es wäre Zeitverschwendung, wollte man einen besonderen Weg nennen, über den dieser Gedankenaustausch einzig und allein verlief, in jedem Falle wäre es gleichbedeutend mit einer Vereinfachung dessen, wie es sich wahrscheinlich verhielt. Das einzige, was sich sagen läßt, ist, daß der Einfluß über einen oder eine Anzahl von verschiedenen Wegen möglich war.

Das Vorhandensein asiatischer Elemente in den Mythen und religiösen Anschauungen Griechenlands bringt noch etwas Wichtiges mit sich, das ich nirgendwo erwähnt gefunden habe. Griechische Mythen sind unseren Beobachtungen nach auf ein System reduziert. Sogar die Göttermythen scheinen ein kohärentes Ganzes zu bilden, wenigstens auf der biographischen Ebene. Ein Ergebnis der Systematisierung war, daß nahezu alle problematischen Zwischentöne verschwanden. Dennoch ergeben sich in der semantischen eher als in der epischen Struktur Lücken, und es werden etliche Probleme von Bedeutung aufgegriffen und sogleich, wie es scheint, inmitten der Erörterung wieder fallengelassen. Daraus ergibt sich, daß einige dieser Auslassungen weniger den Verzerrungen und Verdrängungen des Organisationsprozesses selbst zuzuschreiben sind als vielmehr der Einverleibung fremder Stoffe, die hinsichtlich bestimmter Gesichtspunkte sich nicht in den ausgearbeiteten griechischen Kontext einfügen ließen und infolgedessen Fremdheiten und Brüche erzeugten. Mit anderen Worten, der konzeptionelle Rahmen könnte an bestimmten Punkten, denen die Schwierigkeit einer Übernahme wesentlich fremder Themen anzusehen ist, entstellt worden sein. Das ist an und für sich nichts Ungewöhnliches. Viele Kulturen weisen eine ähnlich komplizierte Kulturgeschichte und vergleichbare Unvereinbarkeiten von Mythen und Glaubensvorstellungen auf. Ein Beispiel ist die britische Kultur, die eine Verschmelzung von sächsischen, englischen, normannischen und keltischen sowie von christlichen und heidnischen Einflüssen darstellt. Dabei kommt der Literalität eine entscheidende Funktion zu: das Einverleiben fremder Elemente geschieht dadurch nachhaltiger, daß Irrelevantes und Inkonsistentes durchgehend aussortiert werden können. Dagegen sind Gesellschaften, die niemals mit Literalität in Berührung kamen, oft, aber nicht immer, kulturell isoliert, und ihre Mythen drücken infolgedessen soziale und gedankliche Angelegenheiten unverfälschter und ohne viel Umschweife aus.

Ein mit Sicherheit entlehnter Mythos war der von der Flut. Das Thema der Flut ist, wie wir feststellen konnten, nur unvollständig in die mythische Vorgeschichte Griechenlands integriert worden und wird unterschiedlich mit Deukalion, Ogygos oder den Söhnen Lykaons in Verbindung gebracht. Zeus sandte sie als Strafe für ein gewisses Vergehen – und mit der Absicht, die übervölkerte Erde zu erleichtern, wie es der nachhomerischen *Kypria* zu entnehmen ist. Sie wird außerdem mit zwei anderen entlehnten Themen zusammengebracht, die beide noch gewisse Unklarheiten enthalten. Ersteres ist das vom Goldenen Zeitalter, vielmehr eine Abfolge mythischer Zeitalter, das Bronzene, so Hesiod, eingeschlossen.

Warum ging vor allem das Goldene Zeitalter zu Ende? Inwiefern hatte es etwas mit Kronos' Benehmen zu tun? Das sind in bezug auf das Verhältnis der Menschen zu den Göttern sowie das Vorhandensein von Ungerechtigkeit und Bösem offenbar gewichtige Fragen. Mythen müssen zwar, was diese Fragen angeht, ein wenig geheimnisvoll bleiben, aber die griechischen Mythen sind in erster Linie nicht geheimnisvoll, sondern lückenhaft und verworren. Hesiods Mythos von den Fünf Geschlechtern umgeht einfach das Problem, indem er davon spricht, die Erde hätte jedes der ersten drei Geschlechter, also auch das Goldene, »verborgen«. Das ist auf andere Art zweideutig: wurden sie begraben oder vielleicht verschlungen? Ich vermute, daß man sich einer solchen Formulierung bediente, um andere Fragen in Verbindung mit Kronos und den übrigen Göttern zu vermeiden. Denn wie die Flut scheint auch das Goldene Zeitalter von außen nach Griechenland gebracht worden zu sein. Die Vorstellung einer vergangenen Zeit, in der alle Menschen sich des Zustands göttlicher Glückseligkeit erfreuten, war zumindest den Griechen nicht sehr geheuer. Sterblichkeit gehörte für sie zu den wesentlichen Bedingungen ihres menschlichen Daseins. Natürlich beschäftigte sie das Problem, ob das Altwerden unter Entsagungen und Krankheit wirklich notwendig sei, und die Auffassung eines leichten Todes, der den Menschen im Schlaf ereilt, stellte eine Reflexion dieses Problems dar. In der hesiodischen Beschreibung des Goldenen Geschlechts bildete das zwar einen Bestandteil, nicht aber ein reguläres Element des Goldenen Zeitalters, welches fast zu göttlich schien, um im einzelnen als ausdrücklich für die Menschen zutreffende Schilderung zu gelten.

Das zweite Thema, das sich der Flut widmete, handelte von den Göttern, die zeitweilig versuchten, die Menschheit zu vernichten. Mesopotamische Mythen sind voller Götter und Göttinnen, die nichts sehnlicher wünschen, als die Menschheit zu eliminieren. Erra ist der akkadische Gott der Plagen, der ständig auf der Suche nach Möglichkeiten ist, die Menschen auszumerzen; es wäre ihm auch gelungen, hätte ihn nicht sein freundlicher gesinnter Wesir Ischum davon abgehalten. Im akkadischen Gedicht von Atrahasis fühlen sich die Götter vom zänkischen und aufrührerischen Benehmen der Menschen gestört und verhängen Pestilenz und Hungersnot über sie.[10] Der tugendhafte Atrahasis setzt sich für seine Mitmenschen ein, und Ea begnadigt sie. Sie belästigen die Götter erneut, und dieses Mal senden die Götter die Flut, um sie zu vernichten. Atrahasis, der dem sumerischen Ziusudra und im Gilgamesch-Epos dem Utnapischtim entspricht, überlebt mit seiner Frau und Familie in einer Art Arche. Die elfte Tafel des Gilgamesch-Epos gibt uns eine andere Version der Geschichte von der Flut. Bei bestimmten Details gibt es Anzeichen einer Vermischung, nicht zuletzt, weil das Vernichtungsthema so verbreitet war. Einmal scheint Ischtar beim Angriff auf die Menschen die treibende Kraft zu sein, dann aber ist es Enlil, der Größte unter den Göttern, der von Ea für die Überschwemmung zur Verantwortung gezogen wird. Das ist darauf zurückzuführen, daß sogar in Mesopotamien der Vorstellung von der Feindseligkeit der Götter gegenüber den Menschen eine Zwiespältigkeit zugrunde liegt, die zur Folge hat, daß diejenigen Götter, die sie am ehesten ausleben, von den anderen zu gegebener Zeit zurückgehalten und gerügt werden, die daraufhin ihre Wut oder Gleichgültigkeit bereuen. In Ägypten, das anscheinend ebenfalls das Thema von Mesopotamien entlehnt hat, scheint es ähnlich zu sein. Hathor, die Mutter- und Fruchtbarkeitsgöttin, zugleich Sachmet und Isis, läuft Amok unter den Menschen und richtet überall, wo sie hinkommt, ein Blutbad an. Re gelingt es schließlich durch eine List, sie davon abzubringen. Damit das Bier wie Blut aussieht, färbt er es rot, sie trinkt gierig davon und wird so betrunken, daß sie ihren Ärger vergißt. Darüber sind die übrigen Götter sehr erleichtert.[11]

Sogar in mythischer Hinsicht ergibt das Thema von der Vernichtung durch die Götter nur in Mesopotamien einen Sinn, wo die Menschen angeblich nur zu diesem einen Zweck geschaffen wurden: den Göttern Diener zu sein, sie der Mühe der Speise- und Trankzubereitung zu entheben und ihnen ihre Tempel in Ordnung zu halten. Marduk sagt folgendes zu Ea, nachdem er Tiamat besiegt und die Himmel errichtet hat: »Ich werde Blut ansammeln und Knochen zum Entstehen bringen. Einen Wilden will ich schaffen, ›Mensch‹ soll sein Name sein. Wahrlich, einen Wilden-Mann will ich erschaffen. Er soll den Göttern dienen, damit sie sich behaglich fühlen!« Diese Menschen heißen später die »Schwarzköpfigen«: »Mögen Speiseopfer für ihre Götter und Göttinnen entstehen. Laß sie ohne Unterlaß ihren Göttern beistehen! Laß sie ihre Länder verbessern, ihre Schreine bauen, laß die Schwarzköpfigen ihren Göttern zu Diensten stehen.«[12] In Anbetracht einer solchen Anmaßung ist die Vorstellung von den Göttern als Zerstörer dessen, was sie geschaffen, sobald sich die Menschen nicht mehr wie vorhergesehen zu verhalten scheinen, durchaus annehmbar und auch wirklich logisch. Ohne diesen Hochmut ist eine derartige Auffassung sinnlos oder setzt bei den Göttern eine Bösartigkeit um ihrer selbst willen voraus.

Weder die Griechen noch großenteils die Ägypter besaßen Anschauungen wie diese. Gemeinsam bewohnen Menschen und Götter die gleiche Erde, sind Teil derselben Ordnung der Dinge. Pindar war der Auffassung, sie seien derselben Mutter, der Erde selbst entsprungen; darüber hinaus waren die Menschen Nachfahren der Heroen, und die größten Heroen waren Kinder eines Gottes oder einer Göttin. Die Götter der Griechen galten, vorausgesetzt, sie wurden gut behandelt, normalerweise als gutartig; im schlechtesten Fall hielten sie sich fern. Wurden sie vernachlässigt oder verletzt, wie Odysseus Poseidon verletzt hatte, als er dessen Sohn Polyphemos blendete, waren sie gefährlich – aber urteilten trotzdem differenziert. Im Laufe seiner Geschichte hatte der Mensch ernsthafte Fehler begangen, seine Strafe bestand aber nur aus Unannehmlichkeiten wie der, für sein Auskommen arbeiten zu müssen, und nicht darin, sich den wiederholten Angriffen der Götter, die auf seine Vernichtung zielten, widersetzen zu müssen. Die Flut ist jene berühmte Gelegenheit, bei der ein solcher Versuch unternommen wurde. Der allgemein vorherrschenden Auffassung von den Olympischen Gottheiten muß dies immer fremd erschienen sein, ein wichtiger Grund, weshalb die Mythen diesbezüglich ungenau sind.

Die mesopotamischen Menschen wurden von den Göttern geschaffen, um ihre Sklaven zu sein, und es existieren unterschiedliche Beschreibungen darüber, wie dies vor sich ging. Entweder tötete man einen Gott – im Schöpfungsepos war es Kingu, dem das abscheuliche Benehmen Tiamats zur Last gelegt und der auf Marduks Befehl getötet wurde – und mischte sein Blut mit Lehm, um daraus Menschen zu bilden, oder der Lehm allein wurde geformt. Manchmal übernahm ein Handwerksgott diese Aufgabe, indem er so tat, als würde er Figuren in einem Model formen; manchmal wurden sie von der Muttergöttin in einem Uterus oder in einer Mehrzahl von Uteri geschaffen, die selbst schon fast zu Modellen wurden. Solche Vorstellungen wurden miteinander vermischt, und es existierten auch noch andere, abstraktere Berichte hierüber. In jedem Falle waren genügend Mythen dieser Art vorhanden, unter denen zukünftige Entlehner wählen konnten. Dennoch scheinen die Griechen, die sonst soviel entlehnten, diese besondere Vorstellung von der Schöpfung des Menschen verschmäht zu haben. Über diesen Gegenstand schweigen sich ihre Mythen aus oder hinterlassen einen Leerraum, der mit Volksetymologien gefüllt wird wie zum Beispiel Deukalions Schöpfung mittels Steinen (s. Seite 129). Hesiods *Theogonie* oder *Werke und Tage*, in denen man zu recht eine Aussage hierüber erwarten könnte, widmen der Schöpfung der *Frau* ungeheure Aufmerksamkeit, die Existenz des Mannes hingegen wird einfach vorausgesetzt. Warum oder wie er erschaffen wurde, bleibt ein Rätsel. Der Mythos von den Fünf Geschlechtern geht so weit zuzugeben, die Goldenen und Silbernen Geschlechter seien von den Olympischen Göttern geschaffen worden und die Bronzenen und Heroischen von Zeus, die

Bronzenen aus der Esche. Man vergleiche aber diese vagen und ausweichenden Informationen mit denen, die den mesopotamischen Mythen eigen sind, oder mit den griechischen Schilderungen von der Schöpfung der Frau! Im zweiten Kapitel der *Genesis* wird die Erschaffung der Frau aus der Rippe Adams zwar ausführlich erwähnt, wenigstens im ersten aber werden sie gleichwertig geschaffen: »... und schuf sie als Mann und Weib.«

Die Schöpfung der Frau war teils wegen der Scherze in den Volkserzählungen über die Gier und Verschwendungssucht der Frauen, teils aber aufgrund ihrer spezifischen Physiologie von besonderem Interesse. Um so wichtiger ist es, sich mit der Tatsache auseinanderzusetzen, wieso die Menschen bereits existieren. Von Apollodoros wird uns berichtet, daß Prometheus die Menschen aus Lehm formte, was mit der Auffassung von ihm als Wohltäter der Menschheit und als Schutzgott der Töpfer übereinstimmt. Das könnten Relikte einer mesopotamischen Anschauung sein. Pausanias sah zu Panopeus in Boiotien (s. Seite 133) die Spuren jenes Prometheischen Handwerks. Leider scheinen diese Versionen keine sehr frühen zu sein, und die Lücken bei Hesiod und in geringerem Ausmaß bei Homer sind um so bezeichnender. Ferner bezweckte die geläufige griechische Vorstellung, daß Menschen an einigen Orten »authochthon« seien, eher ihre Ansprüche in bezug auf diese Lokalitäten deutlich zu machen, als damit zum Ausdruck gebracht werden sollte, sie seien aus der Erde geschaffen worden. Das waren keine Schöpfungs-, sondern »Charter«-Mythen. Offenbar also wollten die Griechen keine detaillierte Schilderung von der Schöpfung des Menschen in ihren Mythen haben, obwohl ihnen die verschiedenen mesopotamischen Motive zugänglich gewesen sein müssen und obwohl damit verwandte Themen, besonders die zeitweilige Vernichtung der Menschen, angesprochen wurden. Warum?

Daß es sich hierbei um ein Problem handelt, ist von Hugh Lloyd-Jones in *Justice of Zeus* und von Peter Walcot in *Hesiod and the Near East* deutlich erkannt worden.[13] Walcot meint, Hesiods ausfürliche Beschreibung von der Schöpfung der Frau wiege die Lücke von der Schöpfung des Menschen im allgemeinen auf, aber ich bin überzeugt davon, daß dem nicht so ist. Wie meine Antwort darauf lautet, wird dem Leser bereits klar sein: *Weil die Griechen die Anschauung von den Menschen als Sklaven der Götter abstoßend fanden, weigerten sie sich, die mesopotamischen Geschichten von der Schöpfung des Menschen zu übernehmen, wichen dem gesamten Gegenstand aus,* übernahmen nur wahllos und äußerst selten Details solcher Geschichten oder nur unbedeutende Versionen. Sie hielten ihr Versäumnis sogar um den Preis von Widersprüchen aufrecht, wie sie in der Erzählung von der ersten Frau enthalten sind – einer Geschichte, die sie ohne weiteres ausarbeiten konnten, da es sich um das Verhältnis von Frau und Mann und nicht um Menschheit und Götter handelte.

Wir haben einen Komplex von vier ineinandergreifenden Themen aufgedeckt – die Schöpfung des Menschen, das Goldene Zeitalter, der Versuch, die Menschen zu vernichten, die Flut –, die für die Stellung des Menschen in der Welt entscheidend sind. Dennoch wurden sie in den griechischen Mythen bemäntelt oder unvollständig behandelt, weil die fremden Muster irrelevante oder unakzeptable Vorstellungen in sich bargen. Die Liste solcher Herangehensweisen ließe sich ohne weiteres verlängern. Nicht nur das Motiv der verschwundenen Gottheit, von dem wir ausgingen, auch bestimmte Aspekte der Unterwelt, der Rang der Heroen, die Bedeutung von Weissagung und Vergöttlichung und die Auffassung von *Moira*, Schicksal, im Verhältnis zum *Me* mesopotamischer Mythen, könnten unter diesem Gesichtspunkt einer erneuten Untersuchung unterzogen werden. Das überlasse ich anderen, oder es soll an anderer Stelle geschehen. Hier jedoch wurde das Entscheidende vermittelt, wenn auch nicht gänzlich anhand der Gegenstände selbst nachgewiesen, und für die Entwicklung der griechischen Mythen insgesamt und insbesondere für ihre spekulativen Funktionen ist es von außerordentlicher Bedeutung. Das sind nicht die einzigen oder notwendigerweise die wichtigsten Funktionen von Mythen. Dennoch sind die problematischen Aspekte – vielmehr ihre Abwesenheit – für den heutigen Leser mehr als fesselnd, weil die Mythen entgegen ihrer tatsächlichen Entstehung eine gewisse schöpferische Glaubwürdigkeit entwickelten, die zur Grundlage westlicher Philosophie und Wissenschaft wurde. In der Form von Mathematik und Astronomie hatte Babylon in geschichtlicher Zeit seinen offenkundigen Beitrag an Griechenland geleistet, aber es sieht mehr und mehr danach aus, als hätte die mesopotamische Kultur bereits viel früher über die Mythen einen tiefgreifenderen Einfluß genommen.

Kapitel 12

Von den Mythen zur Philosophie?

Ein Einfaches wäre es, im letzten Kapitel etwas über die weitere Entwicklung der Mythen zu schreiben, sei es über die, die sie durch stoische oder neuplatonische allegorische Interpreten, durch hellenische und römische Dichter, durch gelehrte Mythographen oder durch die Literatur des Mittelalters oder der Renaissance gemacht haben. Doch tragen derartige Untersuchungen nicht dazu bei, das Wesen griechischer Mythen – außer vielleicht in ihren dekadenten Formen – zu erhellen. Abschließend möchte ich vielmehr die komplizierten Stadien untersuchen, die eine von Mythen beherrschte Kultur allmählich zu durchlaufen hatte, um zu einer Kultur zu werden, in der Philosophie ein bedeutender Faktor war. Denn genau das ereignete sich in Griechenland in der Zeit Homers oder früher, bis zu Plato und Aristoteles. Eine offenbar wichtige Frage, die auch das Wesen der Mythen zu erhellen vermag, ist, ob Mythen im eigentlichen Sinn die Vorgänger der Philosophie waren – ob die chronologische Priorität des einen vor dem anderen auf eine ursächliche Beziehung schließen läßt.

Vor dem I. Weltkrieg stellte ein berühmter Historiker frühen griechischen Denkens, John Burnet, die Behauptung auf, daß »mit Thales und seinen Nachfolgern neues in die Welt kam«.[1] Thales von Milet war nach Aristoteles der erste griechische »Physiker«, der in der ersten Hälfte des 6. Jahrhunderts v. Chr. in Ionien tätig war. Burnet war bereit einzuräumen, daß »die Bruchstücke dessen, was zu ionischer Wissenschaft und Geschichte erst werden sollte«, in der Dichtung Hesiods zu finden sind, ließ jedoch keinen Zweifel darüber, daß »Philosophie keine Mythologie sei«. Es ging um ein gänzlich anderes Anliegen, eins, das auf Vernunft beruhte, und Thales veranschaulichte es in rudimentärer Form, Hesiod hingegen nicht. Vor noch nicht allzu langer Zeit hat Jean-Pierre Vernant eine alte Kritik an Burnet wieder aufgegriffen, weil dieser hat durchblicken lassen, Philosophie sei zu einem bestimmten Zeitpunkt, nämlich zu Thales Lebzeiten, entstanden. Statt dessen betonte Vernant die Verdienste einer anderen Auffassung, die von F. M. Cornford, mit dem wir bereits als ein Mitglied der »Cambridge-Schule« Bekanntschaft gemacht haben (s. Seite 13 f.),[2] vorgetragen wurde. In seinem ersten Buch, *From Religion to Philosophy*, das 1912 erschienen ist, machte Cornford von den soziologischen Theorien Durkheims Gebrauch, um mit ihrer Hilfe zu zeigen, daß frühe griechische Philosophie von den uralten sozialen und religiösen Ansichten genauso wie vom Gebrauch der Vernunft beeinflußt war. Später rückte er von dieser Sicht etwas ab, stellte jedoch immer die angeblichen wissenschaftlichen Qualitäten des Thales und seinen ionischen Nachfolgern in Frage, indem er behauptete, daß ihre »Vernunft« von den durch die Mythen bereits vorgegebenen Meinungen und Denkmustern noch immer erheblich durchsetzt war.

Vernant tendiert eher in Richtung einer Durkheimschen Sicht der griechischen Religion und Mythen als zu einer pragmatischen Vorgehensweise, wie sie bei Burnet in Ansätzen und bei Nilsson und Rose deutlich zu erkennen ist. Seine eigene Einschätzung kommt einer Art Versöhnung der beiden gleich, eine Einstellung, die im allgemeinen durchaus auch der meinen entspricht. Zum Beispiel gibt er zu, daß bei Cornford manchmal der Eindruck entsteht, als wäre das Festhalten an antiken und irrationalen Relikten das einzige, worauf es bei der Untersuchung des aufkommenden philosophischen Denkens in Griechenland ankommt. Zu Recht betont Vernant, daß wir uns damit beschäftigen sollten, aufzuspüren, was in der Philosophie selbst fundamental *neu* ist. Dieses bestimmt er erstens als Zurückweisung des Übernatürlichen als eines Mittels, mit dessen Hilfe die Erscheinungswelt erklärt werden soll, und zweitens als Suche nach einer den Argumenten innewohnende Kohärenz.

Vernant begreift das Aufkommen der Philosophie als das Ergebnis einer Art »geistigen Mutation«, die zwischen dem 7. und 6. Jahrhundert v. Chr. stattfand und die sich auf sämtliche Bereiche griechischer Gesellschaft auswirkte. Wie viele andere betont er die wahrscheinlich befreiende Wirkung politischer Entfaltung und wirtschaftlicher Fortschritte, wie die Erfindung des Geldes. Sein großes Verdienst ist es, die beinahe universale Mutmaßung (dazu weiter unten), es gäbe so etwas wie ein »mythisches Denken«, das vom »philosophischen Denken« abgelöst wird, vermieden zu haben. Doch mit seiner Überzeugung, »Philosophie höre auf, Mythos zu sein, um Philosophie zu werden«, gerät er in gefährliche Nähe des Mißverständlichen, denn sie beinhaltet, daß Philosophie eine Art umgemodelter Mythos ist beziehungsweise daß dem Mythos nur etwas hinzugefügt oder genommen werden muß, um bereits Philosophie zu sein.³ Teils ist das seiner überschwenglichen Verehrung für Cornford zuzuschreiben, dem die physikalischen Theorien des Anaximander (im besonderen) als eine Rationalisierung gewisser mythischer Glaubensvorstellungen galten. Ein weiterer Punkt ist, daß Vernant den »Mythos« als ein Ding an sich akzeptiert, was dadurch hätte vermieden werden können, wenn er (wie ich es versucht habe) an der Vorstellung festgehalten hätte, daß es *Mythen* gibt, die traditionelle Erzählungen unterschiedlicher Art und mit unterschiedlichen Funktionen sind, jedoch nicht so etwas wie »Mythos«. Ferner übersieht er, indem er die große zeitliche Wende zwischen Hesiod und Anaximander ansetzt, daß es schon zu einem viel früheren Zeitpunkt deutliche Anzeichen einer sich ausbreitenden Rationalität in den Mythen gibt. Und schließlich, indem er die übertrieben pragmatische Herangehensweise von Burnet, Nilsson und Rose zurückweist, gerät er wieder in gefährliche Nähe einer solchen Ansicht (erneut erkennt man Cornford dahinter), wie die, der Philosoph »entspringe dem Magnus«.⁴ Weitere Untersuchungen über das Verhältnis von Mythen und Philosophie sind auch heute noch erforderlich.

Im ersten Kapitel wurde deutlich, daß Mythen in traditionalen und illiteralen Gesellschaften ihre größte Bedeutung erlangen. In den meisten dieser Gesellschaften sind traditionelle Erzählungen wichtige Medien der Auseinandersetzung, der Überzeugung, des Trostes und der Kommunikation. Sie stellen die ursprüngliche Form dar, die sie in den allgemein üblichen Erörterungen fortlaufender Themen erhalten haben. Sie gehören einem Lebensstil an, sind jedoch meist nicht zusammenhängend, geschweige denn philosophisch. Die Philosophie versucht, durchgehend verständlich zu sein und sich allgemeiner Themen von allumfassender Gültigkeit anzunehmen; Mythen tun das nicht. Dagegen werden in einer nichttraditionalen und literalen Gesellschaft individuelle Ansichten gefördert, »Charters« am besten schriftlich fixiert, Folgerichtigkeit wird zur Tugend, das Faktische zugunsten des Phantastischen und des Poetischen bevorzugt. Eine solche Gesellschaft ist nicht notwendigerweise philosophisch, vor diesem Hintergrund aber können sich Urteilsvermögen und die Fähigkeit zur Verallgemeinerung entwickeln. Eine traditionale Gesellschaft bietet diesen Hintergrund nicht. Noch viel wichtiger ist, daß sie durch eben diesen Konservatismus und Traditionalismus, durch die Anerkennung der Mythen als diejenigen, die auf alle Fragen eine Antwort haben, sich der Veränderung, ob in den Einrichtungen und

Bräuchen oder in den Glaubensvorstellungen, fundamental entgegensetzt. Der organische Gebrauch der Mythen muß verschwinden, ehe Philosophie auch nur die entfernteste Möglichkeit erhält.

Zwar ist es richtig, daß sich die Literalität in Griechenland erst zur Zeit Homers und Hesiods, um 700 v. Chr., durchgesetzt hat. Wir haben jedoch bereits festgestellt, daß dies keineswegs ein repräsentativer Fall war. Im Vergleich zur Entwicklung anderer kultureller Einrichtungen kam die Literalität ungewöhnlich spät nach Griechenland. Das vorhomerische Griechenland war aber keine traditionale Gesellschaft, nur weil sie vorliteral war; sie hatte nicht erst vor Homer viele Aspekte der Traditionalität verloren, sondern bereits lange vor dem mykenischen Zeitalter mit seiner weit fortgeschrittenen politischen, sozialen und wirtschaftlichen Gliederung. Bis zur Zeit Homers und noch länger behielten Mythen eine ungewöhnliche kulturelle Bedeutung, müssen jedoch ihre Gewichtungen und Funktionen in der Gesellschaft bereits gewandelt haben; ferner waren sie einem Systematisierungsprozeß ausgesetzt worden, der in jeder wirklich traditionalen Gesellschaft beispiellos war. Die mündliche Überlieferung der Heroen in Griechenland, die in der *Ilias* kulminierte, benötigte in der Tat viele Eigenschaften der Literalität, ohne deshalb wirklich literal zu sein. Diesbezüglich ist Griechenland wirklich einzigartig. Mesopotamien bietet uns Vergleichbares, dort aber hatte die Literalität bereits um 3000 v. Chr. begonnen. Ihre lange Abwesenheit in Griechenland (das zeitweilige und begrenzte Phänomen der Linearschrift im späten Bronzezeitalter ausgenommen) ermöglichte andererseits das Fortbestehen bestimmter traditionaler Einstellungen in einer sonst progressiven, ja sogar revolutionären Umgebung. Mythen waren zwar noch immer wichtig, Konsistenz jedoch genauso: ein selten paradoxer Zustand, der für die einmaligen Abenteuer der rationalen Vorstellungskraft, die im 6. Jahrhundert in Ionien ihren Anfang nahmen, sehr wohl mitverantwortlich sein könnte.

Vor diesem allgemeinen Hintergrund können wir uns nun der trügerischen Entität, dem »mythischen Denken«, zuwenden. Zunächst einmal sollten wir das noch gewichtiger klingende »mythopoetische Denken« verabschieden. Eine rein gefühlsbetonte Phrase, an die sich Autoren meist dann erinnern, wenn ihnen das einfachere »mythische Denken« fragwürdig erscheint. Das Substantiv *mythopopeia* andererseits ist annehmbar, aber überflüssig; es bedeutet ganz einfach »Mythenmachen«; *poieō* ist das griechische Wort für »ich mache«. »Mythopoetisches Denken« kann demnach nur eine Form des Denkens bedeuten, das zur Bildung von Mythen führt oder sich darin ausdrückt. Das Für oder Wider mythischen Denkens gilt auch für den komplexeren Ausdruck, dem hier deshalb nicht weiter nachgegangen werden soll.

Denken ist entweder selbst ein Denkprozeß oder setzt einen solchen voraus, und es wäre angebracht zu fragen, ob es denn so etwas wie einen mythischen *Denkprozeß* überhaupt gibt. (Ich verzichte hier ein weiteres Mal, ausdrücklich darauf hinzuweisen, daß ein Mythos eine traditionelle Erzählung ist, obwohl es eine relevante Überlegung ist.) Führt der Gebrauch von Mythen, sei es, indem man sie macht oder anhört, zu einem speziellen Denken? Damals, als »primitive Mentalität« noch als eine Eigenart erachtet wurde, die allen Stammes- und Naturgesellschaften eigen war, war es noch einfach, darauf eine Antwort zu geben. Man hielt das mythische Denken für eine Manifestation, vielleicht sogar die ursprüngliche einer derartigen Mentalität. Doch wir haben bereits gesehen, daß das Bild von den nichtdenkenden Wilden, die ihr Leben in Übereinstimmung mit wahllosen Impulsen und mystischen Assoziationen führen, den Nachforschungen der Ethnologen nicht standgehalten haben. Insbesondere Lügen gestraft haben es die Beobachtungen Lévi-Strauss', bislang von niemandem ernsthaft in Frage gestellt, daß nämlich Angehörige einfacher Gesellschaftsformen durchaus, auch wenn sie keine Kleider tragen, systematisch denken, obgleich ihre Logik nicht an der aristotelischen zu messen ist.

Im Gebrauch des Begriffes vom »mythischen Denken« sind Altertumswissenschaftler äußerst freizügig gewesen, im allgemeinen jedoch nicht sehr geneigt, sich darüber auszulassen, worum es dabei eigentlich geht. Dazu nun Bruno Snell, ein gewissenhafter Altphilologe und der Verfasser des bedeutenden Buches *Die Entdeckung des Geistes*: Es »ist offenbar, daß das mythische und logische Denken nicht ein und dasselbe Gebiet decken. Wie manches Mythische dem Logischen unzugänglich bleibt, wird umgekehrt auch manches Logische neu entdeckt, das nichts Mythisches ersetzt..., nur schließen beide einander nicht streng aus, vielmehr ist auch im mythischen Denken Raum für mancherlei Logisches und umgekehrt, und der Übergang von einem zum anderen vollzieht sich langsam und allmählich – ja, dieser Prozeß kann nie zu einem wirklichen Abschluß kommen«.[5] Bewundernswert ist die Feststellung, Mythen und Logik seien keine absoluten Entgegensetzungen, und es gebe wenigstens in der Praxis ein Gebiet, auf dem sie sich überschneiden. Sie tut jedoch so, als wäre die Vorstellung eines mythischen *Denkens* nicht erst noch zu beweisen. Eine andere Textstelle zeigt, daß Snell an nichts Tiefgreifendes oder Präzises dachte: »Nicht erst mit dem sogenannten ›logischen Denken‹ ist die Fähigkeit in die Welt gekommen, sinnvoll-zusammenhängend zu reden, wie auch nicht erst durch das rationale Denken das Bedürfnis in die Welt gekommen ist, nach Ursachen zu forschen ... Vielmehr ist auch das ›mythische‹ Denken um aitiologische Verknüpfung bemüht ...«[6] Das sonderbar klingende Zugeständnis, daß der vorlogische (voraristotelische?) Mensch sich einer tatsächlich zusammenhängenden Sprache bediente, ist vermutlich eine Erwiderung auf die Lévi-Bruhlschen Ansichten über die sonderbaren Verhaltensweisen der Primitiven; man beachte auch die Gleichsetzung von vorlogisch und nichtrational. Demnach spricht für eine Überschneidung, daß sowohl Mythen wie Vernunft Erklärungen anbieten. Doch häufig stützen sich die konkreten *aitia* von Mythen auf triviale oder humoristische Ähnlichkeiten und sind keineswegs »logisch«, während mythische »Lösungen« ernsthafter Probleme nicht das gleiche sind wie logische Erklärungen — man sogar der Ansicht sein könnte, sie schlössen sie aus.

Aufschlußreicher noch ist, wenn Snell den naheliegenden Vergleich zu Träumen zieht — das heißt, naheliegend seit Freud: »Das mythische Denken gehört eng zusammen mit dem Denken in Bildern und Gleichnissen. Beides unterscheidet sich psychologisch vom logischen Denken dadurch, daß dieses sich forschend müht, während die Bilder des Mythos und der Gleichnisse sich der Einbildungskraft aufdrängen ... Logisches Denken ist volles Wachsein, während mythisches an das Träumen grenzt, in dem, unkontrolliert vom Willen, die Bilder und Gedanken vorüberschweben.«[7] Die Bilder, die den Träumen und Gleichnissen gemeinsam sind, sind anscheinend konkrete visuelle Bilder, sie sind es, die »sich der Einbildungskraft aufdrängen ... unkontrolliert vom Willen«. Snell muß diese Ansicht zum Teil Ernst Cassirer zu verdanken haben (s. Seite 77–79), der ohne jegliche Beweisgrundlage einfach behauptete, daß Mythen die Menschen ungefähr wie religiöse Erlebnisse überkamen. Durch ein unmittelbares Erfassen stellen sie eine Reaktion auf bestimmte auffallende Aspekte der Außenwelt dar. Durchaus glaubwürdig ist es, daß philosophisches Denken über systematische Beweisführung zu Ergebnissen kommt, wohingegen Mythen viel emotionaler und direkter erzeugt und erfaßt werden. Immerhin besteht zwischen dem Geschichtenerzähler und dem Logiker ein großer Unterschied. Das aber besagt noch nichts. Manchmal haben Mythen gewisse Ähnlichkeiten mit Träumen; das ist zwar richtig; es trifft aber auf die griechischen Mythen, so wie wir sie kennen, nicht zu. Die Ähnlichkeit ergibt sich eher aus dem auffallend Befremdlichen und der Sprunghaftigkeit als aus einer visuellen Eigenschaft an sich. Freilich sind Mythen Geschichten, und Geschichten setzten sich aus konkreten Situationen zusammen, deren Umsetzung meist in einer so anschaulichen Form wie nur möglich erfolgt. Dennoch bestehen sie nicht, wie es bei Träumen der Fall ist, aus scheinbar beiläufigen Bildsequenzen, noch scheint es ernsthafte Gründe für die Annahme zu geben, daß die Figuren in den Mythen »sich der Einbildungskraft aufdrängen« oder, sofern sie es tun, daß sie »vorüberschweben«. Bemerkenswert an den Bildern, die bei Gleichnissen verwandt werden, ist eher ihre symbolische als ihre visuelle Eigenschaft; davon ausgenommen sind die homerischen Gleichnisse. Doch nichts berechtigt zu der Annahme, daß die meisten Mythen vorwiegend symbolisch sind. Demeter und Persephone symbolisieren die Fruchtbarkeit der Erde, und für Gilgamesch symbolisiert Enkidu den Tod, der die Menschheit bedroht; gleichwohl haben viele Mythen keine derartigen Bezüge, und sogar die geheimnisvollsten unter ihnen, wie der Mythos vom Labyrinth, müssen nicht zwangsläufig eine symbolische Bedeutung haben.

Obwohl Snells Behauptungen über Mythen und Träume stellenweise einleuchtend sind, werden sie dort, wo sie sich auf den Begriff des mythischen Denkens einlassen, unglaubwürdig. Ähnlich ergeht es den Aussagen von Sir Maurice Bowra: »Primitive Mythen sind oftmals schwer verständlich, weil sie Verbindungen voraussetzen, die für uns keine Bedeutung haben, und mit emotionellen und visuellen Assoziationen arbeiten, zwischen denen wir keinen Zusammenhang sehen. Diese mythischen Zusammenhänge sind nicht das Ergebnis einer verstandesmäßigen Erklärung, sondern appellieren an halbbewußte und unbewußte Elemente in der menschlichen Natur.«[8] Nachzulesen ist dies in einem Buch über primitive Lieder, doch ähnliche Ansichten vertritt der Autor auch über des Wesen der Mythen bei Pindar. Wie Snell meint auch Bowra, daß Mythen und Vernunft zwei völlig verschiedene Dinge sind. Gegenwärtiger noch als der Geist Cassirers ist hier der von Lévi-Bruhl, mit dem jedoch feinsinnigen Zugeständnis, welches fast an Lévi-Strauss gemahnt, daß visuelle und emotionale Assoziationen auch dann Gültigkeit haben können, wenn *uns* die Verbindung verschlossen ist. Wieder liegt die Betonung auf den visuellen Eigenschaften von Mythen. Besitzen sie diese wirklich? Ganz allgemein habe ich es bereits in Zweifel gezogen, doch lohnt hier vielleicht die Betrachtung eines ungewöhnlich phantasievollen und zugleich ursprünglichen und funktionalen Mythos, um festzustellen, worauf dessen visuelle Elemente in der Praxis hinauslaufen könnten.

Die Erzählung der Bororo-Indianer aus Brasilien über Geriguiatugo nimmt in dieser reichen Kultur eine solch zentrale Stellung ein, daß sie Lévi-Strauss in seinen *Mythologiques*[9] an den Anfang seiner gesamten Untersuchung stellt. Geriguiatugo war ein junger Mann, der seiner Mutter in den Wald folgte und sie dort vergewaltigte. Daraufhin stellte ihm sein Vater Aufgaben, in der Hoffnung, er würde dadurch umkommen. Als diese verschiedener zaubermächtiger Gegenstände wegen nicht zu dem gewünschten Ziel führten, ließ er ihn auf einem hohen Felsen zurück. Geriguiatugo konnte sich mit Hilfe des magischen Stabs, den ihm seine Großmutter gegeben hatte, auf die Spitze des Berges retten; dort tötete er einige Eidechsen, um seinen Hunger zu stillen; die, die er nicht mehr essen konnte, hängte er an seinen Gürtel als Reserve und fiel dann in tiefen Schlaf. Die Eidechsen an seinem Gürtel verwesten und lockten Aasgeier herbei, die diese zusammen mit Teilen der Hinterbacken des jungen Mannes verschlangen. Aus Freundlichkeit brachten sie ihn danach zum Fuße des Berges, wo ihm zu Bewußtsein kam, daß er mangels eines Hinterteils keine Nahrung behalten könnte. Er leistete dem Abhilfe, indem er sich aus Knollen einen künstlichen Ersatz modellierte. Er kehrte zu seiner Großmutter zurück, dessen Feuer als einziges nach einem großen Sturm noch brannte, und tötete schließlich seine Eltern samt der neuen Frau seines Vaters.

Viele Einzelheiten habe ich ausgelassen, auch wichtige Verweise auf kulturelle Gebräuche, wie die, daß seine Mutter in den Wald geht, um Laub für eine Initiationszeremonie für junge Männer zu sammeln. Die Inzestfrage steht in einer gewissen Verbindung zur Entdeckung des Feuers. Das, zusammen mit den Aasgeiern und dem rohen Essen, das der Held nicht bei sich behalten kann, weist Lévi-Strauss als Teil jener Polarität zwischen Rohem und Gekochtem, Natur und Kultur nach, die vielen südamerikanischen Mythen zugrunde liegt. Uns aber interessiert vor allem die visuelle Eigenschaft der Erzählung. Ist sie wirklich auf eine so besondere Art visuell, daß daraus auf ein ausschließlich mythisches Denken oder eine mythische Anschauung geschlossen werden kann? Phantasievoll und phantastisch, ja: es gibt bildhafte Verweise auf Vögel, Tiere, Menschen und Landschaften sowie phantastische Anspielungen auf die physiologischen Vorgänge beim Menschen, ebenso wie auf soziale Ereignisse wie Inzest und Initiation. Doch obwohl sie auf der visuellen Ebene äußerst phantasievoll ist, ist sie es letztlich, meine ich, nicht sehr viel mehr, als es viele Romane oder Gedichte auch sind. Ihre visuellen Eigenschaften sind eher die einer lebhaften Erzählung und einer ungezügelten Phantasie als die von Mythen als Verkörperung eines besonderen Denkens.

Auch die Wissenschaft arbeitet mit überlieferten Inhalten, und eine Fehleinschätzung wird häufig nur deshalb weiterhin aufrechterhalten, weil es die Generationen davor auch taten. Darin ist meiner Meinung nach der Grund für die allgegenwärtige Überzeugung zu suchen, daß das mythische »Denken« auf visuellen und bildlichen Eigenschaften beruhe, die den Mythen eigen sind. Denn diese Mutmaßung – und auch großenteils die postulierte Dichotomie von mythischem und rationalem Denken – scheint auf eine zeitweilig geführte Auseinandersetzung über das Wesen des Seins zurückzugehen, die im späten 18. und frühen 19. Jahrhundert zwischen den deutschen Philosophen, besonders Kant, Fichte, Schelling und Hegel, ausgetragen wurde. Der Punkt der Auseinandersetzung betraf das Wesen von Urteilen, insbesondere das Verhältnis zwischen Vorstellen und Begreifen. Kant hatte behauptet, daß alle Urteile (mit Ausnahme der rein analytischen) beides beinhalten, daß heißt, eine Verbindung einer bestimmten Beobachtung oder Sinneswahrnehmung mit einem allgemeinen Begriff.[10] Fichte und Schelling bestanden darauf, daß bei ästhetischen Urteilen eine unmittelbare Erkenntnis möglich sei. Allmählich entwickelte sich die Auffassung eines vorbildlichen Denkens, das auf Bildern fußt und intellektuelle Vorstellungen ausschließt. Darüber hinaus stellte Hegel in seinem frühen Buch *Die Phänomenologie des Geistes* die Theorie auf, daß der menschliche Geist sich von rudimentären zu reiferen Formen des Denkens und der Kultur entwickelt. Das überzeugte viele Philosophen und Historiker, nicht zuletzt Eduard Zeller, den ersten systematischen Historiker griechischer Philosophie, daß so etwas wie das mythische Denken, dem der Gebrauch von Bildern, dem philosophischen Denken, dem der Gebrauch von Begriffen zugrunde liegt, allmählich weichen mußte. Dieser schematischen Analyse wurde keine Untersuchung der Mythen zur Seite gestellt, um zu sehen, ob sie dieser theoretischen Unterscheidung zweier verschiedener Denkweisen auch tatsächlich aktiv Vorschub leisten.

Sollte ich recht haben, ist die Ansicht vom mythischen *Denken*, das auf visuelle und bildliche Gegenstände gerichtet ist, ein Relikt der noch unausgereiften Psychologie des späten 18. und der weltfremden Erkenntnistheorie des frühen 19. Jahrhunderts. Doch genau darauf scheint W. Schadewaldt, ein anderer deutscher Altphilologe, hinauszuwollen, wenn er von »eine(r) Steigerung jener gemeingriechischen Schaukraft..., durch die ein ›Begriff‹ so leicht zur Gestalt wird«, spricht, und wenn er eben diese »Schaukraft« mit »vorlogischem Denken« assoziiert.[11] Ich habe vorwiegend deutsche Wissenschaftler zitiert, nicht weil sie die einzigen sind, die solche Ansichten vertreten, sondern weil sie es flüssiger und weniger restriktionsbeladen tun als die empirisch ausgerichteten Angelsachsen. Viele Stellungnahmen zur griechischen Antike, die im 19. Jahrhundert aus Deutschland kamen, zu einer Zeit, in der die Altertumswissenschaften dort ihren Höhepunkt erreicht hatten, sind seither modifiziert oder durch andere ersetzt worden; allein diese etwas bizarre Vorstellung vom mythischen Denken und die Überzeugung, irrationales, mythisches Denken sei in ein gereifteres rationales, philosophisches Denken übergegangen, scheint unbeschadet weiter zu bestehen.

Töricht wäre es, behaupten zu wollen, daß alle diese Unterscheidungen völlig falsch sind. Irrational ist das Gegenteil von rational; es gibt Zeiten und Plätze, in und an denen sich die Menschen häufiger ihren Empfindungen anvertrauten als ihrer Vernunft und umgekehrt; häufiger enthalten Mythen konkrete, visuelle Situationen als diskursive Argumente; zu Recht darf man an bestimmten Stadien kultureller Entwicklung eine Wandlung von konkreteren zu abstrakteren Denkweisen vermuten. Dennoch ist eine wirkliche Einsicht in das, was Mythen sind, und in ihre möglichen Beziehungen zur Philosophie durch die gelehrten hegelianischen Spekulationen erschwert worden – ebenso durch die Primitivismen Sir Edward Taylors und Lucien Lévi-Bruhls, durch den naiven Komparatismus Sir James Frazers, durch die soziologischen Übertreibungen Durkheims, Jane Harrisons und des frühen Cornford, durch die hermetische neukantianische Erkenntnistheorie Cassirers und durch den romantischen Funktionalismus Lévi-Strauss'. Wenn der Unterstützung von Träumen (keine Form des Denkens) und primitiver Mentalität (eine Schimäre) beraubt, kann »mythisches Denken« als das gesehen werden, was es ist: die Ausgeburt eines psychologischen Anachronismus, eine erkenntnistheoretische Verworrenheit und eine geschichtliche Verirrung.

Die Aufspaltung von Mythen und Vernunft hat noch mehr Schaden angerichtet dadurch, daß sie die Ansicht nährt, Mythen seien gänzlich irrational. Davon kann natürlich nicht die Rede sein. Die Erzählung von Geriguiguiatugo, die sich sonderbarer ausnimmt als die meisten, ist in dieser Hinsicht nicht untypisch. Viele Handlungen des Helden setzen eine klare Einschätzung der Gegebenheiten voraus und führen von seiner Seite aus zu verständlichen Entscheidungen. Die toten Eidechsen an seinen Gürtel zu hängen, war, vorausgesetzt, er hätte in Kürze aufbrechen wollen, eine rationale Handlung. Daß die Aasgeier Teile seiner Hinterbacken fraßen, war vermutlich ein unglückliches Mißverständnis ihrerseits; daß Geriguiguiatugo den ihm zugefügten Schaden wieder gutmachte, erkannte er als notwendig, um Nahrung zu sich zu nehmen und so überleben zu können. Es ist der Mythos eines Naturvolkes, in dem Inkonsequenz ihren Platz hat. Trotzdem ist er, nicht einmal oberflächlich gesehen, gänzlich irrational; sieht man genau hin, stellt man fest, daß das, was zunächst als inkonsequent erscheint, zu einer Haltung in bezug auf Kultur- und Verwandtschaftsprobleme führt, die unter anderen Umständen Gegenstand einer bewußt rationalen Handlungsweise sein könnten.

Offenbar sind griechische Mythen noch rationaler, zum Teil, weil sie bis zu der uns bekannten Form einem langen Gestaltungs- und Assimilationsprozeß ausgesetzt waren. Viele Kritiker gehen dennoch davon aus, daß die Dichtungen Homers eine vorrationale, ja sogar irrationale Denkstufe darstellen. Laut W. K. C. Guthrie in seiner bedeutenden *History of Greek Philosophy* hat alles bei Homer »eine eigene Erklärung«, einschließlich solcher »externen und physischen Phänomene wie Regen und Sturm, Gewitter und Sonnenschein, Krankheit und Tod«, und die Menschen begreifen die Welt gemäß ihres »religiösen Glaubens«, demzufolge »die Erscheinungswelt (kein) rationales und verständliches Gesetz in sich birgt«.[12] Gewiß ist das übertrieben. Homers Götter und Göttinnen, auch die Heroen, fassen ständig rationale Entschlüsse. Wenn Zeus die Achaier zu schwächen wünscht, um dadurch seinen Entschluß zu verwirklichen, Thetis für den Verlust ihres Sohnes zu entschädigen, schickt er seine Botin Iris aus, um Hektor zu einem strategisch schwachen Punkt auf dem Schlachtfeld zu geleiten; an sich ist die Vorstellung von einem Gott, der den Regenbogen dazu benützt, eine sonst nicht vernehmbare Botschaft zu übermitteln, nicht rational – alles andere schon. Die Götter treten außerdem nur selten in Erscheinung; ihre Handlungen waren eher zur literarischen Konvention herabgesunken, als ein geschriebener Bericht darüber zu sein, wie sich die Menschen die Geschehnisse vorstellten, und der Beweggrund einer Gottheit schließt keineswegs Vernunft aus. Im Laufe seiner Abenteuer bekommt Odysseus an bestimmten Stellen von Athene Hilfe und wird an anderen von Poseidon behindert. Mit wenigen Ausnahmen wird er sonst als jemand gezeigt, der sich äußerst rational verhält, als jemand, der sogar komplexe Einschätzungs- und Entschlußabläufe initiiert, die – unter solchen Umständen – selbst Bertrand Russell Ehre antun würden.

Zweifellos verläuft Odysseus' Rationalität hauptsächlich auf der praktischen Ebene. Manchmal aber geht die *Odyssee* über diese Ebene hinaus, wenn, wie gleich zu Beginn, Zeus sich darüber beklagt, daß die Menschen die Götter für alle Übel verantwortlich machten, während doch die Menschen viel von dem, was ihnen geschieht, ihrer eigenen Dummheit zu verdanken hätten. Das ist eine Verallgemeinerung, ein generelles Urteil über wichtige Angelegenheiten. Das Sprichwort, eine gewiß uralte Form der Volksweisheit, ist eine weitere bekannte epische Verallgemeinerung; zum Beispiel: »Vielwendig ist die Zunge der Menschen und hat mancherlei Reden.« Oder: »Die Herrschaft vieler ist nicht gut; ein Herrscher soll sein.«[13] In der kurzen Bemerkung im sechsten Gesang der *Odyssee* darüber, was eine glückliche Ehe sei, wird Verallgemeinerung mit genauer Beobachtung und Einschätzung in einer Weise kombiniert, die noch bemerkenswerter ist:

Nichts ist besser, als wenn ein Mann und eine Frau in einträchtigem Sinn zu Hause zusammenleben – ein großer Kummer für die ihnen Übelgesinnten, aber eine Freude für die freundlich Gesinnten, und sie selbst wissen es am besten von allen.[14]

Meistens bezieht sich eine solche Verallgemeinerung und Abstraktion auf menschliche (bei den Göttern sind es quasi-menschliche) Verhaltensweisen. Das Umfeld rationaler Beschlußfassung und Einschätzung ist begrenzt und schließt für gewöhnlich nicht Betrachtungen über die Welt als Ganzes mit ein – obwohl Probleme menschlicher Verantwortung und des Bösen, wie wir soeben feststellen konnten, mit enthalten sind. Um zu zeigen, daß die Ansicht, Homer sei gänzlich irrational, absurd ist, wurde genug gesagt, und das gilt auch für diejenigen Mythen, die zufällig nicht zu seinem begrenzten Themenbereich gehören.

Statt wilde Gegensätze zwischen rationalem und irrationalem Denken aufzubauen und anzunehmen, es gäbe Zeiten, in denen das eine oder andere dominiere, statt die farblose Ansicht zu propagieren, es gäbe ein mythisches Denken, das irgendwie das Gegenteil von Philosophie sei, wäre es vielleicht angebracht, sein Augenmerk zunächst darauf zu richten, was wir unter rationalem Denken und Philosophie verstehen, sodann auf die verschiedenen Geisteshaltungen, die in den Mythen selbst zum Tragen kommen.

Die Entwicklung der Philosophie beruht erstens (so lautet mein Vorschlag) nicht allein auf einer *Denkweise* – das heißt, rational und systematisch in einem –, sondern auch auf der *Allgemeinheit* ihres Gegenstandes – eher abstrakt als partikular – und auf einer besonderen *Haltung* seitens des Denkers: eine uneingeschränkte und alles tangierende Befragung. Über das Kniegelenk einer Mücke systematisch-rational nachzudenken, ist keine Philosophie, da die Gegenstände der Philosophie allgemein und abstrakt sind. Auch nicht, sich über alle Kniegelenke oder Vorstellung eines Kniegelenks Gedanken zu machen, obgleich das Wissenschaft sein kann (die sich unter anderem darin von der Philosophie unterscheidet, daß sie Voraussagen macht), denn das Interesse des Philosophen gilt der Welt als Ganzem, obgleich die einzelnen Teile registriert werden. Wenn das in groben Zügen stimmt, dann wird deutlich, daß das Aufkommen der Philosophie in Griechenland nicht, wie manchmal angenommen wird, einfach auf eine Rationalisierung der Mythen zurückzuführen ist, und daß sogar dieser Prozeß mehr beinhaltet als das, was allgemein darunter verstanden wird. Denn das Zurückweisen von überlieferten und mythischen Berichten über die Welt bewirkte eine tiefgreifende Änderung der Haltung gegenüber dem, was in der Welt interessant und wichtig war, eine weitere Ausdehnung des Denkens vom Besonderen zum Allgemeinen und ein Verlangen, den Bereich systematischer Überlegung vom Praktischen zum Theoretischen auszuweiten.

Zweitens ist allgemein nicht gesehen worden, daß griechische Mythen zu Homers Zeiten bereits eine Funktion erhalten hatten, die beide Elemente enthielten, des Besonderen wie des Allgemeinen: sie wurden nun als Paradigmen oder *exempla* gesehen, bekannte und typische Beispiele bestimmter Situationen und Reaktionsweisen darauf. Das bedeutet, daß die ursprünglich funktionale

Verwendung von Mythen als »Charters« eine Erweiterung erfahren hatte. In einfachen Gesellschaftsformen war das nur eine Funktion der Mythen, die auch nicht sämtliche Aspekte des Verhaltens umfaßte. Im mykenischen und nachmykenischen Griechenland war es andererseits sehr wohl möglich, daß die Organisierung der Mythen für die Menschen eine neue und einheitlichere Welt zur Folge hatte, an der sie ihre eigenen praktischen Probleme messen konnten. Sogar bei Homer wird ersichtlich, wie sehr man von exemplarischen Mythen erwartete, daß sie die Reaktionen einer Person vorausbestimmen würden. Die berühmte Erzählung darüber, wie es Agamemnon nach seiner Rückkehr aus Troia erging, und die Rache des Orestes an Aigisthos und Klytaimnestra wird Odysseus (der sich potentiell in der Situation von Agamemnon befindet) und Telemachos (gewissermaßen bereits in der von Orestes) ständig als Warnung oder Ermunterung vor Augen gehalten. Im Kontext der *Odyssee* wird diese Erzählung als Geschichte und nicht als Mythos gesehen, andere exemplarische Erzählungen liegen jedoch weiter zurück: wie die von Meleagros, der wegen eines Familienstreits schmollte, dann aber auf Drängen seiner Freunde damit aufhörte. Im neunten Gesang der *Ilias* wird Achilleus dies als ein Beispiel beschreiben, das er nicht beherzigen soll, um Folgen, wie sie die Erzählung von Meleagros sichtbar macht, zu vermeiden.

Die soeben erwähnten Beispiele ereignen sich bei Homer im Verlauf der Handlung. Für sich genommen jedoch waren jene Epen selbst Quelle Hunderter von *exempla* der Zeit nach Homer, und schon vor Homer muß die mündliche Überlieferung der Heroen lange Zeit eine wahre Fundgrube instruktiver mythischer Ereignisse gewesen sein. Die *Ilias* und die *Odyssee* behielten für breite Schichten der Bevölkerung die Funktion eines vertrauten Schatzkästleins der Moral der Vorfahren, sogar der praktischen Weisheit. Die Menschen im 5. Jahrhundert v. Chr. wußten, daß das heroische Zeitalter längst vorbei war, und trotzdem nahmen sie weiterhin die Handlungsweisen des Agamemnon, Diomedes, Achilleus, Hektor, Odysseus, der Penelope, des Telemachos, Eumaios und anderer – ganz zu schweigen von Herakles und der ganzen Reihe nichthomerischer Heroen – als Leitfaden richtigen Benehmens in ähnlichen Situationen. Die großen Dramatiker des 5. Jahrhunderts gebrauchten die überlieferten Situationen der Mythen auf einer eher intellektuellen Ebene und unterwarfen sie neuen Beurteilungen und Interpretationen. Mit anderen Worten, sie benützten sie als Beispiele, allerdings lösten sie sie aus ihrem ursprünglichen Kontext heraus, um sie den damaligen Verhältnissen anzupassen. Euripides bediente sich ihrer meist, um zu zeigen, wie man sich *nicht* verhalten sollte.

Einerseits gestaltete sich das Leben in einer von Homer beherrschten Welt fast wie das Leben in einer völlig traditionalen Gesellschaft. Und doch waren viele Aspekte des sozialen, politischen, wirtschaftlichen und sogar religiösen Lebens nach 700 v. Chr. nicht konservativ darauf gerichtet, die Vergangenheit zu reproduzieren, sondern erkundender und fortschrittlicher Natur. Wirkung erzielten die Mythen vor allem, wenn es um die Festlegung persönlichen Verhaltens ging; das aber war ein wichtiger Bereich mit Auswirkungen auf die Gesellschaft und die Bedingungen der Menschen überhaupt. Die Neigung, mythische Beispiele zu gebrauchen, zeitigte merkwürdig widersprüchliche Wirkungen. Einerseits engte sie das selbständige Denken ein, wie auch das Beharren auf zwar bestimmten, aber idealisierten Beispielen zur Folge hatte, daß die Menschen daran gehindert wurden, allgemeine Verhaltensregeln hervorzubringen. Andererseits führte die Mutmaßung darüber, daß bestimmte Situationen den exemplarischen ähnlich oder unähnlich sehen könnten, diese typisch seien oder der Norm entsprechen würden, zu einem vielversprechenden Ausmaß an Generalisierung, das allerdings kurz vor wirklicher Abstraktion haltmachte. Das kann an sich noch nicht als eine Denkweise bezeichnet werden, sondern war, um unsere vorherige Klassifizierung zu gebrauchen, einer *Haltung* gegenüber der Vergangenheit und den althergebrachten Mythen zuzuschreiben, die die intellektuelle Lebensbewältigung der Menschen vorherbestimmte. Um so weniger kann sie irrational genannt werden. Der exemplarische Gebrauch der Mythen insgesamt war im Gegenteil äußerst rational, besonders in dieser kultivierten Sub-»Charter«-Form; denn nicht der Wahrheitsgehalt der mythischen *exempla* zählte, allein ihre Angemessenheit. Das erinnert an die Menschen, die heute behaupten, sie würden »in oder durch Literatur leben«, die ihre Wertmaßstäbe den Situationen aus Stücken oder Romanen entnehmen, die sie stellvertretend für die Situation des wirklichen Lebens als exemplarisch ausfiltern. Die Beweggründe dieses zeitgenössischen Verhaltens sind gänzlich verschieden, die Wirkungen sind vergleichbar: ulkig und falsch vielleicht, irrational eigentlich nicht.

Mythen als *exempla* zu gebrauchen, ist ein besonderes Kennzeichen der Geisteshaltung in der Zeit Homers und Hesiods. Ein weiteres ist das Akzeptieren übernatürlicher Elemente in den Mythen. Bestimmte Handlungsweisen der Götter (wie Athene, die im ersten Gesang der *Ilias* Achilleus an den Haaren zieht, um ihn von einem Wutausbruch gegen Agamemnon abzuhalten) sind vielleicht nichts anderes als Redensarten; vieles kann damit jedoch nicht abgetan werden. Sollte das Akzeptieren göttlicher Elemente in den Mythen eben mit einer speziellen Art des Denkens verknüpft werden? Jedenfalls hat es nichts mit einem ausschließlich »mythischen Denken« zu tun, da es, wenn überhaupt, eindeutig *religiöses* Denken erfordert. Die göttliche Komponente der Mythen ist zwar eher von Personifizierung und vom Fortgang der Erzählung als von speziell Religiösem abhängig. Das Akzeptieren der Götter aber, die in einiger Entfernung wirken und Wunder bewirken, ist mehr als eine bloß konventionelle Haltung. Glaubt man, daß Gott sich wundersamer Wege bedient, ist das ein Glaube, der die Grenzen des Möglichen erweitert und so auf die Geisteshaltung eines einzelnen Einfluß nimmt. Vor allem sah man in den Mythen eine praktische Rationalität, sie enthielten aber auch eindeutig eine gewissermaßen systematische Irrationalität. Doch sogar hier – und das genau möchte ich betonen – ist ein religiöses Denken, wie es uns bei Homer begegnet, nicht dem rationalen Denken polar entgegengesetzt. Dem liegt eine andere Logik zugrunde, eine Verschiebung der grundlegenden Annahmen über Ursache und Wirkung oder, generell gesagt, über das Wesen dessen, was uns umgibt.

Dem religiösen Denken könnte eher etwas zur Seite gestellt werden, daß am besten als poetisches Denken zu bezeichnen ist. Die gemeinsame Eigenschaft liegt darin, daß sie bei einigen Gegenständen sich der Vernunft bedienen, bei anderen verschiedene freiere, metaphorische Verfahren gebrauchen. Man könnte der Ansicht sein, daß Mythen ursprünglich eine Form poetischen Denkens einschlossen, das ebenso über emotionale wie logische Stadien fortschreitet, um mit impressionistischen und unlogischen Mitteln zu einem quasi-intellektuellen Ergebnis zu kommen. In den organisierten Formen, die die griechischen Mythen zu Homers und Hesiods Zeit erhalten hatten, mußte jene poetische Denkweise großenteils der religiösen weichen, die nur mit Hilfe besonderer Kräfte aufrechterhalten werden konnte. Es ist offensichtlich, daß auch diese religiöse Denkweise, ebenso wie die ziemlich verschiedene Einstellung zu den Mythen, als *exempla* aufgegeben werden mußte, ehe die Philosophie sich weiter entfalten konnte. Erstere erschwerte die Entwicklung systematisch rationalen Denkens, letztere das Entstehen einer flexiblen Weltsicht und einer ernsthaften Auseinandersetzung mit den eigentlichen Dingen. Doch wir werden sehen, daß letztlich die durch Religion und Göttermythen entstandene Weltanschauung sich in einem entscheidenden Stadium der Entwicklung vorsokratischen Denkens bemerkbar machte, sogar nachdem die anthropomorphen Gestalten aus Kult und Mythos längst entlassen worden waren.

Man geht allgemein davon aus, wie zum Beispiel Cornford, daß das Aufkommen der Philosophie in Griechenland durch die Rationalisierung der Mythen in Gang gebracht wurde. Sogar wenn man in Betracht zieht, daß eine Rationalisierung im weitesten Sinn in ferner Vergangenheit und noch lange vor benennbaren Personen wie Thales, Hesiod oder Homer begann, ist das eine unzulängliche und mißverständliche Beurteilung. Eine Rationalisierung im engsten Sinn bedeutet eigentlich nichts anderes als Entpersonifizierung, aber gewiß handelte es sich dabei um mehr. Personifizierung kann unterschiedliche Formen annehmen mit jeweils verschiedenen Implikationen im Hinblick auf Rationalität und ihr Gegenteil. Einige Götter, wie zum Beispiel Aphrodite, personifizieren Gefühle; andere, wie Uranos und Demeter, Teile und Funktionen der natürlichen Welt. Man sollte im Auge behalten, daß anthropomorphe Götter nicht ausschließlich aus dem Grund entstanden sind, um Aspekte menschlicher Erfahrung zu umschreiben. Die meisten anthropomorphen Götter sind in jedem Falle Produkte sozialer und religiöser Ansichten und keine Verkörperungen unausgegorener Betrachtungen über Physik oder Psychologie. Mythisch aktive Götter schulden viel der lebendigen epischen Überlieferung; so die meisten Heroen, die ihre Existenz keinen animistischen oder anthropomorphen Vorgängen verdanken und deshalb auch keiner Rationalisierung im Sinne von Entpersonifizierung unterworfen werden können – trotz der mutmaßlichen Implikationen eines Herakles. Es ist wichtig, diesbezüglich keine Mißverständnisse aufkommen zu lassen, weil der »Rationalisierungs«-Prozeß, auf den sich Cornford und seine Anhänger beziehen, in Wirklichkeit auf die Naturmythen beschränkt ist und die meisten erwähnten Götter dieser Mythen nie voll und ganz personifiziert waren.

Die Naturmythen, die hier in Frage kommen, beschränken sich im großen und ganzen auf die kosmogonischen Mythen, wie sie in Kapitel 6 beschrieben wurden. Zu den bemerkenswertesten Figuren hinsichtlich einer Personifizierung zählen vor allem Uranos, Gaia und Okeanos, der Himmel, die Erde und der die flache Erdoberfläche umgebende Süßwasserfluß. Hesiod meint, Gaia hätte auch Pontos, das Salzwassermeer, erzeugt. Doch zu diesem Zeitpunkt fand die Personifizierung allmählich ein Ende. Pontos ist kaum eine mythische Figur und beteiligt sich an keinen anthropomorphen Handlungen, außer daß er den Nereus zeugt, der halb Mensch und halb Fisch war. Sogar Uranos und Gaia werden genausooft als Personen wie als Himmel und Erde betrachtet; sie sind nur teil- und zeitweise anthropomorph. Sie erhalten nicht, wie beispielsweise die mesopotamischen Naturgötter, Enlil und Enki, noch zusätzliche Funktionen oder eine Vielzahl von mythischen Handlungen, und zumindest Uranos erhält nie einen wichtigen Kult. Da die Sukzessionsmythen wahrscheinlich mesopotamischen Ursprungs sind (s. Seite 244), scheint möglicherweise die gesamte Vorstellung der griechischen Naturgötter von Anu, Ninchursag, Enki, Enlil und anderen beeinflußt zu sein. Wenn dem so ist, dann wurde die stark anthropomorphe Eigenschaft des letzteren als Städtegott und ähnliches, die ihm bereits um die Mitte des 3. Jahrtausend v. Chr. zukam, entweder zurückgewiesen – oder der Einfluß ihrer Naturaspekte war noch früheren Datums. Im ersten, auch wahrscheinlicheren Fall wird schon sehr früh von den »Griechen« eine Selektion getroffen, die nach ihrer Intention rational und analytisch ist.

An diesem Punkt ist es hilfreich, besondere Aufmerksamkeit den Männern zu widmen, die gemeinhin als die Väter der griechischen Philosophie gelten. Die erste Gruppe dieser »vorsokratischen« Denker besteht aus Thales, Anaximander und Anaximenes. Sie alle kamen aus der ionischen Stadt Milet, die, vom griechischen Mutterland aus gesehen, auf der anderen Seite der Ägäis liegt.

Ihr Leben umfaßte das ganze 6. Jahrhundert v. Chr.[15] Sie waren die ersten, die sich bewußt von der Tradition mythischer Erklärungen abwandten. Ihr Denken war weiterhin von den durch die Mythen vorgeprägten Anschauungen stark beeinflußt, dennoch stehen sie, worauf Burnet insistierte, für die Anfänge einer sich neu orientierenden Erkundung. »Erkundung« war genau das, womit sie sich ihrer Ansicht nach beschäftigten, und das gleiche griechische Wort, aus dem sich unser Wort »Historie« ableitet, wurde von Herodot für seine davon gänzlich verschiedene Tätigkeit verwandt. Der Gegenstand, den sich die Vorsokratiker vorgenommen hatten zu erkunden, war die Welt als Ganzes, und was sie von denen, die sich der Mythen bedienten, unterschied, war eher die Art und die Allgemeinheit ihres Gegenstandes als die Einführung einer neuen Denkweise. Trotz allem war ihr Vorbild die Organisierung von Mythen, wie es Hesiod getan hat, der mit dem Beginn der Welt anfing und mit der Errichtung eines geordneten Kosmos aufhörte. Aber die milesischen Denker entschieden sich gegen die Einzelheiten des Modells und für den Versuch, einen einzigen Stoff zu benennen, aus dem die Welt, trotz ihrer Vielfalt, gebildet ist.

Wie waren sie zu dieser vollkommen neuen Überlegung gekommen? Gewiß nicht über den Gedanken einer Entpersonifizierung der Naturmythen, obwohl das Fortschreiten dieses Prozesses eine Rolle spielte. Mein Vorschlag lautet, daß es vielmehr der entscheidende Faktor eines Vergleichs zwischen mesopotamischen, ägyptischen und griechischen Versionen war, der zu dieser Zeit und an diesem Ort zum erstenmal möglich und auch wahrscheinlich wurde: nämlich im späten 7. und frühen 6. Jahrhundert in Ionien, besonders in Milet. Der mesopotamische Enki oder Ea, der ägyptische Nun und der griechische Okeanos sind alle uranfängliche Götter, und jeder von ihnen, obgleich in mythischer Verkleidung, repräsentiert einfach das Wasser. Thales war der Überzeugung, die Welt sei aus Wasser entstanden, Wasser sei die Einheit, die einer scheinbaren Inkohärenz zugrunde liegt. Ausschlaggebend für die Zukunft war jedoch eher seine Konzentration auf die Enki, Nun und Okeanos gemeinsame rationale Substanz als faktischem Bestandteil der Welt als seine Wahl des Wassers an sich. Anaximander ging noch darüber hinaus.[16] Er wandte sich gegen die Vorstellung eines einzigen noch vorhandenen Bestandteils unserer Welt als desjenigen, aus dem sie entstand. Statt dessen behauptete er, die Welt sei aus einer »unbestimmt grenzenlosen« Materie hervorgebracht, die spätere Wissenschaftler gern mit Hesiods *chaos* in Beziehung gesetzt haben. Auch sah er die natürliche Welt von entgegengesetzten Kräften der verschiedenen Materien beherrscht, die aus dem Unbestimmt-Grenzenlosen, wie Feuer oder Wasser, hervorgingen. Mit Sicherheit hatte die Auffassung, daß der Natur entscheidende Gegensätze zugrunde liegen, einen sicheren mythischen Vorläufer, als es bei der Gleichsetzung von Unbestimmt-Grenzenlosem mit *chaos* der Fall war. Doch lag bereits eine deutlich rationale Eigenschaft in Homers Verbindung von Aphrodite und Ares, Liebe und Krieg, noch deutlicher sogar in Hesiods Überlegungen zu Streit und Harmonie – ein Gegensatzverhältnis, an dem noch vorsokratische Denker wie Heraklit, Parmenides und Empedokles festhielten.

Obzwar Relikte dieser Art von Bedeutung sind, bestanden die maßgeblichen Auswirkungen der Mythen auf die frühen Vorsokratiker nicht in der Darstellung der Naturgötter oder Liebes- und Streitgötter im Hinblick auf eine noch umfassendere Entpersonifizierung, sondern darin, daß sie ein anthropomorphes Modell bereitstellten, anhand dessen sie ihre Auffassung, in welcher Art die Welt ihre Einheit aufrechterhält, ausrichten konnten. Die milesischen Denker sind im wesentlichen Kosmogonisten, und ihre Auffassung von Kosmogonie basiert deutlich auf dem von den Göttermythen vorgegebenen theogonischen Modell beziehungsweise auf der geneaologischen Färbung aller griechischen Mythen in ihrer organisierten Form. Unbewußt scheinen die Milesier davon ausgegangen zu sein, daß sich die Entwicklung der Welt genauso abspielte wie die einer menschlichen oder göttlichen Familie. Die Einheit, die sie in ihr suchten, war so, wie sie ihr durch einen der ersten Vorfahren oder ein erstes Paar, wie Uranos und Gaia, zuteil geworden war. Das bezeichne ich als das *genetische Modell,* und es ist zutiefst anthropomorph. Das heißt nicht, daß es notwendigerweise mythisch oder falsch ist. Eine typische anthropozentrische Gewohnheit, die nicht, wie in den Mythen, auf einer formalen Personifizierung beruhen muß, ist es, die Dinge unter genetischen Gesichtspunkten zu betrachten. Trotzdem vermute ich, daß in diesem Fall die Mythen das genetische Modell darstellten. Nicht nur die Theogonien verweisen darauf, sondern sogar die Heroenmythen gehen von der Prämisse aus, daß, wer die Vorfahren waren und ob er letzendlich von einem Gott abstamme, das erste sei, was man über den anderen erfahren müsse. Die Milesier gingen ähnlich vor, indem sie annahmen, das Aufschlußreichste, was man über die Welt sagen könnte, sei, *aus welwem einzelnen Stoff heraus sie letzten Endes entstand.*

Indem sie dieses Denkmuster auf die natürliche Welt übertrugen, konnten Thales, Anaximander und Anaximenes über die Materie des Kosmos Untersuchungen durchführen, die gewissermaßen als wissenschaftlich zu bezeichnen sind. Doch stimmt das natürlich nicht ganz (und wenn Aristoteles sie »Physiker« nannte, dann bedeutete dies nur so viel, daß sie sich mit der *physis,* mit der »Natur« beschäftigten), denn Experimente, ein notwendiges Verfahren, um Theorien zu verifizieren, wurden nur gelegentlich durchgeführt. Kann man diese Protowissenschaft auch als Protophilosophie bezeichnen? In gewisser Weise ja; aus drei Gründen aber ist Vorsicht geboten. Erstens kann dieser Denkprozeß noch lange nicht als systematischer gesehen werden, zudem er noch sehr von religiösen und poetischen Denkweisen durchsetzt war. Noch der Nachfolger der Milesier, Heraklit von Ephesos, drückte sich folgendermaßen aus: »Eins, das allein weise, will nicht und will doch mit Zeus' Namen genannt werden.«[17] Bezeichnend daran ist nicht nur das Bestreben, seine persönliche Weltsicht mit den Normen konventioneller Mythen und Religion zu verknüpfen, sondern der gewollte Zwiespalt eines »will nicht und will doch«. Die Vorliebe für solche Paradoxa, für den beliebig wechselhaften Umgang mit Behauptungen, mündete in der katastrophalen Schlußfolgerung Parmenides, eine Veränderung von x zu nicht-x sei logisch gesehen unmöglich. Der zweite Grund, aus dem Vorsicht geboten ist, ist die Tatsache, daß die primären Gegenstände des Denkens weiterhin den konkreten Bestandteilen der Stoffwelt verhaftet waren; die Abstraktion hatte seit Hesiod relativ wenig Fortschritte gemacht. Drittens war die generelle Einstellung der Milesier zu ihren Erkundungen nach wie vor in allgemeiner Hinsicht anthropomorph und mythisch. Um zu sehen, wie sich die Philosophie von den Mythen befreite, müssen wir noch weiter gehen.

Ende des 6. und Anfang des 5. Jahrhunderts kam der nächste große Einschnitt. Er wird mit Pythagoras (der nicht nur Mathematiker war) und sogar noch mehr mit Heraklit in Verbindung gebracht, vor allem berühmt für seine Betonung der Unabänderlichkeit im Wandel der Dinge. Heraklit war eindeutig derjenige, der das genetische Modell zurückwies, was, so scheint es mir, auf dem Weg der Entstehung griechischer Philosophie die wichtigste Tat war. »Diese Weltordnung«, so behauptete er, »schuf weder einer der Götter noch der Menschen, sondern sie war immer da und ist und wird sein...«[18] Auch Heraklit schien es wichtig, eine bestimmte Ursubstanz auszumachen; er wählte das Feuer. Das entscheidende Ziel aber war das Benennen und Erläutern der Wirkungsweise eines zentralen *regulierenden* Bestandteils in der Natur. Er nannte es *logos,* das soviel wie »Ebenmaß« oder »Maß« bedeutet und in vielerlei Hinsicht mit Feuer selbst identisch ist (das brennt und dabei, dem Energieverbrauch entsprechend, Rauch und Wärme freisetzt). Die Einheit, nach der die

Vorsokratiker auf der Suche waren, veränderte sich von der Einheit der Materie zur Einheit des Fortschreitens, des Wandels und der Bewegung. Vorausgesetzt, daß der erfahrbaren Welt eine gewisse Kohärenz zugrunde liegt – eine Voraussetzung, um die die wenigsten Philosophen herumkommen –, war Heraklits formale Einheit weitaus weniger begrenzt, was Reichweite und Möglichkeit betrifft, als es die stoffliche Einheit war, auf die die Milesier so großes Gewicht gelegt hatten. Auch sie beschäftigten sich gelegentlich mit der Art des Wandels, hauptsächlich aber mit der Verteidigung ihres stofflichen »Vorfahren« und der Erklärung seiner verändernden Kraft. Sobald der Zusammenhang der Welt als etwas errichtet worden war, das ausdrücklich von einem allgemein gültigen Gesetz des Fortschreitens abhängt, konnte sich das systematische rationale Denken auf alle Aspekte der Erfahrung ausweiten – Psychologie und Ethik mit einbegriffen –, statt sich auf physische Erscheinungen zu beschränken.

Was brachte Heraklit dazu, auf solch schöpferische Weise das Schwergewicht seiner Erkundungen zu verlagern? Lag es nur an seiner Einsicht in die Schwierigkeiten und Begrenzungen der Vorgehensweisen seiner milesischen Nachbarn und Vorgänger? Wenn ja, sind seine Ergebnisse für das Verhältnis von Mythen und Philosophie kaum von Bedeutung, da die Philosophie sich bereits eigenständige Wege gebahnt hatte. Aber ich glaube nicht, daß es sich so abgespielt hat. Die mythische Vergangenheit greift ein letztes Mal ein: ich bin mir gewiß, daß nicht nur eine Unzufriedenheit mit den Ergebnissen der Milesier Heraklit zum *logos* gebracht hat, sondern auch eine im wesentlichen religiös und mythisch vorgeprägte Auffassung. Die Menschen zur Zeit Hesiods (um nicht weiter zurückzugehen) waren davon überzeugt, daß die Welt eine Einheit sei und daß sie es unter der Führung der Götter, vor allem Zeus', sei. Bei Homer und Hesiod beherrscht Zeus die Menschen und die Natur, vermittelt durch *Dike* oder Gerechtigkeit, ein quasi-personifiziertes Gesetz der Beständigkeit, die mit der noch älteren *Themis,* Sitte oder »das, was festgelegt wird«, verwandt ist. Die Milesier hatten sich dem genetischen Modell in dem von Hesiod vorgegebenen Theogonien zugewandt, ausgehend von den Naturgöttern. Die Vorstellung von Zeus, der mit *Dike* als Mittlerin über eine vollendete Weltenordnung herrscht, war für sie in den Hintergrund getreten. Aber wie es Hugh Lloyd-Jones in seinem *The Justice of Zeus* formuliert: »Die Vorstellung eines von kausalen Gesetzen geregelten Weltalls, ja, Universums, gehörte zur Voraussetzung rationaler Mutmaßung über Kosmologie, Wissenschaft und Metaphysik.«[19] Heraklits Neuerung bestand also gewissermaßen im stillschweigenden Zurückweisen des genetischen und in der Neubelebung des durch Zeus und Dike gegebenen Modells, im Tausch einer analytischen und synchronen gegen eine historische und diachrone Weltsicht.

Aber wie die meisten handlichen Theorien ist auch diese eine Verkürzung. Die Milesier sind immer bereit gewesen, von ihrem Urstoff als von einem göttlichen zu sprechen; Anaximander scheint sein Unbestimmt-Grenzenloses als alle Dinge regelnd, unsterblich und ewig jung zugleich beschrieben zu haben.[20] Auch in ihrer religiösen Vorstellung von der Welt waren demnach ein oder mehrere die Welt lenkende, immerwährende Wesen gegenwärtig. Doch ihr Schwerpunkt lag unweigerlich auf dem Wesen des Stoffes und dessen Bedingungen, sich als Kosmogonie auszubreiten – das heißt auf einem genealogischen Prozeß –, als auf einem permanenten kohäsiven Prinzip unserer gegenwärtigen und vielfältigen Welt. Da hingegen scheint Heraklit sich von der gesamten mythischen Theogonie verabschiedet zu haben, um sich dem zuzuwenden, was wie eine entpersonifizierte Version der Herrschaft Zeus' aussieht. Daß seine Vorstellung des *logos* bewußt in dieser Form entstanden ist, kann nicht mit äußerster Gewißheit behauptet werden, obwohl *logos* mit der Weisheit, die »will nicht und will doch mit Zeus' Namen genannt werden«, verwandt ist. Doch ist es eine annehmbare Vermutung, daß er zumindest unbewußt von dem Glauben an eine göttliche Herrschaft der Welt beeinflußt war, von der viele, vielleicht die meisten Griechen überzeugt waren, so wie es in den Stücken Aischylos' deutlich zum Tragen kommt. Stimmt das, zeugt es von einem weiteren kritischen Stadium in dem langen, beinahe gemächlichen Zwischenspiel von Mythen und Vernunft.

Mein Versuch war es zu zeigen, wie ungeheuerlich komplex die Beziehungen von Philosophie und Mythen im alten Griechenland verliefen. Die vorhandenen Aufzeichnungen über das Aufkommen der Philosophie und dem korrespondierenden Zurückweichen der Mythen sind zu undifferenziert und legen die Betonung auf die falschen Stellen. Es gibt nicht nur ein oder zwei, sondern mehrere kritische Schritte, die in der Entwicklung jenes systematisch rationalen und vielschichtigen Denkens, das wir Philosophie nennen, zu machen waren. Der Gedankengang, mit dessen Hilfe ich diese Schritte zu verfolgen suchte, wurde gezwungenermaßen ziemlich hermetisch, und vielleicht wird man mir vergeben, wenn ich in den nächsten beiden Absätzen seine Hauptpunkte noch einmal zurückverfolge.

Eine entscheidende Beobachtung ist die, daß die Philosophie weder auf die Rationalität noch auf das spekulative Interesse einen alleinigen Anspruch hat. Mythen wurden bereits zur Zeit Homers und Hesiods einer sorgfältigen Zusammenstellung und Organisierung unterzogen, und zwar bereits in einer Art und Weise, die die Erfahrungen der Menschen in ein System brachte. Noch früher müssen sich die griechischen, wie die meisten anderen Mythen auch, in einer für sie bezeichnenden und von der Philosophie verschiedenen Weise mit sozialen und persönlichen Konfliktsituationen beschäftigt haben – in Hinsicht auf gewisse Probleme wie den Tod sogar effektiver, als es die Philosophie tun konnte. Doch dieses Stadium mußte verschwinden, ehe die Philosophie entstehen konnte. Es kann nicht deutlich genug gesagt werden, daß die spekulativen Funktionen der Mythen, obwohl sie sich mit einigen Funktionen der Philosophie überschneiden mögen, an sich verschieden sind: sie *schließen* Philosophe eher *aus*, als ihren Fortschritt zu fördern. Aus Gründen, über die man nur vage Vermutungen anstellen kann, war es vielleicht gut, daß es diesen Anfangsfunktionen an einem vorhistorischen Punkt in der Entwicklung griechischer Kultur erlaubt war, zu verschwinden, oder daß sie nur in den seltensten Fällen beibehalten wurden. Unabhängig davon, ob dies Ergebnis oder Grund des langen Organisierungsprozesses war, der mit Hesiod aufhörte, war die darauffolgende systematische Struktur, das olympische Pantheon und ein komplexes Muster von Heldenmythen mit eingeschlossen, ein wichtiges Element in dem fortlaufenden Prozeß, der in die Philosophie mündete.

Überdies hatten die Mythen zu Homers Zeit eine exemplarische Rolle bekommen, die als übertriebener Gebrauch ursprünglicher »Charter«-Funktionen zu betrachten ist. Sie regte eine begrenzte Generalisierung an, ihre Wirkung jedoch war in der Hauptsache konservativ und gegenüber neuen Denkweisen entmutigend. Zum Glück führte die Vermehrung von Kenntnissen anderer Kulturen, die im 7. und 6. Jarhundert in Ionien einsetzte, zu einer neuen Kette von Fragen, in der die gemeinsame realistische Grundlage fremder und griechischer Naturmythen die endgültige Aufgabe der personifizierten Naturgottheiten anregte. In den jetzt folgenden ionischen Entwicklungen scheint es vorwiegend zwei mythische Modelle gegeben zu haben: erstens das genetische, zweitens das einer ständigen Ordnung unter der Herrschaft von Zeus. Letzteres, das selbst eine lange Geschichte hat und sich nicht nennenswert von dem Gemeinwesen unterscheidet, das von den sumerischen und akkadischen Göttern errichtet wurde, war bei weitem weniger einengend, obwohl die neueren Wissenschaftler aus naheliegenden Gründen vom ersteren mehr beeindruckt waren. Heraklit entwickelte daraufhin eine systematische Deutung der Welt, der bereits viele Elemente der Philosophie anhafteten – es fehlte ihr nur noch an systematischer Logik, um Philosophie zu sein. Jene Art von Logik wurde allmählich von Parmenides, den Sophisten, Sokrates, Plato und Aristoteles entwickelt. Diese Entwicklungsstufe war trotz Rückfällen des Parmenides und Sokrates im wesentlichen frei von mythischen Einwirkungen.

Wir sehen also, daß der Prozeß, der zur Ablösung der griechischen Mythen durch die Philosophie führte, kein geradliniger war. Es war keineswegs ein reibungsloser Übergang vom Irrationalen zum Rationalen, von Träumen zur Logik, vom Visuellen zum Begrifflichen, vom Dunkeln zum Licht. Einige dieser Übergangsstadien, die, von der Logik aus gesehen, einen Fortschritt zu beinhalten scheinen, wie die Organisierung der Mythen, riefen in emotionaler Hinsicht eine rückläufige Bewegung hervor, beispielsweise indem die Behandlung von Mythen als überlieferte *exempla* gefördert wurde. Andere Stadien, die sich zunächst als Rückschritte gebärdeten, wie die im Falle Heraklits von uns postulierte Wiederbelebung des religiösen Modells, ermöglichten entscheidende neue Wege des Fortschritts. Die Entwicklung der Philosophie in Griechenland war nicht aufgrund einer plötzlichen »Entdeckung des Geistes« geschehen, einer dramatischen Entfesselung der Vernunft über fünf oder sechs Generationen hinweg. Vielmehr war sie eine geistige und emotionale Odyssee, die sich über Jahrhunderte hinstreckte und in der Geschichtenerzählen, gesellschaftliche Anliegen, Völkerwanderungen, Literalität, Konservatismus und Religion eine Rolle spielten.

In all dem bleiben (und das kann mit einer gewissen Erleichterung festgestellt werden) gewisse Stellen, die uns unklar sind, genauso wie es sie in jeder diskursiven Beschreibung der Mythen gibt. Was die Griechen in vorgeschichtlicher Zeit dazu bewegte, mit ihren Mythen selbstbewußter und letztendlich nicht ganz so ernsthaft umzugehen, das können wir nicht mit Gewißheit sagen. Das endgültige Ergebnis war das *System* von Mythen, an dessen

Überresten wir uns erfreuen und die uns zum Teil verständlich sind. Für sich allein wäre es steril geworden – was es auch tatsächlich in seinen hellenischen und nachklassischen Entwicklungen wurde. Glücklicherweise leitete eine erzwungene Erweiterung des sozialen und kulturellen Gesichtskreises den rationalen Anstoß, an dem die Mythen beteiligt waren, in neue Bahnen und führte zu einer anderen Weltsicht, die nicht länger mythisch, sondern analytisch und philosophisch war. In Anbetracht der darauf folgenden Geschichte menschlicher Rationalität ist anzunehmen, daß die Griechen mehr dazugewannen, als sie, ohnehin schon seit langem, verloren hatten.

Anhang

Anmerkungen

In den Anmerkungen gebrauchte Abkürzungen

ANET: J. B. Pritchard (Hrsg.), *Ancient Near Eastern Texts relating to the Old Testament*, second edn, Princeton 1955; third edn (with same pagination and a supplement), Princeton 1969.
Myth: G. S. Kirk, *Myth, its Meaning and Functions in Ancient and Other Cultures*, Berkeley and Cambridge 1970; als Taschenbuch erschienen 1973.
Mythologies: S. N. Kramer (Hrsg.). *Mythologies of the Ancient World*, Garden City, N. Y. 1961.
Religions: Helmer Ringgren, *Religions of the Ancient Near East*, London 1973.

Kapitel 1 Definitionsschwierigkeiten

1 Andrew Lang, *Customs and Myths*, 1884; *Myth, Ritual and Religion*, 1887; *Modern Mythology*, 1897; vgl. R. M. Dorson, in: T. Sebeck (Hrs.), *Myth, a Symposion*, Indiana 1955, S. 25 ff.
2 T. B. L. Webster, *Everyday Life in Classical Athens*, 1969, S. 97.
3 H. R. Ellis Davidson, *Gods and Myths of Northern Europe*, Penguin Books, 1964, S. 9.

Kapitel 2 Das Verhältnis von Mythen und Volkserzählungen

1 F. Boas, *Tsimshian Mythology*, Washington, D. C. 1916.
2 Ebenda., S. 880.
3 *Encyclopaedia of the Social Sciences*, 1930–1935, 11, S. 179.
4 *Myth in Primitive Psychology*, 1926, in B. Malinowski, *Magic, Science and Religion*, Garden City, N. Y. 1954; deutsch: *Magie, Wissenschaft und Religion. Und andere Schriften*. Übers. von Eva Krafft-Bassermann, Frankfurt am Main 1973.
5 Op. cit., S. 14.
6 E. E. Evans-Pritchard, *The Zande Trickster*, Oxford 1967, S. 15.
7 Ruth Finnegan, *Limba Stories and Storytelling*, Oxford 1967, S. 34 ff.
8 Jack Goody, in: *Antiquity* 45, 1971, S. 159.

Kapitel 3 Fünf monolithische Theorien

1 Percy S. Cohen, »Theories of Myth«, in: *Man* 4, 1969, S. 337 ff.
2 Siehe hierzu vor allem L. Lévy-Bruhl, *Le Mentalité primitive*, Paris

1922; deutsch: *Die geistige Welt der Primitiven,* übertr. von Margarethe Hamburger, München 1927.

3 Paris 1962; deutsch: *Das wilde Denken.* Übers. von Hans Naumann, Frankfurt am Main 1968, Kapitel 1.

4 Hesiod, *Theogonie,* 116; in der Übersetzung von Thassilo von Scheffer.

5 Stesichoros, frag. 6, 1–4 (Diehl); Mimneros, frag. 10 (Diehl).

6 *Mythologies,* 96 f.; *Myth,* 99 f.

7 Platon, *Phaidros,* 229 B–D.

8 K. Meuli, »Griechische Opferbräuche«, in: *Phyllobolia.*
Für Peter von der Mühll, Basel 1946, S. 185–288.

9 Siehe hierzu vor allem Andrew Lang, *Myth, Ritual and Religion,* a.a.O.

10 Vgl. hierzu G. S. Kirk, »Aetiology, Ritual,Charter«, in: *Yale Classical Studies* 22, 1971, S. 83 ff.

11 R. M. und C. H. Berndt, *The World of the First Australians,* London 1964, S. 334 f.

12 *Myth,* S. 50 ff. und Anmerkungen.

13 R. M. und C. H. Berndt, a.a.O., S. 336.

14 ANET, S. 101 f.; *Myth,* S. 122 f.; *Religions,* S. 75.

15 (Homer), *Hymne an Apollon,* 493–496; M. P. Nilsson, Geschichte der griechischen Religion I, 3. Aufl., München 1967, S. 554 f.

16 Heraklit, Frag. 48 (Diehls); Aischylos, *Agamemnon,* 681 ff. (Helena), 1080 ff. (Apollon), *Supplices,* 584 f. (Zeus).

17 ANET, S. 3.

18 ANET, S. 36 ff.; *Myth,* S. 91 ff.; *Religions,* S. 21 f.

19 Vgl. Malinowski, *Magic, Science and Religion,* a.a.O., S. 101, deutsch: S. 84; Kirk, »Aetiology, Ritual, Charter, a.a.O., S. 54 und 97 ff.

20 Malinowski, *Magic, Science and Religion,* a.a.O., S. 100, deutsch: S. 83.

21 *Myth,* S. 21 f.

22 E. R. Leach, *Political Systems of Highland Burma,* London 1954, S. 278.

23 R. M. und C. H. Berndt, *The World of the First Australians,* a.a.O., S. 223.

24 Vgl. *Mythe de l'Eternel Retour,* Paris 1949; deutsch: *Der Mythos der ewigen Wiederkehr,* Düsseldorf 1953; *Mythes, Rêves et Mystères,* Paris 1956; deutsch: *Mythen, Träume und Mysterien,* übers. von Michael Benedikt und Matthias Vereno, Salzburg 1961.

25 *Mythen, Träume und Mysterien,* a.a.O., S. 48.

26 A. R. Radcliffe-Brown, *The Andaman Islanders,* Cambridge 1922, S. 397 ff.; *Structure and Function in Primitive Society,* London 1952, S. 178 ff.

27 E. R. Leach, *Political Systems of Highland Burma,* a.a.O., S. 13.

28 R. M. und C. H. Berndt, *The World of the First Australians,* a.a.O., S. 344.

Kapitel 4   Mythen als Produkte der Psyche

1 Sigmund Freud, »Der Dichter und das Phantasieren«, in: *Bildende Kunst und Literatur*, Studienausgabe Bd. 10, Frankfurt am Main 1969, S. 178.
2 Clyde Kluckhohn, »Myth and Ritual: a General Theory«, in: *Harvard Thoelogical Review* 35, 1942, S. 45 ff.
3 Die deutlichsten Ausführungen heirzu finden sich bei C. G. Jung, »Über die Archetypen des kollektiven Bewußtseins«, in: *Bewußtes und Unbewußtes. Beiträge zur Psychologie*. Mit einem Vorwort von E. Böhler und einem Nachwort von A. Jaffé, Frankfurt am Main 1976.
4 *Myth*, S. 275 ff.
5 E. Cassirer, *Philosophie der symbolischen Formen*, 3 Bde., Darmstadt 1964; siehe vor allem 2. Bd., *Das mythische Denken*.
6 E. Cassirer, »Sprache und Mythos«, in: *Wesen und Wirkung des Symbolbegriffs*, Darmstadt 1965, S. 103.
7 E. Cassirer, »Das mythische Denken«, a.a.O., S. 25.
8 Die Theorie von Lévi-Strauss ist zunächst entwickelt in *Anthropologie structurale*, Paris 1958; deutsch: *Strukturale Anthropologie*, übers. von Hans Naumann, Frankfurt am Main 1967, Kapitel 11, und genauestens ausgeführt in *Mythologiques*, Paris 1964–1971; deutsch: *Mythologica 1–4*, aus dem Französischen von Eva Moldenhauer, Frankfurt a. Main 1971–1975.
9 C. Lévi-Strauss, *Strukturale Anthropologie*, a.a.O., S. 247.
10 Lévi-Strauss, *Mythologique I., Le Cru et le cruit*, Paris 1964; deutsch: *Das Rohe und das Gekochte, Mythologica 1*, Frankfurt am Main 1971, S. 11.
11 *Myth*, S. 73 ff.
12 International Encyclopaedia of the Social Sciences 10, 1968, S. 576 f. (siehe unter Myth and Symbol).
13 Ebda., S. 577.
14 ANET, S. 40 (Ninchursag), S. 97 f. (Gilgamesch und Enkidu).
15 R. M. und C. H. Berndt, *The World of the First Australians*, a.a.O., S. 341.

Kapitel 5   Die griechischen Mythen in der Literatur

1 Vgl. G. S. Kirk, *Homer and the Epic*, Cambridge 1965, Kapitel 1 und 2.
2 Herodot 2, 53.
3 Xenophanes, Frag. 11 (Diels), in der Übersetzung von Capelle.
4 Hesiod, *Theogonie*, 116, vgl. 700, 740.
5 Simonides, Frag. 38 (Page).
6 Sappho, Frag. 44 (Lobel-Page).
7 Pindar, *Isthmische Oden 6*, 20 f.; 5, 19 f.
8 Herodot 1, 34–45.
9 Herodot 1, 107–113.

10 *Ilias 2*, 558, hierin wird von Aias behauptet, daß er seine Schiffe aus Salamis zu denen der Athener stellte. Laut mehreren antiken Quellen ist dies eine Hinzufügung.
11 Vgl. hierzu die Ausführungen von B. Vickers, *Towards Greek Tragedy*, London 1973.

Kapitel 6 Die Mythen von den Göttern und der frühen Menschheitsgeschichte

1 H. G. Güterbock, in: *Mythologies*, S. 155 ff.; *Myth*, S. 214 ff.
2 ANET, S. 60 ff.; *Mythologies*, S. 120 f.; *Religions*, S. 69–71.
3 Pausanias 10, 4, 4.

Kapitel 7 Die Heroen

1 Pausanias 3 18, 6 bis 19, 5 (Amyklai); 5 bis 19, 10 (Kypselos).
2 T. B. L. Webster, *From Mycenae to Homer*, London 1958; deutsch: *Von Mykene bis Athen*. Anfänge griechischer Literatur und Kunst im Lichte von Linear B, übers. von E. Doblhofer, München und Wien 1960, S. 67 f. und Abb. 9; vgl. Mabel Lang, *The Palace of Nestor II*, Princeton 1969, Taf. 126.
3 I. M. Linforth, *The Arts of Orpheus*, Berkeley 1941, S. 167 ff.
4 Pausanias 6 6, 4 ff.

Kapitel 8 Das mythische Leben des Herakles

1 Herodot 2, 44.
2 F. Brommer, *Vasenlisten zu griechischen Heldensagen*, 2. verb. und erw. Aufl., Marburg/Lahn 1960; ders., *Herakles*. Die 12 Taten des Helden in antiker Kunst und Literatur, Münster und Köln 1953.
3 L. R. Farnell, *Greek Hero Cults*, Oxford 1921, S. 107.
4 R. Hampe, *Frühe griechische Sagenbilder in Böotien*, Athen 1936, Taf. 8 c.
5 Vgl. G. S. Kirk, *Homer and the Epic*, a.a.O., Taf. 3 (b).
6 Euripides, *Herakles*, 380 f.; Pindar, von 169, vor allem ab 20 ff.
7 Apollodoros 2 5, 8.
8 Vgl. H. L. Lorimer, *Homer and the Monuments*, London 1950, Taf. 9,1.
9 *Theogonie*, 305–315.
10 J. H. Croon, *The Herdsman of the Dead*, Utrecht 1952, passim.
11 *Ilias* 1, 268.
12 Pindar, *Isthmische Oden* 4, 52–55.
13 A. Brelich, *Gli eroi greci*, Rom 1958, S. 373 ff.; (Psamathe), S. 253.
14 M. P. Nilsson, *The Mycenaean Origin of Greek Mythology*, Berkeley 1932, S. 205.

Kapitel 9   Die Entwicklung der Heroenmythen

1 ANET, S. 73 ff.; *Myth*, S. 132 ff.
2 M. P. Nilsson, *Geschichte der griechischen Religion I*, 3. Aufl., München 1967, S. 378–384.
3 Was ihre Ausbreitung betrifft, vgl. C. Renfrew, *The Emergence of Civilisation*, London 1972, Abb. 4,2 auf S. 48.

Kapitel 10   Mythen und Riten

1 Pausanias 8 25, 4–6.
2 E. R. Leach, *Political Systems of Highland Burma*, a.a.O., S. 13, vgl. auch S. 264.
3 J. Fontenrose, *The Ritual Theory of Myth*, Berkeley 1966, S. 54.
4 W. Burkert, *Homo Necans*, Berlin u. New York 1972, S. 1–96 und Anm.; vgl. *Greek, Roman and Byzantine Studies* 7, 1966, S. 87 ff.
5 L. Deubner, *Attische Feste*, Hildesheim 1959, S. 26, Anm. 2.
7 Der Lukianscholiast (Rabe, S. 28, 3 ff.) verwechselt den Ursprung dieses Ritus mit dem Ikaros-Mythos (L. Deubner, op. cit., S. 61).
8 Aristophanes, *Wolken*, 985.
9 Pausanias 1 24, 4.
10 Origines, *c. Celsum* 6, 42; G. S. Kirk und J. E. Raven, *The Presocratic Philosophers*, Cambridge 1957, S. 65 ff.
11 W. Burkert, *Homo Necans*, a.a.O., S. 103–107.
12 Ders., in: *Classical Quarterly* 20, 1970, S. 7.
13 ANET, S. 60 ff., vgl. S. 332; *Myth*, S. 13 und Anm.
14 R. Benedict, *Patterns of Culture*, Boston 1934, S. 174, 184–186.
15 Clemens von Alexandria, *Protreptikos* 2, 12.

Kapitel 11   Westasiatische Einflüsse auf griechische Mythen

1 ANET, S. 120 f. (Kumarbi); S. 60 ff. (Apsu).
2 Vgl. W. K. C. Guthrie, *The Greeks and their Gods*, London 1954, vor allem die Kapitel 2 und 8; M. P. Nilsson, *Geschichte der griechischen Religion*, a.a.O., Teil 3.
3 ANET, S. 1.
4 ANET, S. 52–57, 97–99 und 106–110; *Religions*, S. 46–48, 121 f.
5 Siehe hierzu vor allem Sir M. Mallowan, in: *Cambridge Ancient History*, 1. Bd., 1. Teil, 3. Aufl., München 1970, S. 353 f.
6 Vgl. ANET, S. 37–39 (ab »Enki and Ninhursag«); *Religions*, S. 21 f.; *Mythologies*, S. 102 f.
7 Siehe z. B. Sinclair Hood, *The Minoans*, London 1971, Taf. 60; M. P. Nilsson, *Geschichte der griechischen Religion*, a.a.O., S. 217, Taf. 10, Abb. 1 und 2.
8 ANET, S. 23–25 (Zwei Brüder); S. 15 (Horus und Seth).
9 Clemens von Alexandria, *Protreptikos* 2, 16–18.
10 ANET, S. 104–106; *Religions*, S. 74.

11 ANET, S. 11.
12 ANET, S. 68, 69.
13 Hugh Lloyd-Jones, *The Justice of Zeus*, Berkeley 1971, S. 33–35;
Peter Walcot, *Hesiod and the Near East*, Cardiff 1966, S. 62 ff.

Kapitel 12   Von den Mythen zur Philosophie?

 1 John Burnet, *Greek Philosophy, Thales to Plato*, New York 1968,
S. 14.
 2 Jean-Pierre Vernant, *Mythe et pensée chez les grecs*, Paris 1965,
S. 285 ff.
 3 Ebenda, S. 290.
 4 Ebenda, S. 305.
 5 Bruno Snell, *Die Entdeckung des Geistes. Studien zur Entstehung des
europäischen Denkens bei den Griechen*, Hamburg 1946, S. 196.
 6 Ebenda, S. 186.
 7 Ebenda, S. 196.
 8 Sir Maurice Bowra, *Primitive Song*, London 1962; deutsch: *Poesie der
Frühzeit*, München 1967, S. 246.
 9 C. Lévi-Strauss, *Das Rohe und das Gekochte, Mythologica 1*, a.a.O.,
S. 57 ff.; vgl. *Myth*, S. 63 ff.
10 »Gedanken ohne Inhalt sind leer, Anschauungen ohne Begriffe sind
blind«, in: Kant, *Kritik der reinen Vernunft*, Einleitung zur Idee
einer transzendentalen Logik, Hamburg 1956, S. 95.
11 W. Schadewaldt, *Der Aufbau der Pindarischen Epinikion*, Darmstadt
1966, S. 49.
12 W. K. C. Guthrie, *A History of Greek Philosophy I*, Cambridge
1962, S. 29.
13 *Odyssee* 1, 32 ff. (Zeus' Klage); *Ilias* 20, 244 (die Zunge der Menschen, 2, 204 (die Herrschaft vieler).
14 *Odyssee* 6, 182 ff.
15 Vgl. G. S. Kirk und J. E. Raven, *The Presocratic Philosophers*, a.a.O.,
S. 73 ff.
16 Ebenda, S. 104 ff.
17 Heraklit, Frag. 32 (Diels); op. cit. supra, S. 204 f.
18 Heraklit, Frag. 30 (Diels); op. cit. supra, S. 199 ff.
19 Hugh Lloyd-Jones, *The Justice of Zeus*, a.a.O., S. 162.
20 G. S. Kirk und J. E. Raven, *The Presocratic Philosophers*, a.a.O.,
S. 114; Aristoteles, *Physik* 3, 4, 203 b, 7 ff.

Bibliographie

Abraham, Karl, Traum und Mythus. Eine Studie zur Völkerpsychologie, in: *Psychoanalytische Studien*. Gesammelte Werke in zwei Bänden. Herausgegeben und eingeleitet von Johannes Cremerius, 2. Aufl, Frankfurt a. Main 1971.

Benedict, Ruth, »Myth«, in: *Encyclopaedia of the Socail Sciences*, 1930–1935, 11, S. 179.
Patterns of Culture, Boston 1934.

Berndt, R. M. und H. C., *The World of the First Australians*, London 1964.

Boas, Franz, *Tsimshian Mythology*, Washington, D. C. 1916.

Bowra, Maurice Sir, *Primitive Song*, London 1962; deutsch: *Poesie der Frühzeit*. Aus dem Englischen von Horst Leuchtmann, München 1967.

Brelich, A., *Gli eroi greci*, Roma 1958.

Brommer, F., *Vasenlisten zur griechischen Heldensage*, 2. verb. und erw. Aufl., Marburg/Lahn 1960.
Herakles. Die 12 Taten des Helden in antiker Kunst und Literatur, Münster und Köln 1953.

Burkert, Walter, *Homo Necans*. Interpretation altgriechischer Opferriten und Mythen, Berlin und New York 1972.

Burnet, John, *Greek Philosophy*, Thales to Plato, New York 1968.

Cassirer, Ernst, *Philosophie der symbolischen Formen*, 3 Bde., unveränderter Nachdruck der 2. Aufl. 1953, Darmstadt 1964.
Wesen und Wirkung des Symbolbegriffs, unveränderter Nachdruck der Ausgabe 1956, Darmstadt 1965.

Cohen, Percy, S., »Theories of Myth«, in: *Man* 4, 1969, S. 337.

Cook, A. B., *Zeus*. A Study in ancient Religion, 2 Bde., New York 1964–1965.

Cornford, F. M., *From Religion to Philosophy*. A Study in the Origins of Western Speculation, London 1912.

Croon, J. H., *The Herdsman of the Dead*, Utrecht 1952.

Deubner, L., *Attische Feste*, Hildesheim 1959.

Eliade, Mircea, *Mythe de l'Eternel Retour*, Paris 1949; deutsch: *Der Mythos von der ewigen Wiederkehr*, Düsseldorf 1953.
Mythes, Rêves et Mystères, Paris 1956; deutsch: *Mythen, Träume und Mysterien*, übers. von Michael Benedikt und Matthias Vereno, Salzburg 1961.

Ellis Davidson, H. R., *Gods and Myths of Northern Europe*, Penguin Books 1964.

Evans-Pritchard, E. E., *The Zande Trickster*, Oxford 1967.
Theories of Primitive Religion, Oxford 1965; deutsch: *Theorien über primitive Religionen*, übersetzt von Karin Monte, Frankfurt am Main 1968.

Farnell, L. R., *Greek Hero Cults*, Oxford 1921.

Finnegan, Ruth, *Limba Stories and Storytelling*, Oxford 1967.

Fontenrose, Joseph, *The Ritual Theory of Myth*, Berkeley 1966.

Frankfort, H. und H. A., *Before Philosophy*, Penguin Books 1949.

Frazer, J. G., *The Golden Bough*. A Study in Magic and Religion, London 1963; deutsch: *Der goldene Zweig* (ungekürzte Ausgabe), übersetzt von Helen von Bauer, Leipzig 1928.

Freud, Sigmund, *Die Traumdeutung*, Bd. 2 der Studienausgabe, Frankfurt am Main 1972.
»Der Dichter und das Phantasieren«, in: *Bildende Kunst und Literatur*, Bd. 10 der Studienausgabe, Frankfurt am Main 1969.

Gennep, A. van, *Les rites de passage*, Paris 1909.

Goody, Jack, in: *Antiquity 45*, 1971, S. 159.

Guthrie, W. K. C., *A History of Greek Philosophy I*, Cambridge 1962.
The Greeks and their Gods, London 1954.

Hampe, R., *Frühe griechische Sagenbilder in Böotien*, Athen 1936.

Harrison, Jane, *Prolegomena to the Study of Greek Religion*, 3. Aufl., New York 1959.
Themis, Cambridge 1910—1912.

Hood, Sinclair, *The Minoans*, London 1971.

Jung, C. G., »Über die Archetypen des kollektiven Bewußtseins«, in: *Bewußtes und Unbewußtes*. Beiträge zur Psychologie. Mit einem Vorwort von E. Böhler und einem Nachwort von A. Jaffé, Frankfurt am Main 1976.

Kirk, G. S., »Aaetiology, Ritual, Charter«, in: *Yale Classical Studies 22*, 1971, S. 83 ff.
Homer and the Epic, Cambrdige 1965.
Myth, its Meanings and Functions in Ancient and Other Cultures, Berkeley and Cambridge 1970; 1973 als Taschenbuch erschienen.

Kirk, G. S./Raven, J. E., *The Presocratic Philosophers*, Cambridge 1957.

Kluckhohn, Clyde, »Myth and Ritual: a General Theory«, in: *Harvard Theological Review 35*, 1942, S. 45 ff.

Kramer, S. N., *The Mythologies of the Ancient World*, Garden City, N. Y. 1961.

Lang, Andrew, *Custom and Myth*, 1884.
Myth, Ritual and Religion, 1887.
Modern Mythology, 1897.

Lang, Mabel, *The Palace of Nestor II*, Princeton 1969.

Leach, E. R., *Political System of Highland Burma*, London 1954.

Lévi-Strauss, Claude, *Anthropologie structurale*, Paris 1958; deutsch: *Strukturale Anthropologie*, übersetzt von Hans Naumann, Frankfurt am Main 1967.
La Pensée sauvage, Paris 1962; deutsch: *Das wilde Denken*, übersetzt von Hans Naumann, Frankfurt am Main 1968.
Mythologique I. Le cru et le cruit, Paris 1964; deutsch: *Mythologica I*. Das Rohe und das Gekochte, aus dem Französischen von Eva Moldenhauer, Frankfurt am Main 1971.

Lévy-Bruhl, Lucien, *Le Mentalité Primitive*, Paris 1922; deutsch: *Die geistige Welt der Primitiven*, übertragen von Margarethe Hamburger, München 1927.

Linforth, I. M., *The Arts of Orpheus*, Berkely 1941.

Lloyd-Jones, Hugh, *The Justice of Zeus*, Berkeley 1971.

Lorimer, H. L., *Homer and the Monuments*, London 1950.

Malinowski, Bronislaw, *Magic, Science and Religion and Other Essays*, New York 1954; deutsch: *Magie, Wissenschaft und Religion, Und an-*

dere Schriften, aus dem Amerikanischen von Eva Krafft-Bassermann, Frankfurt am Main 1973.

Meuli, K., »Griechische Opferbräuche«, in: *Phyllobolia,* Für Peter von der Mühll, Basel 1946.

Nilsson, M. P., *Geschichte der griechischen Religion,* 3. Aufl., München 1967.

The Mycenaean Origin of Greek Mythology, Berkeley 1931.

Pritchard, J. B. (Hrsg.), *Ancient Near Eastern Texts relating to the Old Testament,* second edn., Princeton 1955; third edn. (with same pagination and a supplement), Prniceton 1969.

Radcliffe-Brown, A. R., *The Andaman Islanders,* Cambridge 1922.

Structure and Function in Primitive Society, London 1952.

Renfrew, C., *The Emergence of Civilisation.* The Cyclades and the Aegean in third millenium B. C., London 1972.

Ringgren, Helmer, *Religions of the Ancient Near East,* London 1973 (Aus dem Schwedischen).

Robertson Smith, W., *Lectures on the Religion of the Semites,* 1894.

Rose, H. J., *A Handbook of Greek Mythology,* London 1928; deutsch: *Griechische Mythologie.* Ein Handbuch, aus dem Englischen von A. E. Berve-Glauning, München 1955.

Schadewaldt, W., *Der Aufbau des Pindarischen Epinikon,* unveränderter Nachdruck der 1. Auflage 1928, Darmstadt 1966.

Sebeok, T., (Hrsg.), *Myth: a Symposium,* Indiana 1955.

Snell, Bruno, *Die Entdeckung des Geistes.* Studien zur Entstehung des europäischen Denkens bei den Griechen, Hamburg 1946.

Turner, V. W., »Myth and Symbol«, in: *The International Encyclopaedia of the Social Sciences* 10, 1968, S. 576 f.

Vernant, Jean-Pierre, *Mythe et pensée chez les grecs,* Paris 1965.

Vickers, B., *Towards Greek Tragedy.* Drama, myth, society, London 1973.

Walcot, Peter, *Hesiod and the Near East,* Cardiff 1966.

Webster, T. B. L., *Everyday Life in Classical Athens,* 1969.

From Mycenae to Homer, London 1958; deutsch: *Von Mykene bis Athen.* Anfänge griechischer Literatur und Kunst im Lichte von Linear B, aus dem Englischen von E. Doblhofer, München und Wien 1960.

Register

Anton Pelinka

WINDSTILLE
Klagen über Österreich

163 Seiten
Englische Broschur
DM/sfr 32,—   öS 248,—
ISBN 3-85446-114-3

Es gibt viele, miteinander konkurrierende Österreichbilder. Österreich — die „Insel der Seligen"; große Zufriedenheit, wenig Konflikte. Österreich — der Nährboden des Rassismus; Judenhaß, Selbstgerechtigkeit. Österreich — kulturelle Großmacht; aber auch Hort des Provinzialismus. Österreich — katholisch, aber auch voll von praktiziertem Atheismus. Österreich — Modellwerkstatt der Sozialdemokratie; aber auch Rückzugsgebiet des Konservatismus.

MEDUSA VERLAG

Bohmann Druck-, Verlag- und Verwaltungs-GmbH
A-1110 Wien, Leberstraße 122
Telefon (0222) 74 15 95
Telex 132312

rowohlts enzyklopädie

ro
ro
ro

C 2166/6

rowohlts enzyklopädie

rowohlts enzyklopädie

ro
ro
ro

C 2166/8 b

Deutsche Literatur

Herausgegeben von Horst Albert Glaser

Eine Sozialgeschichte
Von den Anfängen bis zur Gegenwart

C 2180/3

Autoren-lexikon

deutschsprachiger Literatur des 20. Jahrhunderts

Herausgegeben
von Manfred Brauneck

Rowohlt

Gebunden und als
rororo handbuch 6302

C 2283/1